顧明遠文集

池鹏签

顾明远文集

第一卷

教育与教育现代化

顾明远 著

高益民 整理

北京师范大学出版集团
BEIJING NORMAL UNIVERSITY PUBLISHING GROUP
北京师范大学出版社

总　序

　　我原本决定生前不出全集，因为许多文章都发表过，而且已有几本单行本，重复出版没有多少价值。为什么现在又改变了主意，同意出一部相当于全集的文集呢？一是北京师范大学出版社要出版系列的北京师范大学资深教授的全集，催着我编纂出版，学校的决定不好拒绝；二是学生也催着要编我的全集，希望看到我的所谓教育思想的全貌；三是我想了又想，觉得如果身后人家来编纂我的全集，可能会遇到很多困难，例如：有些错误如何改正？有些提法怎么解释？有些早期的文章到哪里去寻找？有些文章有交叉重复如何处理？等等。还不如现在我可以自己选择一下，有些错误的地方纠正一下，过去遗失的文稿，我也容易找到。于是答应出一部文集，而不是全集。因为我的文章杂得很，往往是想到什么就写什么，没有对教育某个领域进行深入的研究。我常常说，我是教育方面的杂家，而非专家。许多文章往往是报刊"逼"出来的，所谓"时文"，时过境迁，也就没有多大价值；另外，因为要强调某一个问题，如素质教育问题、教师教育问题，所以内容多有重复。又因这些内容无法全部选用，所以需要下一番功夫对其进行筛选、整理。

　　我是教育杂家，从20世纪"文化大革命"结束以后发表的文章来看，可以说涉及教育许多领域，提出了一些新的观点。从教育宏观层面上，我首先提出了教育与科学技术、与社会生产的关系，提出"现代教育是现代生产的产物，教育与生产劳动是现代教育的普遍规律"的观点；提出教育现代化的基本特征，文化传统与教育现代化的关系，以及立足中国、放眼世界，开展比较教育研究等。从教育微观层面上，我强调教育观念的转变、人才培养方式的变革，提出了"学生既是教育的对象又是教育的主体"的观点；提出"没有爱就没有教育，没有兴趣就没有学习，教书育人在细微处，学生成长在活动中"四条教育原则。同时，对职业技术教育、师范教育、高等教育，我也提出过一些肤浅的见解。但是我的毛病是，提出了一些看法，就掷到一边了，并未做进一步的深入研究。有些提法引起了学界的争论，我也没有去与人论战。所以，文集的出版，也只是把我对教育的一些看法整理一下，并无多少学术价值。但读者也许可以从中看到我国改革开放40年来教育界遇到的一些问题，以及我对这些问题的见解。文集仅供年轻的教育工作者参考，并作为资料留存而已。

关于文集的编纂问题，还有几点说明。

一是，文集的编纂分两部分，第一、二、三、四卷以论文专题为主，第五卷至第十卷主要收录已出版的单行本。前四卷以论文为主，后面几卷随笔较多。但为了保持单行本的完整性，因此从内容来说，前后都有交叉。

二是，各卷文章编排以时间顺序为主，但也有因主题相同而未按时间顺序排列的。

三是，文集收录的文章时间跨度较大，有些观点现在已经过时，但为了保存历史的原貌，没有改动。

四是，大多数文章均在报刊上发表过，已注明原载出处，部分文章提供的是写作手稿，可能与原发表稿存在一定出入；未公开发表过的文章，则注明写作日期。但个别文章因年代久远，手稿中未注明写作或发表日期，无法查考，只好存疑。

五是，第五卷中《比较教育导论——教育与国家发展》一书是我与薛理银博士合著的，征得薛理银同意，全书收录，保持内容的完整性。

六是，第十二卷译著部分均为20世纪50年代至80年代的著作，有些观点可能是错误的。特别是苏联的作品，带有时代的烙印，读者需以历史唯物主义的观点批判地审视和理解。有些出处，因原文没有注明，现在更无法查考。

文章的选编第一卷为高益民，第二卷为綦春霞，第三卷为洪成文，第四卷为乔鹤，第五卷为王璐，第六卷为姜英敏，第七卷为高益民、丁瑞常，第八卷为李敏谊，第九、十卷为滕珺、第十一卷为滕珺、屈廖健，第十二卷为丁瑞常。感谢各卷选编的老师，也感谢出版社的责任编辑，他们十分严肃认真，纠正了文章中的谬误。特别要感谢陈红艳编辑，她是主要负责人，付出了辛勤劳动，使本文集得以顺利出版。

作者识于北京求是书屋

2018年6月16日

目 录

怎样开展教育科学研究*

　　人们经常在讲，要按照教育的客观规律办教育。但是，什么是教育的客观规律，怎样认识和运用教育的客观规律，却不是一件容易做到的事。这就需要开展教育科学的研究。

　　当前，开展教育科学的研究，尤其感到迫切。这种紧迫性可以从两方面来说：一方面，从客观要求上说，实现四个现代化，教育是基础，要极大地提高整个中华民族的科学文化水平，使广大群众掌握现代生产所需要的科学知识和技能，同时造就一支宏大的知识分子队伍，教育担负着艰巨的任务。教育科学理论工作应该走在前面，才能指导教育实践，使教育尽快地赶上经济建设的需要。另一方面，从教育科学本身来说，我国教育科学还很落后，水平较低，很不适应形势的需要，特别是10多年来遭受林彪、"四人帮"的严重破坏，科研机构被撤销，科研队伍被摧残，理论是非被搞乱。现在，我国教育科学还处在重新组织队伍的过程中。同时我们还应该看到，即使在"文化大革命"以前，我们的科研力量也微小得可怜。全国从事教育科学研究的只有几百人，研究的成果也很少，这与我们这样一个大国很不相称。看看世界其他国家的情况。据了解，苏联教育科学院设4个学部、13个研究所，各加盟共和国

＊　原载《中国教育学会通讯》，1980年第1期。

还设有教育科学研究所，全苏联共有教育科学工作者3.1万人。美国仅教育哲学学会和教育研究会（不包括心理学）的研究人员就有1万多人。这些机构都出版了大量书刊。我们不能不承认，无论在对研究资料的掌握上，还是在研究的广度和深度上，我们离世界水平还有很大的距离。因此，我们要立即动手，边研究边建设，把科研搞上去。

一、教育科学是一门什么样的科学

为了开展教育科学研究，我们就需要了解教育科学是一门什么样的科学。问题可以做简单的回答：教育科学是研究作为社会现象的教育的发生、发展的客观规律的科学。但是，教育这个社会现象是十分复杂的，因此，教育科学也是一门十分复杂的科学。

教育是人类社会的一种特有现象，它与人类的其他社会活动有着紧密的联系。人们的经济生活、政治生活和文化生活等社会生活对教育都起着重要的作用，有的甚至起着决定性作用。反过来，教育通过培养人，又对人们的经济生活、政治生活和文化生活等起着巨大的作用。这是一个方面，是讲教育和其他社会现象的关系。另一个方面，教育的对象是人，人有自身发展的规律。教育要发展一代人的智慧和才能，培养他们的品德和世界观，就必须遵循人的发展规律，特别是人的认识规律。但是，教育过程是教育者和受教育者两方面结合在一起的有机的活动。所以，教育不仅要遵循受教育者的发展规律，而且也与教育者的思想、品德、文化水平和教育方法等有着密切的关系。教育就是这样一种复杂的社会现象。教育科学就要研究这种复杂的现象。

研究人们的经济生活的有经济学，研究人们的政治生活的有政治学，研究人的身心发展规律的有生理学、解剖学、心理学等。教育科学就要与这些科学发生联系。过去，教育科学只是一门狭窄的学科，只局限于研究教师如何教、学生如何学的问题上。这就不能全面地认识教育这种复杂的社会现象。近几十年来教育科学有了很大的发展，产生了许多新的研究领域，如教育经济学、教育社会学、教育工程学或教育工艺学、教育控制论等，当然还有过去就有的教育哲学、教育统计学、比较教育等。从教育对象和学校类型的不同来看，教育科学又可分为高等教育学、普通教育学、幼儿教育学、职业技术教育学、成人教育学、特殊教育学等。还有研究教育过程中的心理现象的教育心理学，研究各科教学过程的各科教学法，研究教育现象的发展历史的中外教育史等。所以可以说，教育科学是一门跨学科的科学。它既是一门基础理论科学，又是一门实际应用科学。

二、马列主义的唯物辩证法是教育科学研究的方法论基础

教育科学的研究方法多种多样，有观察法、实验法、文献法、调查法、统计法等。但是有一个最根本的方法，就是马克思列宁主义（以下简称马列主义）的唯物辩证法。离开了这个根本的方法，也就不可能正确地运用其他的方法。唯物辩证法主张从事物的内部，从一事物对他事物的关系出发，去研究事物的发展。研究教育也就必须从教育现象的内部，从教育现象与其他现象的关系出发，去研究教育的发生和发展。这样，才能深入教育现象的实质。

马列主义唯物辩证法认为，实践是检验真理的标准。因此，研究教育科学就不能从某一个人的教育言论出发，而是要从客观实际出发，把他的言论放到实践中去检验。所以说，过去教育科学研究中采用的"我注六经""六经注我"的办法是不符合马列主义唯物辩证法的，也是找不到教育的客观规律的。

马列主义唯物辩证法认为，事物不是孤立的，而是互相联系、互相

制约的；同时，事物处在不断运动和不断发展之中，一切依据条件、地点和时间为转移。因此，对具体的教育现象要做具体的分析。教育的一个原理、一种制度，在一定条件下是合理的，但随着时间的推移和条件的变化，会变得不尽合理或者不合理。一个国家的教育制度往往只适用于它本国的情况，拿到别的国家就不一定适用；一种教育方法运用在这个班级收效很大，但运用到情况不同的另一个班级可能收效甚微。

马列主义唯物辩证法的规律有着广泛的普遍性，它是研究各门科学的共同方法，当然也是研究教育科学的方法。

三、总结教育工作的实际经验是发展教育科学的根本途径

人的正确思想是从社会实践中来的，教育科学理论也要从教育实践中来。我国的教育实践有着丰富的经验。我们有老解放区办学的经验，有新中国成立30年来的实践经验。30年来，我国的教育走过了坎坷不平的道路，有成功的经验，也有失败的教训。总结这些正反两方面的经验教训，我们可以发现客观的教育规律在起作用。当教育事业顺利发展的时候，我们是自觉不自觉地在遵循着教育的客观规律办事，当我们的工作遭到挫折的时候，说明我们违背了教育的客观规律。总结30年来的教育实践的工作才刚刚开始，我们需要进一步深入地分析研究，提出数据，做出判断，把经验上升到理论的高度。

总结教育工作的实际经验还包括总结优秀教师的实践经验，把他们的经验上升到理论，就是很有价值的科学研究成果。

教育科学既是一门理论科学，又是一门应用科学。因此，要发展这门科学，光靠理论工作者是不够的，还需要大批教育部门的实际工作者，特别是战斗在教育第一线的教师。而且，历史上许多教育理论家也

都是在实际工作中涌现出来的。被称为教育学之父的夸美纽斯曾主持过波希米亚兄弟会的小学和中学，著名教育家裴斯泰洛齐曾创办过一所新庄孤儿院，苏联教育家马卡连柯一生从事流浪儿童的教育工作。可见，教育实践是教育理论的源泉。教育专业的师生应该经常到实验学校去，和那里的教师合作，发展教育科学。

四、发展教育科学必须开展教育实验

科学是靠实验发展起来的。教育科学既然是一门科学，也只有靠科学实验才能发展起来；通过实验才能掌握必要的数据，逐步地认识教育的客观规律，并运用这些规律。例如，儿童早期教育的问题现在是世界教育学家、心理学家研究的重要课题。但早到什么时候，进行哪些内容才适当，就需要经过实验，取得早期受教育的儿童的智力体力发展的各种数据，才能找出它的客观规律。又如，我国的中小学学制以多少年为合适，新的教材是否合理，都需要反复实验。

许多国家在开展教育科学研究中都十分重视教育实验。苏联赞可夫的小学教学新体系的试验，美国《国防教育法》颁布后进行的"新三艺"的试验，都是大家所熟悉的例子。再如瑞典1962年关于中等教育的法令，也是经过20年的试验研究以后才制定的。正是在教育实验的基础上，近年来教育科学得到了不断发展。

要搞教育实验，更需要理论工作者和教师的结合，同时还需要教育行政部门的配合和支持，排除一些人为的干扰，才能坚持下去。搞教育实验要有持之以恒的精神。过去我们并不是没有搞过实验，但往往虎头蛇尾，没有坚持到底，结果前功尽弃，得不到应有的数据和结论。教育实验不是一年半载就能见成效的，需要三五年甚至十来年。因此，我们对实验学校和班级不能过早下结论，结论只能在实验方案进行完了以后做出来。而且即使是失败的实验，只要正确地加以总结，对科学研究来说也会有贡献。

五、开展教育科学研究需要研究历史，研究外国

社会主义教育是从以往的社会的教育发展起来的。教育现象在阶级社会里有阶级性的一面，但又有继承性的一面。无产阶级的教育理论是批判继承了历史上许多教育家的理论而发展起来的。因此，教育科学的研究不能割断历史，必须研究历史上教育家的科学研究成果，去伪存真，批判地吸收一切合理的成分。"四人帮"搞文化虚无主义，说什么办无产阶级教育不能从教育史中得出来，这是苏俄无产阶级文化派的观点，列宁曾经严厉地批判了这种观点。我们研究教育史就是要从中吸取经验教训，找出教育的规律。

开展教育科学研究，不仅要研究历史，还要研究外国。近几十年来世界各国教育都经过了重大的改革，有很大的发展。从现有的材料可以看到，各国的教育发展对它们的经济发展起了很大的作用。我们要实现四个现代化，不仅要学习外国的先进科学技术，而且更重要的是要学习外国如何培养掌握先进科学技术的人才，也就是要学习外国教育的经验，以促进我国教育事业的发展。这样才能够真正吸收外国的先进科学技术，而且赶超它们。但是，为了真正学到外国的好的经验，就必须对外国教育进行系统的研究，不能停留在现象上，甚至于感观上。要了解外国教育的现在，还要了解它的过去，要了解教育的措施和思想，还要了解其他社会现象，把它们联系起来研究，才不至于管中窥豹，只见一斑。学习外国教育的经验要立足于本国，洋为中用，和研究本国教育结合起来。

六、资料建设是科学研究的基本建设

科学研究最基本的建设就是资料的积累。我们要搞清一个问题，摸清它的来龙去脉，就需要有大量的资料，根据这些资料加以分析综合，然后才能认识它、判断它。现在有些青年科学工作者不愿意搞资料工作，以为搞资料工作就不是做科学研究，这是极大的误解。我认为，当前我们的教育科学研究的水平还很低，对许多问题还只有似是而非、一知半解的认识，关键就在于我们没有充分地掌握资料，情况不明。我们现在要在教育科学研究上迈开步伐，就必须从资料建设开始，不断地积累资料，分析资料，研究资料，掌握资料。一个研究单位的资料室就等于一个工厂的材料库。没有材料库，工厂就无法生产。没有资料室，这个科研单位就无法开展科学研究。对于一个科学工作者来讲，自己也需要建立资料库，随时注意积累。有了丰富的资料，再运用马列主义的立场、观点和方法分析研究，就会得出科学的结论。

教育科学作为一门科学，发展的历史还很短，但它却是一门研究领域特别广泛的科学。特别是近几十年来科学技术的迅猛发展，对教育科学提出了挑战，许多新问题有待我们去回答。因此，我们要进一步解放思想，敢于探索，去攀登教育科学的高峰。

人才学和教育学*

当代科学技术的迅猛发展，我国实现四个现代化的客观需要，对人才的需求变得越来越迫切，建立人才学的倡议在我国应运而生。研究人才的问题，早已有之。特别是20世纪50年代以后，西方国家看到科学技术在发展经济和国际竞争中的作用，提出了"人力资源"的开发问题。但把人才问题作为一门科学来研究，在历史上还是破天荒第一次。因此，这门科学的研究对象、研究方法，以及概念、理论还不是那么完善，参加人才学讨论的同志对此意见也不是很一致。但是，我们相信，人才问题既是当代社会的重大问题（有人称之为当代社会四大危机之一，四大危机即生态破坏、人口问题、能源危机和人才危机），它必然迫使我们去研究它，并在研究过程中发展它的理论，逐步地形成完整的科学体系。

什么是人才学？它的研究对象是什么？我想，人才学应该是一门研究人才成长发展的客观规律的科学。它研究的主要内容是人才的发现、培养、发展、使用和管理问题。

人才学和教育学既有一致的地方，又不完全相同。从培养人才的角度来讲，人才学和教育学是一致的。但是，人才学不仅要研究人才的培

---

* 原载《人民教育》，1980年第4期。

养问题，更重要的是要研究人才如何进一步发展，以及成才以后如何使用和管理的问题。同时，人才的成长，固然教育起着极为重要的作用，但毋庸讳言，教育只是给人才的成长打下了基础，真正成才往往不是在受教育阶段。教育的任务是培养人才，学校是培养人才的地方。但是，学校培养出来的人不一定都能成为人才。也就是说，学校的毕业生在将来的工作中，能够很好地发挥作用，就是一个合格的毕业生，但他不一定有创造性的见解和能力，不一定成为人才。人才的成长还有其他许多因素，如社会的影响、家庭的熏陶、个人的勤奋、实际工作的锻炼等。

但是，教育却给人才的成长打下极其重要的基础，没有这个基础，就不可能出现人才。如果教育搞得好，基础打得好，就能够早出人才、多出人才。这里说明了教育对培养人才的重要性。著名数学家陈景润之所以能在数学上有所突破，就是因为在中学里受到数学老师的启发和教育；最近考上哥伦比亚大学研究生的任海波，没有上过大学就对广义相对论有所见地，就是因为他的中学物理老师的灵活的教学方法，使他对物理，尤其是对广义相对论产生了浓厚的兴趣。教育为人才的成长打好基础的含义，不仅仅是使学生牢固地掌握所学的知识，更重要的是要培养学生的能力。这种能力包括观察识别能力、思维理解能力、想象能力、情感意志能力和实际操作能力等几个主要方面。一个有经验的教师，能够通过课堂教学或课外活动培养学生对某门学科的兴趣，启发他的思维，培养他探索真理的意志和坚韧不拔的毅力。这种教育对他将来成为有所创见的人才，起着极其重要的作用。

总之，人才学和教育学有着共同的目标，但它们研究的领域又有所不同。它们的联系是紧密的，人才学的出现，对教育学提出了许多新的课题。它必将促进教育学的发展。

我国的教育实践有着丰富的经验。几千年来，我国历史上出现了千千万万的卓越的人才。但是，教育学很少去研究这些人才的成长和发展的规律。过去，教育学研究的天地过于狭窄，局限于普通中小学的教与学。因此，我们的教育理论至今还十分贫乏。近几十年来教育科学有了很大的发展，特别是科学技术的突飞猛进，对教育科学提出了新的要求。人才学的出现更打开了教育工作者的眼界，使我们的思路广阔一些了。教育学应该根据人才学的要求，重新研究一些问题。

第一，在教育指导思想上，要突出培养人才的问题。事实上，这个问题长期以来在教育界并不是很明确的。过去在林彪、"四人帮"极"左"路线影响下，学校的培养目标不能提培养工程师、医生、人民教师，不能提培养社会主义的建设人才，只能提培养既能做工，又能种地，既能从事脑力劳动，又能从事体力劳动的普通劳动者。"四人帮""宁要没有文化的劳动者"的叫嚷不是喧哗一时吗！在那个时候，教育不是培养人才，而是摧残人才。这些谬论当然随着"四人帮"的垮台被人们抛进了垃圾堆。但是，这很值得教育界总结一下经验教训。应该明确地提出，我国的教育要为社会主义培养各种专门人才，要培养科学家、工程师、艺术家、文学家、医学家、教育家等。当然，他们应是坚持社会主义道路的、又红又专的人才。

第二，要研究20世纪80年代的人才，在文化科学水平上要达到什么要求，教育如何为人才的成长打好坚实的基础，教育内容应该根据这些要求做哪些改革。这些问题需要经过周密的调查研究，要请科学家、文学家、艺术家、教师们发表意见。我个人没有什么发言权。但是想就当前中小学教育的课程设置方面说两点具体的意见。

（1）我认为现在的小学校，对科学教育的重视不够。儿童很早就对天文、地理、动物、花卉产生浓厚的兴趣，他们5岁的时候就会问月亮为什么会跟着人走，星星离开我们多远，小白兔会不会说话，冬天为什么冷，夏天为什么热等。但是我们的小学校直到四年级才设有自然常识课，而且内容也很贫乏，远不能满足学生的要求。过去，小学校里低年级曾设有常识课，高年级设有自然、历史、地理课。今天却只剩下了一门自然常识课。目前，国外许多国家都很重视儿童的科学教育，有的从幼儿园就开始了。如日本小学就有一整套科学教育的计划。我们应该向他们学习，在小学里增加科学教育的内容，让儿童早期就接触科学技术知识，培养他们对科学技术的兴趣和爱好。从小就用科学技术来熏陶他们，对他们将来成才会有重要的影响。

（2）中学的教学计划中有三门课程至今还没有受到足够的重视，这就是生物学、地学和历史。生物学是六大基础学科之一，但是过去却错误地把生物学视为脱离生产实际的可有可无的学科，取消了生物学，改为农业基础课。结果作为最高等生物的人不知道生命是怎样起源和发展的。近年来由于仿生学、分子生物学、量子生物学和遗传工程学的出现，生物学已经成为重要的前沿科学。所以有人说，21世纪将是生物学的世纪。这不是一句戏言，而是有一定的科学预见的。可是，在我们新教学计划中，虽就生物学的内容有所增加，但重视得还不够。如果现在还不开始重视，将来在出人才方面就必然会受到影响。

地学，也是六大基础学科之一。在中学里虽不设地学课，但地理课应该加强。历史课也应该加强。不应该把这些课程单纯地看作一些知识课，它们不仅能够丰富学生的知识，更重要的是能够开阔学生的眼界，培养学生的思维想象的能力。

第三，教育制度要相应改革，以适合人才的培养。中学里的课程门类要适当增加，课时又有一定的限制，这是一个矛盾。为了解决这个矛盾，同时也为了因材施教，我建议：中学的教学计划要有灵活性，要分设必修课和选修课。各地方、各部门举办的学校的教学计划，除了基本课程有统一的要求外，其他课程不必强求一致。学生除了学习必修课以外，可以根据自己的兴趣和爱好选学选修课程。各地方、各部门可以根据当地的情况和师资条件设置一些选修课程。这样可以把地方、部门的积极性，把教师个人的聪明才智以及学生个人的兴趣爱好都调动起来，有利于人才的培养和成长。过去有许多民间艺人，他们的艺术才能为什么能够代代相传呢？就是因为他们坚持因材施教，重点教学，而不是门门俱到的教育。如果按照统一计划，一个模子去要求，恐怕就不可能做到。因此，所谓因材施教，不仅要因受教育者之材施教，而且也应因教育者之材而教。因此，各地办教育、各部门办教育，在出人才上应该各有特色。就像广东省东莞县（今为东莞市）出了大批游泳健将、河北省吴桥县出了大批杂技演员一样。它们被誉为游泳之乡、杂技之乡。各个中学、各个大学，也应该办出点特色来，才有利于多出人才。

第四，在教学原则和教学方法上要进行改革。教育既然要培养人才，而不是培养庸庸碌碌之才，那就不仅要让学生学习知识，而且更重要的是要培养学生的能力，促进学生的一般发展。那种只是传授知识的传统的教学原则和教学方法必须改变。所谓学生的一般发展，不仅是指智力的发展，按照赞可夫的观点，还包括"情感、意志品质、性格、集体主义的个性特征的发展"（赞可夫：《和教师的谈话》）。当前，中小学，甚至有些大学，教学不得法的现象是十分严重的。有些同志往往不去引起学生的兴趣、指导学生观察、启发学生思维、丰富学生想象、培养学生实际操作能力，而是满堂灌注，不是把教材生吞活剥地塞给学生，就是嚼得稀烂地喂给学生。他们很少注意学生的发展，而是论统考的名次，比分数的多少。平时，他们用大量的习题、作业压得学生没有余暇去思考问题，更不用说从事学生所喜爱的活动了。这些同志虽然想极力培养人才，但这种方法培养不出人才。要知道，每个学生都具备才能的幼芽，教育的方法对头，这个幼芽就能发展成才；方法不对头，这个幼芽就会被扼杀。当然，才能被压抑的因素是多方面的，但教学不得法不能不是一个重要的原因。因此，人民教师的责任是重大的，他面对着许多才能的幼芽，要爱护它们，培育它们，使它们茁壮成长。

第五，在品德的培养上如何从人才学的角度提出要求。在思想教育、品德教育方面我们是有丰富的经验的。但是过去我们从思想政治方面着眼多，对培养学生的事业心、科学上的攻关精神注意少。当然，培养学生坚定正确的政治方向永远是第一位的，今后我们仍然要坚持。同时也要注意，我们要从小培养学生从事社会主义建设的事业心，培养他们钻研科学文化的刻苦精神和攻克难关的意志和毅力；要改变过去思想教育中空洞的说教式的教育方法，代之以生动活泼的和有具体范例的教育方法。教育学要和人才学一起，调查研究优秀人才的品质，来丰富品德教育的内容。

以上仅仅是偶然想到的几个问题。我想，随着人才学研究的发展，会给教育学提出许许多多问题。

现代生产与现代教育[*]

    历史学家把文艺复兴作为现代文明时代的开始。恩格斯在《自然辩证法》的"导言"中对文艺复兴的伟大意义做了全面的评价。他说:"这是一次人类从来没有经历过的最伟大的、进步的变革,是一个需要巨人而且产生了巨人——在思维能力、热情和性格方面,在多才多艺和学识渊博方面的巨人的时代。"[①]在文艺复兴运动的推动下,自然科学也在普遍的革命中发展着。哥白尼的《日心说》那本不朽著作的出版,标志着自然科学开始从神学中解放出来,成为独立的科学,并从此大踏步地前进。到了18世纪中叶,科学技术开始和生产结合,科学技术的发明成果在生产上逐步得到应用,终于在英国爆发了产业革命,从此开始了现代生产的新纪元。当然,产业革命时代的现代生产还不是我们现在所说的现代化的生产。现代生产发展到今天,已经历了好几个阶段。如果以科学技术在生产上的应用为标志,那么,现代生产发展到今天已经历了蒸汽机的发明和应用的时代、电动机的发明和应用的时代,以及当前的核子和电子的应用时代。

    现代教育是和现代生产联系在一起的。在现代大工业生产之前,学校教育是被少数统治阶级所垄断的,劳动者只是靠师傅带徒弟的方式获

---

[*] 原载《外国教育动态》,1981年第1期。

[①] 恩格斯:《自然辩证法》,见《马克思恩格斯选集》第3卷,445页,北京,人民出版社,1972。

得生产经验和技能。学校教育与生产劳动完全相分离。自从出现了机器生产，即大工业生产之后，社会才对劳动者提出了具有一定科学文化知识和熟练技能的要求。随着社会生产的不断发展，教育也有了很大的发展。为了研究现代生产和现代教育的关系，我们首先要了解现代生产有哪些重要的特征。

一、现代生产的基本特征

现代生产从18世纪中叶的产业革命开始，发展到今天已经历了几个阶段，但是，它的基本特征却是相同的，那就是现代生产是革命的、不断变革的。马克思在《资本论》中指出："现代工业从来不把某一生产过程的现存形式看成和当作最后的形式。因此，现代工业的技术基础是革命的，而所有以往的生产方式的技术基础本质上是保守的。现代工业通过机器、化学过程和其他方法，使工人的职能和劳动过程的社会结合不断地随着生产的技术基础发生变革。这样，它也同样不断地使社会内部的分工发生革命，不断地把大量资本和大批工人从一个生产部门投到另一个生产部门。"[1]马克思在这里把现代生产与以前的传统生产严格地区别开来了。

现代生产的不断变革的基本特征表现在哪里呢？

第一，表现在科学技术的成果迅速运用到生产中。传统的生产之所以是保守的，是因为它与科学技术没有直接的联系。只有到了资本主义大工业生产时期，科学技术才直接与生产发生了联系，从此，科学技术从发明到应用于生产的周期愈来愈短。只要列举一些数字就可以说明：蒸汽机从发明到应用于生产经过了80年，电动机经过了65年，电话经过

---

① 马克思：《资本论》，见《马克思恩格斯全集》第23卷，533~534页，北京，人民出版社，1972。

了50年，真空管经过了33年，飞机经过了20年，原子弹经过了6年，晶体管经过了3年，激光器经过不到1年。[1]

有人估计，20世纪第一个十年中工业劳动生产率的提高只有5%～10%靠采用新的科学技术，而现在60%～80%要依靠新的科学技术的采用，有的行业甚至100%要靠新的科学技术的采用才能提高劳动生产率。

第二，现代生产的不断变革的特征表现为新技术、新产品迅速过时。据统计，最近十多年发展起来的工业新技术，到今天已有30%过时，在电子技术领域中达到50%。例如，20世纪60年代初，电子技术领域中开始应用晶体管。1966年，美国生产的晶体管中大约有70%用于导弹、计算机和通信设备方面。但到1969年，美国的弹载计算机已不再使用晶体管，而改用体积更小、性能更好的集成电路。20世纪70年代初，晶体管在导弹、计算机、通信技术等领域已经显得陈旧过时了。[2]

第三，现代生产的不断变革还表现为生产工艺的不断革新而造成的行业的变换。由于新的技术和工艺在生产上的应用，使得一些旧的行业消失了，一些新的行业产生了。例如，美国从1949年到1965年，其间约有8 000种职业从劳动力市场消失，同时出现了6 000种以上新的职业。由于农业生产的工业化，农业劳动的性质发生了变化，农业劳动者大为减少，流入城市，转入工业或服务性行业。

第四，现代生产的不断变革还表现在人在生产中的地位发生了质的变化。人从直接参加生产劳动转到主要地负责控制生产。人把完成生产中的一些逻辑思维职能交给技术手段（电子计算机等），人从直接生产过程（不是从一般生产过程）中解放出来，体力劳动的比重减少，脑力劳动的比重增加，生产劳动逐步变为科学劳动，社会劳动不断智力化。

---

① 孙学琛：《当代科学技术发展的特点》，北京，科学技术文献出版社，1978。
② 同上。

总之，现代生产是不断在变革的，无论是在燃料的采用上，原料的选择上，生产工艺上，生产管理上，以及人在生产的职能上，无时无刻不在变化，这种变化影响着人们的一切社会生活。

二、现代生产对教育的要求

现代生产改变了人们的一切社会生活，当然也就对教育提出了不同于过去的要求。

传统的手工业生产造成人的畸形发展，现代大工业生产则要求人的全面发展。马克思、恩格斯在论述资本主义生产过程中，反复阐明了这个观点。马克思说："大工业的本性决定了劳动的变换、职能的更动和工人的全面流动性。"而且认为，这种劳动的变换是大工业生产不可克服的自然规律。因此，"承认劳动的变换，从而承认工人尽可能多方面的发展是社会生产的普遍规律，并且使各种关系适应于这个规律的正常实现"[①]，就是大工业生产的生死攸关的问题。马克思在这里提到"全面发展的个人"。他说："大工业还使下面这一点成为生死攸关的问题：用适应于不断变动的劳动需求而可以随意支配的人员，来代替那些适应于资本的不断变动的剥削需要而处于后备状态的、可供支配的、大量的贫穷工人人口；用那种把不同社会职能当作相互交替的活动方式的全面发展的个人，来代替只是承担一种社会局部职能的局部个人。"[②]这就是现代生产对人的全面发展提出的客观要求。

马克思还讲到，现代大工业的机器生产不需要像工场手工业那样，使一些工人始终从事一个职业。因为工厂的全部运动不是从工人出

---

① 马克思：《资本论》，见《马克思恩格斯全集》第23卷，533～534页，北京，人民出版社，1972。
② 同上书，530页。

发，而是从机器出发，因此更换工人不会使劳动过程中断；同时，大工业的技术基础是革命的，工人的职能和劳动过程的社会结合不断随着生产的技术基础发生变革。这一切给人的全面发展提供了物质前提。

但是，马克思恩格斯指出，由于资本主义的生产方式，不断地重复着旧式的分工；并预言，由于现代生产的不断发展，旧的生产方式必须彻底变革，旧的分工必然会消失。到那个时候，"生产劳动给每一个人提供全面发展和表现自己全部的即体力和脑力的能力的机会"[①]。由此可见，现代大工业生产从客观上要求教育为它培养全面发展的人，即"懂得整个工业生产的科学基础，而且其中每一个人从头到尾地实际阅历过整个一系列生产部门"[②]。

怎样才能培养人的全面发展？马克思提出要给工人以教育，要把教育同生产劳动结合起来。他说："未来教育对所有已满一定年龄的儿童来说，就是生产劳动同智育和体育相结合，它不仅是提高社会生产的一种方法，而且是造就全面发展的人的唯一方法。"[③]

以上我们引用了许多马克思和恩格斯的论述，为的是说明马克思和恩格斯在研究和论述资本主义的过程中，对现代大工业生产和教育的关系曾做过充分的阐发。这些观点在今天更显得重要而有意义。大工业生产要求人的全面发展，这就要求把生产劳动同教育结合起来，当代意义上的现代生产就更是如此。可以这样说：教育同生产劳动相结合，培养全面发展的人是现代生产对现代教育提出的普遍要求。它不只是对无产阶级教育起作用，而且对资产阶级教育也起作用。我们考察资本主义工业化国家的现代教育可以发现这样一点：工业化国家的教育之所以得到迅速的发展，正是因为它们的经济发展要求教育为它

---

① 恩格斯：《反杜林论》，见《马克思恩格斯选集》第3卷，335页，北京，人民出版社，1972。
② 同上书，335~336页。
③ 马克思：《资本论》，见《马克思恩格斯全集》第23卷，530页，北京，人民出版社，1972。

培养掌握科学技术知识的技术人员和熟练工人；同时由于教育的发展适应了这种要求，又反过来促进了经济的发展。当然，在资本主义制度下，由于资本主义生产的固有矛盾，这个客观规律不能充分发挥出来，一方面现代生产需要全面发展的人，而另一方面又有大批工人因劳动的变换而失业。这是一个绝对的矛盾。但是，资产阶级要发展生产，就必须使教育适应现代生产的要求，这条客观规律还是普遍地在起作用。普及教育、职业技术教育、终身教育等都是它在教育上的反映。

现代生产不仅对培养什么样的人提出了客观要求，而且对教育的发展规模，教育的组织、内容和方法都提出了自己的要求。

过去传统的手工业生产，它的劳动经验和技能可以由师傅带徒弟的方式传下来，劳动者的培养是个别地进行的。现代大工业生产要求劳动者具有一定的科学文化知识和熟练的技能。普及义务教育就是在这个形势下实现的。19世纪，资本主义国家由于生产的需要，同时在工人阶级争取教育权利的斗争下，相继开始实行普及义务教育（见表1）。现代教育的模式实际上是在近百年来现代大工业生产的基础上形成的。不过现代生产发展到今天，特别是当代科技革命的时代，对现代教育，无论在培养人的规格上、教育发展的规模上，还是在教育制度、内容和方法上，都提出了新的要求。下面我想结合第二次世界大战以后世界教育的动向来谈谈这些要求在教育上的反映。

表1　几个资本主义国家开始实施义务教育情况

国别	最初实施年份	起讫年龄	年限	法律规定
美国	1852年	8～14岁	6	马萨诸塞州的《义务教育法》
英国	1870年	5～12岁	7	《初等教育法》，伦敦市先实施
德国	1872年	6～14岁	8	《义务教育法》，但因战争未实施
法国	1882年	6～13岁	7	《一八七二年法》
日本	1886年	6～10岁	4	《小学校令》

三、战后世界教育的概况

教育的普及化 第二次世界大战以后，随着科学技术的新的发明创造在工业上的应用，现代生产需要大量受过较高教育的工人和科技人员，再加上广大群众要求受教育机会均等的斗争，中等教育在发达的国家渐趋普及，高等教育也有了很大的发展（见表2）。"人力资源的开发"被作为高速度发展经济的条件在20世纪60年代提了出来。教育投资不再被看作没有经济收益的消费性投资，而是被看作其经济效益超过物的投资的生产性投资。教育经费逐年增长。

表2　几个发达国家学生注册人数在相应学龄阶段人口中的比例（%）

国家	年份	中等教育	高等教育	国家	年份	中等教育	高等教育
		（6～17岁）*	（20～24岁）			（6～28岁）*	（20～24岁）
美国	1960	98	32.07	西德	1960	67	6.11
	1965	101	40.18		1965	71	8.83
	1970	101	49.43		1970	78	14.41
	1975	87	57.64		1974	82	19.28
	1976	86	…		1975	82	20.15
		（12～18岁）				（12～17岁）	
英国	1960	67	8.5	日本	1960	74	9.45
	1965	66	11.75		1965	82	12.95
	1970	73	14.07		1970	87	17.01
	1973	80	16.18		1975	92	24.60
	1974	81	16.66			（7～14岁）	
		（11～17岁）		苏联	1960	95	11.02
法国	1960	46	9.83		1965	95	29.51
	1965	56	18.20		1970	92	28.30
	1970	75	19.50		1975	91	21.73
	1975	85	24.29		1976	90	…

注：* 为中小学合计。资料来源：联合国教科文组织《统计年鉴》1977年。

从表2可以看出，20世纪从60年代到70年代初，几个发达国家的学校注册人数比例逐年增加，而且增加的幅度很大。发展最快的是高等教育，在20世纪60年代，高等教育的入学率除美国和苏联外都没有超过同龄人的10%，但到70年代中期几乎都超过了20%。中等教育也有很大发展，从20世纪60年代的入学率60%～70%，发展到70年代的80%～90%。由于教育的发展，劳动者的质量有了提高，出现了所谓"高学历化"的趋势。例如，日本就业人员的文化水平在1965年初中毕业生占41.8%，高中毕业生占46.8%，大学毕业生占11.40%；但到1975年就分别变为9.1%、57.3%和33.6%。苏联每1 000名国民经济工作人员中受过中等教育和高等教育的人数1939年为123人，1959年为432人，1970年为653人，1977年为780人。[1]

发展中国家的教育在近20年来发展得也很快，主要是在扫除文盲和普及小学教育方面做出了很大成绩。至于中等教育和高等教育的发展，与发达国家相比，差距还很大（见表3）。

表3　几个发展中国家各级学校注册人教在相应学龄阶段人口中的比例（％）

国家	年份	初等教育	中等教育	高等教育	国家	年份	初等教育	中等教育	高等教育
阿尔及利亚	1960	46	8	0.31	缅甸	1960	56	10	0.92
	1965	68	7	0.83		1965	71	15	1.26
	1970	75	11	1.70		1970	87	21	2.17
	1974	87	17	2.17		1974	83	22	2.10
	1975	89	19	3.04		1975	80	…	…
埃及	1960	66	16	4.86	印度	1960	61	20	2.84
	1965	75	26	6.77		1965	74	27	4.99
	1970	69	32	7.92		1970	72	29	6.39
	1974	72	40	12.46		1974	77	28	6.33
	1975	72	42	13.51		1975	79	28	…
赞比亚	1960	48	1	—	泰国	1960	83	12	1.92
	1965	59	5	—		1965	78	14	1.54
	1970	72	12	0.38		1970	81	18	2.02
	1974	96	14	1.11		1975	84	24	3.51
	1975	95	15	1.93		1976	83	26	…

资料来源：联合国教科文组织《统计鉴》1977年。

---

[1] 柯斯塔尼亚：《国民教育经济学》，莫斯科俄文版，1979。

教育结构的多样化 教育要适应现代生产的需要，培养掌握技术的熟练工人和为现代化社会服务的各种行业的劳动者。单一的普通教育是不能完成这个任务的，必须设有多种多样的学校，在中等教育日渐普及的今天，教育结构的多样化主要是在高中阶段和高等学校阶段。

在高中阶段，大多数国家分普通学校和职业技术学校两大体系。许多国家的普通学校又实行分科，如法国在高中头一年分成三个组，第二年开始分成五个组。此外还设有技术中学（学制三年）和职业学校（学制一至二年）。据法国教育部统计，初中毕业生中30%进入分科的普通高中，18%进入技术中学，43%进入职业学校。

西德的中学从初中开始就分为三类：完全中学（九年）、实科中学（亦称中间学校，六年）、主要学校（五年）。实科中学和主要学校的毕业生主要进入各种职业学校。

日本在高中分普通高中和职业高中。职业高中又分工业科、农业科、商业科、水产科、家庭科等。也有把普通高中和职业高中合设在一个学校的，叫综合中学。据统计，1978年普通高中学生占高中学生总数的66.4%，职业高中学生占32.9%，其他专门学科的高中学生占0.7%。此外，日本还设有上百种职业课程的所谓"各种学校"。这种学校程度不一，学习年限不等，大部分属后期中等教育，也有高中毕业后的各种学校。据文部省1979年5月1日统计，全国有各种学校5 503所，在校学生77万余人。[①]

高等教育更是多样化，多层次化。一般国家都把高等教育分为三个层次：二年制的短期大学或专科；四到五年制的大学本科；培养硕士、博士的大学研究院。第二次世界大战后，短期大学（在美国称初级学院或社区学院）在高等教育普及化中起了很大的作用。例如，美国初级学院学生1978年占大学生总数的21.5%。日本在20世纪50年代为适应经济

---

① 日本文部省公报资料。

发展办起了短期大学，发展很快；1951年仅有180所，学生1.6万人，到1979年，已增至518所，学生37万余人，约占大学生总数的16%。1976年，日本开始实行专修学校制度，现在已有2 500余所，在校学生43万余人；大部分是私立的，占全部专修学校的86.8%。日本专修学校分为两类：一类是招收高中毕业生，进行相当高的专科教育，这类学校有学生33万人，约占学生总数的80%；另一类是招收初中毕业生，进行高中程度的专科教育，学生有6.8万人，约占16%～17%。还有一些是不同学历的，有2.6万人，约占6%～7%。这种专修学校发展的原因是它比较适应社会分工的多样化和技术的高度化。在经济高速增长的过程中，出现很多需要新的知识和技术的职业。但是大学不能完全适应这种新的要求[①]，例如，现代化的医院不仅要有医生，还需要有很多辅助医生工作的护士、X光透视技师、检查技师、化验师、使用现代化新技术的技师等。但是，大学却只培养医生，几乎不培养其他技师，而专修学校就弥补了这种不足。由于专修学校毕业生掌握专门技术，符合企业的要求，容易找到工作，因此，许多高中毕业生愿意报考专修学校。专修学校在日本发展的另一个原因是它适应妇女就业的需要。因此，专修学校的学生中女生占优势，占总数的68.4%。

苏联的业余高等教育占很大的比重，绝大多数大学都设有夜校和函授部。1977年函授生占大学生总数的32%，夜校占13%，两者相加几乎是全部大学生的一半。

以上这些国家中等教育结构改革和发展高等教育的经验很值得我们认真吸取。

教育内容的现代化 20世纪50年代末开始，教育改革的浪潮席卷全世界并非偶然。这是由于科学技术的新发展带来了新的生产力，传

---

① 《专修学校的现状与展望》，载日本《每日新闻》，1980-10-08。

统的教育再也不能适应新的形势的需要了，教育改革就成为必然的趋势。改革的主要内容是使教育的内容现代化。许多科学家认为，20世纪以来，特别是战后20年，科学技术有了很大的发展，但是，中小学校的教育内容还是19世纪的东西，没有明显的改变，特别是科学教育的内容陈旧落后，不能适应当代科学技术发展和社会生产的要求。1957年苏联第一颗人造地球卫星上天，触发了这次改革运动。美国在《国防教育法》的拨款下，组织了大批科学家和教育家编写数学和自然科学学科的教材，把现代科学技术的新成果充实到教材中。这就是教育现代化运动的开始。此后，英国、法国、日本、西德、苏联等都相继实行了教育改革。

到了20世纪60年代末70年代初，这个改革运动的势头有所减弱。人们对教材的现代化开始有了批评意见，认为现代化教材偏难偏深，只适用于少数有才能的学生，脱离了大多数学生的实际水平；还认为采用新教材使学生负担过重，教师也不能适应。但是，尽管对新教材有许多批评，教育改革运动还是向前发展着，试验还在继续，而且在苏联和日本已取得了较好的成果。教育内容的现代化是现代生产对教育的客观要求，是大势所趋。

在试行教育内容现代化的同时，加强基础理论教学是当前教育的重要趋向。当前科学技术发展迅速，日新月异，一个熟练工人如何才能适应这种新变化呢？许多人认为，狭窄的专业训练是不行的，必须具有丰富的知识和坚实的基础理论才能适应这种变化。因此，许多国家无论在培养专家的高等学校，还是在培养普通工人的技术学校，都强调要加强基础课的教学。如苏联在培养技术工人方面，非常强调技术训练和普通教育的结合。据他们调查，一个具有中等教育程度（十年制毕业）的工人的生产教学时间可缩短20%，而完成的定额比八年级毕业的工人高25%。普通教育水平高的工人能更快掌握新专业和新技术，能在各种不同的设备上工作。一个只有五六年级文化水平的钳工要提高一级技术平均要花5年时间，而十年级毕业生大多只需1年时间。[①]

近年来，高等学校基础理论的教学有了加强，专业教学的时间大幅度减少。这就是为了防止狭隘的专业化，使毕业生对科技的发展有较强的适应能力。

职业教育和终身教育 现代生产需要具有一定技术的熟练工人和各种具有专长的职业，再加上中等教育的普及，教育如何为青年就业做准备的问题就很突出。战后各国都十分重视职业教育，并建立起职业教育的体系。美国于1963年通过了《职业教育法》，1968年又通过了修正案，极大地刺激了职业教育的发展。西德对职业教育特别重视，16～18岁的青少年约有80%可以接受各种形式的免费义务职业教育；凡受完九年义务教育后没有进其他学校继续学习的人，都必须接受职业义务教育至18岁。苏联的职业教育单成体系，全国设有职业技术教育委员会统一领导，这个委员会直属部长会议。罗马尼亚、南斯拉夫等国也都十分重视职业技术教育。罗马尼亚从1973年起，将高中阶段全部改为专业教育。南斯拉夫于1974年召开的南共十大通过决议，在十一、十二年级直接进行职业教育或职业定向培训。

科学技术在生产上的应用，造成职业的变动和失业。实践证明，经过一次职业训练已不能保证终生的职业，新的科学技术的发明，使学生在校学到的知识迅速陈旧过时，这就促使人们要不断学习和重新接受训练，为生存而学习，以适应瞬息万变的世界。这就出现了"终身教育"的思想。这种思想为联合国教科文组织成人教育局局长保罗·朗格朗（Paul Lengrand）首先提倡。他认为，把人生分成两半——前半生用于受教育，后半生用于劳动的概念是毫无科学根据的，接受教育应当是

---

① 马赫莫托夫：《中等职业技术学校的普通教育训练》，载《苏维埃教育学》，1980（2）。

每一个人从生到死永不休止的事情。

随着这种教育思潮的出现，各种类型的学校也就应运而生：函授大学、广播电视大学、开放大学、暑期课程等，利用各种时间，采取各种方式为成年人提供继续教育的机会。

终身教育被资产阶级教育家视作"战胜失业"的灵丹妙药。这事实上只是梦想，只要资本主义制度不改变，失业就不可避免。近年来西方大学生过剩，20世纪80年代的教育危机就是证明。但是，终身教育的思想是可取的，它也是现代生产对教育提出的客观要求。特别是在我们社会主义制度下，加强在职职工的教育，使他们适应现代生产的发展，是有利于"四化"建设的。

加强生产技术教育和学校同企业的联系　在重视职业教育的同时，普通教育中越来越重视生产技术教育。苏联和东欧国家把实施综合技术教育作为普通教育的重要内容。1977年，苏联通过了《关于进一步改进普通学校学生的教学、教育和劳动训练》的决议，强调中学生在学习期间应当掌握深刻的科学基础知识和劳动技能，要认真掌握一定的职业技能。为此，要利用学校附近的企业、集体农庄和国营农场给学生安排有效的劳动教学和职业指导；建议各加盟共和国部长会议指定一批企业、机构、国营农场和集体农庄建立新的教学车间和地段，进一步扩大校际教学生产联合工厂，大力开展学生参加公益劳动的各种形式——校办工厂、学生生产队和其他组织。决议把九至十（十一）年级的劳动教学时间从每周2小时增加到4小时。

1974年南共十大通过了改革中等教育的决议，要求每个学生在第十学年必须与联营劳动组织签订合同，并在企业中参加135小时的实际工作，才能升入结业阶段进一步接受职业培训。

日本在20世纪60年代曾大力提倡"产学合作"，加强学校和企业的联系。工读交替的所谓合作教育方案在美国、瑞典等国家也广为流行。

这都反映了教育与生产劳动相结合的客观要求。

教育方法的改革和现代化教育手段的应用 战后科学技术的迅猛发展，科技情报的爆炸，使人类受到现代新知识巨浪的冲击。据统计，全世界每年发表的科学论文有500万篇，登记的发明专利有30万件。学校教育不可能，也没有必要把全部知识教给学生，只需要把最基本的最先进的知识教给他们，同时注意培养他们的能力，使他们能够独立思考，举一反三，善于探索新的知识。也就是说，教育不只是教会学生知道什么，更重要的是教会他们如何学习，如何去探索事物的奥秘。学生不仅是教育的客体，而且应该是教育的主体。当前教学方法的改革就是围绕着培养学生的能力这个课题进行的。

现代科学技术的发展武装了现代生产，同时也为教育手段提供了新的技术基础。电视、广播、计算机等先进技术逐渐地推广到学校中来，它必然引起学校教育的变革。但是机器总要由人来操纵，机器的软件也需要教师来编制。所以，教师仍然是不可缺少的。因为学生在学校学习绝不是简单地获得一些知识，而是要通过教学过程使学生学会从事脑力工作，发展他们的能力，特别是要培养学生具有高尚的道德品质，这是任何教学机器所不能代替的。

以上几方面是世界教育的一些概况，由于许多同志已有较详尽的论述，不再赘述。总之，现代生产对教育提出了一系列的要求，涉及教育的方针政策、制度、内容和方法以及教育手段等各个环节。当然，影响教育的不只是生产一个方面，还有社会政治、文化、宗教乃至风俗习惯等许多方面。因此，研究现代生产和现代教育的关系不能孤立地进行。本文只是对一个方面做粗浅的探索，并通过对各国教育的比较，找到对发展我国教育有益的东西。

总结历史经验　认识教育规律[*]

　　党的十一届六中全会通过的《关于建国以来党的若干历史问题的决议》（以下简称《决议》），是一个重要的历史性文献。它用马克思列宁主义的辩证唯物论和历史唯物论对新中国成立以来党的若干历史问题做了正确的总结，对今后我国社会主义建设将产生重大影响。我们搞教育工作的同志，需要认真学习这个《决议》，并用《决议》的精神来总结32年来教育工作的经验教训，提高我们对教育规律的认识，把教育工作搞得更好。

　　人们常说，要按教育的客观规律办教育，但是有哪些教育的客观规律呢？教育学教科书里没有明确的回答。通常讲有两大规律：一个是教育的外部规律，即教育同其他社会现象的关系，主要是和政治经济的关系；一个是教育的内部规律，即教育同教育对象的关系。这样讲当然是有道理的，但是还过于笼统，还没有说明它们之间的本质关系，也就是说没有揭示出是什么规律，如何遵循它来办教育。要解决这个问题，就需要对这两大关系进行具体的、全面的分析。下面我只想结合我国32年来教育的实践经验，从几个方面来探索一下教育规律，并不是对这两大关系做全面的论述。

---

* 原载《北京成人教育通讯》，1981年第1期。本文为演讲稿，选自北京市教育学会学术讨论会资料。

一、教育同社会政治经济的关系

首先来谈谈教育的外部规律，即教育同社会政治经济的关系。毛泽东同志在《新民主主义论》中提到："一定的文化（当作观念形态的文化）是一定社会的政治和经济的反映，又给予伟大影响和作用于一定社会的政治和经济。"这里讲到两个方面：一方面，教育受社会的政治和经济的制约；另一方面，教育又反过来影响和作用于社会的政治和经济。但是，长期以来，我们没有真正理解毛泽东同志这句话的含义。我们的理解有片面性，表现在两个方面：第一，我们过去过多地看到了社会的政治和经济对教育的制约作用，对教育的反作用认识不足。第二，对教育的反作用也只看到它对政治的作用，看不到它对经济的反作用。似乎教育只对政治起作用，培养统治阶级的接班人，对经济不大起作用。

由于认识上的片面性，就造成了工作中的偏差。总结新中国成立以来的经验，有许多教训值得吸取。

第一，强调了教育的阶级性，把教育仅仅看作阶级斗争的工具。阶级社会里的教育是有阶级性的，社会主义教育要为无产阶级政治服务，这无疑都是对的。但是过去，人们理解得很片面、很狭窄。所谓教育为无产阶级政治服务，就是教育为现实政治斗争服务，一切服从于政治，结果是政治可以冲击教学，政治可以代替教学。"文化大革命"中，"四人帮"利用这个错误认识，树立了当时的"两校""朝农"等几个黑典型，为他们篡党夺权服务。也就是这种错误认识，破坏了学校的教学为主的正常秩序，严重地降低了教育质量。它的影响至今还没有完全消除。

学校应当永远把坚定正确的政治方向放在第一位，不仅给学生传授建设社会主义所需要的知识和技能，而且要提高他们的社会主义觉悟，培养他们的共产主义的道德品质和科学的世界观。但是，并不等于说，政治教育就可以代替一切，更不能说政治就可以代替一切、冲击一切。所谓把坚定正确的政治方向放在第一位，并不是说要把大量的时间用于思想政治教育，更不是排斥学习科学文化。相反，政治觉悟越高，越要自觉地刻苦学习科学文化。这就是又红又专。红与专缺哪一面都不能为无产阶级政治服务。

第二，把教育事业单纯地看作消费性投资，没有把教育事业放到国民经济发展中应有的地位，使教育落后于经济建设的需要。新中国成立以来，我国的教育事业有了很大的发展，但是与经济建设相比，还远远不能满足需要。

我们应该看到，教育不仅对政治有反作用，而且对经济起着巨大的作用。教育不仅反映了一定时期的政治需要，而且反映了一定时期的生产需要。

教育起源于人类的劳动。恩格斯在《劳动在从猿到人转变过程中的作用》中指出："劳动创造了人本身"，而"劳动是从制造工具开始的"。[①] 人类依靠生产劳动维持生存，而生产劳动又是在一定的生产关系中进行的。人类要延续生命，不仅要生儿育女，而且要把维持生存的劳动技能——制造工具等，以及人们在生产关系中的社会准则教给下一代。这就是原始形态的教育。

随着生产力的发展和剩余产品的出现，社会上出现了脑力劳动和体力劳动的分工，开始产生了专门的教育机构——学校，出现了专门从事教育工作的教师。这个时期，社会进入了阶级社会。统治阶级把持了学校，垄断了受教育的权利，并使学校教育为他们统治劳动人民服务。这就是阶级社会中教育具有的阶级性。但是由于生产的需要，劳动人民仍

---

① 《马克思恩格斯选集》第3卷，513页，北京，人民出版社，1972。

然以原始形态的教育方式传授生产经验和本阶级的思想意识。

生产力的不断发展，促进了科学技术的发展。科学技术的成果逐步被运用到生产中去，终于在18世纪中叶英国爆发了产业革命。从此，科学技术和生产紧密地结合在一起，形成了大工业的机器生产。大工业生产，即现代生产，完全区别于过去的传统手工业生产。传统的手工业生产，可以通过原始形态的教育，即父传子、师带徒的方式，把老一代的生产技能传授给下一代。大工业的机器生产，则需要劳动者具有一定的文化科学知识。只有到这个时候，教育才大规模地发展起来。古时候，教育是个别地进行的。资本主义生产的发展，促进了当时市民阶级（即后来的资产阶级）受教育的要求。个别教育再也不能满足广大市民的要求了，因此在17世纪开始出现了班级授课制。到了18世纪后期和19世纪上半叶，由于资本主义大工业生产的需要以及工人阶级要求受教育权利的斗争，许多资本主义国家立法，普及义务教育。从此，现代模式的学校教育制度逐渐确立起来。

从以上对教育的产生和发展所做的简单回顾，使我们得出一条结论，教育总是适应生产的发展而发展的。这种发展不仅表现在教育的规模上，而且表现在教育的组织形式和教育内容上。现代模式的教育，是现代生产的产物。

我国现代的学校制度就是从西方资本主义国家学来的，叫作洋学堂。过去只有私塾，一个教师，几个学生，进行的是个别教育，学的内容是"四书""五经"。清朝末年，帝国主义的大炮轰开了我国封建主义的大门。因为想向西方学习资本主义，所以废科举、兴学堂，办起学校来，这都是生产力发展的要求、时代的要求。

现代生产发展到当代，由于科学技术的迅猛发展，它的成果在生产中的迅速应用和发展，使得无论是生产的管理者、设计者，还是直接参加生产的工人，都需要有较高的文化科学知识。劳动者的质量，即劳动者的教育程度的高低，决定着劳动生产率的高低。因此，教育的经济效益越发明显。把教育单纯看作一种消费的陈旧的观点，早已被许多有见识的人所抛弃。20世纪60年代开始提出教育投资的问题，提出人才开发的问题。一门新的学科——教育经济学也应运而生。它专门研究教育投资如何取得经济效果的问题。

教育是能产生经济效益的，不能把教育看作消费。消费可多可少，可高可低。教育不是这样。教育应在国民经济发展中占一定的比例。如果基本建设搞了很多，可是技术力量和管理水平跟不上，基本建设就会出毛病。生产设备很先进，但工人文化程度太低，先进的设备就发挥不了应有的作用，甚至会受到损坏。这已经有许多事实可以证明。实现四个现代化，科学技术的现代化是关键；而科学技术人才的培养要依靠教育，所以教育是基础。据世界经济学界的估计，20世纪头一个10年中，劳动生产率的提高只有5%～20%靠采用新的技术，而现在60%～80%要依靠新技术的采用，有的行业甚至100%要靠新技术的采用才能提高劳动生产率。据长春汽车制造厂1980年对职工教育的调查显示，工人教育程度的高低，对完成生产定额，对掌握新技术、新工艺，对设备的完好率、工具的损耗率，以及对产品的质量等，影响极大。所以，许多工厂企业尝到了教育的甜头，积极办起职工教育来。

为了使教育更好地为政治经济服务，取得更好的经济效果，不能光靠增加教育投资，而且要使有限的资金合理地使用。这就需要建立一个适合我国政治经济发展的教育体系。目前，我国的教育体系还不能完全适应我国政治经济发展的需要。例如，过去我国的高等教育，受经济结构中所谓重工型结构的影响，不仅重理工专业，而且重重工业专业，培养轻工业技术人才的专业就很少，懂得食品工业、烟草工业、印刷工业的专家很少，使我国这些行业的技术落后世界水平几十年。又如，技术力量的结构应该是高级、中级、初级技术人员都有一定的比例。但是，我国的高等教育一律都是四年制，培养高级技术人才，而培养中级技术人才的二年制专科就很少，培养初级技术人才的中等专业学校也很少。这样下去，高级技术人才势必将来要去做中级或初级技术人员干的工作，这就会造成使用人才方面的浪费。当前，国民经济正在调整中，教育结构也应随之做相应的调整，才能适应国民经济发展的需要。

要提高教育的经济效果，就要提高教育质量。当前提高师资的水平是提高教育质量的关键。据一些城市的调查，胜任教育教学工作的教师只占1/3，其余经过培训才能胜任。因此，教师培训的任务很重。我认为培训工作要有计划地按学科进行。学完一门课程经过考试及格，发给证书，将来作为评级评薪的依据。这样系统的培训，才有成效。否则零打碎敲，年年培训，年年过不了关。

总之，要把教育办好，首要的问题是要正确理解和处理好教育同社会政治经济的关系，使教育适应政治经济发展的需要；同时要认识到教育对政治经济的巨大作用，全党来办教育，全民来办教育。这样，我国的教育事业一定会兴旺发达，为"四化"建设做出重要的贡献。

二、教育同生产劳动相结合

教育同生产劳动相结合，是现代教育很重要的一条客观规律，是现代生产对现代教育提出的客观要求。为了弄清这个问题，我们必须了解马克思主义关于人的全面发展的学说。

马克思和恩格斯在研究和论述资本主义的生产过程中，对作为生产力的重要因素——人的培养和教育问题以及它和现代大工业生产的关系曾做过充分的、科学的论述，这就是关于人的全面发展的学说。它揭示了现代教育发展的客观规律，为现代教育提供了理论基础。

原始社会的解体，脑力劳动和体力劳动的分离，曾经是社会的一个进步，它促进了生产力的发展。但是它导致了阶级的产生，剥削制度的产生，同时导致了人的身心的片面发展：广大劳动人民从事体力劳动，没有文化，智力得不到发展；少数特权阶层，垄断学校教育和社会政治文化活动，但"四体不勤，五谷不分"。

这种人的片面发展与分工同时并进。劳动者不仅智力得不到发展，而且本身肉体的发展也越来越畸形。由于劳动被分成几部分，人自己也被分成几部分；为了训练某种单一的活动，牺牲了其他一切肉体和精神能力。这种分工，在工场手工业中达到了最高的发展。工场手工业把一种手艺分成各种工序，把每个工序分给个别工人，作为他终生的职业，使他一生束缚于一定的操作和一定的工具之上。恩格斯引用马克思的话说："工场手工业把工人变成畸形物，它压制工人全面的生产志趣和才能，人为地培植工人片面的技巧……个体本身也被分割开来，成为某种局部的自动的工具。"[1]工人成了机器的单纯的附属品。旧式的分工，不仅造成工人的片面发展，而且直接或间接剥削工人的阶级也都因分工而被自己活动的工具所奴役。"精神空虚的资产者为他自己的资本和利润欲所奴役，律师为他的僵化的法律观念所奴役。这种观念，作为独立的力量支配着他；一切'有教养的等级'，都为各式各样的地方局限性和片面性所奴役，为他们自己的肉体上和精神上的近视所奴役，为他们的由于受专门教育和终身束缚于这一专门技能本身而造成的畸形发展所奴役……"[2]

生产力的发展，不断推动着科学和技术的发展。但是，传统的手工

---

① 恩格斯：《反杜林论》，见《马克思恩格斯选集》第3卷，331页，北京，人民出版社，1972。

② 恩格斯：《反杜林论》，见《马克思恩格斯选集》第3卷，331页，北京，人民出版社，1972。

业生产并没有能充分利用科学技术的成果。科学的基本理论转变为技术，经过了一个漫长的过程；而技术成果应用于生产，又经过了很长的时间。到了17、18世纪，科学技术的发明成果开始逐步应用到生产上去，科学技术开始和生产相结合，终于首先在英国爆发了产业革命。从此，开始了现代生产的新纪元。

现代生产改变了人们的一切社会生活，对人的要求也和以前截然不同了。传统的手工业生产造成了人的畸形发展，现代大工业生产则要求人全面发展。为什么呢？这是由现代生产的本性决定的。那么，现代生产的本性是什么呢？马克思在《资本论》中指出："现代工业从来不把某一生产过程的现存形式看成和当作最后的形式。因此，现代工业的技术基础是革命的，而所有以往的生产方式的技术基础本质上是保守的。"[①]现代生产技术的不断变革，决定了劳动的变换、职业的更动和工人的全面流动性。这是什么意思呢？就是说，生产技术改变了，生产工艺改变了，劳动的技能就要变换，工人也就要随之流动。例如过去用真空管做收音机，现在大部分用晶体管做收音机。生产真空管和生产晶体管的工艺完全不一样。会生产真空管的熟练工人，去生产晶体管就成了不熟练工人。如果他不经过重新培训，他就不能再胜任工作，在资本主义国家他就要被淘汰。所以，现代生产和科学技术的紧密结合，它的技术基础的不断变革，就成了现代生产的最基本的特征。

马克思认为，这种劳动的变换是大工业生产不可克服的自然规律，因此，"承认劳动的变换，从而承认工人尽可能多方面的发展是社会生产的普遍规律，并使各种关系适应于这个规律的正常实现"，就是大工业生产的生死攸关的问题。马克思在这里提到了"工人尽可能多方面的

---

① 马克思：《资本论》，见《马克思恩格斯全集》第23卷，533页，北京，人民出版社，1972。

发展"。接着他又说:"大工业还使下面这一点成为生死攸关的问题:用适应于不断变动的劳动需求而可以随意支配的人员,来代替那些适应于资本的不断变动的剥削需要而处于后备状态的、可供支配的、大量的贫穷工人人口;用那种把不同社会职能当作相互交替的活动方式的全面发展的个人,来代替只是承担一种社会局部职能的局部个人。"这句话的全部意思就是说,要用全面发展的人来代替片面发展的人,这是现代大工业生产对人提出的客观要求。

现代生产不仅对人的全面发展提出了要求,而且提供了物质前提。第一,现代生产创造了高度的生产力,物质产品越来越丰富,社会的必需劳动时间逐渐地减少,人们有更多的余暇从事各种自己喜爱的学习和活动,为人的智力和体力的发展准备了物质条件。第二,由于科学技术的发展,人在生产中的地位发生了质的变化。由于电子学、信息论、控制论科学的发展,现代生产越来越自动化。机器能够完成某些人的职能,最显著的是机器人的出现。这就使人由直接参加生产劳动而转到主要地负责控制生产。人把完成生产中的一些逻辑思维职能交给技术手段(电子计算机),使人从直接生产过程(不是从一般生产过程)中解放出来,体力劳动的比重逐渐减少,脑力劳动的比重逐渐增加,生产劳动逐步变为科学劳动,社会劳动不断智力化。

但是,马克思、恩格斯同时指出,由于资本主义的生产方式,不断地重复着旧式的分工及国家的专业化,一方面,大工业生产需要全面发展的人;另一方面,却把工人固定在一个职业上,成为机器的附属品。这个绝对的矛盾反映了资本主义的固有矛盾,即生产的社会性和私人资本主义占有形式之间的矛盾。这个绝对的矛盾破坏着工人生活的一切安宁、稳定和保障。但是,马克思说,这是消极的方面,它像所有的自然规律一样,遇到障碍的时候,就带有盲目的破坏作用为自己开辟道路。也就是说大工业生产所要求的劳动变换是自然规律,是不可阻挡的,人的全面发展也是必然的趋势。他们预言，现代生产的发展必然会冲破旧的生产方式，旧的分工必然会消失，社会主义革命必然要到来，共产主义必然会胜利。到那个时候，"生产劳动给每一个人提供全面发展和表现自己全部的即体力和脑力的能力的机会"[①]。

人的全面发展是一个历史发展的过程，它随着生产力的水平和社会的发展不断地向高级程度发展。所谓人的全面发展，按马克思、恩格斯的本意是指作为生产力要素的人的智力和体力的充分发展和运用，是指人的"劳动能力""生产才能"的发展。这种能力的发展是和生产力的水平密切相关的。恩格斯在《共产主义原理》一文中指出："用整个社会的力量来共同经营生产和由此而引起的生产的新发展，也需要一种全新的人，并将创造出这种新人来。"这种新人是什么样子呢？恩格斯说："各方面都有能力"，"能通晓整个生产系统"，能"根据社会的需要或他们自己的爱好，轮流从一个生产部门转到另一个生产部门"。恩格斯描绘的这种新人，是共产主义社会的全面发展的人。目前在社会主义社会，由于生产力的水平还不够高，是难以达到的，但是社会主义革命消灭了脑力劳动和体力劳动的对立，给人的全面发展创造了条件，可以使人的智力和体力在当前的条件下得到比较充分的发展。同时应该认识到，人的能力的发展是随着生产力的发展而不断发展的，即使到了共产主义社会，随着生产力的不断发展，人的能力还会不断向更高的水平发展。

现代生产对人的全面发展提出了客观的要求和创造了物质前提，但要使人得到全面发展，还要有一个重要条件，就是教育，就是把生产劳动和教育结合起来。所以马克思说："如果说，工厂法作为从资本那里

---

① 恩格斯：《反杜林论》，见《马克思恩格斯选集》第3卷，301页，北京，人民出版社，1972。

争取来的最初的微小让步，只是把初等教育同工厂劳动结合起来，那么毫无疑问，工人阶级在不可避免地夺取政权之后，将使理论的和实践的工艺教育在工人学校中占据应有的位置。"①由此可见，教育同生产劳动相结合，培养全面发展的人，是现代生产发展的必然趋势，是对现代教育提出的客观要求。

但是，近年来，一谈到教育同生产劳动相结合，许多同志都感到心有余悸，似乎教育同生产劳动相结合这个马克思主义的教育原理不行时了，不应该再提了。所以造成这种局面，原因是过去我们对教育同生产劳动相结合没有正确的认识，特别是"四人帮"把一些谬论强加在教育同生产劳动相结合的头上，严重地破坏了学校的正常秩序，降低了教育质量，所以人们至今犹谈虎色变。因此，要更正确地认识这条现代教育的客观规律，还需对过去的错误认识加以澄清。

第一，过去对教育同生产劳动相结合只强调了思想教育、思想改造的一面，没有认识到它对现代生产的意义。诚然，通过教育同生产劳动相结合可以使脑力劳动和体力劳动逐步地结合起来，缩小和消灭体脑差别。但是，根据现代生产的要求，教育同生产劳动相结合首先要求劳动者掌握文化科学知识。因为它是教育同生产劳动相结合的基础，没有文化科学知识，就谈不到结合。可是，过去教育同生产劳动相结合成了知识分子劳动改造的代名词，把知识分子都赶下乡去，使得知识分子的脑力得不到充分的发展，他的知识不能真正用于发展生产。

消灭体脑差别，不是通过把脑力劳动者的知识水平都降低到体力劳动者的水平就能办到的；相反，必须把体力劳动者的知识水平提高到脑力劳动者的水平才能逐步达到。斯大林曾经严厉地批评过一些"左"的倾向，他说："有些人以为，可以在脑力劳动者、工程师和技师的文化

---

① 《马克思恩格斯全集》第23卷，535页，北京，人民出版社，1972。

技术水平降低到中等熟练工人水平的基础上，用稍许拉平脑力劳动者和体力劳动者文化技术水平的方法来做到消灭脑力劳动和体力劳动的对立。这是完全不对的。只有小资产阶级的空谈家才这样来想象共产主义。其实，只有在工人阶级文化技术水平提高到工程技术人员的水平的基础上，才能消灭脑力劳动和体力劳动的对立。"①

第二，把教育同生产劳动相结合理解为"学工、学农、学军"。毛泽东同志曾经说过，学生要学工、学农、学军，意思是指不应把学生整天关在学校里，应该让他们走出校门，接触社会，了解社会。社会上有工、农、商、学、兵各式人等，要了解他们是怎样生活和怎样工作的，以便将来更好地为他们服务。这和教育同生产劳动相结合完全是两回事。

第三，用生产劳动代替学校教学。"文化大革命"中提出的"以生产任务带教学""以典型产品组织教学""以社会为课堂"等，都是用生产劳动取代学校教学的极"左"口号。在这种错误口号的影响下，学生取消了对系统的科学知识的学习。中学取消了物理、化学、生物等极其重要的基础科学知识，改成什么"工业基础""农业基础"，"三机一原"成了唯一内容，严重地影响了一代人的文化科学水平。这个严重的教训，应该永远吸取。

要认真贯彻教育同生产劳动相结合，从大的方面来讲，就要使教育适应国民经济发展的需要，制定一套与之相适应的教育制度。从一个学校来讲，应该做到下列几点。

第一，认真搞好教学，使学生掌握牢固的、系统的科学文化知识，并发展学生的能力，使他将来能够适应现代生产发展的需要。马克思曾经讲到，现代大工业生产需要工人全面发展，就是要求工人要有科学文

---

① 斯大林：《在全苏斯达汉诺夫工作者第一次会议上的讲话》，见《列宁主义问题》，586～587页，北京，人民出版社，1964。

化知识。没有科学知识，就谈不上教育和生产劳动两者的结合。

第二，对学生进行生产技术教育，让学生了解现代生产的基本过程，并教会他们掌握一定的生产技能。进行生产技术教育可以根据不同的年级，由浅入深地进行。小学生，可以组织他们参观工厂、农场、生产队的拖拉机操作、科学种田的实验等。中学生，除了组织他们参观工厂、电站、农技站等设施外，应该设置生产技术课程，使学生了解现代生产的基本原理，了解现代科学技术在生产上的应用，并向他们介绍能源问题、机械化自动化问题、环境保护问题等。现在世界工业化国家都十分重视技术教育问题。例如，法国中学里初中一至四年级开设手工和技术的必修课，要求学生学会服装工艺与制作、建筑工艺与制作、食品工艺与制作、机械工艺与制作等；初中三至四年级开设工业技术选修课，培养学生掌握为完成和研究产品而进行的技术分析与综合的方法，掌握关于材料、制造方法以及各系统的内容与安排的基础知识，掌握机器制造和电力建设等方面的符号和图表表示方法等。（参见《外国教育动态》，1981年第2、3期）

第三，组织学生参加适当的生产劳动，培养学生的劳动观点和劳动习惯，使学生学会使用最基本的生产工具。生产劳动要根据不同的年级有所不同。小学生主要开设手工劳动课，参加力所能及的辅助劳动，使学生学会使用剪刀、铲子等工具，学会浇花、饲养小动物等。中学高年级就可以每学期组织少量的工厂或农村的生产劳动。

总之，我国社会主义教育的目的是培养"四化"建设的人才。教育必须同生产劳动相结合，才能使教育适应"四化"建设的要求，才能培养出既有科学文化知识，又能参加生产劳动的人才。今天我们办教育如果不重视这条规律，将来就要受到它的惩罚。现在许多中学毕业生不热爱生产劳动，没有生产劳动技能的训练，就是不重视这条客观规律的结果。因此，各级学校应该认真地把教育同生产劳动结合起来。

三、全面发展与因材施教

马克思主义关于人的全面发展，指的是人的脑力和体力得到充分的发展。我们现在讲的全面发展，主要是指学生的德、智、体的和谐发展。这两者既有联系又有区别。要使人的脑力和体力得到充分的发展，需要经过一个过程，要在生产力高度发展的水平上才能完全做到。在今天的生产力发展水平和社会分工的条件下很难达到。今天的要求主要是使学生在德、智、体几方面都得到发展，成为有社会主义觉悟的、有文化的、身体健康的劳动者。这种劳动者还要按体力劳动和脑力劳动分工。学校的任务就是要认真地全面地贯彻德、智、体全面发展的方针。所谓全面地贯彻，就是说几个方面都不可偏废。

学校要永远把正确的政治方向放在第一位，加强学生的思想教育，培养学生具有革命的理想、科学的世界观和共产主义的道德品质。但是加强思想教育并不等于把许多时间用在思想教育工作上，而是要把思想教育工作渗透到学校的一切工作中。

学校要以教学为主，因为学校大部分时间要用在教学工作上，向学生传授现代科学文化知识，发展他们的能力，使他们将来能够胜任建设社会主义现代化强国的任务。前面我们已经讲过，政治与业务、红与专是相互联系、相互促进的。政治觉悟越高，学习目的越明确，越能自觉地刻苦学习科学文化知识。而科学文化知识，又是建立科学世界观的基础。只有掌握了丰富的科学知识，才能破除迷信，懂得自然界和人类社会发展的规律，树立起革命的人生观和世界观。

学校要十分重视学生的健康。没有健康的身体，思想觉悟再高，业务再好，将来也不可能为祖国、为人民服务。

新中国成立32年来，在贯彻全面发展的方针上有过许多经验教训。1958年以后，主要是一种"左"的倾向：强调了政治思想工作和生产劳动，忽视科学文化知识的教学，把政治和业务对立起来，以致政治活动频繁，生产劳动时间过多，影响了教学工作和学生的学习质量。1961—1962年总结了经验教训，制定了中小学校工作条例，摆正了德、智、体几方面的关系，教育质量有了很大的提高。但是到了"文化大革命"期间，把正确的东西批判为修正主义，颠倒了是非，"左"的东西重又抬头，而且发展到了极点。"四人帮"出于他们反革命目的，叫嚷"知识越多越反动"，"宁要没有文化的劳动者"，使文化教育遭到严重破坏。这个时期也就谈不上全面发展的教育方针了。粉碎"四人帮"以后，拨乱反正，强调了学习科学文化知识的重要性，恢复了高等学校统一考试制度，全面发展的教育方针重新被各个学校所重视。

但是，当前教育工作中，忽视德育、体育以及在智育方面不按教学规律办事的情况，仍然相当普遍。当前在贯彻全面发展的教育方针上存在着两个主要问题。

第一个问题是片面追求升学率。社会上有一种错误的舆论，似乎毕业生升学率高的学校就是好学校，教出来的学生考入重点学校或考上高等学校的多就是好教师。如果一个小学的毕业生考上重点中学的很少，一个中学的毕业生考不上大学，这个学校就会受到社会舆论的指责、家长的非难、上级教育机关的批评，甚至会影响到这个学校教师的提级提薪。在这重重的压力下，当前片面追求升学率已经成为阻碍贯彻全面发展的教育方针的最大的绊脚石，严重地影响到学生身心的正常发展，其后果是十分严重的。

（1）轻则忽视思想政治教育，重则用腐朽的个人主义去刺激学生。例如有的教师经常对学生讲，"你们现在不用功，将来考不上大学，只好去卖酱油醋"。他们不是用为人民服务的思想教育学生，而是把劳动分成等级，把劳动者分为高低贵贱，似乎大学毕业是高贵的，其他人则是低贱的。这不是剥削阶级思想又是什么呢？某地学校在毕业班中成立了一个尖子班，给予各种特殊的照顾，教室门口贴上一副对联，上联写着"谁是英雄好汉，谁是懦夫懒汉，两个月内见高低"，下联写着"谁将名列前茅，谁将名落孙山，六十天内见分晓"，横幅是"背水一战"。这样的气氛给学生身心造成了很大的压力。在这种气氛中能培养得出全面发展的人才来吗？

（2）注意了小部分学生的学习，放弃了大部分学生的学习。许多学校把学生按程度分成快慢班。本来，学生知识水平有差别，适当分班，便于从学生实际出发，因材施教，特别是加强差生的教育教学工作，使他们赶上先进的同学。但是现在分快慢班的目的却是为了确保少数学生能够升大学，而把大多数学生撇而不顾。给少数尖子学生配备最好的老师，给他们"吃偏饭"，加强辅导；而大多数学生得不到有经验的教师的教授和辅导。这种教学，实际上是一种不平等的教学，给学生心理发展上也造成极不正常的影响，对于培养社会主义新人有百害而无一利。

（3）搞死记硬背，题海战术，加重学生的负担，影响学生的健康。到了毕业班，为了提前复习，把讲授新课的时间压缩，因此只好赶进度，教师不管学生懂不懂，只管往学生的脑子里灌，学生不管懂不懂，只好囫囵吞枣地往脑子里装。每天要做几十道题，上百道题，作业的时间无限制地延长，睡眠的时间越来越少。因此，学生的健康状况越来越差。据北京市1979年对1 623名高考学生体检情况的调查，结果是：

体检合格的	714人，占总数的44%
不完全合格的（限报专业）	908人，占总数的55.9%
其中近视眼	714人
身高体重不合格的	152人

近两年来，这种状况并没有完全改变。不仅高考是激烈的竞争，而且这种竞争从幼儿园就开始了。家长拼命地让自己的孩子上名牌幼儿园，然后上名牌小学，考重点中学，最后考入大学，竞争算是告一段落。因

此追求升学率的影响涉及小学。小学生的课业负担就很重，有许多地方，一年级的学生作业要做到晚上10点钟，每天睡眠时间不足8小时。

现在特别值得引起大家重视的是中小学生视力下降的问题。据卫生部抽查，近年来中小学生近视患病情况十分严重。城市中学生视力低下患病率平均达29.4%，城市小学生患病率平均达19.1%，农村中学生视力低下平均为15.5%。学生的健康，关系到"四化"的建设、民族的未来，不能不引起我们的高度重视。要改变这种状况，除了改善学习条件外，就是要改变片面追求升学率的思想，改善教学方法，减轻学生的负担，让学生有足够的休息和睡眠时间。

（4）偏重知识教学，忽视学生能力的培养。为了追求升学率，只强调学生对书本知识的掌握，不重视学生的智力和实际应用知识能力的培养，这就影响了人才的成长和发展。

对于片面追求升学率，许多学校的领导和教师也都非常反感，觉得很苦恼，但现在似乎是人人不满意，可谁也改善不了这种状况。确实，片面追求升学率有着深刻的社会原因，要改变这种状况需要全社会来努力。但是我认为，学校并不是无能为力的。我们如果坚信按教育规律办事，就能提高教育质量，就能培养出合格的人才来，我们就一定能够冲破片面追求升学率的重重压力，把学校办得生动活泼。问题是我们许多教育工作者不懂得教育规律，不相信按教育规律办事会提高质量，他们相信的是一些歪门邪道，表面上一时产生了虚假的效果，而实际上贻误了真正人才的培养。

当前教育工作中存在的第二个问题是，把全面发展理解为平均发展，忽视因材施教，忽视发现和培养学生的特殊才能。

新中国成立32年来，我们培养了大批专门人才，特别是"文化大革命"以前17年，培养的人才的质量是比较高的。但是真正称得上出类拔萃的人才却不多。原因是多方面的，其中一个原因是我们在教学计划、教学内容等方面强调了统一性，不太重视灵活性。教学计划是一套，课程是一套，教材是一套，考试也只有一个模式。具体到一个学校里，更要求学生门门考100分，全面发展变成了平均发展。

实际上，每个人的兴趣、爱好、才能都不相同。有的人喜欢文艺，有的人则喜欢自然科学；有的人富于形象思维，有的人富于逻辑思维。所谓人的全面发展，是指他的脑力和体力得到充分的发展，在今天来讲，尽可能得到发展。如果不顾人的素质的不同，都用一种模式去套，就势必要压制一些人的特殊才能的发展。为什么一般说来普通学校培养出来的特殊人才少，少年宫、科技站、业余体校反而培养出了不少人才呢？就是因为那里框框比较少一些，比较注意学生的兴趣、爱好，经过培养，他们的才能得到了比较充分的发挥。

总结以往的历史经验，我认为要正确理解和处理好全面发展与因材施教的关系，要把统一性和灵活性结合起来。全面发展是总的要求，是共性。但是共性总是体现在每一个个性中，对各个不同的学生必须因材施教，才能够把每一个人的才能真正发挥出来，达到全面发展。要做到这一点，还必须采取一些具体的措施。

（1）教育部门在学校制度、教学计划上要有一定的灵活性。例如现在中小学的学制如何为好，有人主张六、三、三制，有人主张五、四、三制，不妨由各地进行一些试验。教学计划除规定几门基础课为必修课外，可以增设一些选修课。教材在统一的大纲的要求下，也可以有几套。允许和鼓励各地编写乡土教材、补充教材。

（2）改革考试制度，改变一次考试定终身的办法，注意学生平时的学习成绩。考试记分的方法也值得改进，在一些基本课程达到一定标准以后，可以按专业提出不同的要求。这样就可以避免一些有特殊才能的学生被遗漏掉。

（3）学校教育要在课堂教学为主的前提下，开展丰富多彩的课外活动，从小培养学生对学习的兴趣，在活动中及早发现学生的特殊才能，并加以认真的培养。课外活动没有大纲的束缚，没有分数的压力，是学生发挥自己才能的广阔天地。可以这样断言，没有丰富的课外生活，就不能培养出生动活泼的主动发展的人才来。苏联著名教育家苏霍姆林斯基特别重视学生的课外活动。他领导的帕夫雷什中学，只在每天上午安排课堂教学，下午都安排各种各样的课外小组活动。这些小组达到100多个，在这些小组中学生学习到各种课堂上学不到的知识，不仅培养了他们的才能，而且使他们将来善于过文明的精神生活。

（4）教师要改进教学方法，注意发展学生的能力。学生的兴趣、爱好和才能是和花朵一样，需要精心培育和浇灌的。如果教师不去注意培育它，它就会枯萎。经验告诉我们，六七岁的儿童是渴望着上学校学习的，但是为什么有的儿童进学校不久就不喜欢学习，甚至逃学呢？就是因为我们的教育不得法。有的老师不懂得学生的心理，在课堂上伤了学生的自尊心；有的老师布置过多的作业，使学生视学习为畏途，他对学习的兴趣就会被扑灭。一旦这种求知的火花被熄灭，要想重新点燃起来就非常非常困难了。所以我们的老师在学生入学的第一天起，在你的一举一动中，应该常常扪心自问，我的这句话、这个行动会给学生带来什么影响，是压制了他们才能的发展，还是促进了他们才能的发展，特别是小学老师，所谓启蒙老师，非常重要。他的教育工作将影响到学生一辈子。所以，我们的教师，应该时刻想一想，我们如何把孩子培养成人才，不要只考虑自己教的那门功课的分数高低，应该把眼光放得远一点，不要只看到鼻子底下的一点东西。

总结起来，就是说，全面发展与因材施教相结合是办好教育、培养人才的客观规律，遵守了这条规律，教育就会有成效，违反了它，就不可能培养出我们社会主义所需要的人才来。

四、学生既是教育的客体，又是教育的主体

教育是教育者对受教育者施加影响，把他培养成符合社会要求的人。学生是教育的对象，正像生产过程中的生产对象一样，将来要成为一定规格的产品。但是教育对象与生产对象不同：第一，他是活生生的人，每个人的素质不相同；第二，学生不是被动地接受教育的，他有主观的能动作用。一切教育影响都要通过学生自身的活动，经过内在的矛盾斗争才能被学生所接受。因此，无论是教学过程也好，还是教育过程也好，都必须在教师的指导下，通过学生的自己的活动去取得知识，去接受一个观点或者一个信念。教师的职责就在于善于发挥学生的主观能动性，使他们很好地接受自己施加的影响。

过去教育学教科书中只讲教师怎样教，很少讲学生怎样学；只讲教师的活动，很少讲学生的活动；只讲教的方法，不大讲学习方法。也就是说，只把学生看作教育的客体，不把他也看作教育的主体；只把学生看作被动地接受教育，不把学生看作是能动的，对教师所施加的影响是有选择性的。这样教育的效果就不显著，就会事倍功半。如果我们把学生的积极性调动起来，和他一起参加到教育活动中去，就会事半功倍，取得较好的教育效果。

怎样才能做到既把学生当作教育的客体，又把他当作教育的主体呢？

第一，教师要了解学生。学生是生动活泼的人，每个人都不一样。世界上没有完全相同的两片树叶，也没有完全相同的两个人。要对学生进行教育工作，就需要了解每一个学生的思想、感情、兴趣、爱好、经历。如果教师把这些了解透了，教育就成功了一大半。教师就像医生，把病人的病情摸透了，就可以对症下药，如果你对病情一无所知或者一知半解，你下药就没有把握，效果就差，甚至还会开错了药方，

加重了病情。学生当然不同于病人，他更具有主动性，因此更需要了解他。

　　了解了学生的情况，还需要有正确的分析和认识。教师要懂得学生的年龄特点和个性特点，并在教育教学过程中适应这些特点。例如，低年级的儿童注意力是不持久的，教师就要注意上课时间不要太长，课中间做做操，活动活动，让学生的脑子得到休息。又例如，十四五岁的少年最基本的心理特点是，独立活动的要求很强烈，不愿意依附家长和老师，愿意单独行动；他的好奇心很强，许多事情都想试一试。但是另一方面他们的认识能力又很低，不能正确地判断是非。这时期的心理是处于愿望和能力不相适应的矛盾状态中。教师对这个时期的教育特别要注意诱导，不能强迫命令。所以教师在了解了学生的思想、兴趣、爱好以后要进行分析，哪些是符合他的年龄特点的、是正确的，哪些是不正确的。不要轻易下断语，了解情况不是目的，目的是教育，了解情况只是教育的前提条件，了解清楚了，分析得又正确，才有根据采取必要的教育手段，才能做到有的放矢。

　　第二，要尊重学生，尊重他的人格，不要损害他的自尊心。马卡连柯曾经说过，只有更多地尊重学生，才能更多地要求学生。苏联现代教育家苏霍姆林斯基的教育思想中最突出的特点就是尊重学生。他千方百计地发掘学生自身的积极因素，从小培养学生的自尊心和自信心。自尊心和自信心往往是连在一起的。对于小学生、中学生来说，自尊心和自信心是一种巨大的教育力量。有了它，学生就能够自己教育自己。苏霍姆林斯基说："一个人从童年时代起就失去了自尊心，那对他还有什么可指望的呢？最重要的教育任务之一，就是使每一个孩子在掌握知识过程中体验到人的自尊心和自豪感。"为了从小培养学生的自尊心和自信心，苏霍姆林斯基不等学生真正学会了不给学生打分数，也即不轻易给学生打不及格的分数。他说，如果是学生不会做，那么老师就应该教会学生；如果是学生没用心做，那么老师就应该要求学生重新用心做。这样来使学生获得优良的成绩。他说，一年级的小学生进校以后往往要经过几个月以后才能得到第一次分数。要使学生认识到分数是很重要的，要经过一定的努力才能得到好的分数，从而培养他们克服困难的精神，获得胜利的喜悦。一个人从小有了这种心理品质，长大以后对于工作就会有事业心，进取心；如果相反，学生对自己的学习好坏淡漠无情，将来要求他对工作有事业心和责任心就很难了。所以苏霍姆林斯基说，一个孩子如果一连得了几个两分，他就觉得无所谓了，"这在孩子的精神生活中发生了最可怕的事"。（参见《外国教育动态》，1980年第2期）

我们的老师是不是注意到这一点呢？有的老师因为一点小事，甚至于并不是学生的过错，就向学生大发雷霆，有时还讽刺挖苦，想尽方法去伤害学生的自尊心。现在教师不能体罚学生，但有的老师却借家长之手体罚学生。所以学生中就流传着一个顺口溜，叫作"天不怕，地不怕，就怕老师到我家"。学生对老师常常有一个公正的评价。学生并不会讨厌要求严格的老师，他们不喜欢松松垮垮的老师，最不喜欢爱"损人"的老师。他们喜欢的是对学生亲切，尊重学生，和学生平等相待，教书认真，要求严格的老师。因此，我们当老师的要警惕自己的一言一行，要把学生当作成年人一样平等对待，切不可因为他们是小孩子就瞧不起他们。

尊重学生是和热爱学生联系在一起的，只有热爱学生，才能对他充满无限的信心，千方百计地去爱护他，而不是去伤害他。

过去把尊重学生和热爱学生批判为母爱教育、感化教育、人道主义教育，是"左"的倾向的反映，现在已经平了反。尊重学生和热爱学生是基于学生既是教育的客体又是教育的主体这条客观规律的。违背了这条规律，教育就很少有成效，这已经被几十年的实践所证明。

第三，要启发学生的自觉性。要想让学生学习得好，首先学生要有学习的愿望和要求。心理学上叫作学习的动机。学习动机可以分为外部动机和内部动机。社会上升学就业的压力，对学历的要求和舆论，家长对学生的要求，教师的奖励和惩罚，都是引起学生学习动机的外部因素，称之为外部动机。学生为振兴中华，实现"四化"而树立的学习目的，客观现实对学生的刺激和学生知识水平之间的矛盾而引起的求知欲，学生对某一科目和活动的兴趣和爱好等，都是引起学习动机的内部因素，称之为内部动机。外部动机带有某种强制性，不能完全转化为学生的自觉性。内部动机则出于学生内部的需要，具有高度的自觉性。当然，外部动机和内部动机对学生来说都很重要，它们是互相促进、相互转化的，外部动机也会转化为内部动机。例如学生本来对某门学科并不感兴趣，但是经过老师的鼓励和教育，逐渐地使他感兴趣了，就转化为内部动机。有时学生对某门学科很感兴趣，但由于得不到老师的鼓励，或者因为老师教得不好，他的兴趣逐渐减弱，内部动机就会逐步消失。

教师的责任就在于培养学生的学习动机，教师要善于利用外部因素，更重要的是要善于激发学生的内部动机，要避免外部动机的消极作用。学生有了学习动机就能够自觉地、主动地学习，教学工作就会得到较好的效果。

教学工作是这样，思想教育工作也是这样，只有通过学生自身的矛盾斗争才能接受一个观点和一个信念。

现在，大家都在谈论发展学生的能力的问题。所谓发展学生的能力，就是意味着不要把学生当作装知识的容器，而是要让他成为去获取科学文化知识的主人。关于发展能力的问题，需要专门研究，专门写文章论述。我这里只想指出一点，学生的能力中很重要的是想象力和创造力。一个人如果想象力不丰富、创造力不强烈是很难做出优异成绩的，他只能成为照章办事的人，不能成为出类拔萃的人才。但在实际生活中，我们往往忽视这种能力的培养。

第四，要为学生创造一种条件和环境，使他们自己在矛盾中决策，那样获得的观念才巩固，才会变成他自己的坚定信念。特别是在学生犯了错误的时候，不能光靠单纯的说教，而是要给学生组织一些活动，使他在活动中用自身的力量去克服自己的缺点和错误。有的教师热衷于个别谈话。我认为，个别谈话是需要的。但是个别谈话要求教师要有高度的教育艺术，否则很难达到预期的效果。什么情况下个别谈话才有效果呢？①教师在学生心目中要有高度的威信；②要在学生思想斗争最激烈的时候；③要对发生的事情调查得一清二楚；④要能抓住学生思想斗争中的焦点；⑤要出于对学生真诚的热爱，态度要民主，要允许学生发表不同意见，要互相交谈等。也许还有其他条件。但是有的教师并不考虑有没有谈话的条件，时机成熟不成熟，学生一犯错误，立即谈话，十次有九次会失败。常常遇到这样的情况，开始的时候，教师还冷静，后来越来越激动，声音也提高了，态度也生硬了，结果不欢而散，以失败告终。所以我主张要多搞些活动，让学生在活动中改正错误。重庆市工读学校有这样一个例子：有两个学生因犯了错误被送进工读学校，进校后总想逃跑。校长有一次对他们讲："我今天下午要去慰问一个毕业生，想和你们两人一起去，我代表学校，你们代表学生。但是有一个条件，你们一路上要表现出像个好学生的样子，不要再犯错误。"学生答应了。下午出发，一路上两人表现都很好，在汽车上敬老扶幼，让座位。有一个老年人很感动，对他怀里的小孙子讲："将来长大了要以他们为榜样。"到了毕业生那里（当然是事先联系好的），毕业生又给两个学生做了些工作。回校以后，校长问他们："这次访问有什么感想？"他们回答说："我还不知道做了一点好事会有那么多人夸。"他们过去听到的都是批评意见，从来没有听到过一句赞扬的话，现在听到赞扬的话，他们内心的激动是不用说了。这种激动就会变成他们转变的起点。总结过去的经验，差生的转变总是在特定的活动中开始的，很少是因为经过几次谈话就转变的。当然不能说谈话没有作用，而是要多种方法配合才行。特别是组织学生的活动，设置某种环境和条件，通过学生自身的活动和思考去得出正确的结论和信念。

要特别慎重地运用惩罚这个教育手段。这种消极的手段运用得不恰当会起副作用。只有学生已经认识到自己的错误的时候，惩罚才能收到良好的教育效果。否则学生就不会接受你的惩罚，就会产生和教师、和学校对立的情绪。惩罚还需要在有公众舆论的情况下才有教育效果，否则同学都同情他，这种惩罚只有害处。当然，学生犯了严重错误是要惩罚的，惩罚就是对他的行为的否定，有时他对错误认识不够，通过惩罚促进了他的认识。惩罚不仅对犯错误的人有教育作用，对其他同学也有教育作用，但要运用得当。总之，惩罚作为一种教育手段来说，首先应该考虑它的教育效果。学生犯了错误，要惩罚，最好是等一等，等一等有很大的好处，它可以使教师和学生都冷静下来多思考几个问题；还可以使教师有时间做调查研究，有时间做群众的工作。条件成熟了再惩罚，也许那时候就认为没有必要再惩罚了，或者可以从轻处罚了。

学生既是教育的客体又是教育的主体，是一条具有普遍意义的客观规律，它涉及教育教学工作的各个方面。简单说来，也可以说是教师应该有的一种教育指导思想，即时时刻刻把学生看作教育的主人，时时刻刻启发学生的自觉性，不是让他消极地、被动地接受教育，而是主动地、积极地开展教育活动，在教育教学活动中受到教育。当然，我们不赞成儿童中心主义。我们强调教师的主导作用。启发学生的自觉性不等于不要教师的主导作用。相反，只有教师充分发挥了主导作用，才可能启发学生的自觉性。因此遵循这条规律不是放弃教师的作用，而是教师的作用更重要，责任更重大。

以上只是对教育规律的粗浅认识，是从教育工作的实践中总结的，在教育理论上的阐述是很不够的，只是作为不成熟的意见和战斗在教育第一线的老师们商讨。

教育立法刻不容缓[*]

我国保护森林有森林法，保护稀有动物、保护历史文物都有法，唯独儿童和青少年受教育的问题没有专门的法律规定。虽然我国《宪法》中规定"国家大力发展教育事业，提高全国人民的文化科学水平"，但是没有具体的法律条文来保证。总结新中国成立以来我国发展教育事业的经验，虽然取得了很大的成绩，但是教育事业的发展与国民经济发展很不相称，与我们这样一个社会主义大国很不相称。原因固然很多，但其中一条原因就是没有法律的保障。教育经费可以随意挪用，学校房舍可以任人侵占，教师人身安全得不到保障，干部、教师可以随意调走。这样办教育只能是事倍功半，永远办不好。因此教育立法刻不容缓。

教育立法可以保证国家预算中的教育经费真正用于教育事业。过去，教育经费在国家预算中的数目是一回事，真正拨款是另一回事。教育经费在国家支出中的比例已经很小，还年年有欠账，完不成计划。同时，国家的拨款到了地方上又总要"雁过拔毛"，被挪作他用。近年来，由于中央领导的关怀，社会各界人士的大力呼吁，教育事业逐渐被重视起来，许多省市用地方财政增拨教育经费，这是一个好现象。但是也还有些地方，上级政府增拨，下级政府仍在挪用。据传，某市一个郊区在

---

* 原载《教工月刊》，1982年第1期。

200万元教育行政经费中就挪用了160万元去支援农业，计划生育宣传费和独生子女补贴费也要在教育行政经费中支付。这样，用于学校的钱就微乎其微了。有的学校的行政经费连付水电费都不够，许多学校订不起报纸，买不起体育用品，甚至有的学校连一个钟都没有。这样下去如何提高教育质量。因此教育要立法，要用法律规定，把国家预算中的教育经费真正用于发展教育事业，谁要挪用就要负法律的责任。

"文化大革命"中许多学校的房舍被部队、机关、工厂占用，这种现象在世界上是少有的。学校是培养人才的地方，应该有法律规定，任何团体和个人都不得侵占学校的房舍，已经侵占的要限期退回，谁违反了这一条就要受到法律制裁。"文化大革命"中"四人帮"不要文化教育，许多学校被撤销，房舍被占用。我们不能责怪占房单位，但这个问题需要认真解决。今后有了法律规定，就再也不能乱占校舍。

教育立法可以保证小学教育的普及。普及教育是现代化生产发展的必然要求。有些资本主义国家为了培养熟练工人，同时也由于工人阶级争取受教育权利的斗争，早在100多年前就实行普及义务教育，都是用法律固定下来的。我国由于没有教育立法，虽然年年讲要普及小学教育，但至今未能普及。当然，在我们这样一个幅员辽阔、人口众多，各地区经济发展极不平衡，又是多民族的国家，要普及教育是有许多困难的，但如果把普及义务教育作为法律固定下来，就可以使各地方政府、各级干部、学校、教师、家长都有法可循，互相督促，积极地想办法克服困难，办好学校。

教育立法可以保证教师队伍的稳定和质量。办好教育，教师是个关键。国家要用法律来保证教师队伍的建设。首先，法律要规定教师的资格，各级各类学校的教师应该具有什么业务水平和教育能力。我国没有法律规定，教师队伍参差不齐，许多学校的领导不懂得教育规律，许多教师没有相应的文化水平，没有经过教育专业的训练，不懂得教育规律，不懂得儿童的心理特征，因此教育质量低下。这种情况再继续下去，教育经费增加得再多也是白白浪费。因此一定要用法律规定教师的资格。合格的教师发给证书，工资待遇不能低于同等文化水平的其他职工，甚至应该略高。

其次，法律要规定教师的考核、进修、晋级、奖励、淘汰等制度。在当代科学技术迅猛发展的时代，教师不能只满足于已有的知识，而要不断进修学习，才能跟上形势发展的需要。就是对优秀教师也要给他进修的机会，不断提高业务能力。

最后，法律要规定，教师不得随意被调作他用，保证教师队伍的稳定。教师队伍不稳定是影响教育质量的重要原因。有些地方，不顾学校的教学质量，经常调动教师去搞临时性的、突击性的工作，严重影响学校的教学工作。有了法律的规定，这种现象就可以避免。

教育立法要规定各级教育行政部门的职责。在许多地方，教育行政部门的干部往往被地方政权机关"统一使用"，去干许多与教育无关的工作，他们对本地区的学校很少做业务指导。法律要规定各级教育行政部门的职责，要把精力主要放在业务指导上，督促学校认真贯彻党和国家的教育方针和政策，认真完成教学计划的要求，检查和提高学校的教学质量。

教育立法的内容还有许多，如关于教育制度、教育计划等。总之，有了教育立法，教育工作干部、教师、各界的同志对教育就有了法制观念和法律的责任。大家都来维护教育事业，我国的教育事业定会欣欣向荣地向前发展。

一个科学的结论[*]

　　党的十二大把教育、科学确定为经济发展的战略重点之一，这是我们党总结新中国成立30多年来社会主义建设历史经验所得出的科学结论，是付出了很大代价得出的一个结论。胡耀邦同志在十二大报告中指出："过去由于'左'倾思想和小生产观念的束缚，在我们党内相当普遍、相当长期地存在着轻视教育科学文化和歧视知识分子的错误观念。它严重地妨碍我国物质文明和精神文明的建设。"这就清楚地说明了造成我国文化教育事业落后的根本原因，在于我们长期以来对教育在社会主义建设中的地位和作用缺乏应有的认识。

　　毛泽东同志在《新民主主义论》中讲道："一定的文化（当作观念形态的文化）是一定社会的政治和经济的反映，又给予伟大影响和作用于一定社会的政治和经济。"长期以来，我们没有真正理解这句话，认识上有极大的片面性，主要表现在两个方面：第一，我们过去过多地看到了社会的政治和经济对教育的制约作用，而对教育的反作用则认识不足；第二，对教育的反作用，也往往只看到它对政治的作用，看不到它对经济的作用。对教育为无产阶级政治服务又片面地、错误地理解为为现实的政治斗争服务，因而认为政治可以冲击甚至代替教学。"文化大革命"

---

* 原载《天津教育》，1983年第2期。

中林彪和江青这两个反革命集团利用了这种片面的认识，抓住教育阵地为他们篡党夺权服务。他们大肆摧残、破坏文化教育事业，打乱了新中国成立以来逐步建立起来的、比较适合社会主义建设的教育制度，严重地降低了教育质量。它的恶劣影响至今还没有完全消除。这是一个沉痛的教训。

长期以来，我们没有认识到教育在经济建设中的重大作用，往往把教育事业的投资单纯地看作消费性投资，没有把它放到国民经济发展的应有的地位上。新中国成立初期和第一个五年计划期间，我们党对教育事业的发展是比较重视的。"一五"期间，教育基本建设投资占基本建设投资总额的5.5%。那时期工业固定资产增长了1.26倍，工程技术人员增长了2倍，教育事业的发展基本上满足了经济建设的需要。但是，1958年以后，教育的基本建设投资却越来越少，工程技术人员的增长速度始终低于工业固定资产的增长速度。"二五"期间，教育基本建设投资占基本建设投资总额的2.6%；国民经济调整时期（1960—1964年）为3.2%；"三五"时期为1.9%；"四五"时期为2.3%；粉碎江青反革命集团以后有所增加，1976—1978年为2.7%。总起来说，新中国成立以来到1979年，国家基本建设投资增加了33.6倍，而教育基本建设投资只增加了19倍。再看工程技术人员和工业固定资产的增长速度，1952—1977年这25年，工业固定资产增长了18倍，而同期内，主要靠高等学校和中等专业学校培养的工程技术人员却只增长了18倍多，工程技术人员的培养跟不上经济建设的速度。再加上十年内乱中林彪和江青这两个反革命集团对教育事业的严重破坏，使得工程技术人员在国家职工中所占的比重大幅度地下降。1979年工业部门的技术人员仅占职工总数的2.8%。不仅技术干部严重不足，工人的文化技术水平也降低了。一部分有熟练技术的老工人退休，而"文化大革命"期间进厂的工人，文化程度又很低。据《人民日报》1981年4月1日载，1979年年底通过对2 000万职工的调查，有80%的职工没有达到初中文化程度，文盲、半文盲占7.8%；技术等级多数在三级以下。技术人员的不足，工人素质的下降，严重地影响了劳动生产率的提高和先进设备的利用。这种状况不改变，经济建设就搞不好，实现"四化"就是一句空话。

文化教育的落后不仅严重妨碍物质文明的建设，也严重妨碍精神文明的建设。十年内乱破坏了文化教育建设，也严重地影响了青少年思想觉悟的提高，使得许多青年缺乏理想，思想空虚，不讲公德，纪律松弛，社会风气严重败坏。粉碎江青反革命集团以后，由于对外实行了开放政策，国外的一些资产阶级腐朽思想和生活方式也随之进入，再加上我们一度放松了思想政治工作，社会风气一直没有得到根本好转。党的十一届三中全会以后，端正了思想政治路线，加强了思想政治工作，情况有了很大好转，但要使社会风气得到根本转变，还有待于加强文化建设和思想建设，而文化建设又是思想建设的重要条件。在文化建设中，教育占有极为重要的地位，正如胡耀邦同志在十二大报告中所强调指出的："普及教育是建设物质文明和精神文明的重要前提。"

总结新中国成立30多年的历史经验，可以得出这样一个结论：文化教育事业的发展要依赖经济发展为它提供物质条件，而经济建设又必须依靠教育为它培养人才和准备技术条件。而培养人的周期比较长，不能等到需要的时候才去考虑，教育应该走在前面，培养人的计划应该提前规划。当前我国经济建设的物质条件比20世纪50年代好得多。经过几个五年计划，我国已经建立了比过去更巩固的物质技术基础，近年来又进口了许多新的技术设备，经济发展的条件从物质上讲基本上已经具备。如果20世纪80年代人才培养的问题解决得好，充分利用我国的人力资源，技术力量将会大幅度增强，我国的生产也一定会大幅度地增长。正如能源、交通问题解决得好，生产潜力将会极大地发挥一样，人才问题也是当前经济发展的一个关键。所以，十二大把培养人才的教育事业列为经济发展的三个战略重点之一。

教育作为战略重点，不仅关系到当前的经济建设，而且关系到国家的命运、民族的未来。今天在校的中小学生，正是21世纪初各条战线的骨干，建设社会主义的重任要落在他们肩上。今天如果我们不把他们教育好，将来不仅他们要责怪我们浪费了他们宝贵的青春，更重要的是我们的国家就不可能掌握在合格的接班人的手中，国家的前途就不堪设想。今天我们已经尝够了"左"倾思想所造成的轻视文化教育的苦果，应该认真地从中吸取教训，提高对教育是经济发展的战略重点的认识，切切实实把文化教育事业办好。因此，发展教育就不只是教育部门的事情，全社会都应该关心它的发展。尤其是经济部门要大力支援教育部门办好教育，特别是教育内部的结构改革，没有经济部门的支持是难以进行的。因此，教育部门的同志应当主动做工作，努力争取经济部门的同志对我们的支持，支援我们开办各种职业技术学校。只有经济部门的同志都认识到教育的重要作用，并且积极支持教育事业，教育才能真正成为经济发展的战略重点，否则，只能是一句空话。因为从我国的财政收支来看，近几年内，国家的教育经费不可能大幅度增加，但是不少企业的办学潜力却是很大的，办学的经费是不难解决的。而且要看到，企业的教育投资是会产生经济效益的，是划得来的。常州市的职业学校与企业合办，企业每年给每个学生补贴50元，三年花150元可以培养一名有一定理论、一定技术的熟练工人，比他们自己在工厂中实行学徒制每月发30元工资用三年时间培养熟练工人合算得多。因此，企业大力支持职业学校，结果教育事业发展了，工人的素质也提高了，这是一条很好的经验。

让学生生动活泼地主动地得到发展[*]
——纪念毛泽东同志诞辰 90 周年

　　1964年3月10日，毛泽东同志在对北京市一位中学校长的来信批示中，批评了当时课程太多、教授不甚得法、考试方法以学生为敌人等现象，主张让学生在德、智、体诸方面生动活泼地主动地得到发展。这是毛泽东同志教育思想的精髓，我们应该认真学习并坚决贯彻。

　　毛泽东同志在领导新民主主义革命、社会主义革命和社会主义建设的过程中，十分重视年青一代的培养、教育问题，曾经有过许多重要的指示、批示和谈话。虽然在不同的场合有些提法不尽相同，但是，他对于要把学生培养成什么样的人这个中心思想是十分明确的，这就是要使年青一代在德、智、体诸方面得到全面发展，不能有所偏颇，他主张让学生学得主动，学得生动活泼，反对读死书、死读书，要把他们培养成有生气、有能力、有创造精神，并能自觉遵守纪律、有主人翁责任感的一代新人，这正是我们社会主义教育目的所要求的。

　　让学生生动活泼地主动地得到发展，这是时代的要求。现代科学技术的发展日新月异，如果一个学生只会死读书，即使把书背得滚瓜烂

---

　　*　原载《天津教育》，1983年第12期。

熟，也难以适应现代科学技术发展的需要。我们的时代需要培养越来越多的视野开阔、具有广博的知识、有创造能力、勇于探索科学奥秘的新人。为此，必须要进行一系列的教育改革，尤其要改革传统的注入式的教学方法，采取启发式的教学方法，把学生从频繁的考试和分数的压力下解放出来，使他们有自由支配的时间，主动地学习，充分发挥他们的才能和特长，这样才有利于培养现代化建设所需要的人才。

毛泽东同志19年以前的指示，今天仍然放射着灿烂的光辉，有着重大的现实意义。当前学校实际工作中存在的主要问题，仍是毛泽东同志当年所批评的问题，其中最大的祸害就是片面追求升学率的错误倾向，其后果是忽视了学生的德育，影响了他们的身体健康，学生掌握的知识也往往只是死的书本知识，高分低能。几年来，社会各界都呼吁要纠正片面追求升学率的倾向，但至今没有得到根本解决。造成片面追求升学率的原因是多方面的，要克服这种倾向也必须社会各方面共同努力，进行"综合治理"。而教育行政部门和学校则应充分认识自己的责任，以积极的态度，采取有效的措施，坚决予以纠正。事实上，就有不少学校能顶住这股歪风，进行各种教育改革试验，注意培养学生的能力，减轻他们的过重负担，把学校办得生气勃勃。学生的质量并未因为搞了教育改革而降低，相反，提高了。说明按照毛泽东同志的这条指示办学，学生就能德、智、体全面发展，就能学得生动活泼，教育质量就能得到提高。

国庆节前夕，邓小平同志为北京景山学校题词："教育要面向现代化，面向世界，面向未来。"这是对毛泽东同志教育思想的发展，为我国社会主义教育指出了新方向。

教育要面向现代化，就是说教育要为社会主义现代化建设培养合格人才。社会主义现代化建设既需要掌握先进科学技术的高级专业人才，也需要具有一定文化科学知识的工人、农民和其他普通劳动者，中小学教育是基础教育，它的任务是既要为高一级学校培养合格的新生，又必须为毕业生今后参加社会主义建设做好思想上和知识技能上的充分准备，让他们走出校门就能较快地适应工作。也就是说，中小学教育要以培养现代化建设所需要的各种人才为目的，绝不能以片面追求升学率为目的。

教育要面向现代化，就要用先进的科学文化知识武装学生的头脑。粉碎江青反革命集团以后，我们对中小学的教学内容进行了改革，吸取了国外的先进经验，增加了现代化的内容。当前我们要在调查研究的基础上，删掉一些不切实际的、特别是陈旧的内容，增加科学技术新成果中的基本知识，使教学内容逐步现代化。改革教学内容，要特别注意从学生的实际出发，教材不要过深过难，避免学生负担过重。在改革教学内容的同时，还要改革教学方法，注意培养学生的能力。要积极地改善教学设备，逐步采取现代化的教学手段，不断提高教学质量。

教育要面向世界。我们不仅要把伟大的祖国建设成现代化的强国，而且要使她立足于世界文化之林，为世界的进步和繁荣做出贡献。我们的中小学教育就应为培养视野开阔、知识广博、适应时代需要的人才打下扎实的基础。为此，我们要结合我国的国情学习外国一切有益的经验。

教育要面向未来。"十年树木，百年树人"，说明培养人才的周期较长。今天的中小学生，将是20世纪末21世纪初我国现代化建设的栋梁之材。为了把他们培养成为能够适应21世纪时代需要的人才，我们就应该着眼于未来，切不可只盯着当前鼻子底下的那点分数和升学率。

教育要面向现代化，面向世界，面向未来，是一个整体。它要求我们培养出来的人，就是19年前毛泽东同志所提出的那样，是德、智、体诸方面生动活泼地主动地得到发展的，有社会主义觉悟的有文化的劳动者。

今天重温毛泽东同志的指示，又学习了邓小平同志的题词，感到特别亲切。我们应该把它们作为我们中小学教育的指导思想，认真地贯彻和落实。为此，我们在教育工作中应注意以下几点。

第一，认真、全面地贯彻党的教育方针。在学校的实际工作中，对学生德、智、体、美、劳动技术教育等几个方面一定要统筹兼顾，不可偏废。德育是方向，是灵魂，是体现我国教育社会主义性质的重要标志之一；智育是关键，智育搞不好，其他教育也很难搞上去；体育是学生成长的物质基础，学生有了健康的身体，才能以充沛的精力从事学习和劳动，特别是青少年正处于长身体的时期，学校更应该十分重视体育工作；美育、劳动技术教育都是我国社会主义教育的组成部分，它们对于学生共产主义情操、审美观点的培养，良好劳动态度和习惯的形成，都起着重要作用。我们的教育必须使学生在德、智、体诸方面都得到发展，才能适应现代化建设的需要。

第二，要把学生既看作教育的对象，又看作教育的主体。在教育过程中，学生是教育的对象。教师要遵照教育方针，有目的、有计划地对学生施加影响。要使教育有成效，让学生生动活泼地主动地得到发展，就必须充分发挥他们的主观能动性，使他们真正成为学习的主人。

要把学生看作教育的主体，就要努力贯彻因材施教的原则。每个学生的先天素质不同，所受的教育、环境条件也各不相同，因此，每个学生都有不同的个性特点，即有不同的兴趣、爱好和性格等，他们对教师施加的影响的反应也会不同。教师只有全面、深入地了解每个学生的个性特点和个别差异，因材施教，调动他们的积极性，发展他们的才能，才能取得预期的教育效果。

要把学生看作教育的主体，就要尊重、信任学生，尊重他们的人格，不可伤害他们的自尊心。教师对待学生要持平等的态度，耐心听取他们的意见，在教学中，要启发学生积极思维，鼓励他们提出不同的意见。现在教学中一个极大的弊端是往往只允许学生与教师求同，不允许求异，老师讲什么，学生就听什么；考试的答案必须是书本上的，或是教师讲的，不能越雷池一步。这种只能求同不能求异的思想，是不利于启发学生的创造性思维、培养他们的创造精神的。

第三，要大力开展课外活动，使学生的课余生活丰富多彩。教师要把青少年的精力引导到爱科学、学科学、用科学方面来，并吸引他们参加各种有益于身心健康的文体活动，使学生在这些活动中充分发挥自己的特长和聪明才智，同时使他们增长知识、增强体质、了解祖国、认识世界、开阔眼界。为此，教师要切实提高课堂教学的质量，精选课外的练习题，减少测验、考试的次数，减轻学生的课业负担，使学生有时间、有精力去参加课外活动。

总之，毛泽东同志的这条指示和邓小平同志最近的题词，为我们进行教育改革指明了方向。要贯彻之，需要端正办学指导思想，从教育制度、教育的内容和方法等方面进行系统的改革。要做到这一点，就需要认真地调查研究，一项一项地具体贯彻落实。本文只能谈一点肤浅的意见，以抛砖引玉。

学习毛泽东同志关于知识分子问题的论述*

——纪念毛泽东同志诞辰 90 周年

毛泽东同志在领导我国民主革命和社会主义革命的过程中，始终把知识分子的问题作为一个重要的战略问题来对待，发表过许多文章、讲话和批示。从这些文章、讲话和批示中，我们可以看出，毛泽东同志是十分重视知识分子在革命和建设中的重要作用的。在纪念毛泽东同志诞辰90周年的时候，重温这些论述，感到更为亲切和重要，无论是对于党的组织落实知识分子政策也好，还是知识分子自身的学习和工作也好，都有重要的现实意义。

一

毛泽东同志历来重视知识分子的作用，时常提醒党的组织要注意吸收知识分子，批评某些干部对于知识分子的不正确的态度。在民主革命时期，为了纠正三次"左"倾错误在知识分子问题上的表现，毛泽东同

---

* 原载《中国高等教育》，1983年第12期。

志为中央起草了《大量吸收知识分子》的决定。他在决定中指出："没有知识分子的参加，革命的胜利是不可能的。"他说：许多地方党部还不愿意吸收知识分子入党，"是由于不懂得知识分子对于革命事业的重要性，不懂得殖民地半殖民地国家的知识分子和资本主义国家的知识分子的区别，不懂得为地主资产阶级服务的知识分子和为工农服务的知识分子的区别……"。抗日战争时期，毛泽东同志在《整顿党的作风》一文中又重申了这个观点。在整个民主革命过程中，正是由于党执行了比较正确的知识分子政策，一大批先进的知识分子团结在共产党的周围，发挥了先锋和桥梁作用，他们中很大一部分被吸收进了共产党，在长期的革命斗争实践中锻炼成为无产阶级的先进战士。新中国成立以后，毛泽东同志亲自做知识分子的工作，引导他们学习马列主义，学习中国革命的历史和理论，学习全心全意为人民服务的思想，使他们在思想上取得很大的进步，为社会主义建设做出了重要贡献。与此同时，毛泽东同志又十分关心新的知识分子的培养工作，1950年6月亲临第一次全国高等教育会议会场会见代表，周恩来同志还就教育方针等问题讲了话。为了尽快地为文化经济建设准备人才，在抗美援朝的紧张时刻，是党中央和毛泽东同志决定派遣大批留学生到苏联去学习科学技术。1957年2月，毛泽东同志在《关于正确处理人民内部矛盾的问题》中指出："我国的艰巨的社会主义建设事业，需要尽可能多的知识分子为它服务。"同年7月，又在《一九五七年夏季的形势》中写道："为了建成社会主义，工人阶级必须有自己的技术干部的队伍，必须有自己的教授、教员、科学家、新闻记者、文学家、艺术家和马克思主义理论家的队伍。这是一个宏大的队伍，人少了是不成的。"

新中国成立初期，在实际工作中对待知识分子也曾经发生过某些"左"的错误。为了纠正这些错误，党中央于1956年召开了知识分子问题会议。周恩来同志代表党中央做了报告，全面、系统地阐述了党的知识分子政策，党在落实知识分子政策中还采取了一些具体措施。但是，1957年反右派斗争扩大化，严重地影响了党同知识分子的关系。1958年的教育大革命，更加挫伤了广大知识分子的积极性。1958年年底，毛泽东同志曾经批评了某校党支部对待教师宁"左"毋右的错误思想，并在批示中指出：端正方向，争取一切可能争取的教授、讲师、助教、研究人员，为无产阶级的教育事业和文化科学事业服务。1962年，周恩来、陈毅、聂荣臻同志在广州科学和文艺会议上又一次重申党的知识分子政策，并且明确指出知识分子是劳动人民的一部分。但是，这种思想并未在党内党外被普遍接受，而总是把知识分子看作资产阶级的一部分，因而"左"的倾向终于没有被纠正过来。到"文化大革命"时期，林彪、江青反革命集团把知识分子作为专政的对象，使知识分子受到沉重的打击和折磨。邓小平同志在1977年党的十届三中全会上讲道："应该承认，毛泽东同志曾经把他们（指知识分子——笔者）看作资产阶级的一部分，这样的话我们现在不能继续讲。但是从整个革命和建设过程来看，毛泽东同志是重视知识分子的作用的。他在1975年，还针对'四人帮'的污蔑，指出'老九不能走'。"这是对毛泽东同志关于知识分子的思想的准确的、完整的评价。

二

毛泽东同志不只一般地重视知识分子在革命和建设中的作用，而且对中国的知识分子做了具体的分析。

第一，毛泽东同志认为，中国的知识分子是与资本主义国家的知识分子不同的，中国的知识分子具有很大的革命性。马克思主义认为，知识分子并不是一个独立的阶级或阶层，知识分子的阶级属性主要看它依附于哪个阶级，为哪个阶级服务。毛泽东同志分析了旧中国的知识分子的特点，指出处在半殖民地半封建的中国的知识分子从他们的家庭出身、生活条件和政治立场来看，他们的多数可以归入小资产阶级范畴。在他们中间，除了一部分接近帝国主义和大资产阶级并为其服务而反对民众的外，一般都受到帝国主义、封建主义和资产阶级的压迫，遭受着失业和失学的威胁。因此他们有很大的革命性。再加上他们有科学文化知识，富于政治感觉，因此他们在中国革命中常常起着先锋的和桥梁的作用。马克思列宁主义在中国的传播，也首先是在知识分子中间。毛泽东同志列举了辛亥革命前的留学生运动、五四运动、五卅运动、"一二·九"运动等无数历史事实，说明中国的大多数知识分子，尤其是广大的比较贫苦的知识分子能够和工农一道参加和拥护革命。所以"革命力量的组织和革命事业的建设，离开革命的知识分子的参加，是不能成功的"。

毛泽东同志还认为，由于我国原来是半殖民地半封建社会，科学文化很不发达，知识分子为数很少，因此中国的知识分子尤其可贵。他在1957年《在中国共产党全国宣传工作会议上的讲话》中讲道："500万左右的知识分子对于我们这样一个大国来说，是太少了。没有知识分子，我们的事情就不能做好，所以我们要好好地团结他们。"

在社会主义现代化建设中，知识分子尤其起着特别重要的作用。现代化建设需要先进的科学技术和各种文化知识，以便创造出高度的物质文明和精神文明。因此就需要有一支掌握科学技术知识和社会科学知识的宏大的知识分子队伍。胡耀邦同志在纪念马克思逝世100周年纪念大会上讲道："知识分子是我国社会主义现代化建设所绝对必需的智力因素，是我们国家的宝贵财富。"

第二，知识分子必须和工农相结合。毛泽东同志一方面强调知识分子和工农一起是中国革命的动力，同时又指出，旧中国的知识分子是有弱点的。他们在没有下决心为民众利益服务，并与群众相结合的时候，往往带有主观主义和个人主义的倾向，思想往往是空虚的，行动往往是动摇的。因此，只有与工农相结合，才能革命到底。在民主革命时期，许多知识分子遵照毛泽东同志的教导，和工农打成一片，为中国人民的解放事业做出了重大的贡献。新中国成立以后，毛泽东同志为我们党制定了对知识分子团结、教育、改造的政策。这是针对从旧社会来的知识分子说的。从旧社会来的知识分子大多数是在旧社会受压迫的，他们向往着新社会，愿意为社会主义服务。但是如何为社会主义服务，有一个转变的过程。团结、教育、改造的政策在新中国成立初期无疑是正确的。广大知识分子遵照毛泽东同志的教导，努力学习马列主义，改造思想，树立起了为人民服务的思想。他们兢兢业业，埋头苦干，即使在"四人帮"摧残知识分子的岁月里，也没有失去对党的信心和对事业的追求。他们一心一意想早日把我国建设成为现代化强国。这是毛泽东同志关于知识分子政策的胜利。现在的知识分子已经成为我国工人阶级的一部分。当然，历史在前进，情况在不断变化，人的思想要适应新的变化，就要不断改造。从这个意义上讲，人人都要不断改造，工人、农民和共产党员都要不断改造。

毛泽东同志关于知识分子必须和工农相结合的教导，今天仍然十分重要。知识分子是工人阶级的一部分，但是他们是脑力劳动者，和从事体力劳动的工农群众在工作条件上、思想感情上总会有一定距离。知识分子要为工农服务，就要和工农相结合，了解他们的需要和思想感情，特别在"四化"建设中，需要脑力劳动和体力劳动的高度结合，更需要知识分子和工农相结合，只有这样，知识分子的作用才能更好地发挥出来。

第三，毛泽东同志历来强调知识分子要又红又专。特别是对于新培养的知识分子更应该从又红又专做起，不能有所偏废。他说："红与专、政治与业务的关系，是两个对立物的统一。一定要批判不问政治的倾向。一方面要反对空头政治家，另一方面要反对迷失方向的实际家。"红是一个政治概念。一个人，如果能做到爱社会主义祖国，拥护中国共产党的领导，自觉自愿地为社会主义服务，为工农兵服务，应该说他初步确立了无产阶级世界观，按政治标准来说，他是红了。一个知识分子，勤勤恳恳致力于社会主义的文化科学教育事业，做出贡献，这即是专的表现，在一定意义上也可以说是红的表现。又红又专是社会主义知识分子的标志。我们的知识分子既坚持四项基本原则，又具有为社会主义建设服务的真实本领，这就是又红又专，只有这样的知识分子才能担负起建设社会主义现代化强国的艰巨任务。

正确理解毛泽东同志提倡的又红又专的概念，十分重要。长期以来，由于"左"倾思想的影响，把钻研业务的知识分子看成是"白专"，这就使得有些人更加轻视知识和知识分子。事实上，新中国成立30多年，我国的知识分子是沿着毛泽东同志指引的方向前进的。他们在党的哺育下，努力学习马列主义，到三大革命实践中去虚心向工农兵学习，刻苦钻研业务，攻克了科学技术领域里的许多难关。有些同志更是不顾个人安危，呕心沥血地为社会主义建设事业而奋斗。蒋筑英、罗健夫、雷雨顺就是这些知识分子的优秀代表。

对于青年知识分子来讲，坚持又红又专的方向尤为重要。今天的大学生大多数都有振兴中华的伟大抱负，但也有少数人缺乏远大的理想。个别人还受到西方资产阶级思想的精神污染，认为一切都是西方的好。由于他们都是生在新社会，没有经历过旧社会的苦难生活，缺乏新旧社会的对比，因而缺乏抵制资产阶级思想的免疫力。因此，加强大学生的思想政治教育工作，进行爱国主义教育和共产主义思想教育，使他们沿着又红又专的方向前进，就是当前高等学校的重大任务。

三

邓小平同志准确地、完整地解释了毛泽东同志关于知识分子的思想，并结合新的历史时期的情况发展了毛泽东思想。从最近出版的《邓小平文选（1975—1982）》中可以看到，邓小平同志出来主持工作以后，特别重视党的知识分子政策，把它作为社会主义现代化建设的一个重要战略问题。他在1977年5月的一次谈话中指出："我们要实现现代化，关键是科学技术要能上去。发展科学技术，不抓教育不行。靠空讲不能实现现代化，必须有知识，有人才。"邓小平同志冲破禁区，领导广大干部和群众推翻"两个估计"，为知识分子恢复名誉。他充分论述了知识分子在社会主义建设中的地位与作用，明确地肯定知识分子是工人阶级的一部分。这样就开始逐步纠正长期存在于党内的轻视知识和知识分子的"左"的倾向。几年来，在落实知识分子政策方面，已初见成效，但是绝非一帆风顺，还有大量的工作要做。

首先要解决的还是思想认识问题。社会上轻视知识和知识分子的偏见还远远没有清除，有些同志总是把重视知识分子和重视工农对立起来，好像重视了知识分子，就是看不起工农群众。这种思想在高等学校中也相当普遍地存在着。要克服这种偏见，就要不断讲道理，肃清错误思想的影响。应该使广大职工认识到，知识分子是工人阶级的一部分。在学校中，教师、科研人员和职工共同担负着培养人才的任务，而教师和科研人员在第一线工作，直接担负着培养人的任务；做后勤工作的职工，为教师和科研人员服务，就是间接地为培养人才服务。在高等学校中落实知识分子政策就是为了使教师和科研人员更好地发挥作用。

其次要有具体措施。落实知识分子政策不能停留在口头上。当然，由于过去积累的问题太多，一时难以完全解决。广大知识分子对于党和国家的困难，对于暂时还不能解决的问题，只要讲清楚，是能够谅解的。

但是作为领导和办事部门，却不能以困难为借口而放松自己的工作。

知识分子最关心的问题是什么？他们最关心的是工作，是如何更好地用自己学到的知识为社会主义现代化建设服务。落实知识分子政策就要围绕这个中心。因此恰当地安排知识分子的工作，使他们各得其所，有用武之地，应该放在落实政策的第一位。如果工作安排得不适当，就不能充分发挥他们的聪明才智。当前高等学校的知识分子想些什么呢？老年教师希望有个助手，能够帮助他整理自己的科研成果和教学经验；中年教师特别希望有充分的时间搞教学和科研，希望办一件事能够顺利些，不要因为各部门的扯皮而浪费宝贵的时间；青年教师希望能够进入教学、科研第一线，并有点时间进修学习，以便早日接上老一辈的班。他们日夜想的是把工作搞好。当然，也有人想着职称、工资、房子等问题。学校领导既要加强思想政治工作，帮助他们提高思想觉悟，又要切实解决在目前条件下可能解决的实际问题，为他们在工作中发挥更大的作用创造必要的条件。

就知识分子本身来说，要看到党的知识分子政策正在落实，党对知识分子寄予极大的期望。知识分子要充分认识到自己肩负的历史重任。知识分子不仅是社会主义物质文明的创造者，而且是社会主义精神文明的建设者，正如毛泽东同志所说的："知识分子是教育者。我们的报纸每天都在教育人民。我们的文学艺术家，我们的科学技术人员，我们的教授、教员，都在教人民，教学生。"因此，作为人类灵魂的工程师，我们的责任是重大的。教育者先要受教育，我们要清醒地看到自己的长处和短处，严于解剖自己，克服自身的弱点，不为名，不为利，坚持又红又专的方向。在当前的形势下，知识分子就更需要注意防止精神污染，更不能搞精神污染，要勇敢地、旗帜鲜明地站在反对资产阶级自由化斗争的前列。我们要坚持四项基本原则，刻苦钻研业务，努力攀登科学高峰，为"四化"建设做出贡献，进一步赢得社会的承认和尊重。

新的科技革命和教育的现代化[*]

去年（1983年）9月，邓小平同志为北京景山学校题词："教育要面向现代化，面向世界，面向未来。"它为我国教育事业的发展和改革指明了方向。

建设社会主义现代化强国是我国人民的豪迈事业。邓小平同志早在1977年就指出，要实现四个现代化，科学技术是关键，教育是基础。党的十二大把教育列为我国经济建设的战略重点之一，是总结了新中国成立30多年来社会主义建设的历史经验而得出的科学结论，要建设社会主义的现代化国家，大家都要重视教育，充分认识教育在社会主义物质文明建设和精神文明建设中的地位和作用。同时，教育要能适应社会主义现代化建设的需要，教育本身也必须实现现代化，才能为现代化建设培养各种人才。

教育现代化是世界教育发展的时代潮流。早在20世纪60年代，发达的工业国家就纷纷进行教育改革，实现教育的现代化，至今已历经20多年的时间。现在新的科学技术革命的浪潮又正在冲击着社会生活的各个方面，新的教育改革又正在酝酿之中。

关于20世纪60年代以来世界教育的改革已有许多文章介绍过。本文

---

* 原载《北京师范大学学报（社会科学版）》，1984年第5期。

想着重分析一下当代科技革命的形势及其对教育提出的要求，并结合我国的实际，提出几个值得我们思考的问题，供大家讨论。

一、新的科技革命的基本特点

为了研究新的科技革命对人才的要求，我们首先要了解新的科技革命表现在哪些领域，有些什么特点。

关于新的科技革命，国外议论已久。1973年，美国社会学家丹尼尔·贝尔写的《后工业社会的到来——社会预测尝试》一书，就首次提出了后工业社会的五大特征，即：①经济上从制造业为主转向以服务业为主；②社会的领导阶层由企业主变为科学研究人员；③理论知识成为社会的核心，是社会革新和决策的根据；④未来的技术发展是有计划、有节制的，技术评价占有重要地位；⑤制定各项政策都需要通过"智能技术"。[①]1980年，美国另一位社会学家托夫勒发表了《第三次浪潮》一书。他把人类进步划分为三次文明浪潮：第一次浪潮使人类从渔猎为生的时代进入农业时代；第二次浪潮使人类从农业时代进入工业时代；今天，人类面临着第三次浪潮的冲击，从工业社会进入信息社会，即后工业社会。托夫勒关于人类进步的历史观和社会观是错误的，是违反历史唯物主义的。但是它在书中比较了所谓第三次浪潮与第二次浪潮在技术上、生产上、社会组织以及价值观念上的不同，描述了未来社会技术和生产的变化及其对社会经济、政治、文化及生活的深刻影响，具有一定的启发性。

苏联和东欧国家，对于新的科技革命也早有反应。1973年，苏联和捷克斯洛伐克作者合著了《人—科学—技术》一书，书中对科学技术革

---

① 田心：《关于世界新的技术革命》，载《光明日报》，1984-01-20。

命下了这样的定义："科技革命是科学和技术，以及它们之间的联系和社会职能的根本改造，这种改造引起了社会生产力在结构上和进程中的普遍的变革。它意味着，渗透到生产各部门和改变着人的物质生活条件的科学作为直接生产力在综合工艺中应用，在这个基础上，人在生产力体系中的作用的变化。"[①]1977年，苏联政治书籍出版社出版了斯·阿·海因曼写的《科学技术革命的今天和明天》一书，阐述了科学技术发展的历史、现状和前景，介绍了当前科技革命的内容及其对社会经济各方面的影响。1980年，莫斯科高等学校出版社又出版了《科技革命对劳动内容和确定培养工人干部要求的影响》一书，该书主要是讲科技革命对培养工人提出的新要求，但同时讲到新的科技革命的特点。可见，新的科技革命已经引起世界各国的重视。

新的科技革命主要标志是什么？表现在哪些领域里？虽然每个作者说法不一，但归纳起来大致是以信息化为主要标志，在电子技术、能源、材料、宇宙科学、海洋科学、生命科学等领域中的革命。现在简要地介绍如下。

（1）以信息技术为主的电子技术革命，可以说它是这次新的科技革命的中心。微电子技术的进步，大规模集成电路集成度的提高，带来了电子计算机的革新；微处理机的广泛应用，使信息处理和计算能力大为提高；通信卫星、特高频波段和光导纤维的实现将世界联成一体。它将改变整个工业体系和社会生活。由信息技术带来的变化与过去工业革命带来的变化有质的区别。过去工业革命中出现的纺织机械、蒸汽发动机，以及后来的电力发动机等只是增强了人的体力，而信息技术却扩大了人的智力。而且信息技术影响到科学技术的各个领域。

（2）以再生能源为中心的能源革命。《第三次浪潮》的作者托夫勒

---

① 《人—科学—技术》，352页，莫斯科，1973。

在书中写到，能源是任何文明的先决条件。第一次浪潮文明的能源是人力与兽力，第二次浪潮社会的能源是煤、天然气和石油，都不是再生的燃料。这些能源总有一天会枯竭，而且这种能源对环境污染十分严重。所以现在各工业化国家都在研究节约能源和开发新能源的途径，包括太阳能的利用、潮水发电、核聚变等新技术。

（3）宇宙科学和海洋科学。向外层空间和海洋要能源，要材料。许多尖端技术的材料要在严格的条件下才能生产。在太空中可以不必担心地心吸力，可以取得高纯度的真空、高温或低温等生产新材料的条件。现在"太空生产""太空产品"成为科学家热衷的研究课题。美国通用电气公司已经开始设计太空熔炉。海洋科学的研究，可以找到丰富的能源和矿物资源，还可以在解决人类的食品问题上，提供无穷的蛋白质。

（4）遗传工程的研究。基因重组、细胞融合等技术可以研制出许多新药物，培育出新的生物品种，增加农作物的产量。现在工业上正在研究利用微生物从海水中提取贵重的微量金属，利用细菌吸收阳光的能量，把它转化为电能，称为"生物太阳能"。

（5）新功能材料的研制。主要是指各种工程塑料、复合材料和陶瓷材料等。电子技术、宇宙技术都要求具有更高的耐热、耐磨、耐腐蚀性能，具有更高的导电和滤过性性能的新材料。因此，新材料的研制已经被发达的工业化国家列为重要的课题。

新的科技革命与以往的工业革命相比有些什么特点呢？可以简要地归纳为以下几点。

（1）科学、技术和生产的日益一体化，缩短了新的科学技术在生产中物质化的时间，使科学成为直接的生产力。第一次工业革命以前，不但科学技术和生产是脱节的，而且科学和技术也是分开的。一种新的科学思想要转化为技术需要经过漫长的岁月，把技术应用到生产上又要经过很长的时间。18世纪的工业革命把科学技术和生产结合起来了。但是科学技术到生产上的应用之间的时间仍然很长。例如，蒸汽机从发明到应用经过了80年，电动机从发明到应用经过了65年，真空管从发明到应用经过了33年。这就是说，长期以来科学与生产似乎是平行地发展的。一方面，科学的发展还没有达到能够直接地和急剧地影响和改造生产的程度。另一方面，生产还没有摆脱对经验知识的依赖，还没有达到迫切地需要直接利用基础科学和应用科学主要成就的水平。但是到了20世纪中叶，情况开始有了急剧的变化。物质生产力的发展，大机器生产的进步，迫切需要生产的一切因素发生革命性的变革，而这种变革只有在直接利用科学研究的成果的基础上才有可能发生。也就是说，科学技术的进步成了改造生产的前提。所以，科学技术的新成果应用到生产上的周期越来越短。20世纪50年代以来，如晶体管从发明到应用只经过3年，激光的发明到制造激光器用了不到1年的时间。特别是电子计算机，30多年来已走完了四代，正向第五代迈进。它的性能增加了100万倍，价格降低到1/10 000，品种达到6 000多种。集成电路每3年更新一次，计算机的价格每年降低一半。现在一项新的技术发明，立即就会被用到生产上，产生经济效果，生产上的技术理论问题也给科学研究提出了课题。科学成为直接的生产力。

（2）学科之间的相互作用，复杂问题的综合研究加强。从上述几个领域的科技革命情况可以看到，它们之间互相联系、互相制约。电子技术的革命使得整个生产过程的组织科学化和合理化，降低了产品的材料消耗、能源消耗、资金消耗和劳动消耗。而电子技术革命又依赖于新材料的发现。宇宙技术和海洋开发也需要新能源和新材料；同时它又可以提供新的能源和材料。科学研究已经混为一体。科学研究一方面越分越细，出现了许多分支学科；另一方面又越来越综合。许多课题需要跨学科的研究。科学的分化和综合给高等学校的专业设置和课程计划提出了新的要求。过去，物理学在自然科学的革命化过程中是领头的学科。现在，生物学越来越明显地显示出在新的科技革命中的领头作用，许多科学家预言，21世纪将是生物学的世纪。

（3）自然科学和社会科学的结合。新的科学技术成果在生产上和社会生活上的应用，必将使社会生活发生重大的变革。马克思曾经说过："蒸汽、电力和自动纺机甚至是比巴尔贝斯、提斯拜尔和布朗基诸位公民更危险万分的革命家。"[①]恩格斯也讲道："英国工人阶级的历史是从18世纪后半期，从蒸汽机和棉花加工机的发明开始的。大家知道，这些发明推动了产业革命，产业革命同时又引起了市民社会中的全面变革，而它的世界历史意义只是在现在才开始被认识清楚。"[②]新的科技革命所带来的社会问题光靠自然科学是不能解释的，必须运用社会学、政治学、经济学、教育学等社会科学的知识来解释。因此在现时代，不仅学习社会科学的人要懂得自然科学，学习自然科学的人也应该懂得社会科学，预测到自然科学的发展所带来的社会问题，能用正确的观点去解释这些问题，并促进社会的进步。

（4）新的科技成果在生产上的应用使社会劳动分工发生新的变化。农业社会里主要的劳动力是农民、少数手工业工人；工业社会里主要的劳动力是采矿业、制造业、交通运输业的工人，农业人口流入城市，转入工人阶级队伍；现在在新的科技革命的条件下，在所谓信息化的社会里，制造业工人的百分比不断下降，第三产业（服务业）的工人和企业管理人员不断增加。据统计，美国1960年第一产业的劳动力占劳动力总数的8.2%，第二产业的劳动力占34.5%，第三产业的劳动力占57.3%；到1980年，第一产业的劳动力只占劳动力总数的2%，第二产业的劳动

---

① 《马克思恩格斯选集》第2卷，78页，北京，人民出版社，1972。
② 恩格斯：《英国工人阶级状况》，见《马克思恩格斯全集》第2卷，281页，北京，人民出版社，1957。

力占21%，而第三产业的劳动力占到77%。[①]据美国管理专家德拉克估计，在今后25年内，美国制造业将失去1 500万个工作岗位，而美国电子协会则声称，它下属的各公司到1985年将为工程师、制图员、计算机分析人员和程序员提供几十万个工作机会。美国休利特—帕克德工厂每年生产价值1亿美元的电子机械，雇用1 700名工人，其中40%是工程师、程序设计师、技术员、办公室管理人员。社会劳动的重新分工，证明了马克思在100多年以前讲的："大工业的本性决定了劳动的变换、职能的更动和工人的全面流动性。"[②]

新的科技革命改变了劳动的性质和内容。人是生产力的第一要素。人参加物质生产过程，执行着几种职能：①以自己的肌力作为动力，运动劳动对象和劳动工具；②支配、操纵不同的工具和工作机，并借助于它们作用于劳动对象；③安排和调整劳动工具；④设计和组织整个物质生产过程，即确定生产什么，利用什么材料和工具，劳动过程是怎样的，它在生产空间和时间上的整个流程。在新的科技革命的条件下，虽然人在生产中仍然执行着这几种职能，但各种职能的作用发生了很大的变化。第一种职能的作用在减少，即体力劳动的比重在减少，脑力劳动的比重在增加。人从直接支配工具和工作机转为主要地负责控制工作机，把完成生产中的一些逻辑思维职能交给技术手段（电子计算机、机器人），使人从直接生产过程（不是从一般生产过程）中解放出来。同时，设计和组织整个生产过程的职能，即管理生产的职能越来越显得重要。国外有人认为，现代科技革命把"人类活动的最重要形式——科学、技术、生产、管理结合成一个认识和改造自然和社会的统一机制"。[③]生产劳动增加

①《光明日报》，1984-03-30。

② 马克思：《资本论》，见《马克思恩格斯全集》第23卷，534页，北京，人民出版社，1972。

③《现代科学技术革命问题》，载《国外社会科学》，1978年第1期。

了创造性成分，并且逐步变为科学性劳动，社会劳动不断智力化，从而产生了新型的工人，即不但用手，而且用脑劳动的人。

二、新的科技革命对教育提出的要求

以上新的科技革命的特点无不影响到教育。要使教育为现代化建设服务，就必须使教育适应新的科技革命的这些特点，实现教育的现代化，培养高质量的劳动力和科技人才、管理人才。传统的教育已经不能适应新的形势的需要，教育改革就成为当代的必然趋势，那么今后教育改革，也即教育现代化的发展趋向是什么呢？根据世界各国教育改革的经验和趋向，结合我国教育的实际，有以下几个问题是值得我们考虑的。

（一）增加智力投资，提高投资的经济效果，培养适应新的科技革命的人才

前面已经讲到，人作为生产力的第一要素，他在生产过程中的职能已经主要不是靠体力，而是要依靠智力。科学之所以能够成为直接生产力，是靠人把科学知识应用于生产实践，是人的智力同自然和技术的相互影响的结果。所以在生产过程中，人不仅使用体力，而且利用自己的智力（包括知识和创造性的能力），这一点具有重大的原则意义，它是奠定科学列为生产力结构的客观基础。要使人在生产中发挥智力的作用，这就要强调教育的作用。

教育在整个生产过程中的作用可以归纳为以下几个方面。

第一，教育是劳动力再生产的手段。人不能生下来就成为现实的劳动力，要把自然的人变为具有生产能力的劳动力，只有通过教育。马克思早就说过："要改变一般的人的本性，使它获得一定劳动部门的技能

和技巧，成为发达的和专门的劳动力，就要有一定的教育或训练。"[①]在新的科技革命的条件下，这种教育和训练更是不可缺少的。教育的作用就是要把新的科技成果传播到群众中，也就是要缩小科学技术界和人民大众之间的距离，使科学在生产中发挥作用。这就是说，教育不仅能够培养人的劳动能力，而且能够提高劳动力的质量。教育程度越高，劳动力的质量也越高，劳动生产率也就越高。

第二，教育是实行科学知识再生产的最有效的形式。科学技术的进步是靠科学知识的继承、积累和创造来实现的。苏联的斯·阿·海因曼在《科学技术革命的今天和明天》一书中讲道："科学技术进步从其实质来看，这是一种深刻的动态现象。假如我们把它作为在时间推移的系统来研究，以及相应地研究它的时间结构和起源，那么我们可以看到一个纵深的综合体，其组成至少有如下环节：第一，普通教育、中等专业和高等教育；第二，科学研究（基础科学和应用科学）和设计工艺研究所系统，以及它们的试验、生产实验基地；第三，科学技术进步在其中物质化的物质生产本身；第四，按照自己的最终使命在生产和非生产消费领域中运转和利用的新技术。"作者认为："第一序列形成科学技术进步的主体，也即科学、技术和生产工作干部。在第二、第三两个序列中，由于这些干部的脑力劳动产生了科学发明和技术方案，在最后（根据我们的图式）这一序列，科学技术进步得到实现和最终实际应用。"任何个人对于客观世界的认识总是有限的，相对地，把每个人对客观世界认识的相对真理综合起来，就有了对客观世界比较系统的科学的认识。所以，科学是靠人类在长期的实践中对客观世界的认识一点一滴积累起来和继承下来的。而这种积累和继承又必须通过教育来实现。教育把人类积累起来的知识传授给下一代，

[①]《马克思恩格斯全集》第23卷，195页，北京，人民出版社，1972。

同时发展他们的智力，使他们在社会实践中创造新的科学技术，去丰富人类的知识宝库。所以教育不仅是把现存的科学知识传授给学生，而且要创造新的科学知识，促进科学技术的进步和运用。高等学校尤其是科学研究的一个重要方面，现代许多新的科学发现和技术发明是在高等学校的实验室里创造出来的。它完成了上述科学技术进步的综合体中的第一、第二两个序列。

第三，建设社会主义现代化，不仅要有高度的物质文明，而且还要有高度的社会主义精神文明。教育既是建设物质文明的重要条件，也是社会主义精神文明的重要内容。以共产主义思想为核心的精神文明建设是我国现代化建设的社会主义方向。列宁曾经说过："在一个文盲的国家内是不能建成共产主义的。"[①]提高人民大众的文化科学水平是社会主义精神文明建设的基础。在这个基础上建立起革命的理想、共产主义的道德和自觉的纪律，使每一个劳动者都具有高尚的精神境界，具有集体主义思想和为人民服务的献身精神，具有共产主义的劳动态度和自觉的纪律与法制观念，才能有秩序地、高效率地投入物质文明的建设中。而这些品质的形成就是通过教育。

因此，不能再把教育看作一种消费性的投资，而应看作对于我国社会主义建设具有重大战略意义的智力投资。新中国成立以来，我国的教育事业有了巨大的发展，特别是党的十二大把教育列为经济建设的战略重点之一，教育工作已经受到普遍的重视，教育投资逐年增加。但教育事业的发展与国民经济的发展还远远不能相适应。我国还有2亿多文盲，小学教育尚未普及，工程技术人员在国家职工中所占的比重极小，需要在力所能及的条件下增加智力投资。

在增加投资的同时，还要提高投资的经济效果。这就需要搞好人才

---

① 列宁：《青年团的任务》，见《列宁选集》第4卷，357页，北京，人民出版社，1972。

的预测和规划，克服培养和使用脱节的问题，使毕业生能够学以致用，减少浪费；要改进学校的管理，节约开支；要提高教师的素质，改进教学，提高质量。这里涉及教育改革的一系列问题。

（二）加强教育同现代生产和现实生活的联系，把教育同生产劳动结合起来

现代模式的教育体系是工业革命以后的产物，教育同生产劳动相结合是现代教育的普遍规律。不论是社会主义教育也好，资本主义教育也好，违背了这条规律，教育就不能为生产服务，就不能培养现代生产所需的劳动力和技术人才，教育本身也就得不到发展。当然，对这条规律的认识我们与资本主义国家是不同的。马克思主义不仅把教育同生产劳动相结合、培养全面发展的人看作现代大工业生产的生死攸关的问题，而且把它看作逐步消灭体力劳动和脑力劳动的差别、培养社会主义新人的重要途径。

如何实现教育同生产劳动相结合？在我国目前的条件下可以从三个方面进行：①加强基础知识的教学，使学生掌握牢固的科学文化知识，这是教育同生产劳动相结合的基础。特别要加强科学教育，使学生从小学习科学、热爱科学、掌握科学。②对学生进行生产技术教育，或者叫综合技术教育，使学生了解现代生产的基本原理，如对能源、材料、机械原理、电子技术的了解。同时及早向学生介绍国民经济生产各部门的职业的性质和特点，对学生进行职业指导。③适当地组织学生参加力所能及的劳动。学生参加劳动的目的有两个：一是使学生掌握最简单的生产工具，因为最复杂、最先进的技术仍然离不开最简单的生产工具；二是培养学生的劳动态度和习惯，培养参加社会主义生产所需要的思想品质。

当前，"普通教育的职业化，职业教育的普通化"是世界教育发展的趋势。这句话的意思是普通教育（一般指中等教育）不能只单纯地传

授一般文化知识，要为学生将来的就业做准备。随着中等教育的普及，普通中等教育已经不能只完成升学准备的一种职能，而是要完成准备升学和就业的两种职能。因为即使在高等教育最发达的美国，也只有50%的学生能够升入大学，其余一半学生中学毕业以后就要进入劳动市场，因此，普通中学要为他们的就业做准备，要增加职业教育的内容。这是一个方面。另一方面，随着新的科技革命的到来和中等教育的普及，社会对劳动力的文化程度的要求越来越高。正如前面讲过的，科学技术的进步带来的生产的变革，使得劳动不断变换，职业需要更动，工人要全面流动。如果普通文化程度太低，就不利于他的职业的更动和劳动的变换。因此国外的职业技术教育正在不断提高普通教育程度。苏联近几年来逐步取消了只有八年普通教育文化程度的职业技术学校，一律改为中等职业技术学校，这种学校必须同时授满完全中学的课程，这就是基于上述的考虑，避免过早的职业化。我们在考虑中等教育结构改革的过程中不能不考虑这个问题，不能光从当前解决就业问题着眼，过分地削弱普通教育课程，应该立足现在，面向未来。职业学校的学生不仅要学到一技之长，同时也必须打好普通文化知识基础，便于他们将来进一步学习新的科学技术。否则眼前的就业问题虽然解决了，但将来不能适应现代化的需要，阻碍了技术改革和进步。所以，当前为青年职工补习文化科学知识的意义是十分重大的。

高等教育也应该进行改革，加强学校与社会的联系。工程教育要加强生产实习和与工厂企业的合作。现在北美正流行一种叫"合作教育"的学习形式，即学校与社会企事业单位合作共同培养专门人才，亦称工读课程计划。美国辛辛那提大学赫尔曼·施奈德教授首先提出这种合作教育课程计划。他认为：①对于学习某种专业来说，许多知识是不可能在教室里学到的，必须在实际工作中获得。②许多学生利用假期参加工作，获取报酬，如果加以组织，可以使他们的工作与专业对口，有利于学习。美国的经验取得成功，已逐渐推广到加拿大等国。近几年来更有新的发展。英国推行的工程教育的三明治课程，苏联近年来提倡的教学、生产、科研联合体系，都带有这种合作教育的性质。其目的就是加强学校教育与生产的联系，与现实生活的联系。

（三）教育的概念需要扩大

教育已经不能限于学校教育的框框内。它应包括家庭教育、社会教育的一切方面。当然，学校教育在培养人才方面，现在是，将来仍然是具有决定性的因素，但是学校已经不是获得知识的唯一途径，各种群众性的通信系统给一个人带来越来越多的影响。同时，过去传统的认识是，学校可以给每个学生提供足够的知识和技能，以备他终身之用。现在这种认识已经被事实完全否定了。越来越多的知识和技能要靠学生从学校毕业以后去获得。一个人一生都要学习，才能适应瞬息万变的现代社会。终身教育的思想被人们普遍接受。

终身教育思潮的出现不是偶然的。正是在20世纪60年代科学技术迅速发展，其成果迅速被应用到生产上以后，造成了职业的变动和失业，工人如果不主动接受教育，就不能适应这种职业的变动。所以终身教育思潮就应运而生。首先提出这个主张的是联合国教科文组织成人教育局局长保罗·朗格朗，他认为，数百年来，把人生分成两半，前半生用于受教育，后半生用于劳动，是毫无根据的。今日的教育应当是在一个需要的时刻，随时能够以最好的方式给他提供必要的知识。1965年，联合国教科文组织国际成人教育促进委员会讨论了他的关于终身教育的提案。此后，终身教育的思想就广为流传。有些国家还把终身教育作为法律确定下来。例如，法国于1971年制定了"使终身教育成为一项全国性的义务"的法案，规定：①承认职工在工作期间有离职进修的权利，即所谓"训练假"（不是全部带薪）；②企业主要为他们的雇员的职业继续培训提供一定的费用，企业可以自办培训班，也可与学校合作，或将费用交给地方教育当局，地方统一组织；③政府提供预算，监督法律执行，支付教员报酬并资助某些培训中心的装备等。

与终身教育思潮相联系，在20世纪60年代后期还出现了一种叫"回归教育"的思想，主张教育不要一次受完，而是分几次学完，使人在生活环节的各个阶段都享有受教育的机会。人们将根据需要，在他认为最需要学习的时候受教育。过去学生中途辍学被认为是消极的行为，许多学校是不允许的。现在则被认为是积极的，认为学生在一定时期内离开校园，通过就业、社会活动、旅行，或者到非正规教育机构中去学习等，有助于学生明确将来的志愿和学习的意义；然后回到学校学习，他就知道应该学习什么，提高了学习的积极性，从而提高了教育的质量。这叫作"回归教育"。这种思潮首先在瑞典产生，后来逐渐流行到北美和欧洲。1975年，欧洲各国教育部部长会议上，还专门讨论了如何实施回归教育的问题。回归教育，在瑞典不仅流行于大学，已蔓延到中学。在瑞典，1971年综合制高中的就学率达到95%，而近年来降到70%，就是受这种思潮的影响。

回归教育思想和终身教育思想一样，其产生的背景就是现代科学技术革命带来的现代生产的不断变革。人们要适应这种变化，就要不断学习。同时它也反映了经济危机对人们的威胁，资本主义国家的教育都在寻求解决学习和就业矛盾的办法。回归教育也是试图缓和这种矛盾的办法之一。

对于我们国家来讲，当然不必提倡回归教育，但应该积极发展职工业余教育，要为每个职工提供不断学习、不断获得新的知识和技能的机会。这样才能使他们不落后于时代的需要，跟上新的科技革命的步伐。

（四）继续进行教学改革，进一步实现教育的现代化

20世纪60年代，中小学的教学内容经过了一次改革，变得更加现代化了。但是科学技术在不断发展，教学改革不能一劳永逸。有的科学家认为，教材应该每年一小改，五年一大改，以便及时地把新的科技成果不断地充实到教材中去。但是吸取20世纪60年代改革的经验教训，教学内容的改革，不仅要考虑到科学技术的发展水平，还要考虑到学生的认识水平，要根据脑生理科学和心理学、教育学的新发现及新理论，编写出既反映当代科技水平，又符合学生认识规律的新教材。根据我国教育经验和发展趋势，在教学改革中需要采取一些措施。

第一，加强基础知识的教学，因为基础知识是教学内容中相对稳定的、不易老化的部分。基础知识学得扎实，就容易接受新的知识，易于适应因科技进步而产生的职业的更动。在基础知识中，文理知识都需加强，特别是语文、数学、外语这三门主课要加强，科学教育要从小开始，但不需门门课程都让学生死记硬背，而应让学生掌握最基本的原理和具有科学的思维方法。教材内容要删去陈旧的东西、次要的东西，突出主要的基本知识。

高等学校发展的趋势是加强基础理论的教学，把专业教育推迟到研究生阶段。例如美国历来在本科生阶段进行"通才教育"，现在更强调基础教育。苏联原来强调在本科就进行专业教育，但20世纪70年代以来，也提出要培养"具有广泛专业知识的专家"，大学本科前三年为基础教育，四年级以后才开始专业教育。

第二，增设新的有发展前景的课程。如中小学在逐步普及电子计算机知识，推广信息技术，开设环境保护、人口学等课程。设置综合课程也是近年来各国教育改革的内容之一。科学家认为，科学技术一体化的发展，要求人们掌握多种的综合性知识。近年来所谓课程的"综合化""一体化"的呼声比较高。例如日本广岛大学新设了综合科学部进行课程一体化的试验，苏联也在强调课程的一体化。中学课程也趋向综合化，许多国家在初中阶段自然科学的课程都是综合设置的。英国近年来试验社会科技教育STS（Science, Technology and Society）课程计划，系统地用政治学、经济学等各门学科知识，分析科学技术发展给社会带来的各种问题，不仅把自然界作为整体来认识，而且把自然界与社会现象统一起来认识。苏联一贯主张早期就进行分科教学，强调各门学科的系统性，但近年来也强调各科之间的联系，各科教学大纲中都要有一节讲述本学科与其他学科的联系。

第三，增设选修课，以适应不同学生的兴趣和能力。实行一套教学计划、一套教学大纲、一套教材的做法，不利于因材施教，不利于发挥学生的不同才能。中学里应开设选修课，使学生能根据自己的爱好和特长有选择的余地。正如苏霍姆林斯基所说的，如果一个学生没有专门的爱好，老师就要感到不安，因为他长大了就不会有什么创造才能，就会成为平平庸庸的人。小学也可以设选修课，如外语、音乐、美术课等，课程不仅要有选修课，教材也应编几套，有人主张编写有弹性的教材，便于不同地区、不同水平的学生使用。

第四，教育的现代化还包括对教学方法的改革。既然科学技术不断革新，新的知识层出不穷，教学就不能只向学生传授知识，更重要的是要培养学生的能力。正如埃德加·富尔在《学会生存——教育世界的今天和明天》一书中所说："科学技术的时代意味着：知识正在不断地变革，革新正在不断地日新月异。所以大家一致同意：教育应该较少地致力于传递和储存知识（尽管我们要留心，不要过于夸大这一点），而应该更努力寻求获得知识的方法（学会如何学习）。"要培养学生的能力，就要改变传统的以教师讲授为主的方法，要让学生更多地自己学习，自己动脑筋，自己动手。要减少教师讲课的时间，增加学生课外自己活动的时间，要提高学生的学习兴趣和积极性，许多教育家主张从实际生活出发，让学生了解所学的知识在生活中的实际价值，制造问题情境，以引起学生的学习兴趣和内在动机。国外近年来提倡讨论法，由学生自己阅读资料，进行讨论，得出结论。苏联广泛地提倡问题教学法，也是由学生按问题自己学习，通过课堂讨论掌握基本原理。苏联近年来还在各级学校中推行一种教学游戏，或者叫它为模拟演习，让学生扮演生产中的各种角色，练习处理生产中发生的事故，培养解决实际问题的能力。

第五，教育的现代化还包括教育手段的现代化。机器教学已经闯入教学过程中。机器教学当然不能代替教师，但对待现代化技术手段在教学中的运用要采取积极态度，使它真正发挥教育的效果。苏联从20世纪60年代开始在中学普遍采用了专用教室制，即每门课程都在专门的教室中进行。这种教室里备有各种教材、教学参考资料、教具和电化教学设备。由于现代技术在学校中的应用，教学的组织形式也在起变化。个别教学正在逐渐增加，班级讲授制正在受到冲击。教学组织形式在教育史上经过了由个别教学到班级集体教学的演变，现在则又有向个别教学演变的趋势。美国有些学校已不按年级分班，而按能力分组，加强个别指导。法国1983年9月在新学年开始时进行了一次改革，把过去的班级制度，改为组成混合能力的学生学习共同体，在共同体内再分成小班，教学时，法语、数学、外语三个科目按学生的学习能力和学习进度编班，并根据成绩经常调整。总之，教育的现代化改变了过去固定不变的班级制度，采用灵活的方式，加强个别指导，并利用视听教学手段，辅导学生自学等。

（五）重视对学生德智体的全面培养

面向未来，对我们社会主义国家来说，不仅要面向科学技术的现代化、社会生活的现代化，还要向社会主义的更高级阶段迈进。今天的学生不仅是未来的生产骨干、科技骨干，而且是能牢牢掌握社会主义方向的人才。因此教育的任务不仅是给学生以知识和能力，使他们适应新的科技革命的需要，而且要把他培养成共产主义革命事业的接班人，使受教育者在德、智、体几方面都得到发展。我们在实现教育现代化的同时切不可忘记了这个方向。

事实上，世界各国都普遍重视学生的道德教育。随着现代化的发展，社会财富的增长，物欲在增长，道德在堕落，青少年犯罪率逐年增加，这使得许多家长担心自己的孩子变坏，呼吁学校加强道德教育。不过，应当看到，任何一个社会总是把道德教育放在首位的，这是时代的要求，是提高学生质量的一个重要方面。

对于我们来讲，在面向世界的同时，西方腐朽的思想也会趁机而入，加强道德教育，防止资产阶级的精神污染，更是必不可少的。这是建设社会主义现代化的重要保证。

（六）提高师资的水平是实现教育现代化的保证

世界各国在实现教育现代化的进程中都遇到师资问题。许多新教材不仅学生不适应，教师也不适应，应该说，更主要的是教师不适应，因而他不能把这些新的科学知识深入浅出地教给学生。苏联在20世纪60年代教育改革中，就采用了一面编教材、一面试验、一面培训教师的做法，收到了较好的效果。最近这次改革，更加重视教师的作用。除了加强培养各科教师外，还专门培养指导课外活动的教师，指导生产教学的技师，并普遍提高教师的工资达30%～35%。他们要求各级学校的教师乃至校长每五年进修一次，并加以评定，保证教师不断更新自己的知识和能力。

我国当前的师资水平与现代化的要求相距很远。就目前的状况来讲，胜任的教师还不到教师总数的一半，如果进一步地实现现代化，又会有许多教师不能胜任。因此，必须把培训教师、提高师资队伍的质量作为开创教育新局面、实现教育现代化的战略问题来抓。

现有教师需要在哪些方面提高？我认为，不仅要提高他们的文化科学水平，改变那种小学毕业教小学，中学毕业教中学的状况，而且要提高他们的教育理论水平，使他们具有先进的、正确的教育思想，懂得学生心理，善于按教育规律教书育人。这样才能培养出社会主义现代化所需要的有科学文化知识和创造能力的人才。

教育理论函授教材发刊词[*]

　　教育理论函授教材与广大学员见面了。这是为适应当前教育发展的形势和广大教育工作者学习教育科学知识的迫切需要而办起来的。

　　当前，教育正面临着重大的变革。这是因为：第一，十一届三中全会以来，农村经济发生了深刻的变化。十二届三中全会又为城市经济体制改革制定了方针和蓝图，经济的改革和振兴要求学校为它培养更多、更好的人才。我们不仅需要大量的专门人才，还需要有数量更多的有理想、有道德、守纪律、掌握现代科学文化知识和熟练劳动技能的工人、农民和其他劳动者。第二，新的科学技术革命已经到来。现在已经突破和将要突破的新技术，运用于生产，运用于社会，将带来社会生产力的新飞跃，相应地会带来社会生活的新变化，要适应这种新变化，关键在于重视知识、重视人才，关键在于提高人的素质。但是，教育的现状同上面讲的新形势和新变化很不适应，教育需要根据新的情况进行大力的改革。

　　教育如何改革？邓小平同志为北京景山学校的题词"教育要面向现代化，面向世界，面向未来"为我们指明了方向。教育要为社会主义现代化建设服务，培养现代化建设所需要的各种人才，这是我国教育的根

---

[*]　原载"北京师范大学内部教材"，1985年。

本目的。为了达到这个目的，我们就要放眼世界，展望未来。由于人才培养周期较长，我们从现在起就要为20世纪90年代和21世纪准备人才。我们培养的人才必须是在德、智、体、美、劳动技术诸方面都得到发展的，视野开阔，有卓识远见，具有开创精神的一代新人。他们不仅将在20世纪工作，而且还能适应21世纪初的新变化。

教育要面向现代化，教育本身需要现代化。这不只是指学校设备和教育技术手段要现代化，更重要的是我们的教育思想要符合现代教育的要求。实现教育现代化要有哪些转变呢？可以概括为以下几点。

第一，变学校以传授知识为主，为在传授知识的同时发展学生的能力。这不仅是因为科学知识的不断增长，使学校不可能也没有必要把所有的知识传授给学生，而且还因为科学技术的不断进步需要学生具备应变的能力。

第二，变传授脱离实际的书本知识，为学习理论联系实际的真实本领。教育要同生产劳动相结合，要与社会生活相联系。

第三，变满堂灌、注入式的教学方法，为启发式、讨论式的教学方法。教师要容许学生自由发表意见，提出疑问，探索真理。

第四，变囿于课堂教学，为课内课外活动相结合，充分发挥学生的兴趣、爱好和特长。

第五，变对学生划一的、死板的统一要求，为因材施教，照顾到学生的个别差异，注意培养有特殊才能的学生。

第六，变教学过程以教师为主体，为以学生为主体，师生共同活动的过程。主张以学生为主体，并不排斥教师的主导作用。教师是根据教育目的，有计划、有组织地开展教育活动。教师的这种主导作用是不能削弱的。但是从学习，从获得知识和能力的角度来讲，学生又是主体。教师的主导作用还在于充分地发挥学生的主体作用。两者是互为条件、互相促进的。

现代教育的特点还可以举出许多条。但最根本的是要认识到教育和经济建设的关系，认识到教育发展的规律，把教育从过去"左"的为阶级斗争服务的轨道上，转移到为现代化经济建设服务的轨道上来。

教育是一门科学，又是一门艺术，也可以说是教育艺术的科学。现在还有许多问题需要认真研究和探讨。但是，要研究，就需要学习。先要了解教育是一门什么样的科学，教育有哪些规律，我们今天已经认识了什么规律，还有哪些还没有认识清楚。学习了这些教育理论，联系我们当前工作的实际，就能逐步地认识教育的规律，搞好教育改革，提高教育质量。同时可以总结已有的经验，探索新的规律，丰富教育科学，发展教育科学，我想这也是创办教育理论函授的目的。

举办函授教育我们还没有经验，只能边实践，边总结。希望在广大教育工作者的大力支持和协助下，能够越办越好，并且把它作为我们与广大教育工作者联系、交流和合作的园地，期望结出教育科学的鲜花和硕果。

教育改革的关键在于教育思想的转变*

任何一项改革都要以一种思想为指导，教育改革也不例外。《中共中央关于教育体制改革的决定》（以下简称《决定》）明确指出："教育必须为社会主义建设服务，社会主义建设必须依靠教育"，"教育体制改革的根本目的是提高民族素质，多出人才、出好人才"。这就是我们的指导思想。

《决定》为我国的教育事业的发展勾画了一个宏伟的蓝图。我们教育工作者的任务是按照这个蓝图去施工。那么，我们对这个蓝图设计思想的认识是不是明确了呢？这是一个关系到能不能按照原来设计的样子去实现的大问题。因此有必要广泛、深入地学习《决定》的基本精神，开展教育思想讨论，以便使我们的教育思想符合《决定》的要求，符合时代的要求。

教育思想中最根本的一条就是教育的目的问题。我国社会主义教育的目的是什么，是不是我们人人都明确了呢？实际工作中表现出来的问题说明，我们对这个问题并不很明确。我总感到我们的教育工作中存在着形式主义，或者叫作"无目的论"，为教育而教育的倾向。小学教育的目的是为了升中学，中学教育的目的是为了升大学，大学教育的目的

---

* 原载《教育研究》，1986年第4期。

是为了让学生考上研究生；或者，是把我所知道的先进的科学知识教给他，至于这些知识在他走上社会以后有没有用处，如何使用，学校是不大过问的。也就是说，我们很少研究我们教育的社会效果。诚然，我们有许多教师，他们不仅工作勤勤恳恳，而且教育目的很明确，教书育人，为我国社会主义建设培养了众多人才。这些教师无疑是我们队伍中的优秀者，是值得我们大家学习的榜样。但也不能不实事求是地承认，我们许多教育工作者，包括教育行政干部、校长和教师存在着上面说的问题。

社会主义教育的目的是什么？这就是《决定》所指出的，为社会主义建设服务。《决定》还指出，"社会主义建设必须依靠教育"。这句话是为了说明教育在社会主义建设中的地位和作用，说明教育的重要，同时也从另一个角度说明了教育为社会主义建设服务的根本目的。

教育为社会主义建设服务表现在哪些方面？首先，教育是培养社会主义经济建设人才的手段。发展社会主义经济，最重要的条件是要有掌握科学文化知识的技术人员和熟练的劳动力。马克思主义认为，人是生产力中最重要的因素。这里所指的人，是具有一定生产知识和劳动技能、会使用生产工具的人。这种人只有通过教育才能实现。特别是在当代新的科学技术迅速发展的条件下，教育程度越高，劳动者的素质就越好，劳动生产率就越高，社会主义的建设也就能顺利进行。其次，教育促进着科学技术的发展，从而推动着生产力的发展。教育的任务不仅是把现存的科学知识传授给下一代，而且要在教育的过程中创出新的知识。特别是高等学校，它既是教育的中心，也是科研的中心，是发展科学技术的重要基地。普通中小学虽然没有创造新知识的任务，但是它是打基础的阶段，没有扎实的基础教育，要想发明创造是不可能的。最后，教育不仅是社会主义物质文明建设的重要条件，也是社会主义精神文明建设的重要内容。实现社会主义现代化，光有高度的物质文明是不够的，还要有高度的社会主义精神文明。两种文明的建设互为条件，互为目的。社会主义精神文明包括文化建设和思想建设两个方面，哪一个方面都离不开教育。总之，我们教育的根本任务就是提高民族素质，培养社会主义建设的人才。

这里就产生了第二个问题，什么是人才？社会主义建设需要什么样的人才？我们教育工作者应该树立什么样的人才观？1979年到1980年，在"人才学"刚刚出现的时候曾经有过一场关于"什么是人才，怎样才能成才"的争论。有一种观点认为，凡有天赋才能的人，做出非凡的成绩的专家、学者、科学家、发明家才是人才，其他都是庸才。我不赞成这种人才观。我认为，人才不能和天才混淆起来，凡是有高度的社会责任感，勤奋工作，勇于创新，为社会做出一定贡献的人都是人才。人才是有层次、有类别的。各个层次、各个类别中又会有出众的人才，即俗话说的"行行出状元"。我们当然希望，并且应该注意发现和培养出能够获得诺贝尔奖的、有创造发明的、蜚声世界的各种高级人才和天才，但是这种高层次的人才毕竟是少数。如果我们教育工作的着眼点只放在这些少数人身上，把它作为我们的培养目标，势必忽视大多数，就不能为社会主义建设培养各级各类的人才，社会主义建设就会受到损失。

人才观还包括对人才的规格和要求的问题。各级各类人才所应具备的具体规格当然是不同的，也就是说各有特性。但是作为社会主义建设人才应该有它的共性。这个共性就是《决定》中所说的："所有这些人才，都应该有理想、有道德、有文化、有纪律，热爱社会主义祖国和社会主义事业，具有为国家富强和人民富裕而艰苦奋斗的献身精神，都应该不断追求新知，具有实事求是、独立思考、勇于创造的科学精神。"用这个标准来检查实际工作，我们就会发现，恐怕还有许多同志对这个培养目标并不够明确。

例如，什么叫三好学生？当然应该是德、智、体全面优秀的学生。但是衡量德和体的标准是什么？往往不很具体。比较具体的却是各门课程的考试成绩。且不说考试成绩能不能反映学生的智力水平，就是对各门课程的要求也有值得讨论的地方。我们都讲全面发展，有人把全面发展理解为平均发展，门门都是优秀才是全面发展。这种全面发展实际上并不全面。因为各个人的才能、兴趣、爱好是不同的，每个人都有自己的特殊的才能。强求一律，必然抹杀学生的特殊才能。就如一块玉石，本来可以把它雕镂成一座玲珑的小塔，你却偏要把它凿成一匹粗糙的小马，结果是糟蹋了这块材料。所以说，教育的结果并不都是正值，有时会产生负值。教育对头，可以造就人才；教育不对头，可以埋没人才。

许多学校总爱把课程分为主课和辅课。数理化、语文、外语是主课，体音美是辅课。这种分法是不科学的。各门课程在时间安排上有多有少，但绝不能按课时的多少来划分主课和辅课。中小学是基础教育，各门课程在基础教育中都有一定的位置，都是重要的。当然，由于各个人的才能、兴趣、爱好不同，不能要求学生门门都要达到同样优秀的水平。所以人为地把中小学的课程分为主课与辅课是没有道理的，是不利于培养人才的。

明确了培养目标和人才的规格以后，还有一个如何培养的问题。毛泽东同志曾经指出，要让学生在德、智、体诸方面生动活泼地主动地得到发展。这是十分精辟的见解。这里既指出了社会主义的培养目标，又指出了培养的方法。毛泽东同志历来反对读死书、死读书，反对教师采用注入式，提倡启发式，主张学生学得主动、学得生动。

是呆读死记，还是生动活泼地学习，这反映了对立的两种教育。使学生生动活泼主动地得到发展是社会主义教育目标所要求的。社会主义需要培养自觉的建设者，而不是因循守旧、只懂书本知识、照章办事的官吏；社会主义需要有理想、有献身精神和创造精神的新人，而不是抱残守缺、没有理想和抱负的碌碌庸人。这就需要在学校里培养学生独立生活和思考的能力，让他们能够生动活泼主动地学习。

使学生生动活泼地主动地得到发展，这是时代的要求。现代科学技术的发展日新月异，如果一个学生只会死读书、读死书，缺乏自学能力和独立思考的能力，即使把书背得滚瓜烂熟，也难以适应现代科学技术发展的需要。我们的时代需要一个人不仅有知识，而且有开阔的视野、创造的科学精神和探索新知识的能力。这些素质只有在启发式的生动活泼的教育中，才有可能使学生主动地发展起来。

要让学生生动活泼地主动地得到发展，首先就要减轻学生的学业负担，把学生从沉重的作业中解放出来，让学生有充分的时间去参加政治活动、体育活动、科技活动、文娱活动，去从事自己所喜爱的事情。这样，表面上看来课内学到的东西少了，但课外学到的东西要多得多。同时，它有利于学生思想觉悟的提高，身体的健康发展，主动精神和独立能力的养成。其次，要树立起学生是教育主体的观念，无论是在课堂教学中还是在课外活动中，都要把学生放到主体的地位，发挥他们的积极主动性。教育虽然是师生双边活动的过程，但是，教师在这个过程中要起主导作用。学生不是被动地接受教育，他有主观能动性，一切教育影响都要通过学生自身内部的矛盾斗争才能被他所接受。教育的结果要体现在学生身上，学生是教育的主体。这和教师的主导作用并不矛盾。教师的主导作用恰恰就在于启发学生的积极主动性，学生的积极主动性越高，教育效果就会越好，教育质量就会越高。

以上提到的教育目的论、人才观、学生观、教学论都属于教育思想的问题，只有这些教育思想端正了，教学内容、教学方法的改革才能顺利进行，教育中的弊端才能克服，《决定》所赋予我们教育工作者的任务才能完成。

教育思想的转变是一个长期的、复杂的过程。它涉及的面很宽，上面讲到的只是一部分。教育思想的转变绝不是依靠行政命令就能解决的，而是需要认真学习马列主义的教育理论，需要调查研究社会各种因素对教育的影响。这就需要展开深入的讨论，贯彻百家争鸣、百花齐放的方针，在充分调查的基础上，实事求是地各抒己见，互相争论，互相切磋。真理总是越争越明。正是为了学习和转变我自己的教育思想，所以简要地谈了我自己的一些观点，向同行求教。

论教育的传统与变革[*]

一

当前世界上的许多国家都在进行教育改革。1983年5月，美国发表了全国教育质量委员会的公开信《处境危险的国家：迫切需要进行教育改革》；同年6月，日本成立了"文化与教育恳谈会"，着手进行第三次教育改革①；苏联于1984年4月通过了《普通学校和职业学校改革的基本方针》的决定，1987年3月21日又公布了《高等和中等专业教育改革的基本方针》；还有一些国家对教育也采取了或正酝酿着采取某些改革措施。这说明教育改革成了世界性的潮流。那么，促使这一潮流兴起的动因是什么呢？

简而言之，从教育外部来看，这是由于当代科学技术的进步使社会化大生产不断发生变革，加剧了国际的经济竞争。在这种空前激烈的竞争中，科学技术人员、管理人员的科学创见，生产者的技术熟练程度和应变能力，对经济的发展起着比增加物的资本和劳动力的数量更为重要的作用。而培养能适应科技、经济发展需要的人才，不但有赖于教育的普及和发展，而且对教育本身也提出了比过去更高的、新的要求。此

---

* 原载《中国社会科学》，1987年第4期。

① 日本明治维新后进行了第一次教育改革，第二次世界大战后进行了第二次教育改革，目前正在进行的是第三次教育改革。

外，科学技术革命也在不同程度上改变了劳动的性质和内容，使社会劳动分工发生了新的变化。生产的集约化使体力劳动的比重减少，脑力劳动的比重增加；第一、第二产业的劳动力不断减少，第三产业的劳动力迅速增加。这些变化要求教育在培养目标、组织结构、教育内容和教育方法上都要做相应的调整。

从教育内部来看，第二次世界大战后的20世纪60年代和70年代，各国教育都有了较大的发展，但是质量均有所下降。因此，解决数量与质量之间的矛盾是当前教育改革的迫切任务。

在我国，"文化大革命"给教育带来了空前的灾难。"文化大革命"以后拨乱反正，恢复了高等学校统一考试、择优录取的招生制度，重新建立了学校正常的教学秩序；国家把教育列为经济建设的战略重点之一，增加了教育经费，教育有了较大的发展。但正如《中共中央关于教育体制改革的决定》中所指出的："轻视教育、轻视知识、轻视人才的错误思想仍然存在，教育工作方面的'左'的思想影响还没有完全克服，教育工作不适应社会主义现代化建设需要的局面还没有根本扭转。特别是面对着我国对外开放、对内搞活，经济体制改革全面展开的形势，面对着世界范围内的新技术革命正在兴起的形势，我国教育事业的落后和教育体制的弊端就更加突出了。"要从根本上改变这种状况，教育必须改革，要改革管理体制，调整教育结构，还要改革同社会主义现代化建设不相适应的教育思想、教育内容和教育方法。中共中央的决定拉开了教育改革的序幕，这次教育改革的根本目的是提高民族素质，多出人才，出好人才，即培养有理想、有道德、有文化、守纪律的社会主义公民。他们都应该具有为国家富强和人民富裕而艰苦奋斗的献身精神，有不断追求新知、实事求是、独立思考、勇于创新的科学态度。这次教育改革关系到我们能不能培养出符合时代要求的各类人才，从而也关系到我国社会主义现代化建设的成败，意义是十分重大的。

二

任何改革都要以一种思想为指导，教育改革也不能例外。我国当前的教育改革要在马克思主义的指导下，确立新的教育思想，改变旧的、陈腐的传统教育思想。为了达到这个目的，首先就要弄清楚什么是传统的教育思想，哪些是旧的、陈腐的传统教育思想。

关于传统教育，可以做两种不同的理解。一种理解是指从历史上承袭下来的教育思想、制度和方法，即在过去教育实践中形成并得以流传的具有一定特色的教育体系；另一种理解是指教育发展史上的一个特定的教育流派，其代表人物是德国教育家赫尔巴特（1776—1841）。第一种理解的范围比较广，它包含了历史上流传下来的一切教育传统。我们今天所要改变的陈腐的传统教育思想，当然不能只指特定的某一流派，不能只指赫尔巴特的教育思想，因为阻碍我们今天改革的是历史上流传下来的一切不适应现代社会发展需要的教育思想，赫尔巴特的教育思想只是其中之一。而且他的教育思想也不是都不可取，其中有许多合理的东西，需要做具体分析。因此，我觉得第一种理解较为合理。

传统教育（或者叫教育传统）是传统文化的组成部分。传统教育有一个形成、发展的过程。一定的历史时期有一定的文化传统，也就有一定的教育传统。这种教育传统是受当时的政治经济以及文化的影响而形成的，同时也是对过去的教育传统的继续、继承和发展。例如中国历史上长期存在的科举取士的传统是在封建制度发展中形成的。这种科举制度把学校教育和人才的选拔制度结合起来，相对于过去的世袭制或者推举制无疑是一种进步，但它本身也存在着许多弊端。清朝末年，帝国主义的侵略动摇了封建主义的统治基础，科举制度终于随着政治经济的剧烈变革而彻底破灭。科举制度的破灭是在受到了西方资本主义教育思想、制度的冲击以后发生的。也就是说，旧的制度破灭了，就有新的教育思想和制度来代替它，从而形成新的教育传统。

还应该看到，教育制度的改变比教育思想的改变要容易得多。我国科举制度作为一种制度早已被消灭了，但是与科举制度相伴随的教育思想作为一种传统的教育思想仍有可能在人们的头脑中残存下来。这就说明，传统教育思想的改变要比传统教育制度的改变困难得多。这就是为什么在教育改革中要特别重视教育思想转变的原因所在。

传统教育本身是不能简单地一概加以肯定或者否定的。传统教育中有好的优秀的教育思想、制度和方法，也有不好的或者过时的教育思想、制度和方法。有些教育思想、制度和方法符合教育发展规律，符合人的认识发展规律，就是优秀的教育传统，就会世代流传下来。例如，我国古代"因材施教""教学相长"等教育思想，至今仍然有强大的生命力。传统教育中有些教育思想、制度和方法在当时的历史条件下是进步的、可取的，但随着时代的变化和社会的进步，可能会变成落后的、腐朽的、不可取的。今天我们要改革的所谓陈腐的传统教育思想，是指一切同社会主义现代化建设不相适应的教育思想，而不是指所有的传统教育思想。相反，对于传统教育中符合教育规律的优秀的思想、制度和方法，我们要继承，并且要在新的历史条件下加以发扬，赋予新的思想内容，成为新的教育传统。

正因为一定的历史时期有一定的教育传统，那么，在我们今天的历史条件下，就有今天的教育传统。这个传统是在新中国成立以来政治经济发展的条件下，继承过去的教育传统以及外来的教育传统的基础上形成的。我们继承了历史上优秀的教育传统，但由于种种原因，也继承了一些不好的教育传统，同时也有些优秀的传统没有被继承下来，半途丧失了；我们学习了外国的好经验，但由于我们没有经验，也吸收了一些不符合我国国情的教育经验。此外，时代的进步，社会的发展，使得我们新中国成立以来形成的教育传统已有许多地方不适应社会主义现代化建设的要求，需要进行改革。所以，所谓改革陈腐的传统教育思想，是针对当前存在的教育传统而言的，不是无目的地去批判历史上曾经存在过而目前已不复存在的教育思想、制度和方法。因为我们今天存在的教育传统（主要指思想）已经不是过去存在的教育传统（思想）的简单重复，而是经过改造了的。今天我们要摒弃陈腐的传统教育思想，当然要追本溯源，才能了解陈腐的传统教育思想的由来及其危害；但是，着眼点在于说明它在今天能够得以存在的历史背景及其对当前教育改革的影响。

三

要改革陈腐的传统教育思想，就要分析我们现在的教育传统（即教育思想、制度和方法）是怎样形成的。也就是说要弄清我国的教育传统是怎样发展过来的，今天的教育传统从历代教育传统中继承了什么，形成了什么特点。

我国学校教育的发展经过了奴隶社会、封建社会、半殖民地半封建社会以及新中国成立以后社会主义社会几个阶段。每一个社会都有自己的不同的教育传统，但是它们之间又有继承关系。后一个社会的教育继承了前一个社会教育传统中适合于该社会的教育思想、制度和方法，摒弃了不适合于它的教育思想、制度和方法。但是，正如前面讲到的，教育思想不像教育制度和方法那样容易改变，所以有些虽然不适合时代要求的教育思想也会用某种新的形式残存下来。也就是说，后一个社会的教育思想不见得都适合于它自己的需要，其中也可能包含着旧的、陈腐的教育思想。从这个观点出发，我们不能不看到，在我国，由于封建社会统治的时间比较长，因此，在我国的教育传统中，封建主义教育思想的影响很深。有些思想仍然可能在某些人的头脑中起作用。

封建主义教育思想在我国近代史上受过几次大的冲击。

第一次大冲击是清朝末年的洋务运动和变法维新。前者指封建统治阶级内部的洋务派提出的"中学为体、西学为用"的教育主张；后者指资产阶级改良派提出的所谓"新学"的主张。虽然这两次运动的背景、内容都不相同，但是都是对封建主义教育传统的一次冲击。洋务运动不愿意触及封建思想的核心，但它主张办洋学堂，采用西方的技术来改革我国的教育制度。戊戌变法的维新运动则从发展资本主义出发，要求改变封建专制政体、学习西方文化。他们努力输入西方资产阶级的伦理道德观念，以西方某些民主观点来反对封建专制思想。虽然这次运动失败了，但经过他们的斗争，封建伦理纲常开始发生动摇，封建主义教育思想受到批判，封建教育制度开始崩溃，废科举、兴学堂就是这两次运动的结果。借此，西方的教育制度和先进的科学教育的内容才得以在中国建立和传播。

辛亥革命对封建教育传统也可以说是一次冲击。特别是蔡元培提出的教育方针，体现了资产阶级关于人的和谐发展的思想，对封建主义教育思想是一次有力的批判。但是，随着辛亥革命的失败，蔡元培的教育思想并未得到充分实现。

第二次大冲击是五四运动。这是旧中国文化教育发展的转折点。五四运动中，先进的知识分子对封建主义思想体系进行了有力的批判，提出了科学和民主的口号，沉重地打击了封建主义的教育传统。学校里废除了尊孔读经的内容；在文学革命的推动下，学校采用白话文进行教学，使学校教育接近人民大众的生活实际，为教育的普及创造了条件；在科学和民主的口号下提倡男女受教育权利的平等，提倡科学的教育内容和方法等。这一切都使我国的教育走入世界现代教育的行列，为我国新民主主义教育的建立奠定了基础。

第三次大冲击是解放战争的胜利和中华人民共和国的成立。革命战争年代，老解放区在学校教育特别是干部教育方面取得了一些有益的新经验。解放战争的胜利，彻底推翻了封建主义和帝国主义的统治，封建主义教育传统失去了它的基础。《中国人民政治协商会议共同纲领》第四十一条提出要"肃清封建的、买办的、法西斯主义的思想"，建立民族的、科学的、大众的新民主主义教育。经过解放初期的教育改革，封建主义教育思想作为一种体系已经彻底崩溃。但是，我们不能不认识到，思想体系的崩溃不等于这些思想从此绝迹，某些封建主义教育思想的残余仍会存留下来，至今还可能在一些人的头脑中起作用。此外，20世纪50年代，我们不加分析地照搬苏联的教育经验，也给我国教育的发展带来了消极的影响。这些因素的存在成为我国当前教育传统的组成部分，并在不同程度上阻碍着教育改革的进行和深入发展。

从上述分析中可以看到，我国当前的教育思想、制度和方法（即当前的教育传统）不是孤立地产生的，而是在新中国成立以来的政治经济发展条件下，继承和改造了历史上的教育传统并吸收外来教育传统的基础上形成的，它大致包含着以下几个因素：①几千年来封建社会的传统教育的影响，其中包含着优秀的教育思想和封建主义教育思想的残余；②五四运动以来的科学和民主的优秀教育思想；③老解放区干部教育的思想、制度和方法；④新中国成立以后学习苏联的教育思想、制度和方法；⑤若干年来，特别是近些年来西方教育思想的影响。当然不能说这些因素都是孤立的、互不联系的，相反，它们是互相联系、互相影响的。这些因素中包含着优秀的教育思想，也都包含着陈旧的教育思想。这些因素在我国当前的教育传统中也不是等量地在起作用，而是有主有从的。应该说，新中国成立以来，我们以马克思主义、毛泽东思想为指导，我国的教育思想、制度和方法在主导方面是先进的、优秀的。但是，毋庸讳言，我们的教育传统中还残存着不少落后的、陈腐的东西。特别是经过十年动乱，我们曾经有过的某些优秀的传统也丧失了。例如，几千年来我国一直重视伦理道德教育，注重人品的教育，老解放区重视思想政治教育，这些都是优秀的教育传统。这些传统在新中国成立以后被继承下来，培养出了几代青年，但被"文化大革命"破坏了。现在学校的思想工作薄弱，效果不佳，原因当然很复杂，但不能不说同这些优秀传统的丧失有关系。新中国成立以后，我们学习马克思、列宁的教育思想，强调教育同生产劳动相结合，重视在学校中进行劳动教育。由于受到"左"的思想的干扰，劳动搞过了头，影响了学生的知识教育；现在则反过来，学校又产生了忽视劳动教育的倾向。因此，今天教育改革的任务，就是要很好地厘清这些因素，分清哪些是优秀的教育思想，是适应当前时代要求的教育制度和方法；哪些是陈腐的教育思想，是不适应时代要求的教育制度和方法。优秀的教育思想、制度和方法要加以继承和发扬；陈腐的教育思想、制度和方法要加以改革；已经丧失的优秀的教育传统，要加以恢复。显然，这是一件十分复杂和困难的工作。

四

与我国社会主义现代化建设不相适应的陈腐的教育思想可以说是一种封闭式的教育思想，它是受我国封建社会自然经济的影响而形成的。这种封闭式的教育思想大致表现在以下几个方面。

（一）狭隘的教育价值观

学校教育为统治阶级服务，培养统治人才，这是古代教育的共同特征。那时教育是与生产劳动相脱离的，因为自然经济和手工劳动还没有摆脱对经验知识和手工技艺的依赖，还没有达到迫切需要利用科学技术的水平。这就形成了一种观念，似乎教育和社会物质生产是没有关系的，教育是一种消费性的投资。

我国封建社会的政治体制和以儒家伦理纲常为核心的思想体系使教育紧紧地依附于它并为它服务，使这种狭隘的教育价值观更加凝固，教育的目的是培养封建统治的官吏，教育的内容是维护封建统治的伦理道德，教育方法是呆读死记，完全排斥教育的生产性。

当然，任何一个社会，任何一个国家，教育都是不能脱离政治的，社会主义教育也不能例外，它必须为无产阶级政治服务。但是这只是它的一个社会职能。教育还应该有其他的社会职能，这就是为发展社会物质生产服务。这种社会职能随着现代生产的发展越来越显得重要，特别是在当代，科学技术渗透到生产的各个部门，已经成为直接的生产力，没有科学技术的参加，现代生产就难以发展。在这种情况下，一个人如果不掌握科学文化知识，就不能成为现代生产的合格劳动者。教育是培养具有一定科学文化水平和熟练劳动技能的劳动者的重要手段，如果今天还认识不到教育的这种社会职能，社会生产力就不能得到发展，社会主义制度也就不能得到巩固，为无产阶级政治服务的要求也会落空。

（二）因循守旧的人才观

在封建社会，自然经济占统治地位。这种封闭式的经济活动，只要求受教育者恪守传统的知识和技艺，守住祖宗家业，而不重视启迪受教育者去开辟新的知识领域，鼓励他们的创新精神。这种人才观和狭隘的教育价值观是相联系的。几千年来封建社会统治阶级需要培养的是听话的奴仆，要求他对主人绝对驯服，不需要有自己的独立见解。而劳动人民在封建统治下和自然经济的条件下，也只知道教育自己的子女守家立业，把他们束缚在一块土地上，而不要求他们去开辟新的天地。

这种教育思想显然与现代社会是格格不入的。在现代社会，科学技术和生产的结合，使得现代生产的技术基础不断发生变革，这就造成了劳动的变换、职能的更动和工人的全面流动性。马克思早在100年以前就曾经指出："现代工业从来不把某一生产过程的现存形式看成和当作最后的形式。因此，现代工业的技术基础是革命的，而所有以往的生产方式的技术基础本质上是保守的。现代工业通过机器、化学过程和其他方法，使工人的职能和劳动过程的社会结合不断地随着生产的技术基础发生变革。"①当代科学技术的发展证明了马克思论断的正确性。

现代社会这种不断变革的特点要求教育培养出来的人才不仅有丰富的知识，而且要有独立思考的能力和不断追求新知、勇于创新的科学精神。如果没有这种精神，我们就会落在时代的后面，就会贻误社会主义现代化建设的大业。

（三）轻视实践、轻视技术的观念

在我国漫长的封建社会里，学校教育制度和人才选拔制度是紧密结合在一起的。学习是为了做官，要做官就要参加科举考试。学子们寒窗苦读，不接触社会，不接触生产，鄙视一切技艺性的职业和劳动。"万般皆下品，唯有读书高"就是这种状况的写照。读书之所以"高"，就是最后有可能做官。当然，选拔读书人做官，比起让不读书的人做官略胜一筹。但是问题在于当时读的书是宣扬三纲五常的封建伦理道德的书，很少读或者根本不读有益社会生产的科学技术方面的书，读书的目的不是为了发展社会生产，而是为了从政、入仕，即做官。这种思想在我国历史上有着广泛而深远的影响。

在解放战争与新中国成立以后的一段时间内，我们曾经批判过轻视实践、轻视劳动的思想。但由于我国教育不够普及，有文化的知识分子中有一些人当了国家干部，这就在社会上造成了一种错觉，似乎读书就是为了当干部。1957年，毛泽东同志针对当时中学毕业生不愿意参加体

---

① 《马克思恩格斯全集》第23卷，533～534页，北京，人民出版社，1972。

力劳动的状况，提出社会主义教育要培养有社会主义觉悟的有文化的劳动者，说明劳动者也需要有文化，有了知识不一定当干部，这在当时无疑是很及时、很正确的。但以后受到"左"的思想的干扰，把教育看作只培养劳动者，不培养干部，不培养科学技术人才，结果导致"读书无用论"的出现，这就走到了反面，造成了历史的倒退。

十年动乱以后，国家恢复了高考制度，纠正了"读书无用论"的思想，恢复了教育的地位，强调了知识在社会主义现代化建设中的作用。这对于重建被十年动乱破坏的学校教育制度和恢复社会正常秩序，激发青年的求知欲望起了极大的作用，为我国社会主义现代化建设准备了智力条件。但是，在这一过程中，轻视实践、轻视劳动的思想又有所抬头。这种思想的一种表现是重视普通教育，轻视职业技术教育。职业技术教育在我国不发达，除有物质基础（生产力水平）方面的原因外，也有思想观念方面的原因。历来的观念是"学而优则仕"，没有说学而优则工、学而优则农，或者学而优则商。因此学习好的总要追求上普通中学、上大学，不愿意学习职业技术。这种观念不改变，职业技术教育很难在人们心目中占有重要的地位，职业技术教育很难发展，结果是劳动人民的文化素质和技术素质得不到提高。

科举考试制度的思想影响也不能低估。我国封建社会长期以来是用考试来选拔人才的。这对于世袭制无疑是一种进步。但是，学校教育围绕着考试转却成为我国教育的传统。特别是科举制度发展到以作八股文为考试内容，学校也以教作八股文为其主要任务，导致学校教育极度僵化，成为教育发展的严重阻力。这种以考试为学校教育的指挥棒的现象在我国当前教育中仍然存在，并严重地阻碍着当前的教育改革。要改变这种状况，一方面要改革考试制度，使指挥棒向着正确的方向指挥；另一方面就要改变传统的教育思想，把培养人才放到更广阔的视野里进行，跳出单纯追求升学率的狭隘的圈子。

（四）僵化的教学模式的影响

自从清朝末年废科举、兴学堂以来，我国的学校教育制度几经变迁。新中国成立以前，主要是沿用1922年民国政府制定的学制。这个学制是以美国学制为模式的。新中国成立以后，我们向苏联学习，以苏联学校教育的模式对旧教育进行改造。虽然在学制的形式上仍保留着1922年学制的某些痕迹，但在教学的内容和教学的组织上都采用了苏联的一套做法，这对于改变旧教育脱离人民、脱离实际的状况，建立科学的、大众的新的教育制度起了重要的作用。在新的教育制度下，我们培养了数以百万计的专门人才，数以亿万计的劳动后备力量。但是苏联的教学模式有很大的缺点，就是强求一律，方法呆板，教师主宰一切，学生缺乏主动性。这种教学模式不仅不能适应我国这样一个经济和文化发展极不平衡的大国的实际情况，也对培养创造性人才极为不利。当然，对于苏联的教育经验也不能一概抹杀。苏联教育强调严格训练，掌握牢固的、系统的科学知识，这个经验是可取的。近几十年来他们也在强调发展学生的能力。最近的教育改革提出要加强个别教学，注意发展每个人的个性特长。这些经验都值得我们吸取。过去我们在学习苏联教育经验时采取机械照搬的方式，使本来就死板的模式在我们的教育实践中更加僵化。此外，新中国成立以来的长时期内，我们自己作茧自缚，闭目塞听，不了解世界教育发展的进程和趋势，也使僵化的教学模式越来越凝固，至今难以融化。

以上简要地分析了阻碍我国当前教育改革的陈腐的传统教育思想及其历史形成的过程。但要改变这种传统教育思想却不是一件易事。因为它不是孤立地存在的，它与当前的政治经济制度有密切关系，与我们的某些政策也有关系。所以说，教育的改革必须和我国的政治体制改革、经济体制改革同步进行。随着改革的深入，上面讲到的陈腐的传统教育思想必将随着小农经济的崩溃而被逐步克服。

五

改革教育制度、教学内容和教学方法，要以新的教育思想为指导。那么，需要树立哪些新的教育思想和观念呢？

（一）树立为社会主义现代化建设服务的教育价值观

前面已经讲到，狭隘的教育价值观只看到教育为统治阶级培养人才的一面，完全排斥教育的生产性。《中共中央关于教育体制改革的决定》总结了历史的经验，明确指出："教育必须为社会主义建设服务，社会主义建设必须依靠教育。"这就是说，教育要适应社会主义建设的需要，而社会主义建设也必须以教育为条件，这是一条客观规律。遵循这条规律，社会主义建设事业和教育事业才能得到迅速发展；违背这条规律，教育事业得不到发展，社会主义建设也会受到损害。

树立了这样的教育价值观，就不会把教育看作一种单纯的消费性投资，而是看作一种能够获得经济效益的生产性投资。当前我国教育遇到的最大困难是经费不足。要解决这个问题，除了国家增加教育拨款之外，还需要各行各业都重视教育，都来支持教育。这种支持不只是经费上，也包括物质上和人力上的支援。例如，培养工程技术人才需要让学生到工厂企业去生产实习。过去工厂企业接受学生的生产实习被看作应尽的义务，而且投入一定的资金和人力。但是近几年却倒过来了，学生到工厂企业去实习，学校要向工厂企业交纳可观的费用。这种状况不改变，适应现代生产要求的人才就难以培养出来。

（二）树立全时空的教育观

过去我们对教育的理解主要限于学校教育，认为教育是给一定年龄阶段（六七岁至二十四五岁）的人们提供学习场所。他们从学校获得足够的知识，会终身受用不尽。现在这种理解已经不够了，教育的概念需要扩大。

从年龄上讲，教育不应只给儿童和青少年提供学习的机会，还应该为需要学习的所有年龄阶段的人们提供必要的学习机会。因为前面讲到的科学技术的进步和生产的不断变革，使得人们已经不能终身固定在一个工作岗位上。劳动的变换、职业的更动以及工作内容的变化要求他们不断学习，不断更新自己的知识和技能。所以，学校教育已经不只是职业前的教育，而且担负着继续教育、转业教育甚至于闲暇教育的任务。现代教育已经把学校教育纳入终身教育的轨道中，把教育扩大到所有年龄阶段，教育的时间延长了。

从教育活动的范围来讲，教育已经远远超出了学校的范围。过去，受教育必须进学校。现在，由于教育技术手段的进步，群众性媒介的广泛使用，获得知识不一定需要进学校。人们可以通过广播、电视、录像、书报杂志等多种渠道获得知识，教育的空间扩大了。

从教育的任务来讲，教育不只是给人们以职业训练，为社会的物质文明建设创造条件，而且要提高全民族的科学文化素质和思想道德素质，建设社会主义的精神文明。所以，教育事业不只是学校师生员工的事业，不只是从事教育工作的人们的事业，应该是全社会的共同事业。

只有树立这种终身教育、全民教育、全时空教育的新观念，才能摆脱小生产的观念，把教育放到社会发展的总系统中去考察，并使它受到社会的应有的重视，才能打破学校教育的封闭模式，使它与社会紧密联系。

（三）树立正确的人才观

在我国几千年的封建社会里，人们对人才的看法形成了一个极为狭隘的观念，以为只有出人头地、高官厚禄的人才是人才。在这种传统的人才观影响下，现在有一种看法，似乎只有上了大学，成了专家、学者、科学家、发明家，或者对社会做出特殊贡献的政治家才是人才。这种人才观是片面的，也是不科学的。什么是人才？凡是有高度社会责任感，勤奋工作，勇于创斯，为社会做出一定贡献的人都是人才。人才是有层次、有类别的，各行各业、各个层次中都有人才，不能把人才和天才的概念混淆起来。天才则是人才中的出众者，是有高度禀赋才能、在某个领域内做出卓越贡献的人，这种人是极少数。我们教育工作者当然希望并且应该注意发现和培养出能够获得诺贝尔奖的、有创造发明的、蜚声世界的高级人才和天才。但是这种高层次的人才和天才毕竟是少数。如果教育工作者的着眼点只放在这些少数人身上，把它作为我们唯一的培养目标，势必忽视大多数，就不能为社会主义建设培养众多的各级各类人才，社会主义建设就会受到损失。

现代教育的人才观应该有以下一些特点。

（1）人才的广泛性。当教育还处于少数人享受的时代，人才只是少数人；现在中等教育普及率在逐步提高，高等教育也有发展，受过教育、训练的人才日益增多。但社会主义现代化建设是规模极为宏大的事业，需要造就数以亿计的工业、农业、商业等各行各业有文化、懂技术、业务熟练的劳动者；要造就数以千万计的具有现代科学技术和经营管理知识、具有开拓能力的厂长、经理、工程师、农艺师、经济师、会计师、统计师和其他经济、技术工作人员；还要造就数以千万计的能够适应现代科学文化发展和新技术革命要求的教育工作者、科学工作者、医务工作者、理论工作者、文化工作者、新闻和编辑出版工作者、法律工作者、外事工作者、军事工作者和党政工作者。这些人才都需要通过教育去悉心培养。

（2）人才的多样性和特殊性。人才的广泛性并不排除人才的多样性和特殊性。我们要改变用一个模式来培养人才的传统做法，要注意因材施教。因为人的个性存在着差异，用一个模式要求人才，就会压抑人的特殊才能和个性的充分发展，也就不能培养出高质量的人才。在学校教育中要废弃平均发展的思想。有人把培养学生全面发展理解为要求学生门门功课都达到优秀，这种要求是不切合实际的。正确的教育应该为不同的个性创造发展的条件，即按照各个学生不同的特长、不同的兴趣和爱好施以不同的教育，使他的个性得到充分的发展，成为出色的人才。

（3）人才的和谐性。所谓和谐性就是要使人才在德、智、体、美、劳诸方面和谐地全面发展。重视思想政治教育是我国教育的优良传统。这个传统不能丢失，应该保持和发扬。在现代化建设中强调智育是必要的，但是我们建设的现代化是社会主义的现代化，因此，不能只重智育而忽视德育。我们培养的人才应能坚持社会主义方向，并有为社会主义献身的精神。此外，也不能忽视体育、美育和劳动教育，这些是不言自明的。

（4）人才的超前性。一方面，人才培养的周期很长；另一方面，人才为社会服务的年限也很长。这两个长期性需要我们用面向未来的眼光、用发展的眼光来看待人才的培养问题。我们不能只看到社会在一定发展阶段对人才的需求和规格要求，还要看到社会在未来发展阶段对人才的要求，看到人的潜在能力和他将来的发展。

（四）树立以学生为主体的观念

在教育发展史上，关于学生在教育过程中的地位问题历来是争论的焦点。一派意见认为，在教育过程中，教师有绝对的权威，学生只是教育的对象，他们只能听从教师的教导，自己没有主动权。另一派意见认为，学生是教育的中心，教师只处于辅助地位，在教育过程中教师要围着学生转。这两派意见都没有辩证地认识到师生两者在教育过程中的相对地位，只强调了一方面的作用，忽视了另一方面的作用，都是片面的、不科学的。我国长期以来的教育传统是把教师放在中心位置。虽然20世纪二三十年代杜威进步主义教育学派的儿童中心主义的教育思想曾经一度在我国流行过，但很快就烟消云散。新中国成立以后学习苏联教育经验，强调教师的主导作用和教师的权威，仍然是把教师放在教育的中心，把学生视作被动地接受教育的对象，看不到学生的主观能动性，也不注意培养学生的主动精神和独立能力。这种传统的教育观念也是不适应时代的要求的。现代科学技术发展迅速，如果人们习惯于被动地接受现存知识，缺乏积极主动性，缺乏开拓精神，他们就会落在时代的后面。因此必须转变这种传统的教育思想，把学生看作教育的主体（即主人翁）。事实上，学生不是被动地接受教育，而是具有主观能动性的人。他对教师的讲课不是有言必录，而是有选择的。所以，只有把学生的主动性调动起来以后，教育才能取得成效。学生是教育过程的积极参加者，一切教育影响都要通过学生自身内部的矛盾运动才能被接受。在教育过程中教师要起主导作用，这种主导作用就体现在有组织、有计划地启发学生的积极主动性上。学生的积极主动性越高，教育效果就越好，教育质量就越高。

有的同志不同意提学生的主体作用，认为它与教师的主导作用是矛盾的。他们还从哲学的观点来分析，认为在同一过程中不可能有两个"主体"或者两个矛盾的主要方面。其实主导作用这个名词是从苏联教育学中翻译过来的，原文为"Видущую ролъ"，意思是指引导、先导的作用，丝毫没有以教师为主的意思。教学过程中只有一个主体，这就是学生。

什么是好学生？受陈腐的传统教育思想束缚的人认为，循规蹈矩、善于死记硬背、考试能得高分就是好学生。但是这种学生缺乏创造性和进取精神，将来在事业上难以有出色的成绩。教育学生呆读死记、因循守旧，还是培养学生生动活泼、勇于创新，这是两种对立的教育观。使学生生动活泼地主动地发展是时代的要求，也是社会主义建设的要求。社会主义建设需要有理想、有献身精神和创新精神的人才，而不是缺乏理想和抱负、无所作为的平庸之辈。

学生观实际上是人才观的一种表现形式。人才观表现在教育的最终目的上，学生观则表现在教育过程中对学生的认识上。有什么样的人才观就会有什么样的学生观。有什么样的学生观就会培养出什么样的人才。所以，只有适合时代要求的正确的学生观，才能培养出适应社会主义现代化建设需要的人才。

（五）建立新的教学观

传统的教育把传授知识作为学校的唯一任务。但是，科学技术的进步带来的知识总量的迅速膨胀，使得学校教育不可能，也没有必要在学生短短十几年的学习时间内把人类积累起来的所有知识都传授给学生。要使学生跟上科技发展的步伐，除了教给学生最基本的知识外，主要地要发展学生的能力，使他们学会在已有知识的基础上去探索新的知识。正如美国教育家布鲁纳所说的："不仅要教育成绩优良的学生，而且也要帮助每个学生获得最好的智力发展。"（布鲁纳：《教育过程》）近几十年来，生理学、心理学对人脑的功能的研究，为发展学生的能力提供了科学的根据。生理学家和心理学家都认为，学龄初期儿童的大脑已经接近成人，儿童智力发展的潜力很大，教师不能低估儿童的潜力，要注意用启发的方法去发展他们的智力。

传授知识和发展能力不是矛盾的，而是相辅相成的；要把两者结合起来，而不是对立起来。不能因为强调了发展学生的能力就可以放松知识的传授。知识是发展能力的基础，没有知识就谈不上发展能力。如果离开掌握牢固的知识去发展能力，则能力就成为无源之水、无本之木。一般说来，能力的发展与知识的多少、深浅有着密切的关系。知识越丰富，理解得越深刻，越有利于能力的发展。反过来，能力的发展又是获得知识的重要条件；掌握知识的快慢、难易，理解的深浅，巩固的程度等都依赖于能力的高低。能力发展水平高，掌握知识就快，理解得就深，掌握得就牢固。所以，传授知识和发展能力是辩证统一的过程，两者不可偏废；更不能把两者等同起来，互相取而代之。传授了知识不等于就发展了能力。为了发展学生的能力，就必须对教学内容和方法加以改进。

教学不能只是从概念到概念，理性知识要注意联系现代科学技术发展的实际和社会主义建设的实际，要删除陈旧的、烦琐的教学内容，加强基本知识的教学和基本技能的训练，使学生掌握知识的内在联系，能够举一反三；要减轻学生的学业负担，使学生减少心理压力并有余力去从事自己爱好的活动，培养自己的独立能力。教学方法要采取启发式，废止注入式，把学生的积极思维调动起来，才能促进学生能力的发展。

教学内容和教学方法的改革不只是单纯的技术、方法问题，同样涉及教育观念的转变。现代的教学观应该树立以下一些观念。

（1）教学不应是把现存的结论教给学生，而是要引导学生自己探索，寻求事物发生发展的起因，探讨它与其他事物的联系，从中找出规律，形成概念。学生经过自己努力探索到的知识，理解得深刻，记忆得牢固。当然，这种探索不是让学生盲目重复科学发现的过程，而是在教师引导之下让学生自己动脑、动手。老教育家叶圣陶先生说的"教是为了不教"讲的就是这个道理，也就是要注意培养学生自学的能力。

（2）提倡教师和学生之间、学生和学生之间双向或多向地交流信息。传统的教学方法是教师滔滔地讲，学生静静地听，学生在教学过程中处于被动状态，单向地接受信息。信息是否被接受和理解，没有反馈。教师得不到学生学习的信息，不能根据学生理解的程度来调节和改进教学。同时，学生只接受单向的信息，由于信息源太少，无法对信息加以比较，思路就不开阔。如果师生互相讨论，学生的思维处于积极的状态，信息来自多方面，学生为了接受它就要加以分析和比较，这就发展了学生的思维能力，同时，学生对概念也会理解得更深刻、更全面。

（3）在发展学生求同思维的同时，注意发展求异思维。求同和求异是两种密切联系而又各有特点的思维方式。二者无论对于发展科学、文化，还是寻求知识、解决问题，都是不可缺少的。没有求同思维就不会有继承，没有求异思维就谈不上发展。传统的教学只求同，不求异。书上怎么写，教师怎么讲，学生就怎么答，不允许存在不同意见。这样的教育实践抑制学生的创造性思维，挫伤学生的积极主动性。现代教育必须重视启发学生的积极思维，鼓励学生提出不同见解，这样才有利于学生创造性才能的发展，有利于科学的发展。

（4）注意因材施教。结合每个学生不同的特点进行不同的教育，是现代教育发展的共同趋势。班级授课制是教育发展史上一大进步，它改变了教学的手工业方式，提高了教学的效率，但是它有不足之处，就是用一个标准要求全班学生，容易忽视学生的个性特点。现代教育要强调发展学生的个性，就要注意因材施教。现代科学技术手段在教学中的应用也为教师进行个别指导和学生独立自学创造了条件。

六

为了使我国的教育适应社会主义现代化建设的要求，必须有计划、有步骤、有系统地进行教育改革。我认为，当前需要改革的有以下几点。

（一）调整教育结构，使它更适应我国的实际需要

我国的实际是什么呢？①地域辽阔，经济和文化发展极不平衡，不能用一个标准要求全国各地；②人口众多，仅在校中小学生就达2.3亿人，他们不可能都进入高一级学校学习，特别是中学毕业生，不可能都进高等学校学习；③我国属于发展中国家，经济还不够发达，国家的财力有限，教育经费的增加有一定的限度；④我国的社会主义现代化建设，需要各级、各类、各种层次的人才。根据上述现实情况，我国的教育结构需要认真调整。《中共中央关于教育体制改革的决定》（以下简称《决定》）把调整中等教育结构，大力发展职业技术教育作为教育体制改革的重要内容。《决定》中确定，我国广大青少年一般应从中学阶段

开始分流；初中毕业生一部分升入普通高中，一部分接受高中阶段的职业技术教育；高中毕业生一部分升入普通大学，一部分接受高等职业技术教育。

有人反对中学阶段的分流，认为现在世界教育发展的趋势是办综合中学，把普通教育和职业教育结合起来，过早的职业化不利于现代技术发展的要求和学生将来的发展。这当然不无道理。但是对于我国来说，目前中学阶段的分流是不可避免的。在较长的时期内，我国能进入高等学校学习的人数毕竟有限，这就需要为受完义务教育后的中学生开辟一条通向职业教育的道路。世界各国教育发展的历史也都经历过分流的阶段。当19世纪工业发达国家刚刚普及小学教育的时候，它们在初中阶段就开始分流；20世纪前半叶普及初中教育的时候，高中阶段开始分流。现在发达国家的中等教育之所以趋向于办综合中学，是因为它们已基本上普及了高中教育。我国要达到这样的教育发展水平还需要许多年。当然，时代不同了，如何分流，分流以后采取什么样的结构、内容等，不应该简单地照搬其他国家的做法。值得注意的是，根据当代科学技术发展的需要，在分流以后的教育内容上，我们应该努力使普通教育和职业教育结合起来，而不应过分削弱普通教育的内容，以免学生将来不适应技术变化的要求。

教育结构的调整还应包括高等教育。现在高等教育中培养高级技术人才的本科生与培养中级技术人才的专科生的比例很不恰当。据统计，高等学校本科生和专科生的比例1978年为1∶0.57，1982年为1∶0.11，1985年为1∶0.38（以上统计均不包括师范院校的学生）。这种比例显然不能适应工农业发展对中级技术人员的需求。因此要大力发展高等专科教育，增加专科生的比重。要达到这个目标，就需要采取适当措施，鼓励青年报考专科学校。

（二）进行考试制度的改革

重考试是我国教育的传统。这个传统不应一概抹杀。考试有积极的一面：可以检查教学效果，以便教师改进教学，对学生则是一种鼓励和督促；可以建立比较客观的学业成绩评定标准，避免高等学校入学走后门，确保高校新生的质量。但是，考试也有消极的一面：①高考一次定终身，不考虑学生平时的学习情况，具有一定的偶然性；②容易使学校教学偏科，许多高中很早就按照高考的要求分文理科进行教学，不考的科目不学，使学生受不到完全的普通教育；③教师和学生疲于奔命，影响健康。因此，考试制度必须改革。

首先要改革高考制度。可以朝两个方向改革：一是把高考和考查平时成绩结合起来，这样既可以避免偶然性，又可以鼓励学生平时努力，把知识学得更扎实；二是把考试科目减少，考试的内容加宽。例如，把自然科学和社会科学综合起来考试，内容宽了，但深度和难度要降低。为了专业的需要可加试与专业相关的学科。这样可以减轻学生的负担，也可以避免偏科的现象。现在有的地区采用平时会考，学完一门会考一门，把高考的科目减少。这也是一种改革的尝试。但教师和学生都反映，过去是毕业班紧张，现在是年年紧张。可见，这种制度也还需要进一步研究改进。高考内容应特别注意检查学生对于基础知识的掌握程度和能力的发展水平。这就与命题的要求有关。高考的命题不仅直接影响到能否录取真正优秀的学生，同时也间接地影响到中学的教学，是一根无形的指挥棒。因此，应该把高考命题作为一项重大的科研项目进行认真的研究。

其次要改革学校日常的考试制度。最重要的是要减少考试次数，加强平时考查。考试虽然有检查教学效果和督促学生学习的积极作用，但它带给学生的心理压力很重。这种压力不利于学生的学习，特别是对低年级学生，不利于他们生动活泼地主动地发展。要鼓励、督促学生学习，不能单纯靠考试，而是要靠教师的教育艺术，靠启发学生的兴趣和求知欲。国外有的心理学家通过实验证明，在心理压力下学习的学生，学习效果不如没有心理压力的学生。

减少考试有利于减轻学生的负担，使他能够全面发展，能够有时间学习他所喜爱的知识，从事他所喜爱的课外活动，有利于他的特殊才能的发展。

（三）改革教学内容

我国采取全国统一的教学计划，统一的教学大纲，统一的教科书（近几年中学改为两套教科书，即普通中学使用的乙种本，重点中学使用的甲种本）。这种统一性有利于全国统一标准，但不符合我国教育发展不平衡的国情，不利于对学生因材施教。去年（1986年），国家教委决定把教材的编写与审定分开，鼓励在统一大纲的要求下编写多种教科书。这是一大进步，但是还不够，还需要对教学计划和教学大纲进行改革，应该根据不同地区的不同情况，实行几套教学计划和教学大纲。全国可以有一个统一的最低要求，各地根据实际情况编制计划和大纲。

国外中学多采取综合课程，我国则学习苏联，采取分科课程。这两种课程各有优缺点。综合课程有利于各学科之间的联系，有利于学生对某一知识的综合理解，发展思维；但缺点是不利于学生掌握某一学科的系统知识。分科课程的优缺点刚好与此相反。因此，我们在分科教学中，要尽量吸收综合课程的优点，加强各学科教学之间的联系。在现代科学技术进步的条件下，需要适当增加一些新课程，如计算机应用、环境保护、人口学等。此外，在教学计划中还应设选修课，以利于学生特殊才能的发展。

（四）改革教学的组织，使学生更多地接触社会，接触实际

要改变封闭式的教学，就要组织学生走出课堂、走出校门，到社会中去，了解我国在党的十一届三中全会以后实行改革、开放、搞活的政

策所带来的城乡经济的变化，在生气勃勃的现实生活中学到活的知识，同时通过调查研究，培养理论联系实际，运用所学知识分析问题和解决问题的能力。

吸取以往的教训，要妥善处理好课堂教学和社会实践的关系。课堂教学仍然是学校教学的主要组织形式，不能因为参加社会实践而削弱课堂教学，而是通过社会实践促进课堂教学，补充课堂教学之不足，使学生在课堂上学到的知识更深刻、更丰富。

在中学里要加强劳动技术课的教学，在高等学校要加强生产实习，要和企业加强联系，认真贯彻教育同生产劳动相结合的原则，使教育为经济建设服务，也促进教育本身的改革与发展。

要把课堂教学和课外活动结合起来。由于现代科学技术的发展，群众性媒介的广泛使用，学生获得知识已经不限于课堂，课外活动也是学生获得知识和提高能力的很好的场所。课外活动的特点是学生具有自愿性和自主性，即学生自愿参加，在活动中自己做主，并独立进行有关的组织工作。它不受教学计划的限制，没有考试的心理压力。学生在课外活动中可以充分发挥自己的特长和创造才能。因此，无论是从丰富学生的知识来讲，还是从培养学生的开创精神和独立工作能力来讲，课外活动都是必不可少的途径。把课堂教学和课外活动结合起来，不是把课外活动作为课堂教学的补充，更不能把课外活动作为课堂教学的继续，把课堂教学中完不成的教学任务或作业转移到课外活动中；而是要把课外活动作为培养学生的重要途径，把它摆到和课堂教学同样重要的位置上，并使它们在德、智、体、美、劳全面发展的基础上有机地结合起来。

教育方针要有科学性、针对性、时效性[*]

  要想科学地、准确地表述教育方针，首先要弄清什么是教育方针，它包含哪些内容。教育方针是国家为了发展教育事业而制定的比较宏观的、具有战略高度的总政策，或者叫总的指导思想。其内涵包括：教育在社会发展中的地位、教育目的、培养目标和途径，以及发展的战略等。

  教育方针与教育规律不同。教育方针是国家制定的，而教育规律是客观存在的。但是，教育方针必须是符合客观规律的，才是科学的，才能够得以实现，教育事业才能得到发展，否则教育事业会受到损失。新中国成立以来，我们对教育规律是逐步认识的，因此对教育方针的表述也日趋全面。现在有人说，我国的教育方针表述不一致，有所谓"一、二、三、四、五"之称，即：一个劳动者，两个必须，三个面向，四有人才，五育并重。但我认为，基本思想是一致的，说明我们对教育规律的认识越来越深刻，越来越提高，对教育的社会功能的认识也越来越全面，这是一种好现象。问题是我们还没有把这些新的认识归纳起来，成为统一的教育方针的表述。今天来讨论这个问题，有积极意义，可以通过讨论统一认识，形成比较一致的看法，促进教育的发展和改革。

  教育方针的制定还要根据国情，具有针对性、时效性（时代性）和

---

* 原载《中国教育学刊》，1990年第3期。

阶段性。毛泽东同志在1957年提出的"我们的教育方针，应该使受教育者在德育、智育、体育几方面都得到发展，成为有社会主义觉悟的有文化的劳动者"，就是针对1957年国内和国际形势提出的。当时国内和国际上有一股否定社会主义、否定马克思主义的思潮，所以毛泽东同志提出，没有正确的政治观点，就等于没有灵魂，要培养学生有社会主义觉悟。针对当时中学毕业生大多不能上大学，但又不愿意从事体力劳动的状况，国家提出要破除读书做官的旧观念，要培养有文化的劳动者。我们应该结合当时的形势来全面理解这个方针。

十一届三中全会以后，我国已经进入了一个新的历史阶段，应赋予教育方针以新的内容。邓小平同志提出的"三个面向"，就是在这个历史新阶段提出来的，富有时代的意义。当然，不必要把领导同志讲的话都原封不动地放到教育方针中，而是把其符合时代特点的精神实质吸收进来。

教育方针也是有阶段性的，不能使一个方针管上几百年。没有阶段性，也就没有时代性、时效性。如20世纪30年代，革命根据地的教育方针是教育为革命战争服务，教育与生产劳动相结合；新中国成立初期提出教育要为发展生产服务，为工农开门，都是具有时效性、阶段性的。因此，我们现在制定的教育方针应该结合我国现阶段的总任务，有针对性地提出发展教育事业的总政策。

基于以上的观点，我认为，现时期的教育方针是否可以这样来表述：教育为实现社会主义现代化服务，教育与生产劳动相结合，使学生在德、智、体、美诸方面都能生动活泼主动地得到发展，成为社会主义的建设者。它概括了教育在我国实现四个现代化阶段的作用，现阶段的教育目的、培养目标和途径。特别是要使学生能生动活泼地得到发展，是针对当前我国教育的弊端而提出的，也是毛泽东教育思想中最有价值的论断，今天仍应坚持，才能培养出面向世界、面向未来、面向现代化的建设人才。

论在社会主义条件下教育同生产劳动结合的必要性和可能性[*]

一、问题的提出

关于阐述教育同生产劳动相结合的文章已经多如牛毛，那么为什么今天还要提出这个问题来讨论呢？这是因为，有些同志认为，教育同生产劳动相结合的原理是马克思针对资本主义社会提出来的，现在已经过时。还因为，教育同生产劳动相结合的原理还没有被我国广大教育工作者所理解，在实际工作中还没有得到很好的贯彻。因此，有必要重新来认识和研究如何在实际工作中贯彻教育同生产劳动相结合的原理。

过时论者认为，资本主义发展初期，资产阶级对无产阶级残酷剥削，大量使用妇女劳动力和童工，致使儿童智力荒芜、道德沦丧。在这种情况下，马克思主义者和一切进步人士都强力提出要给儿童以教育，使他们把生产劳动和智育、体育以及综合技术教育结合起来，并把它作为改造社会的重要手段。而我们现在已经建立起社会主义，无产阶级已经当家做主，成为领导的工人阶级，取消了童工制度，实行了义务教育，没有必要再提倡教育同生产劳动相结合。至多是加强学生的劳动教育而已。

---

* 原载《高等教育学报》，1991年第1期。

诚然，教育同生产劳动相结合的思想是在资本主义发展初期就提出来了。莫尔在他1516年写的《乌托邦》一书中就有了这种思想的萌芽。19世纪的欧文发展了这种思想，并在美国印第安纳州创办了"工业和农业学校"，开展了实验。虽然实验学校失败了，但他的思想受到马克思的高度评价。马克思正是从欧文那里看到了"未来教育的幼芽"，而且提出"生产劳动同智育和体育相结合，它不仅是提高社会生产的一种方法，而且是造就全面发展的人的唯一方法"这句名言。从此，教育同生产劳动相结合就成为现代教育的基本原理。马克思还说道："在合理的社会制度下，每个儿童从9岁起都应当像每个有劳动能力的成人那样成为生产工作者，应当服从普遍的自然规律，这个规律就是：为了吃饭，他必须劳动，不仅用脑劳动，而且用双手劳动。"[①]

有人问，马克思的这些思想今天能做得到吗？

要回答教育同生产劳动相结合的原理是否过时，还必须从理解教育同生产劳动相结合这个原理的实质开始。

二、教育同生产劳动相结合是现代教育的普遍规律

产生教育同生产劳动相结合的思想不是偶然的，是有其历史的必然性的，而且这个思想又是随着历史而有所发展的。

在空想社会主义时代，资本主义的大生产还不够发达，空想社会主义者看到资本主义对儿童的残酷剥削，他们从人道主义思想提出必须帮助儿童受教育，同时把教育同生产劳动结合起来。他们还没有看到大工业机器生产对人提出的新的要求。

马克思一方面继承了空想社会主义者关于教育同生产劳动相结合的

[①]《马克思恩格斯全集》第16卷，217页，北京，人民出版社，1964。

先进思想，另一方面又在新的历史条件下发展了这个思想，把它提到前人所没有的高度。

马克思所处的时代与早期空想社会主义者所处的时代不同。马克思所处的时代是资本主义经过产业革命，走向成熟发达的时期，科学技术在生产中越来越发挥着重要的作用。技术的进步和机器的使用，一方面使得生产过程简单化，可以大量地吸收低工资的妇女和童工；另一方面它对劳动者又提出了较高的要求。马克思把握了这个时代的特点，赋予教育同生产劳动相结合新的意义。

更为重要的是，马克思主义的方法论与空想社会主义不同。后者在历史唯心主义的思想方法支配下，只能看到资本主义的固有矛盾，不理解资本主义发展的规律。马克思主义则运用历史唯物主义的思想方法，看到资本主义大工业生产对科学技术的依赖，看到人在生产中的作用，从而把教育同生产劳动相结合的思想提到前所未有的高度。

现在我们不妨简要地阐明一下教育同生产劳动相结合对现代社会的重要意义。

（1）马克思主义把人的全面发展看作大工业生产的生死攸关的问题，而人的全面发展只有通过教育同生产劳动相结合才能实现。马克思主义认为，传统的手工业生产造成了人的畸形发展，现代大工业生产则要求人的全面发展。恩格斯在《反杜林论》中说道：由于社会分工，劳动被分成几部分，人自己也被分成几部分，为了训练某种单一的活动，牺牲了其他一切肉体和精神的能力，"人的这种畸形发展和分工齐头并进"。大工业机器生产则完全不同于工场手工业生产。虽然在资本主义条件下机器生产使工人成为机器的单纯的附属品，但另一方面大工业机器生产又对人提出了全面发展的要求，并为这种发展提供了物质前提。这是因为，大工业生产的技术基础是革命的，生产工艺的不断变革，要求工人尽可能多方面地发展；科学技术在生产上的应用，要求工人不仅要发展体力，而且要发展智力。马克思和恩格斯同时指出，资本主义的生产方式不断地重复着旧式的分工，并且预言，由于现代生产的不断发展，旧的生产方式必须彻底变革，旧的分工必然会消失。到那个时候，"生产劳动给每一个人提供全面发展和表现自己全部的即体力的和脑力的能力的机会"。[1]由此可见，现代大工业生产从客观上要求教育为它培养全面发展的人，即"懂得整个工业生产的科学基础，而且其中每一个人从头到尾地实际阅历过整整一系列生产部门"。[2]

怎样才能培养人的全面发展？马克思提出要给工人以教育，要把生产劳动和教育结合起来。

从以上分析可以看出，教育同生产劳动相结合不只是为了克服资本主义分工的偏颇，而且是由大工业生产本性所决定的。社会主义社会的生产也是以大工业为基础的，同样需要人的全面发展，需要把教育同生产劳动结合起来，而且，社会主义是以公有制为基础的，社会主义制度下的劳动分工已经与资本主义建立在剥削制度下的分工有着本质的不同，社会主义社会能够更自觉地认识到教育同生产劳动相结合是现代生产的普遍规律，也是现代教育的普遍规律，并能自觉地付诸实践。

（2）现代生产的不断变革使人在生产中的地位和作用发生了质的变化，也即人的劳动性质的变化。大家知道，人是生产力的第一要素。人参加物质生产过程，执行着几种职能：①以自己的肌力作为动力，运用劳动工具和工作机，并借助于它们作用于劳动对象；②支配、操作不同的工具和工作机，并借助于它们作用于劳动对象；③安排和调整劳动工具；④设计和组织整个物质生产过程。在传统的生产中，劳动者主要执行着第一、第二种职能。但在使用新的科学技术的现代化生产中，虽

---

[1]《马克思恩格斯选集》第3卷，333页，北京，人民出版社，1972。
[2] 同上书，335~336页。

然这几种职能仍然存在，但各种职能的作用发生了很大的变化，第一种职能的作用在减少，即使用体力劳动的比重在减少、脑力劳动的比重在增加。人从直接支配工具和工作机转为主要地负责控制工作机，并更多地从事设计和组织整个生产过程。这种变化，要求生产者不仅要用手劳动，而且要用脑劳动。这就给教育提出两方面的要求，一方面要求教育授予生产者现代科学技术知识，使他们通晓现代生产的科学原理；另一方面要求教育工作者紧密地与生产部门相联系，了解现代生产对科学技术的需求，把教学、科研和生产结合起来，促进生产力的不断发展。

（3）现代科学技术不仅促进了生产过程的不断变革，同时也揭示了现代生产过程的奥秘，为教育同生产劳动相结合提供了基础。以往，手工工匠是靠在生产劳动过程中通过经验的积累才能学得专门手艺而终生从事这种专门职业的，而且门户之见甚深，行会控制着手艺的传播。到了大工业生产，情况就完全不同了。马克思说，大工业撕碎了这种隐蔽着的社会生产过程的帷幕，"大工业的原则是，首先不管人的手怎样，把每一个生产过程本身分解成各个组成要素，从而创立了工艺学这门完全现代的科学。……工艺学揭示了为数不多的重大的基本运动形式，不管所使用的工具多么复杂"。这种工艺学为生产者掌握整个生产过程的基本原理提供了条件。

（4）教育同生产劳动相结合不仅是大工业生产的要求和提高生产力的必要手段，而且是改造旧社会、培养革命新人的唯一途径。马克思主义不仅从大工业生产的需要来描述教育同生产劳动的结合，而且从改造资本主义社会、培养无产阶级的革命后代这个高度来理解教育同生产劳动相结合的意义。改造旧社会，需要实行两个彻底的决裂，即与传统的所有制关系实行最彻底的决裂和与传统的观念实行最彻底的决裂。要做到这一点，除了无产阶级要夺取政权，把私有制变为公有制外，还需要消灭脑力劳动和体力劳动的对立和差别，把脑力劳动和体力劳动结合起来。教育同生产劳动相结合就是实行脑力劳动和体力劳动结合的最好途径。无产阶级在夺取政权以后，要摆脱旧社会强加给他们的愚昧就需要学习，同时他们永远不能脱离生产劳动，才能永葆革命的青春。因此，社会主义社会的新人只能从教育同生产劳动结合中诞生出来，别无其他途径。

说教育同生产劳动相结合是现代教育的普遍规律，并不抹杀资本主义教育与社会主义教育的本质区别。因为规律是客观存在的，不管认识它还是不认识它，承认它还是不承认它，它都在起作用，但认识规律和运用规律则是不同的。只有马克思主义才能科学地认识到教育同生产劳动相结合对现代大工业生产的作用，并提高到改造社会、培养新人的高度，从而成为社会主义教育的基本原理和指导方针。而资本主义教育只是不自觉地在遵循这条规律，否则资本主义教育就不可能适应资本主义大生产的要求，资本主义教育本身也就不可能得到发展。近些年来世界各国普遍重视教育同生产劳动相结合的实践就是一个证明。当然，人们由于对这条规律的认识不同，出发点也是不同的。资本主义教育只是从资本出发，为了资本的利润，培养适应资本主义大工业生产的人才。而社会主义教育除了要培养适应社会主义经济建设的人才外，还要培养坚持社会主义方向的、理论联系实际的、与工农相结合的社会主义新人。认识和运用这条普遍规律的区别就在于此。

三、对教育同生产劳动相结合的正确理解

从上述问题的分析，我们已经十分清楚教育同生产劳动相结合的含义。但是为了理解得更确切，还需要针对日常工作中的一些不确切的解释加以澄清。

（1）教育同生产劳动相结合要通过劳动教育进行，但它不等于劳动

教育。不少同志容易把这两者混淆起来，应该予以澄清。劳动教育是我国社会主义教育的组成部分，它和德育、智育、体育、美育同等重要，是培养社会主义全面发展的新人不可缺少的部分。但它不等于教育同生产劳动的结合。劳动教育的任务是培养学生的劳动观念和劳动习惯，包括对劳动人民的思想感情，它与德育有密切的联系，是在劳动实践中进行思想教育。

（2）教育同生产劳动相结合不同于劳动技术教育。劳动技术教育有的地方是作为劳动教育同义词使用的，是劳动教育在中学阶段实施的一门课程。国家教育委员会在中学劳动技术课教学大纲中规定："劳动技术教育是全面贯彻教育方针的需要，是中学教育不可缺少的组成部分。"劳动技术教育的目的是"培养学生的劳动观点、劳动习惯和热爱劳动人民的思想感情"，"养成艰苦朴素、遵守纪律、关心集体、爱护劳动工具、珍惜劳动成果的优良品德"。可见，劳动技术教育与劳动教育的目的基本上是一致的，但劳动技术教育又多了技术的因素。也就是说，到了中学，劳动教育要和生产技术教育结合起来，通过生产技术教育既培养学生的劳动品质，又学习简单的生产技术知识和技能，使他们不仅树立起劳动观点，而且具有参加社会生产劳动最基本的知识和能力。特别重要的是克服片面追求升学的观点，使学生在就业的技能上和心理上有所准备。

（3）教育同生产劳动相结合也不等于综合技术教育。按照马克思的表述，综合技术教育"要使儿童和少年了解生产各个过程的基本原理，同时使他们获得运用各种生产的最简单的工具的技能"。列宁把综合技术教育概括为"从理论上和实践上了解一切主要的生产部门"。按照两位革命导师的解释，我们可以把综合技术教育理解为主要是现代化的生产技术教育，又不同于主要目的在于思想教育的劳动教育。

（4）以往还有不少同志把毛泽东同志曾经提倡的学工、学农、学军理解为教育同生产劳动相结合，这也是不对的。毛泽东同志的意思是，不应把学生整天关在学校里，应该让他们走出校门，接触社会，了解社会。社会上有工、农、商、学、兵各式人等，要了解他们的思想，了解他们是怎样生活和怎样工作的，以便将来更好地为他们服务。这也还属于思想教育的范畴，还不是教育同生产劳动相结合的真正含义。

应该说，前面说到的几种教育，即劳动教育、劳动技术教育、综合技术教育、学工学农学军等与教育同生产劳动相结合是有联系的，它们都是贯彻教育同生产劳动相结合的重要途径，但不等于就是教育同生产劳动相结合。也就是说它们之间既有联系，又有区别。如果说教育同生产劳动的结合是两者的结合，则前面说的几种教育也还是属于教育的范畴，不是两者相结合的范畴。教育同生产劳动相结合的思想有更高的起点和要求。前面我们已经充分地阐述了它的含义，现在我们再概括地总结一下。

教育同生产劳动相结合，就是要使整个教育同国民经济发展的要求相适应，培养理论与实际结合、学用一致、全面发展的新人，逐步消灭脑力劳动和体力劳动的差别。这一段话是邓小平同志1978年在"文化大革命"结束以后第一次全国教育工作会议上讲的，它对我们理解教育同生产劳动相结合有十分重要的意义。这里既有宏观的要求，即把教育同国民经济发展的要求相适应，逐步消灭脑力劳动和体力劳动的差别；又有微观的要求，即培养理论与实际结合、学用一致、全面发展的新人。前者是通过后者来实现的，而后者只有在前者指导下才能做得到。

四、在学校中如何贯彻教育同生产劳动相结合

理解了教育同生产劳动相结合的深刻含义，在实际工作中贯彻的时候就有了方向，就不会简单地把教育和劳动相加，而是要使它们有机地

结合。我想以下几点是值得我们考虑的。

第一，从国家来讲，要使整个教育事业适应国民经济发展的需要，就必须改革现行教育体制，建立一整套与我国社会主义现代化建设相适应的教育制度。这件工作我们已经做了多年，从1985年《中共中央关于教育体制改革的决定》（以下简称《决定》）算起已有5年的时间。《决定》中指出：要普及九年义务教育；要调整中等教育结构，大力发展职业技术教育；要改革高等学校的招生计划和毕业分配制度，扩大高等学校办学自主权；要加强领导，调动各方面积极因素，保证教育体制改革的顺利进行。几年来，教育改革是有成绩的，但教育制度的改革不是一蹴而就的，还需要根据社会发展和经济发展情况加以调整。从这方面来讲，我们的改革远未完成。当前的首要任务是要坚持社会主义方向，使整个教育事业为巩固社会主义制度服务。这样我国社会主义的经济建设才能得到保障，当然要继续地、积极地调整高等学校的专业设置，中等教育的结构，使它们更适应国民经济发展的需要。

第二，从一个学校来讲，贯彻教育同生产劳动相结合需要做好下面几件事。

（1）认真搞好教学。根据现代生产的要求，教育同生产劳动相结合首先要求劳动者掌握现代科学文化知识，因为它是教育同生产劳动相结合的基础。因此，在学校里，首先要使学生掌握牢固的系统的科学文化知识，发展他们的能力，使他们将来能够适应现代生产发展的需要。那种把教育与生产劳动相结合和搞好教学对立起来的认识是不对的，教育同生产劳动相结合绝不是单纯增加学生劳动的时间，更不能用生产来冲击教学。

（2）对学生进行生产技术教育，让学生了解现代生产的基本过程，并教会他们掌握一定的生产技能。进行生产技术教育要根据不同的年级由浅入深地进行。小学生，可以组织他们参观工厂、农场，了解最基本的生产工具，了解工人、农民是怎样劳动的。要让中学生通过劳动技术课了解现代生产的基本原理，了解现代科学技术在生产上的应用；要向学生介绍能源问题、机械化自动化问题、环境保护问题等；要让学生掌握某些生产技术的符号和图表等。生产技术教育，或称综合技术教育，不仅要通过劳动课或劳动技术课来进行，而且要通过各科教学来进行。在理科教学中，教师在讲解各种原理时要尽量联系生产实际，要使学生通过课内课外各种渠道获得现代生产的知识。

（3）组织学生参加适当的生产劳动，培养学生的劳动观点和劳动习惯，使学生学会使用最基本的生产工具。生产劳动的安排要根据不同的年级有所不同。小学生，主要通过手工劳动课和参加力所能及的辅助劳动，学会使用剪刀、铲子、锯子、榔头等最简单的工具，学会浇花、饲养小动物等，掌握最简单的劳动能力。中学生，特别是中学高年级学生，应该有一定时间到工厂或农村参加实际的生产劳动。不论是劳动观点和劳动习惯，还是生产劳动的技能，都不能脱离实际的生产劳动而获得。贯彻教育同生产劳动相结合，培养理论与实际结合、学用一致、体脑结合的新人，更需要在实际的生产劳动中实现。当前学校中忽视生产劳动的倾向必须克服。但是应该指出，为了贯彻教育同生产劳动相结合这一思想，学生参加劳动必须是生产性的，而且应该尽量与现代化生产相联系，只有这样，才能真正达到了解现代生产的基本原理、培养体脑并用的全面发展的新人的目的。

综上所述，教育同生产劳动相结合是现代教育所必须遵循的普遍规律，因为现代教育本身就是现代生产的产物，它只有适应现代生产的要求并为它服务，才有生命力。社会主义教育也是现代教育，与资本主义现代教育的不同在于我们要为社会主义现代化服务，要为社会主义培养人才，资本主义的现代教育是为资本主义服务的，是为资本主义培养人才的。

教育同生产劳动相结合既然是一条普遍规律，那就不是要不要遵循的问题，而是如何来充分认识它、遵循它。我国教育实践中已经有丰富的经验，说明这条规律的威力和遵循这条规律应该采取的措施。社会主义在马克思主义思想指导下为我们认识这条规律的深刻含义打开了眼界，也为我们认真遵循这条规律创造了条件。因为社会主义教育的目的就是培养体脑并重的全面发展的新人，就是为社会主义现代化生产培养人才。因此，在社会主义条件下，教育同生产劳动相结合，不仅是必要的，而且也是可能的。

教育同生产劳动相结合应该成为社会主义教育方针的重要内容*
——与肖宗六同志商榷

　　读了肖宗六同志在《中国教育学刊》1990年第6期上发表的《也谈新时期的教育方针》一文，感到很有启发。文章提出了一些很好的意见，这对于进一步深入讨论教育方针会有好处。教育理论界非常需要这样的讨论，以启迪思想，繁荣学术。文章专门评述了张承先同志、柳斌同志和我关于教育方针的表述，这使我感到特别荣幸。但我对肖宗六同志的评述还有几点不同的看法，本着百家争鸣的方针提出来与肖宗六同志商榷。

　　肖宗六同志提到：教育与生产劳动相结合要不要写入教育方针，它是不是培养人的基本途径和根本途径，值得详细讨论。他并没有明确提出不要写进教育方针，但他在最后对教育方针的表述中并没有写进去，而且在论述教育与生产劳动相结合的理论根据时也表示出，似乎教育与生产劳动相结合这个原理是不适宜于社会主义社会的教育的。当然，这不是肖宗六同志的原话，这只是给人们的印象。

　　我认为，肖宗六同志对教育与生产劳动相结合的理论根据的分析是

＊　原载《中国教育学刊》，1991年第2期。

不充分的，也是不全面的。

首先，肖宗六同志不承认教育与生产劳动相结合是马克思主义的重要教育原理。他只说，教育与生产劳动结合的理论根据，"是马克思、恩格斯、列宁等革命导师的一些语录"（参见《中国教育学刊》，1990年第6期第6页，下列引语同出本文的，只注页码）。这是很不正确的。我们认为，教育与生产劳动相结合是马克思主义经典作家在研究资本主义现代大工业生产的特性和人在大工业生产中的地位和作用时提出来的现代教育的重要原理，绝不是人们摘抄几句马列语录杜撰出来的。

教育同生产劳动相结合思想的产生不是偶然的，有其历史的必然性，而且这个思想又随着历史的发展而有所发展。的确，正像肖宗六同志承认的，这个思想产生于"老空想家们"。在空想社会主义时代，资本主义的大生产还不够发达，空想社会主义者看到资本主义对儿童的残酷剥削，他们从人道主义思想出发，提出帮助儿童受教育，同时把教育同生产劳动结合起来。他们还没有看到大工业机器生产对人提出的新的要求。但是马克思不仅继承了空想社会主义者关于教育同生产劳动相结合的先进思想，而且又在新的历史条件下发展了这个思想，把它提到前人所没有的高度。

马克思所处的时代与早期空想社会主义者所处的时代不同。马克思所处的时代是资本主义经过产业革命，走向成熟发达的时期，科学技术在生产中越来越发挥着重要的作用。技术的进步和机器的使用，一方面使得生产过程简单化，可以大量地吸收低工资的妇女和童工；另一方面它对劳动者又提出了较高的要求。马克思把握了这个时代的特点，赋予教育同生产劳动相结合新的意义。

更为重要的是，马克思主义的方法论与空想社会主义不同。后者在历史唯心主义的思想方法支配下，只看到资本主义的固有矛盾，不理解资本主义发展的规律。马克思主义则运用历史唯物主义的思想方法，看到资本主义大工业生产对科学技术的依赖，看到人在生产中的作用，从而把教育同生产劳动相结合的思想提到前所未有的高度。

其次，肖宗六同志把马克思、恩格斯有关教育与生产劳动相结合的"语录"分为两类，一类是为了保护童工，另一类是对未来教育的设想，这是不确切的。马克思、恩格斯是在大量地研究了资本主义大工业生产的特点以后提出来教育与生产劳动相结合的。现在我们不妨简要地阐述一下马克思主义经典作家是如何来理解教育与生产劳动相结合的，并说明它对现代社会的重要意义。

（1）马克思主义把人的全面发展看作大工业生产的生死攸关的问题，而人的全面发展只有通过教育同生产劳动相结合才能实现。马克思主义认为，传统的手工业生产造成了人的畸形发展，现代大工业生产则要求人的全面发展。恩格斯在《反杜林论》中说道：由于社会分工，劳动被分成几部分，人自己也被分成几部分，为了训练某种单一的活动，牺牲了其他一切肉体和精神的能力，"人的这种畸形发展和分工齐头并进"。大工业机器生产则完全不同于工场手工业生产。虽然在资本主义条件下机器生产使工人成为机器的单纯的附属品，但另一方面大工业机器生产又对人提出了全面发展的要求，并为这种发展提供了物质前提。这是因为，大工业生产的技术基础是革命的，生产工艺的不断变革，要求工人尽可能多方面地发展；科学技术在生产上的应用，要求工人不仅要发展体力，而且要发展智力。马克思和恩格斯同时指出，资本主义的生产方式不断地重复着旧式的分工，并且预言，由于现代生产的不断发展，旧的生产方式必须彻底变革，旧的分工必然会消失。到那个时候，"生产劳动给每一个人提供全面发展和表现自己全部的即体力的和脑力的能力的机会"。[①]由此可见，现代大工业生产从客观上要求教育为它培养全面发展的人，即"懂得整个工业生产的科学基础，而且其中每一个

---

① 《马克思恩格斯选集》第3卷，333页，北京，人民出版社，1972。

人从头到尾地实际阅历过整整一系列生产部门"①。

怎样才能培养人的全面发展？马克思提出要给工人以教育，要把生产劳动和教育结合起来。

从以上分析可以看出，教育同生产劳动相结合不只是为了克服资本主义分工的偏颇，而且是由大工业生产本性所决定的。

（2）现代生产的不断变革使人在生产中的地位和作用发生了质的变化，也即人的劳动性质的变化。大家知道，人是生产力的第一要素。人在参加物质生产过程中，执行着几种职能：①以自己的肌力作为动力，运用劳动工具和工作机，并借助于它们作用于劳动对象；②支配、操作不同的工具和工作机，并借助于它们作用于劳动对象；③安排和调整劳动工具；④设计和组织整个物质生产过程。在传统的生产中，劳动者主要执行着第一、第二种职能。但在使用新的科学技术的现代化生产中，虽然这几种职能仍然存在，但各种职能的作用发生了很大的变化，第一种职能的作用在减少，即使用体力劳动的比重在减少、脑力劳动的比重在增加。人从直接支配工具和工作机转为主要地负责控制工作机，并更多地从事设计和组织整个生产过程。这种变化，要求生产者不仅要用手劳动，而且要用脑劳动。这就给教育提出两方面的要求，一方面要求教育向生产者授予现代科学技术知识，使他们通晓现代生产的科学原理；另一方面要求教育工作者紧密地与生产部门相联系，了解现代生产对科学技术的需求，把教学、科研和生产结合起来，促进生产力的不断发展。

（3）现代科学技术不仅促进了生产过程的不断变革，同时也揭示了现代生产过程的奥秘，为教育同生产劳动相结合提供了基础。以往，手工工匠是靠在生产劳动过程中通过经验的积累才能学得专门手艺而终生从事这种专门职业的，而且门户之见甚深，行会控制着手艺的传播。到

---

① 《马克思恩格斯选集》第3卷，335～336页，北京，人民出版社，1972。

了大工业生产，情况就完全不同了。马克思说，大工业撕碎了这种隐蔽着的社会生产过程的帷幕，"大工业的原则是，首先不管人的手怎样，把每一个生产过程本身分解成各个组成要素，从而创立了工艺学这门完全现代的科学。……工艺学揭示了为数不多的重大的基本运动形式，不管所使用的工具多么复杂"。这种工艺学为生产者掌握整个生产过程的基本原理提供了条件。

（4）教育同生产劳动相结合不仅是大工业生产的要求和提高生产力的必要手段，而且是改造旧社会、培养革命新人的唯一途径。马克思主义不仅从大工业生产的需要来描述教育同生产劳动的结合，而且从改造资本主义社会、培养无产阶级的革命后代这个高度来理解教育同生产劳动相结合的意义。改造旧社会，需要实行两个彻底的决裂，即与传统的所有制关系实行最彻底的决裂和与传统的观念实行最彻底的决裂。要做到这一点，除了无产阶级要夺取政权，把私有制变为公有制外，还需要消灭脑力劳动和体力劳动的对立和差别，把脑力劳动和体力劳动结合起来。教育同生产劳动相结合就是实行脑力劳动和体力劳动结合的最好途径。无产阶级在夺取政权以后，要摆脱旧社会强加给他们的愚昧就需要学习，同时他们永远不脱离生产劳动，才能永葆革命的青春。因此，与旧社会不同的新人，只能从教育同生产劳动结合中诞生出来，别无其他途径。

由此可见，教育同生产劳动相结合是马克思主义的教育原理，并非几条语录。社会主义的教育方针应该反映这条原理。

最后，肖宗六同志批评许多同志引用列宁的一句话，即"没有年轻一代的教育和生产劳动的结合，未来社会的理想是不能想象的：无论是脱离生产的教学和教育，或是没有同时进行教学和教育的生产劳动，都不能达到现代技术水平和科学知识现状所要求的高度"[①]是不慎重的，他

---

① 《列宁全集》第2卷，413页，北京，人民出版社，1959。

认为这是尤沙柯夫的正确思想，不能作为"列宁的原话"（同前，第7页）引用。我手头没有尤沙柯夫的原文，不知这句话是不是出于尤沙柯夫之口，但列宁在文章中是这样写的，"我们也同意他的说法，这里的确有正确的思想……这个正确思想就是……"，下面就是上面所引的一段话。既然是正确思想，又是列宁概括的，并非尤沙柯夫的原话，为什么不能引用呢？

统观肖宗六同志关于教育与生产劳动相结合的论述，给人的印象是这个原理在我国社会主义现阶段是不适宜的，或者已经过时，因为我国已无童工制度；或者为时过早，因为我国还不是马克思所讲的"未来社会"。但我认为，马克思论述的现代大工业生产的社会和所谓未来社会是针对资本主义旧式分工不可能使人得到全面发展，只有到工人阶级掌握政权之后，在打破了资本主义旧式分工的社会里才能实现，这正是说的社会主义社会。肖宗六同志怀疑："在遥远的将来，分工是否会'完全消失'？教育是否能使年轻人'根据社会的需要或他们自己的爱好，轮流从一个生产部门转到另一个生产部门'？"第一，马克思并没有说分工完全消失，他只说要消灭旧式的分工。第二，马克思早就预言："大工业的本性决定了劳动的变换、职业的更动和工人的全面流动性。"[1]因此，不是说工人愿意不愿意从一个生产部门转到另一个生产部门，而是大工业生产必然的结果。当代新科技革命及其在生产上的应用已经证明了这一点。社会主义社会的生产也是以大工业为基础的（虽然我国现阶段还存在着大量手工业劳动），同样需要人的多方面发展，这就需要把教育同生产劳动结合起来。而且，社会主义是以公有制为基础的，社会主义制度下的劳动分工已经与资本主义建立在剥削制度下的分工有着本质的不同。社会主义社会以马克思主义为指导，它能够更自觉地认识到

---

[1]《马克思恩格斯全集》第23卷，534页，北京，人民出版社，1972。

教育同生产劳动相结合的重要意义，并认真地贯彻执行。

至于说教育怎样与生产劳动相结合，肖宗六同志似乎忧心忡忡，认为"历来是学校管理者遇到的难题之一"（同前，第6页）。其实在我国的教育实践中，在这方面有许多丰富的经验，当然也有过不少教训，只要认真总结这些经验教训，是能找出合理的办法来的。我在另外的文章中也有论述，不在这里赘述了。

在与肖宗六同志商榷教育同生产劳动相结合这条原理以后，还有几个小问题附带提一下，以免以讹传讹。

第一，肖宗六同志在分析张承先、柳斌和我等三人关于教育方针的表述时说："（二）顾明远、柳斌都提到'教育要为社会主义建设服务'。"这是不确切的，我提的是"教育为实现社会主义现代化服务"，我在文章中还专门论述了"现代化"三字的含义。肖宗六同志似乎并不理会我的解释，因而变成了断章取义。

第二，他在"（三）"里说"顾明远提德、智、体、美全面发展"也非事实，我提的是"在德、智、体、美诸方面都能生动活泼地主动地得到发展"，不是"全面"，而是"诸方面"。一字之差恐怕还是大不相同的。另外，我之所以没有提"劳"，因为前面已有教育同生产劳动相结合，而且，德、智、体、美诸方面主要是指学生身心发展的诸方面。劳，如果按肖宗六同志的意见，主要指劳动技术教育，则劳动教育实属德育范畴；技术教育是发展学生的劳动技能，则也可包含在智能的范畴。

第三，生动活泼地主动地得到发展是针对当前的教育弊端而言的。方针有时代性，有针对性，基于这种考虑，似乎这几个字并非"细节"问题，也非"修饰语"问题，是要改变一种旧式的教育观念问题。这个问题说来话长，还是在另篇中再论述，这里只做一个表示而已。

以上意见并非都正确，也是为了争鸣，企望通过争鸣来得到正确的答案。

毛泽东教育思想的内涵及其当代意义[*]

　　毛泽东同志在长期的革命斗争中，充分认识到培养干部的重要性，因此十分关心教育工作，他虽然没有专门的教育论著，但在许多报告和文章中都谈到教育问题，对教育工作的许多指示和批示，也都反映了他的教育思想，对我国的教育发展和改革起了重要的作用。但是，由于"文化大革命"的错误路线，他的教育思想被做了片面的错误的解释，再加上他在晚年也说了一些过头的、不切实际的话，从而影响了人们对其教育思想的认识。因此，今天我们再来学习毛泽东教育思想的时候，首先就遇到一个方法论的问题，是一字一句地理解毛泽东同志关于教育的言论呢，还是把毛泽东同志的教育言论放到历史的背景下来理解它的实质？当然要用后一种方法，前一种是形而上学的方法，后一种才是辩证唯物主义的方法。举一个例子来说，毛泽东同志曾经批评有些人读书越读越蠢，是不是就不要读书了呢？不是的，他自己就读了很多书。他主要是批评读死书、死读书、不与实际相联系的现象。这样读书，确实会把人读蠢。又譬如，他曾经说过，学生考试，十道题，如果都答对了但答得都很平常，只能给及格；如果九道题答得不好，一道题答得特别好，有创见就应该打满分。这些话在实际中是无法执行的。但它反映了

*　原载《教育评论》，1992年第2期。本文是在福建教育学会工作会议上的讲演。

毛泽东同志的一种思想，即书是要读的，但要有创造性。毛泽东同志讲话时用语喜欢夸张，有时甚至讲反话，这是他的一种风格。不懂得这种风格，就很难全面地理解毛泽东同志的教育思想。当然，毛泽东同志不是神，而是人，和其他伟人一样，他也讲过一些错话，尤其是"文化大革命"中关于教育的一些言论，今天我们就不要再去提了，而是要学习他的一贯的教育思想，他的最精辟的言论。如果今天我们运用正确的方法论，再来重新学习毛泽东同志关于教育工作的教导，就会感到它的含义深刻，意味深长，在当前仍有现实意义。

毛泽东同志的教育思想十分丰富，他对教育的许多根本问题都有精辟的论述，包括：教育为谁服务的问题，培养什么样的人的问题，青年知识分子的道路问题，培养什么样的学风问题等。核心问题是培养什么样的人。毛泽东同志主张社会主义教育要培养德、智、体诸方面都得到生动活泼的发展的人才。我认为，这是毛泽东教育思想中最重要的内容，是精髓，也是他的一贯主张。他关于教育工作的许多言论都贯穿了这种精神。早在红军时代，他讲"十大教授法"就体现了这种精神。他讲到要采用启发式，说话要通俗化、要明白、要有趣味等，目的都是为了让学生答得生动活泼。新中国成立以后，他更是多次地提到要改革旧的教育制度和方法，让学生生动活泼主动地发展。他深深地认识到，旧教育制度的最大祸害就在于呆读死记，脱离实际，摧残人才。学生只有生动活泼主动地发展，才能成为无产阶级需要的人才。

毛泽东同志的这一思想在今天有着重大的现实意义，这是因为：

第一，时代要求我们的人才生动活泼主动地发展。现代科学技术的发展日新月异，国际竞争愈演愈烈。如果一个学生只会死读书，即便把书背得滚瓜烂熟，也难以适应现代科学技术发展和国际竞争的需要。我们的时代需要培养视野开阔、思维敏捷、有创造能力、勇于探索科学奥秘的人才。

第二，社会主义建设需要我们培养生动活泼地主动发展的人才。当前，我国社会主义建设的总政策就是坚持四项基本原则，实行改革开放，需要的应该是有开拓精神、有创新能力、善于接受新信息、敏捷地判断是非、不失时机地抓住发展苗头的人才。

第三，让学生生动活泼主动地发展是当前教育改革的重要内容。当前，我国教育的主要弊端是思想不够端正，教育不是为了提高学生的素质，而是教学生如何应付考试，片面追求升学率。当然，这种现状不能怪学校的校长，不能怪教师，这是个社会现象。社会上三大差别还存在，追求升学，实际上是追求城市户口，跳出农门；劳动人事制度不合理，片面强调学历，追求升学也就是追求学历，追求社会地位；再加上旧的观念，"读书做官"的思想影响。这一切使得片面追求升学率愈演愈烈。追求升学率这种现象还会长期存在，因为能够进入大学学习的在我国今后一段长的历史时期恐怕只能是少数人，有少数人上学，就有多数人追。我们的教育工作者，要研究如何把学生积极的求学要求引到正确的轨道，如何运用教育规律来提高学生的学习质量。现在这种用考试压学生、搞题海战术的办法不仅不能提高教育质量，反而会摧残人才，压制人才的成长。一位家长曾对我说，他的孩子上小学五年级，期中语文考试考了19分，老师布置作业，说没有满100分的少一分回去把考卷抄一遍，19分就是要抄81遍，大约有7 000多字。这不是摧残学生是什么？有的同志对我说，我们现在的教育特别不利于男孩子的发展，因为男孩子淘气，学习的自觉性发展得较晚，等到他觉悟过来，已经失去上重点中学的机会。这些现象不能不使我们担忧。

使学生在德、智、体诸方面生动活泼主动地发展，关键在"主动"二字。学生学得主动，才能生动活泼。学生没有主动权，就不可能生动活泼。

怎样才能实现毛泽东同志提倡的使学生在德、智、体诸方面生动活泼主动地发展的教育思想呢？关键在于转变我们的教育思想。

首先，要树立正确的人才观。

培养什么样的人是教育活动的核心和归宿，而人才观则是影响培养人才的基本观点。在我国，由于长期的封建统治，生产力不发达，自然经济占统治地位。自然经济是一种封闭式的经济活动。这种社会的人才观就是要为统治阶级培养听话的奴仆，要求他对主人绝对驯服，不需要有自己的独立见解。而劳动人民在封建统治下和自然经济的条件下，也只知道教育自己的子女安家立业，把他们束缚在一块土地上，而不要求他们去开辟新的天地。这种人才观所要求的教育是，只要求受教育者恪守传统的知识和技艺，守住祖宗家业，而不重视启迪受教育者去开辟新的天地，不鼓励他们树立创新精神。

这种人才观显然与现代社会要求的人才观是格格不入的。我们要建设社会主义现代化，就要求培养的人才不仅有丰富的科学文化知识，而且要有独立思考的能力，要有不断追求新知、勇于创新的科学精神，能够赶超世界先进水平。这种人才就是德、智、体诸方面得到生动活泼主动的发展的人才。

人才是有类别、有层次的，不能认为上了大学才是人才。各行各业都需要人才。凡是勤奋努力、坚持社会主义方向、能够为社会做出贡献的都是人才。因此，教师应该把全体学生看作我们国家的人才，不是只盯着少数能升学的学生，认为他们才是人才。

其次，要树立正确的学生观。

要相信学生，充分发挥学生的主动性。在教育过程中，教师起主导作用，学生发挥主体作用，两者是相辅相成的。教育的结果总是体现在学生身上。学生是有主观能动性的，他不是被动地接受教育。如果没有学生的主动性、积极性，光有教师的积极性，教育就很少有成效。我国长期以来的教育传统是把教师放到中心地位，把学生视作被动地接受教育的对象，看不到学生的主观能动性，也不注意培养学生的主动精神和独立能力。他们对学生缺乏信任感，低估了学生的学习积极性和主动性。他们把严格要求变成强迫命令。他们不了解青少年正是求知欲旺盛的时期，本质上是愿意学习的。问题在于教育要得法，要启发学生的求知欲，变"要我学"为"我要学"。学生有了主动性，学习就能生动活泼。

最近，不少学校创造了"快乐教育""成功教育""创造教育"的经验，其核心就是启发学生的主动性。有的人反对"快乐教育"的提法，认为学习本来是刻苦的，怎么能提倡"快乐教育"？我认为快乐与刻苦不是对立的，快乐与痛苦才是对立的，只有在自愿的基础上才能刻苦学习。"快乐教育"就是让学生愿意学习、乐于学习，强迫是不可能使学生刻苦学习的。

最后，要改革考试制度和课程内容。

我国的科举考试制度的思想影响不能低估，科举制度发展到以作八股文为考试内容，导致学校教育围绕着考试转，这已成为我国教育的传统，学校教育极度僵化，成为教育发展的阻力，因此要改革考试制度，要把合格考试和选拔考试分开来。合格考试主要检查学生是否达到一定的要求，是否可以算得上小学毕业或中学毕业。选拔考试是从中选优，高考就是一种选拔考试，选择优秀的中学毕业生升大学。过去把两种考试混在一起，使得大多数不能升大学的学生陪着少数人学习，这是不合理的，也不利于大多数学生的学习。现在国家实行会考制度，就是想把合格考试和选拔考试分开来。

大家说考试是个指挥棒，实际上后面还有一个指挥棒，就是课程内容，有什么样的课程内容就要考什么。因此，课程内容要改革。现在的课程内容偏深偏难，只是从升学考虑，没有从大多数学生考虑。课程内容的难度降低一些有利于大多数学生学习。有人担心课程内容降低难度会不会降低教学质量，从总体看，只会使大多数学生学得更好一些，至于少数尖子学生，可以用选修课来弥补，对课程可以有一些灵活性。在教育中也要因材施教，注意学生的特点，不要一刀切。这里也有一个教育思想问题，即质量观的问题。什么是真正的质量？是学得越多越好，还是学得少一点，但掌握得扎实一点好？只有考试制度改革了，教育内容改革了，学生的负担相对减轻了，学生才能学得主动，才能学得生动活泼。

以上是我学习毛泽东教育思想的一点体会，不一定全面，和大家讨论。

加强科技教育　培养科技人才*

　　邓小平同志在南方的重要讲话，鼓舞了全国人民建设社会主义现代化的决心和信心。坚持以经济建设为中心，坚持四项基本原则，坚持改革开放，利用现在的有利时机，尽快地把经济搞上去，社会主义才能得以巩固。苏联解体，东欧剧变，世界旧的格局已打破，但新的格局尚未建立。西方国家正在忙于调整政策，应对苏联东欧的变化，暂时还顾不上东方。这就给了我们一个极好的机会来发展自己，壮大自己。科学技术的迅猛发展和变革也给我们带来极好的机遇，我们可以甩开落后的技术，迎头赶上先进技术，从而赶上世界先进的生产力。

　　邓小平同志教导我们要两手一起抓，既要抓物质文明建设，又要抓精神文明建设。他的讲话对我们深化教育改革有着极为重大的意义。教育是精神文明建设的重要手段，同时又为物质文明建设创造了新的科技和准备了人才。因此，教育要培养社会主义事业接班人，要培养掌握先进科学技术的各行各业的建设人才。我这里着重讲讲加强科技教育，培养科技人才的问题。

　　邓小平同志在1978年科技大会上讲到，科学技术是生产力。去年

---

* 原载《中国教育学刊》，1992年第4期。本文是中国教育学会学习邓小平南方讲话座谈会上的发言。

（1991年）4月，江泽民同志在第四次全国科协代表大会上重申了邓小平同志的这个科学论断。他说："我们正处在新旧世纪交替的重要历史时期，我们面对的是一个充满矛盾和激烈竞争的世界，国际的竞争，说到底是综合国力的竞争，关键是科学技术的竞争。"又说："为了解放科技生产力，必须提高全民的科技意识。"这个讲话有着深刻的意义。提高全民的科技意识，是我们教育工作者责无旁贷的任务。根据江泽民同志讲话的精神，我们应当深化教育改革，把升学教育转变为全民的素质教育，还要深化课程改革，加强科技教育，使儿童从小热爱科技、了解科技、掌握科技。

如何在学校里加强科技教育？

首先，要改革中小学的理科教学。当前学校的理科教学强调基本知识的掌握，培养学生扎实的理论知识是必要的，但是存在着重理论、轻技术，重知识、轻技能，重分数、轻应用的现象。这种状况不改变就不能很好地培养学生的科技意识。理科教学要加强理论知识和技术知识的联系，要让学生了解科学理论和技术的关系，以及它们在社会生产和生活中的应用，懂得科学技术对社会发展和经济建设的意义和作用，了解当代先进科学技术的现状和发展趋势。当前国际流行的"科学·技术·社会课程"（STS课程），对理科教改具有重大意义，要认真研究。

其次，要增加一些新的课程，如电子计算机、环境问题、能源问题，都应该让学生了解。计算机已经成为当代提高劳动生产力的主要杠杆。现在谁制作的软件好，谁就能掌握新技术，谁就能掌握新的生产力。邓小平同志讲计算机要从娃娃抓起，这个指示有深远意义。增加新的课程是否要增加许多课时，增加学生的负担呢？不！要从课程的改革着眼，有些内容，如环境问题、能源问题是可以在物理、化学、生物、地理课中讲的；有些则可以开设一些微型课程或者讲座。

再次，要开展多种多样的科技活动，培养学生的科技意识，增加他们的聪明才智。

　　理科教育的改革，将不仅使学生掌握科技知识和操作技能，而且会培养学生树立科学的世界观、富有时代气息的价值观和解决社会实际问题的能力。据浙江教委介绍，该省山区某乡农民原想砍掉果树，种茶树，以适应世界茶叶市场的需要。但是该乡一初中生认为该乡不宜发展茶叶，因为茶叶需要烘烤，而该乡缺乏煤炭资源，就势必要砍伐森林当柴火，这会破坏当地的生态平衡，茶树也种不好。该乡农民认为他的意见很对，就发展果树，取得了好的收益。这个例子说明，理科教学不能只给学生一些孤立的知识，而且要切实加强科技意识的教育，这样才有利于科技人才的培养。

把理论和实际统一起来*
——学习毛泽东思想的一点体会

　　毛泽东同志是无产阶级革命的领袖和导师，是我们共和国的缔造者。他在论述中国革命的时候，一刻也没有忘记革命队伍的建设，时刻关心着年青一代的教育问题。新中国成立以后他对教育工作有过许多指示，发表过许多谈话。虽然有些谈话，特别是"文化大革命"中的一些谈话有失偏颇，但是他对教育年青一代的中心思想是十分明确的，就是要使他们在德、智、体诸方面生动活泼主动地发展，成为社会主义建设的有用人才。为了做到这一点，他要求青年应把理论和实际统一起来，把学习和使用联系起来，把书读好，读了能用。延安整风运动的三篇文献，集中讲的就是这一个问题。当然，这三篇文献不是为了教育问题，而是解决党的思想路线问题。但是，它的内容都蕴含着丰富的教育思想，今天仍然有着重要的指导意义。

一、理论与实际的统一是马克思主义认识论的基本原理

　　毛泽东在《整顿党的作风》一文中着重批评了对马克思列宁主义的

＊　原载《教育管理社会》，1993年第1期。

主观主义态度。他认为，要认识中国新民主主义革命的本质不是从马克思、恩格斯、列宁的书本上所能得到的，必须把马克思列宁主义的理论学习和中国革命的实际结合起来。他说："我们读了许多马克思列宁主义的书籍，能不能就算是有了理论家呢？不能这样说。因为马克思列宁主义是马克思、恩格斯、列宁、斯大林他们根据实际创造出来的理论，从历史和革命实际中抽出来的总结论。我们如果仅仅读了他们的著作，但是没有进一步地根据他们的理论来研究中国的历史实际和革命实际，没有企图在理论上来思考中国的革命实践，我们就不能妄称为马克思主义的理论家。"[①]

什么叫理论和实际的统一呢？首先学习要有的放矢。"的"就是中国革命，"矢"就是我们学习马克思主义的目的，就是要用马克思主义的理论来解决中国革命的实际问题，毛泽东在《改造我们的学习》一文中说，马克思主义的学习态度就是要"应用马克思列宁主义的理论和方法对周围环境做系统的周密的调查和研究，就是要使马克思列宁主义的理论和中国革命的实际运动结合起来，是为了解决中国革命的理论问题和策略问题而去从它找立场、找观点、找方法的"[②]。

其次是学了要用。马克思列宁主义不是摆设，它是无产阶级革命的武器，学习马克思列宁主义不是为了摆出一副理论家的架子，而是为了解决中国革命的实际问题。毛泽东说："对于马克思主义的理论，要能够精通它、应用它，精通的目的全在于应用。如果你能应用马克思主义的观点，说明两个实际问题，那就要受到称赞，就算有了几分成绩。被你说明的东西越多，越普遍，越深刻，你的成绩就越大。"[③]

毛泽东以上这些话是在抗日战争最紧张的时期针对党的干部学习马

---

① 《毛泽东选集》第3卷，814页，北京，人民出版社，1991。
② 同上书，800~801页。
③ 同上书，815页。

克思列宁主义理论来说的。但是对于学习别的理论知识不是同样有指导意义吗？今天，我们中小学生学文化科学知识，大学生学理论科学知识，目的是什么？目的就是为了用这些知识来建设社会主义，来解决社会主义建设中的实际问题。但是，当前学校教育中却存在着形式主义学习或者无目的学习的怪圈，或者说，目的是有的，但不是为了学到建设社会主义的理论知识，而是为了"学习"而学习，为了升学而学习。他们学习知识，不是为应用，而是为了应付考试。这种学习，不仅学不到真正的知识，而且败坏了学风，压制了学生的思维，摧残了人才。

二、研究现状，研究历史，学习别国的经验

如何能做到理论和实际的统一？毛泽东在《改造我们的学习》中讲到，要把马克思列宁主义的普遍真理和中国革命的具体实践相互结合起来，就要研究现状，研究历史，学习国际的革命经验。毛泽东历来重视调查研究。他曾经说过，没有调查研究就没有发言权。他强力地批评一知半解、夸夸其谈的作风。他讽刺那种徒有虚名并无实名的人，像"墙上芦苇，头重脚轻根底浅；山间竹笋，嘴尖皮厚腹中空"。他说，持有这种作风的人，"拿了律己，则害了自己；拿了教人，则害了别人；拿了指导革命，则害了革命"[1]。

为了真正了解现状，还要研究历史。因为任何事物总是有发展的过程，因此研究一件事物不能割断历史，研究中国的革命就要懂得中国革命史，研究中国的今天，就要懂得中国的昨天和前天。这样才不至于被一时的现象所迷惑，才能够了解事物的发展过程和事物的本质联系。

---

[1]《毛泽东选集》第3卷，800页，北京，人民出版社，1991。

在研究问题时还要学习别国的经验。中国革命不是孤立的，它是世界革命的一部分，要了解中国革命，就必须研究别国的革命经验。但是学习别国的经验不是把它照搬过来，而是结合我国革命的实际，从别国的革命经验中吸收有益的经验和教训。

中国革命问题是这样，中国的教育问题同样也是如此。要研究中国教育，主要调查研究中国教育现状，研究中国教育的发展过程及其经验教训，并从外国教育的发展经验中，吸取和借鉴其中有利的经验。这个问题对今天我国教育的改革和发展特别重要，我国是一个有悠久历史的文明古国，但又是一个经济建设、文化建设的发展中国家。我国改革开放以来，经济有了较大的增长，但我国人口众多、负担很重。在这样一个国家，想要普及教育，发展教育，就要从我国的实际出发，实事求是。要做到这一点就必须对中国教育的现状做周密的调查，对中国教育的历史做实事求是的分析，同时吸取一切有利于发展我国教育的外国的经验。

三、知识分子要和工农相结合，要与社会实际相联系

要把学习的理论和实际统一起来，就必须深入实际。毛泽东特别强调知识分子与工农相结合。他在《青年运动的方向》一文中指出：工农大众是中国革命的主力军，知识青年和学生青年只有到工农中去，把占全国人口90%的工农大众，动员起来，组织起来，知识青年和学生青年一定要和广大的工农群众结合在一起，和他们变成一体，才能形成一支强有力的军队。

知识分子和工农相结合，是理论和实际结合的具体表现，因为工农是各条战线的主力军，是人口中的大多数。不懂得他们的思想感情，不懂得他们的生活和工作，就不可能懂得中国的实际。

近几年来，知识分子与工农相结合的口号已经不怎么提了，是不是这个口号已经过时了呢？我认为没有过时。革命时期需要强调知识分子与工农的结合，经济建设时期仍然要强调知识分子与工农的结合。当然，在我们党的历史上，这个方面曾有过"左"的偏差，把知识分子与工农结合当作改造知识分子，甚至是对知识分子实行专政的手段，甚至今天人们一谈到与工农结合仍然心存余悸。正确理解毛泽东提出的知识分子与工农相结合的问题应该是主力军和方面军的关系问题。知识分子和工农群众结合中有一个互相学习的问题。知识分子要向工农学习他们的思想感情，通过他们达到对社会生活的更加深刻的了解；工农群众也要向知识分子学习知识。知识分子和工农群众结合的过程也是知识分子实现理论联系实际的过程。因为工农群众最贴近生活，他们占人口的大多数，社会的脉搏在工农群众中跳动得最强烈。知识分子要了解社会，只有到工农中去。工农和知识分子不能做简单的阶级划分，因为知识分子也是工人阶级的一部分。工农和知识分子不是改造和被改造的关系，而是互相学习的关系。今天，在社会主义建设的高潮中，尤其要提倡知识分子和工农的结合。这种结合与革命时期略有不同，是新的意义上的结合。

科学技术是第一生产力。要实现这个目标，就必须使科学技术为广大工农所掌握。这就需要科技知识分子和工农相结合，把先进的科学技术带给广大的工农群众。同时，知识分子需要从工农群众中了解生产实际，了解生产需求，了解科学技术在实现生产过程中存在的问题，从而促进科学技术的发展。社会科学工作者要研究社会问题，也只有走到工农群众中去。所以毛泽东同志讲的"知识分子如果不与工农群众相结合，则将一事无成"，这句话是颠扑不破的真理。只不过由于时代不同，具体的内容有所不同而已。

理论和实际统一，就是实事求是。这既是马克思列宁主义的根本原理，也是我们党的思想路线。坚持这个原理，我们的革命就能取得胜利，事业就能得到发展，相反，就会遭到失败和挫折。我国革命的历史已经证实了这条真理。我们搞教育工作的尤其要坚持这条原理，要克服一切教条主义、形式主义，从中国的实际出发，深化教育改革，使我们的学生把书读活，学了能用，真正成为社会主义建设的人才。

不能把教育改革都与市场经济挂钩*

教育如何适应社会主义市场经济体制的建立和发展,已经成为当前教育界的热门话题。我认为应该从三个方面来理解这个问题。第一,要充分认识到我国社会主义市场经济体制的建立,必然会促进我国教育的发展和改革。第二,教育要主动适应社会主义市场经济体制的建立和完善。第三,教育还要按照自己的教育规律办教育,不能用经济规律代替教育规律。

我国现在的教育管理体制是在计划经济条件下形成的。它高度集中,高度统一。这个体制使得学校办学机制僵化,缺乏生机和活力,学校办不出特色,在市场经济发展的条件下,这种体制暴露了明显的弱点和不适应,因此必须加以改革。同时,随着市场经济的发展,我国经济会有较快发展。经济发展了,就能为教育发展打下坚实的物质基础。人民生活富裕了,对教育的要求也越来越高,这就会增加教育的投入,促进教育的发展。

教育要为社会主义经济建设服务是通过培养人来实现的。教育要为市场经济培养人才。市场经济从一定意义上来说是竞争的经济。市场竞

---

* 原载《社科参考报》,1993年3月22日。本文根据作者在北京社科联常委会议上的发言整理。

争，在当前科学发达的条件下，归根到底是科技的竞争、人才的竞争。因此，教育要为市场经济培养人才。他们要有市场竞争的意识，敢想敢干，勇于创新，这就要改革现有教育的内容和方法，改变当前应试教育的弊端，把提高学生基本素养放在第一位，改变死记硬背、加重学生学业负担的做法，使学生生动活泼主动地发展。教育培养出来的人才能够在国际竞争中战胜对手。

但是教育毕竟有自己的规律。教育要尊重经济规律，认识经济规律，但教育还必须按照教育规律办事。不能笼统地把教育改革都与市场经济挂钩，不能把市场经济规律简单地搬运到教育领域中来。教育的本质是对人的培养，教育为经济建设服务主要表现在两个方面：一是培养人的劳动能力，提高劳动者的文化素质和劳动熟练程度，从而提高劳动生产率；二是为提高劳动生产率提供最新的科学技术知识和科技成果。教育要适应社会主义市场经济体制的建立，就要在这两方面下功夫。

教育是有各种层次、各种类型的。不同层次、不同类型的教育，与经济发展的关系就有所不同。不能笼统地把教育商品化。对教师来讲，他的劳动是一种服务性的劳务，但他的劳务收入不是直接从出卖商品获得的。学校和用人单位，学校和家长都不能够是买方卖方的关系。因此不能把学校办成谋利的机构。即使在市场经济最发达的资本主义国家，也是把学校作为非营利性组织，私立学校还要由国家给予资助。当前我国教育经费短缺，许多学校迫不得已破墙开店，创办学校企业，但这绝不是教育的目的，也绝不是由市场经济引起的所谓变革，只能说市场经济为学校多种渠道集资创造有利的条件。学校可以办企业，但学校本身不能企业化。它们应是培养人才的学府。

教育的功能是多方面的，绝不只是有经济功能，它还有政治功能、文化功能。它要培养德、智、体诸方面都发展的社会主义的建设者和接班人。听说现在有些地方办了一些所谓"贵族"学校，收高额学费，让学生住宾馆式的宿舍，吃好的、穿好的，回家上学都有汽车接送。这种做法不是市场经济所要求的。这是一种暴发户和封建思想结合的产物。我不反对办私立学校。但私立学校也要按照我国的教育方针办，要教书育人。即使外国资本主义的所谓"贵族"学校，如英国的公学，他们也是对学生严格要求的。

社会主义市场经济体制与教育改革的几点思考[*]

教育如何适应社会主义市场经济体制的建立和发展，已经成为当前教育界的热门话题。首先要明确回答的是，教育必须根据我国社会主义市场经济体制的建立和完善的需要进行深入的改革。但是如何改革，有若干理论问题和实际问题还需要认真、细致地研究，不能笼统地把教育改革都与市场经济挂钩，把市场经济规律简单地搬运到教育领域中来，本文想就教育和社会主义市场经济的若干热门话题发表个人一些不成熟的看法，以求教于教育界同行。

一

为了弄清楚教育如何适应社会主义市场经济体制的建立和发展，首先要弄清楚教育和经济发展的关系，也即教育的经济功能问题。

教育是人类社会特有的活动，其本质就是对人的培养。教育通过对人的培养传递文化知识，创造文化知识。教育的经济功能主要表现在两个方面：一是培养人的劳动能力，提高劳动者的文化素养和劳动熟练程

---

[*] 原载《北京师范大学学报（社会科学版）》，1993年第3期。

度，从而提高劳动生产率；二是为提高劳动生产率提供最新的科学技术知识和科技成果。教育要适应社会主义市场经济体制建立的需要，就要在这两方面下功夫。

但是，教育有各种层次，各种类型。不同层次、不同类型的教育与经济发展的关系就有所不同。有些较为直接，有些则只是间接地与经济发生关系。因此，教育在适应市场经济方面也要有所区别。

基础教育的基本任务是提高全国人民的文化素养，为儿童和青少年的个体发展，为他们进一步学习和工作打好基础，它不直接培养劳动力，而是为培养劳动力打好德、智、体诸方面的基础。当然，由于我国教育程度比较低，至今还没有普及九年义务教育，许多青少年在受完基础教育以后，甚至初等基础教育以后就要参加到劳动大军中去，因此，基础教育在某种程度上也直接培养了劳动力，所以要考虑到它和当地经济发展的关系，使教育内容紧密联系实际，使毕业生能够较快地进入劳动队伍。但是基础教育毕竟有它自己的主要任务。要培养劳动力就应当在完成基础教育之后进行职业培训。特别是初等教育，按照未成年人保护法的规定，它的毕业生还不到就业年龄，因此在基础教育阶段不宜强调适应社会主义市场经济的需要。

职业技术教育就不同了。职业技术教育的任务就是为社会各种产业培养人才。职业教育和技术教育本来是两个不同的概念，职业教育是谋生的教育，技术教育则是培养技术人员，或者以传授一定技术知识和技能为目的的教育。但是由于科学技术的进步，社会上的大多数职业都与技术有关，因此就统称职业技术教育了。学生受完职业技术教育以后就要进入社会，参加社会的生产劳动和其他职业。因此职业技术教育就和市场经济有着较直接的联系。职业技术教育应该根据市场经济的发展来调整专业设置、课程计划和培养的方式方法。当然，职业技术教育中也有一部分与市场经济没有直接关系，如师范、卫生保健、艺术、体育等专业，它们应该根据社会发展需要，不是根据市场需要来改革。

高等教育就比较复杂，这是因为高等教育的门类很多，有理、工、农、医、文各类。各类中又分基础理论教育和应用理论教育。简单地说，有一部分专业是直接为生产部门培养技术人才的，如工、农、商、金融等专业，它们与市场经济靠得最近，有直接的关系，需要根据市场经济发展不断地调整专业设置、课程计划和培养方式。有一部分专业如医科、哲学人文科学，就与市场经济离得较远。当然，从提供劳动服务来讲，它们与劳务市场也有较直接的联系，但是这种劳动服务毕竟不同于物质产品的生产，其服务的成果不直接进入商品市场。

高等教育为市场经济服务的另一个方面就是给市场提供科技信息和科技成果。科学技术是第一生产力。科技信息和科技成果能够直接影响到生产率的提高，它与市场经济有着密切的联系。高等教育具有多学科、高科技的优势，高等教育应该为提高社会生产力做出贡献。这部分与市场经济有着紧密的联系，而且需要建立和培养科技市场来刺激高等教育的科技研究。

成人教育和市场经济的关系也很密切。但是成人教育也分两部分，一部分属于补偿教育，主要是给未能完成正规教育的成人补习文化科学知识，提高他们的文化素养。这部分与市场经济没有直接的联系。另一部分是职业性的继续教育，是给成人以职业培训，这就要根据市场的需要，根据成人所从事的职业进行培训，使成人尽快地达到职业所需求的熟练程度。这部分与市场经济有直接的联系，而且成人教育办学灵活，可以适时地根据市场需要来调节。

以上是根据各级各类教育的性质和任务来看它与市场经济的关系的，有诸多不同。不可笼统地讲教育要根据市场经济体制的建立来进行改革。

二

现在人们谈论得最多的是筹措教育经费的问题。当前教育经费短缺，脑力劳动者和体力劳动者工资奖金倒挂，教师流失严重。有人把它归之于计划经济的结果，提倡要按市场经济规律办教育，使教育商品化，向企业用人单位收取培养费，向学生收取学费，以筹措教育经费。关于这个问题要具体分析。

首先要弄明白，教育经费短缺、体脑倒挂是不是就是计划经济的结果，我认为有一定关系，但并不是必然的联系。回顾20世纪50年代，我国教育经费和经济建设是同步发展的，"一五"期间，我国教育基本建设投资占基本建设总投资的5.5%。当时工业固定资产增长1.26倍，而工程技术人员增长2倍。1958年以后，在"左"的思想影响下，教育基本建设投资开始减少，"二五"期间教育基本建设投资占基本建设总投资的2.6%，三年调整时期（1962—1965）为3.2%，"三五"期间为1.9%。就是说，"文化大革命"期间达到最低点，可见轻视教育是受"左"的思想路线的影响。1978年的工资改革是"文化大革命""左"的思想的遗毒，降低了知识分子的工资，使体脑倒挂至今扭转不过来。这与计划经济没有必然的联系。谈它有一定关系，则是说由于我国长期实行计划经济，企业效益太低，造成国家财政困难，国家没有那么多钱用来办教育，只有市场经济的道路才能使我国经济有较大的发展，才能增加国家的财政收入，才能提高教育经费在整个财政支出中的比例。

有人试图通过教育参与市场来解决教育经费问题是不现实的，是违背教育规律的。教育要参与市场这句话如何理解？市场是多形式的，有商品市场、生产资料市场、金融市场、证券市场、科技市场、劳务市场等，与教育有联系的主要是科技市场和劳务市场。教育培养人的劳动能力，培养人才，学生毕业以后要进入劳务市场，我们姑且不去讨论在社会主义制度下劳动力是不是商品（这是有争议的课题），即使学生毕业后要作为劳动力受到市场经济的制约，要参与市场交换，这种交换也不是在学校和企事业之间进行的。任何国家都把教育作为国家培养人才的事业，实行计划经济的国家是通过国家财政拨款办教育，实行市场经济的国家是通过地方税收来办教育，都不是通过学校与企业的直接的市场交换进行的。在市场经济最发达的美国，教育经费来自地方（州）的税收。纳税人是全体公民，不论是不是企业主，也不论是不是有孩子在学校上学，都必须根据各自的收入交税。地方政府把税收的一部分用来办教育。由企业者、用人单位来交培养费的办法只能局部进行，不能完全推行。如果全面推行，就会造成教育的萎缩，因为企业为了追求利润，它总是重视眼前的利益，而人才在企业发挥作用必是滞后的，越是高级人才滞后性越强，大多数企业不可能具有远大的眼光来储存暂时不能发挥效益的人才，因此任何国家的人才培养都是由国家来规划、来干预的，不是由市场直接调节的，当然，国家规划和干预要预测市场的需要。市场是有调节作用的，市场的调节作用通过毕业生的就业情况反映出来，就业情况好的学校和专业，申请入学的人数就多，学校根据这种反馈的信息来调整自己的专业和课程计划，而不是把毕业生（人才）作为商品在市场上与企业直接交换。

有人主张教育服务是一种劳务，也是提供特殊的使用价值的一种商品，也可以在市场上进行交换。根据这个理论，学生或者家长就是买方，要购买这种劳务就要交费，因此交学费就是天经地义的事。首先我想说明，我是同意义务教育以后上学要交一定的学费的，但是这种学费不是教师劳务的价值，家长和学校不是简单的买方和卖方的关系。家长送孩子上学校，为了提高孩子的劳动能力（使用价值），将来可以改变社会地位，获得经济利益。从这个角度来讲，教育是家长的投资。但是教育是一种复杂的社会活动，它不仅提高学生的劳动能力，而且还提高学生的思想品德、身体素质，这是一方面。另一方面，家长作为社会成员来讲，他既有一定的社会义务，又有一定的社会权利，对社会主义国家来讲，家长参加社会劳动，他的工资所得是劳动的一部分，另一部分已经交给社会，由代表社会的国家进行第二次分配。其中就有年青一代的教育费用。也就是说，在社会主义社会，家长是已经交过学费的，不过不是直接交给学校，而是交给社会，这与资本主义国家的劳资关系是不一样的。我国目前实行的还是低工资制度。所谓低工资制度，即工资水平是低的，但社会福利是高的，社会主义市场经济体制的建立，这种低工资制度会相应地改变，但是在目前工资制度没有根本改变的条件下，要用学费作为教育劳务的价值补偿还是不可能做到的。

当然，前面说过，我是主张收取一定的学费的，但要分什么教育，义务教育就不应该收费。世界各国实行义务教育从来就是免费的。因为所谓义务教育，也即是强迫教育，家长有义务也有权利送孩子上学，国家有义务办学，给孩子上学提供一切便利条件。如果要收学费，那么就有一部分家长因为经济困难而没有能力送孩子上学。因此许多国家在普及义务教育的时候不仅不收学费，而且免费为孩子提供午餐，提供教科书，为离校远的孩子提供校车接送。这一切都是为了便利孩子入学。当然，在我国教育经费极端困难的条件下，学校为了开展某种活动，适当收一些杂用费也是可以的，但义务教育在原则上应该是免费的，这是不容含混的。

义务教育以后的教育则是另一回事，属于非免费教育，可以收学费，特别是职业技术教育这一块。学费的多少可以按两种标准：一种是按质论价，质量高的学校收费高，质量低的学校收费就低；另一种是按毕业生的出路好坏论价，出路好的收费高，出路差的收费就低。例如旅游专业，非常走俏，毕业生分配到旅游局、大饭店，收入也高，这类专业应该收高额学费。这种收费的区别就要靠市场来调节了。

高等教育就比较复杂。国家要保证重点发展的专业，如基础理论、人文社会科学、师范等专业。其他专业也可像职业技术教育那样收费，但考虑到我国工资制度尚未改革，家长负担能力有限，目前收费还不能太高，还不能补偿所有的培养费用。

总之，学校收费问题，有市场调节的因素，也有别的因素，教育是国家的事业，关系到国家的兴亡、民族的盛衰，因此，即使在市场经济很发达的资本主义国家，一般学校都列为非营利组织，国家对私立学校也要有所补贴。只有极少数补习学校，特别是外国人办的语言补习学校之类，才标明是营利的组织。这种学校一般设备简陋、教学质量低下，学生到那里不是为了学习多少东西，而是去混张文凭。这类学校在我们社会主义国家，不宜提倡。至于教师从事第二职业，课余到补习学校兼课，或去当家庭教师，获取报酬，这种劳务实际上已超出我们通常讲的学校教育的范围，不在本文议论之列。

教育劳务还表现在提供科技信息和科技成果上。我认为这部分劳务是可以进入市场的。因为信息也是资源，也是物质财富增长的源泉。科技成果就更不用说了，是提高劳动生产率、使产品改型换代的必要条件。学校理应从提供科技信息和科技成果中得到报酬。但是恰恰是这一块，科技市场在我国很不发达，可以说还没有建立起来。我们自己提供的科技信息和科技成果在我国很不值钱。我国许多企业到国外引进技术资料，要花很多外汇，但国内高校提供同样的技术资料，却只值外国资料的百分之几。这是极不正常的现象。因此，要在国内培育科技市场。这种市场的建立不仅会大大促进我国科技发展和生产力的提高，而且会促进高等学校应用科学技术的研究，增加学校教师和科研人员的收入，逐渐改变体脑倒挂的现象。

社会主义市场经济体制的建立可以为社会办学、多渠道集资办学提供条件。但也要看到另一方面，即市场经济是强调利润的，企业进入市场以后，就不会像过去那样慷慨地向学校交培养费。目前许多部属院校，由于部门领导职能的改变，实行政企分开，经费来源就断绝了，困难很大，就是这种反映。因此从总体上来讲，教育部门可以多渠道筹集经费，但办教育根本还是要靠国家统筹安排，通过立法、通过税收来解决教育经费问题，不能靠学校参与市场经济来解决。

<h2 style="text-align:center">三</h2>

关于学校办企业也是一个热门话题。我的观点是，在当前教育经费极度困难的情况下，学校利用国家提供的优惠政策创办各种企业，增加收入，用来改善办学条件，改善教师生活，这种做法是无可非议的。但这与办教育是两回事。就像国外许多企业家办学校一样，企业家办企业，用赚来的一部分钱办学校。企业家任学校的董事长，并聘任一位专家当校长。企业是企业，学校是学校。所不同的是，国外企业和学校是分开的，我们则是企业和学校是合一的，是一个法人地位。学校办的企业当然要进入市场，受市场经济规律的制约。但学校的企业进入市场并不等于学校进入市场，学校办企业并不等于学校企业化，许多同志把学校办企业说成是学校企业化，这是不正确的。

前面说到在当前教育经费困难的情况下，学校办企业，无可非议，反过来说，如果在教育经费正常的情况下，学校办企业就不一定值得提倡。因为办企业和办教育毕竟是两回事，能当校长的不一定能当企业家，能当企业家的不一定能当得了校长。如果校长又要当企业家，则对学校并不有利。教师也是这样，学校只能分一部分教师去办企业，不能让教师兼做企业家。也就是说，本来，办好一所学校需要校长和教师的全部精力，不能分散精力。因此在正常情况下，中小学不应该办企业，现在是不得已而为之，正常情况下应该是地方办企业来养学校，而不是反过来。

至于职业技术学校、高等学校办企业则是另一回事，也可以有两种性质：一种是为了补助经费之不足办企业，如上面说的那样；另一种是结合学校性质和专业办企业，为了把自己的科研成果转化为生产力，为了给学生提供实习的场所。第二种性质的企业是应该提倡的。

职业技术学校，特别是高等学校，本来具有教学、科研、服务三种职能。这三种职能是随着科学技术的进步和现代化社会的发展不断发展的。中世纪时代的高等学校只具备教学一种职能，科学技术的进步，使高等学校开始从事科学研究，而且把科学研究和教学结合起来，大大提高了高等学校的教学质量，提高了人才培养的质量。随着工农业的发展，社会又赋予高等学校服务的职能，特别是美国在19世纪建立赠地学院以后，这种职能越来越强烈，影响到世界各国。高等学校用什么来为社会服务，就是用它的知识，用它的科技成果，当然也不排除办企业。但更重要的是与企业合作，用自己的教学和科研成果帮助企业培训人才，改进技术，提高劳动生产率，同时从企业中获得应有的报偿。这种为社会服务的职能和教学科研是紧密结合在一起的，而最终是有利于人才的培养的。也就是说，最终是有利于教育，而不是削弱教育。

四

上面分析了当前教育界议论的几个问题，是想澄清一下，不是教育改革的所有问题都与市场经济体制相联系。有的有联系，有的没有必然的联系。当然，社会主义市场经济体制的建立必然影响到社会的各个方面，其中包括教育。教育的改革要适应社会主义市场经济体制的建立和发展，这是毫无疑义的。否则，教育就会脱离经济、脱离社会、脱离生活，教育就会缺乏动力和活力，就会走进死胡同。但同时要正确理解教育与市场经济的关系，才能真正为市场经济服务，为繁荣我国的经济和社会发展服务。也就是说，教育发展有自身的规律，教育要尊重经济规律，教育也要尊重自己的规律。教育如果忽视了经济规律，则教育就不能很好地为社会主义经济建设服务；教育如果忽视了自身的规律，就不能培养出高质量的合格人才，也不能很好地为社会主义经济建设服务。

当前的主要矛盾是教育不适应我国社会主义市场经济体制的改变的需要，跟不上变革的形势。教育如何才能适应这种新形势呢？我想到的有以下几点。

（1）教育为社会主义经济建设服务是通过培养人来实现的，教育要为市场经济培养人才。市场经济在一定意义上来说就是竞争的经济。市场竞争，在当前科技发达的条件下，归根到底是科技的竞争、人才的竞争。因此，教育要为市场培养人才，这种人才可以分几种层次和类型，一类是掌握高新科技的人才，一类是管理企业的人才，一类是具有一定文化素养、掌握熟练技能的劳动大军，他们也是人才。这几方面的人才都需要具备市场竞争的意识，敢想敢干，勇于创新。当然，在培养人才方面我们自然要坚持社会主义的教育方针，培养学生在德、智、体诸方面都得到发展，成为有理想、有道德、有文化、有纪律的社会主义的建设者。要培养市场竞争所需要的人才，就要改革教育内容和方法，改变当前应试教育的弊端，把提高学生的基本素养放在第一位，改变死记硬背、加重学生学业负担的做法，使学生生动活泼主动地发展。在教育改革方面，我们还有许多工作要做，需要有专文来论述。

（2）教育要适应市场经济体制的建立和发展，就要改革教育的管理体制。我国现在的教育管理体制是在计划经济条件下形成的。它高度集中，高度统一。这种体制使得学校办学机制僵化，缺乏生机和活力，学校办不出特色。在市场经济发展的条件下，这种体制暴露了明显的弱点和不适应，因此必须加以改革。改革的目标是加强地方办学决策权和自主权。在上面讲到与市场经济联系较密切的部分更要放权。放权有几个有利：一是有利于地方和学校根据市场的需要培养人才，有利于专业的调整和课程计划、培养方式的调整；二是有利于学校和市场直接挂钩，参与科技市场的竞争，有利于把学校的科技成果迅速转化为生产力，为企业所采用；三是有利于地方和学校根据当地条件和学校的优势办出特色。

当然，放权也会有不利的一面。例如，有些国家需要确保的专业，如基础学科、国防科技、人文社会科学专业可能就会萎缩，又如各地可能贪图小而全，专业重复设置，办学效益较差，这些问题需要国家利用政策来调节，也就是说放权并不等于国家不管，该管的要管，不该管的不管，重点是在宏观控制上。

我认为，高等学校的办学权限和办学模式要做重大的改革。现在全国有1 080多所高等学校，可以分几种类型：第一类是国家重点学校，包括国家教委直属36所和中央各部委属60余所，共100余所，这部分学校条件较好，师资力量雄厚；第二类是地方重点学校，每个省市自治区都有2～3所重点学校，省市自治区都花了本钱来武装这批学校，条件也较好，师资力量也较强；第三类是一批普通学校，规模较小、条件较差；第四类是一批专科学校，其中又有一部分是地方职业性大学，条件很差。随着经济的发展，高等学校不可能压缩，也不可能限制发展。过去总是由于经费问题和质量问题放不开手，今后在这两个问题上也要分分档次，分别处理。我主张，今后国家只管好一二百所高水平的大学，其他放开让地方去办。特别是一二年制的专科和短期大学要放开，地方或者团体、私人都可以办，经费自筹。规模也不论大小，只要毕业生在市场上需要就可以办。质量问题可以由两方面来解决：一方面是组织社会评估机构，由评估机构来检查评价它的质量；另一方面是冲破学历主义，改革用人制度，不要用学历来作为用人、定工资级别的标准，而是按能力用人，按能力付酬。也就是说，把质量问题也放到随行就市中去解决。我觉得在我国用人制度中冲破学历主义是改革的重要环节。它关系到高等教育和职业技术教育的发展。但这个问题太大，需要专门论文来讨论。这里不能深谈。

（3）学校内部体制要改革，特别是高等学校。首先，要改变学校办社会的状况。现在看来把学校的社会服务设施归还给社会目前还不是时候。但市场经济的发展，迟早要走到这一步。当前的问题是把它适当分开，分别加以管理。在后勤管理方面，除一部分非营利性服务部门外，完全可以引进市场竞争机制，鼓励竞争，在竞争中求发展。

其次，要改革报酬分配制度，把分配与工作业绩联系起来，把岗位责任制、检查考核制度、奖惩制度结合起来。这三种制度缺一不可，岗位责任制是目标，检查考试制度和奖惩制度是达到目标的保证。没有考核就不可能奖惩，没有奖惩，考核也就失去了意义。但目标是坚持岗位责任制，提高工作效益，提高学校办学的经济效益。

再次，进行教学、科研体制的改革。这是学校改革中最重要的中心环节，教学科研水平提不高，一切改革都失去了目标。要解决教学科研不适应社会主义建设需要的矛盾，就要提高教学和科研的质量。这个问题也需要专文来论述。

最后，加强群众的民主监督。学校自主权扩大以后，不能是校长说了算，应该有一个民主渠道，发扬民主，调动教职员的积极性，同时对学校领导实行民主监督。

（4）为了实行深刻的教育改革，教育工作者首先要在教育观念上加以变革。要树立大教育的观念。所谓大教育观，就是全时空、全民的教育观。从时间上来说，教育已经不是一定年龄阶段的活动，而是要贯穿于人的一生，终身教育思想是现代教育思想的核心。从空间上来说，教育已经不限于学校，社会、家庭都是学习的场所，国家、社会团体甚至于个人都可以通过各种媒介为人们提供学习资料。要鼓励青年自学成才，在市场经济激烈竞争中学习。不仅提倡人人受教育，而且提倡大家来办教育，以国家（包括地方政府）办教育为主，社会团体可以办，个人也可以办，只要按照国家的教育方针的有关规定，就允许他办学。

要树立正确的人才观。所谓人才，是指能够坚持社会主义方向，勤奋工作，为社会做出一定贡献的人。行行出状元，行行出人才。要破除传统的人才观——"学而优则仕""万般皆下品，唯有读书高"的旧观念，要为各行各业培养人才。基础教育要把提高全国人民的文明素养作为一项基础工程，克服应试教育弊端，切切实实把每个学生都培养成德、智、体诸方面都生动活泼主动地发展的社会主义的建设者。

校长、教师要培养市场意识，认识到教育的经济功能，树立竞争观念、质量观念，注重经济效益，以适应我国社会主义市场经济体制的建立而带来的各种变革，但是又要正确地认识教育与经济的关系，坚持按照教育规律办事，避免理论上、观念上的误区；应该认识到市场经济在我国才刚刚建立，许多市场还不够健全和完善，立法工作也跟不上。因此，目前市场的状况，虽然反映了我国的现实，但远不是正常的、完善的，不要什么都与市场经济挂钩。例如现在学校破墙开店，教师从事第二职业好像就是市场经济引起的，好像已是天经地义的事情。但我们看看国外，却不是这样，市场经济很发达的国家，并没有学校破墙开店，也不提倡，甚至有的禁止教师从事第二职业。我国所以出现这种情况，主要是与教育经费短缺有关，同时利用了市场经济体制还不完善的缺口。等到市场经济体制建立和完善以后将会怎样，恐怕还会有变化。

当前，我国市场经济刚刚建立，我们对它还缺乏认识，教育工作者要密切注意市场经济发展，研究它的规律，研究它与教育发展的关系，从而可以真正把握教育与经济发展的规律，有目的、有意识地进行教育改革，使教育真正适应社会主义市场经济发展的要求。

市场经济与教育改革*

党的十四大确定我国经济体制改革的目标是建立社会主义市场经济体制。这是一场深刻的社会变革，它必将给我国的经济发展和社会进步带来不可估量的影响，也必然会影响到我国教育事业的改革和发展。如何正确理解社会主义市场经济体制的建立与教育的关系，如何使我国的教育改革和发展沿着正确的道路前进，这是大家都关心的问题。对此，我想从四个方面来谈几点个人的看法。

一、什么是社会主义市场经济，它的特点是什么

为了弄清市场经济与教育的关系，首先要对什么是社会主义市场经济有一个清楚的认识。《中共中央关于建设社会主义市场经济体制若干问题的决定》中指出："社会主义市场经济体制是同社会主义基本制度结合在一起的。建立社会主义市场经济体制，就是要使市场在国家宏观调控下对资源配置起基础性作用。"

在传统的社会主义经济理论中，总是把社会主义同计划经济画等

---

* 原载《高等师范教育研究》，1994年第4期。本文系作者在中国电视师范学院所做专题报告的讲稿。

号，把资本主义同市场经济画等号。但是事实已经证明，僵化的计划经济体制已经束缚了生产力的发展。因此，传统的社会主义经济理论不突破，就不可能解放生产力，就不可能达到建设社会主义现代化和共同富裕的目标。邓小平同志总结了社会主义建设的历史经验，指出，资本主义也有计划，社会主义也有市场；在社会主义社会中，计划和市场都得要。他明确地把计划和市场看成是两种经济手段。这是在社会主义经济理论上的一个重大创新。按照邓小平同志这个新的理论来建立社会主义市场经济体制，必然会极大地解放生产力，从而达到消灭剥削、消灭贫困、共同富裕的目的。

计划和市场是两种经济手段或两种资源配置的方式。长期以来，我国选用的是计划经济体制。这种体制高度集中，高度统一；资源配置的时候不计成本，不讲利润；生产者缺乏自主经营、自我调节的能力，因而极大地影响了生产者的积极性，束缚了生产力的发展，致使经济增长缓慢，社会主义建设停滞不前。因此，为了解放生产力，必须坚持改革开放的总方针。改革，就是要建立社会主义市场经济体制，以替代不适应生产力发展的计划经济体制。

在市场经济体制下，市场对资源配置的调节是基础性的调节，而政府则起着高层次的宏观调控作用。这样既可以调动企业和劳动者的积极性，按照市场供求状况来配置资源和重新组合资源，促进生产力的迅速发展，又可以通过国家的宏观调控，使社会主义市场经济在持续、稳定、协调中前进。

那么，社会主义市场经济有哪些特点呢？

第一，社会主义市场经济体制是同社会主义基本制度结合在一起的，必须坚持以公有制为主体，多种经济成分共同发展的方针。进一步转换国有企业经营机制，建立现代企业制度，更好地发挥国有企业的主导作用。公有制的主体地位主要体现在国家和集体所有的资产在社会总资产中占优势，国有经济在控制国民经济命脉及其对经济发展的主导作用等方面，在积极促进国有经济和集体经济发展的同时，鼓励个体、私营、外资经济发展，并依法加强管理，这样使我国的经济有较快的发展。

第二，社会主义市场经济体制具有企业管理的科学性。要建立现代企业制度，就要建立科学的管理制度，形成企业内部权责分明、团结合作、相互制约的机制。

第三，社会主义市场经济具有开放性。市场本来就是开放的，它与封闭的自给自足的经济形成鲜明的对比。社会主义市场经济体制的建立，要求建立全国统一开放的市场体系，实现城乡紧密结合，并且要求国内市场与国际市场相互衔接，促进资源的优化配置。

第四，社会主义市场经济具有国际性。现代化市场不能理解为小摊小贩的小型商品经营，现代化的市场是具有国际性的市场。我国生产的产品要到国际市场上去交换。现代化市场是一个国际大市场。要以建立大市场观念、国际市场的观念来培养我们的人才，而不是培养那种小市场的商品意识。

第五，社会主义市场经济具有竞争性。市场就是要靠竞争来发展，市场的法则就是公平竞争，优胜劣汰。谁的产品质量高、有创新，谁就能占领市场。为了竞争就要创新。产品要不断翻新，经常改进，才能占领市场。如果一个产品几年一贯制，一副旧面孔，毫无改进，就会被市场所淘汰。因此，创新精神是市场经济必不可少的精神。要勤于钻研，敢于创新，才能战胜竞争对手。

第六，社会主义市场经济具有法制性。要使市场稳定、健康地发展，就要建立相应的法律体系。一切按法办事，做到公平竞争、公平交易。因此，生产者、经营者都必须具备法制观念，依法办事。当前市场上出现一些不良现象，包括脑体倒挂、漫天要价、偷税漏税等现象，都是由于法制不健全，或者是有法不依造成的。

以上这些特点无一不与教育有关。

我们在看到社会主义市场经济的这些主要特点以后，还不能不看到市场经济的消极面。市场经济存在着自发性、盲目性、滞后性的消极面，同时还带来了拜金主义、享乐主义、个人主义等反精神文明的思想和行为。这些消极影响也给教育带来了许多新问题。

那么，市场经济和教育究竟有什么关系呢？我认为，要从三个方面来理解：一是要充分认识社会主义市场经济体制的建立和完善对教育改革和发展的促进作用；二是教育要主动适应社会主义市场经济体制的建立，培养社会主义市场经济所需要的人才；三是教育要按照自己的规律办事，不能用经济规律代替教育规律。下面就这三个问题进行讨论。

二、充分认识社会主义市场经济体制的建立和完善对教育改革和发展的促进作用

教育是和经济紧密相连的。一个国家的经济制度和经济发展水平制约着这个国家的教育事业的发展；反过来，教育事业的发展和国民受教育的程度又会促进或者阻碍经济的发展。我国经济体制从计划经济向市场经济的转变必然给教育提出许多新问题和新要求，必然会促进教育的改革。

我国现行的教育体制是在计划经济条件下形成的。40多年来，我国教育为我国的社会主义建设培养出众多的人才。他们为社会主义经济建设做出了不可磨灭的贡献，今天他们仍然是各条战线的骨干。但是，不可讳言，现行的教育体制弊端很多，表现为高度集中、高度统一，包得过多，使得学校办学缺乏生机和活力，难以办出特色。在市场经济发展的条件下，这种体制的弱点暴露得日益明显，因此必须加以改革。而社

会主义市场经济体制的建立，为教育体制改革提供了有利的条件。

第一，有利于教育管理体制的改革。教育改革的目标是加强地方办学的决策权和自主权，这种放权有几个有利。

首先，放权有利于地方和学校根据市场的需要培养人才，特别是有利于职业技术学校和高等学校调整专业，调整课程和培养方式。过去在计划经济的体制下，学校没有办学的自由权，只是根据国家的指令性计划设置专业，招收学生，毕业生按计划实行分配。至于这些专业，社会是否需要，学习的内容是否适应，学校不闻不问，于是就出现了长线专业年年继续招生，社会短缺的专业却没有地方培养，使学校教育严重脱离社会的实际。这种弊端本来已经被大家所认识，1985年《中共中央关于教育体制改革的决定》就想实行教育体制的改革，但是由于我国的经济体制没有变化，教育改革的设想也就无法实现。社会主义市场经济体制的建立，冲破了教育改革所遇到的障碍。一年多来教育改革的实践证明，只有在社会主义市场经济体制条件下，教育改革才得以顺利进行，学校也才有活力。

其次，放权有利于学校产业的发展，并与市场直接挂钩，参与科技市场的竞争，有利于把学生创造的科技成果迅速转化为生产力。发展社会主义经济，主要依靠新的科学技术。而学校是知识密集的场所，接触新科技最快，信息最灵通，特别是高等学校，在科学研究过程中创造了许多科技新成果。在过去计划经济条件下，由于企业缺乏竞争意识，学校创造的科技新成果往往无人问津，只能束之高阁。在社会主义市场经济条件下，逐渐建立起科技市场，学校创造的科技新成果就能参与市场竞争，这样，一方面有利于科技成果迅速转化为生产力，另一方面又可以刺激科技的发展。北大的方正、军医大的三九胃泰都是在市场经济条件下发展起来的。

再次，放权有利于学校根据当地条件和学校的优势办出自己的特色。在计划经济条件下，由于学校缺乏办学的自主权，学校根据国家规定的一种模式办学，不顾各地实际情况和客观需要。在社会主义市场经济条件下，加强地方办学的决策权和学校办学的自主权，就可以从当地的实际情况出发，结合学校自身的优势，把学校办出特色，满足社会对各种人才的需要。

第二，社会主义市场经济体制的建立，还有利于克服当前教育中的严重弊端。当前在我国基础教育领域内最大的弊端就是重视应试教育，忽视素质教育。它的起因就是片面追求升学率。这种教育的弊端是显而易见的。它只顾学生的知识学习，不重视学生的道德品质，忽视学生的体育；使学生整天埋头在作业之中，生活在沉重的压力之下。有的学生身体搞垮了，有的学生思想品质下降了，个性受到严重的摧残。这种教育受到了学生、教师、家长的反对是毫不奇怪的。但是为什么这种现象却经久不衰、久批不倒呢？我认为，除了旧的教育观念和劳动人事制度的问题以外，有重要的社会根源。这就是由于我国长期以来市场经济不发达，再加上地区经济发展不平衡，致使就业门路狭窄，造成学生就业的困难，因而把升学作为唯一的出路。而且学历越高，就业的机会越多。因此追求升学率，实际上是追求就业率，这种现象在计划经济条件下是难以解决的。社会主义市场经济体制的建立，商品经济的发展，特别是我国乡镇企业的发展，为我国农村的剩余劳动力找到了出路。就业的路宽广了，片面追求升学率的现象必然会逐渐地缓解。

第三，社会主义市场经济体制的建立，有利于教育结构的改革。社会主义现代化建设不但需要高级科学技术专家，而且迫切需要千百万受过良好职业技术教育的中、初级技术人员，管理人员，技工和其他受过良好职业培训的城乡劳动者。没有这样一支劳动技术大军，先进的科学技术和先进的设备就不能成为现实的社会生产力。但是，职业技术教育一直是我国教育事业中薄弱的环节。改革开放以来这一情况有了很大的改变，中等教育的结构有了变化，已经由单一的普通中学转变为普通中学和职业中学多种形式的办学模式，普通中学和职业中学的在校学生数的比例已经达到1：1。随着社会主义市场经济的建立，职业中学将会有更大的发展。

高等教育中过去本科院校较多，专科院校较少，随着商品经济的发展，各行各业都需要高级应用技术人才，高等专科教育也将会得到较快的发展。

总之，社会主义市场经济体制的建立促进了多种形式的办学，办学的模式也多样化了。

第四，社会主义市场经济体制的建立，为教育事业的发展准备了物质基础。市场经济体制的建立，解放了生产力，我国经济稳定持续增长，综合国力不断加强，财政收入增加，就有可能增加教育投入。同时，人民富裕了，人民群众也对教育不断地提高要求，群众办学的积极性高涨，多渠道集资办学就有了可能。

总之，我们要充分认识，社会主义市场经济体制的建立，大大地解放了生产力，促进了我国的经济繁荣；同时由于体制的改变，社会生活的各个方面，包括人们的思想观念、价值观念都在发生变化。这一切都必然会促进教育的改革。过去有些难以推动的改革，在现在这场伟大的社会变革中变得容易实现了。因此，我们要充分认识到这一点，不要因为市场经济给教育工作带来一些新问题或者消极影响，就忽视了它在根本上对教育改革和发展起到的促进作用。

三、教育要主动适应社会主义市场经济体制的建立，培养社会主义市场经济所需要的人才

要做到这一点，首先要弄清教育和经济发展的关系，即教育的经济

功能问题。

教育的本质是对人的培养。教育通过对人的培养传递文化科学知识，创造文化科学知识。教育为经济服务，或者说教育的经济功能主要表现在两个方面：一是培养人的劳动能力，提高劳动者的文化素质和劳动熟练程度，从而提高劳动生产率；二是为提高劳动生产率提供最新的科学技术知识，或者叫作科技信息和科技成果。教育为社会主义经济建设服务是通过培养人来实现的，教育要为市场经济培养人才。因此，教育要适应社会主义市场经济体制建立的需要，就要在这两方面下功夫。

教育是有层次的，分类别的。不同层次、不同类别的教育与经济发展的关系有所不同。有些较为直接，有些则只是间接地与经济发生关系。因此，教育在适应市场经济方面也要有所区别。

基础教育的基本任务是提高全国人民的文化素养，为儿童和青少年的个体发展，为他们进一步学习和工作打好基础，而不是直接培养劳动力，它是为培养劳动力打好德、智、体诸方面的基础。因此，基础教育只要全面贯彻教育方针，全面提高教育质量，就是对经济建设的最好的服务。

当然，由于我国教育发展水平比较低，许多青少年在受完九年义务的基础教育以后就要参加到劳动大军中去，因此，基础教育在某种程度上也直接地培养了劳动力。所以要考虑到它和当地经济发展的关系，使教育内容紧密联系实际，使毕业生能够较快地进入劳动队伍。但是，基础教育毕竟有它自己的主要任务。要培养劳动力还应该在完成基础教育之后进行职业培训，使他们适应社会生产的需要。

当然，市场经济所要求的人才的条件是不同于过去计划经济体制下人才的条件的。它要求人们具有竞争意识，敢想敢干，勇于创新。基础教育有责任从小培养他们这些精神。

职业技术教育就不同了。职业技术教育的任务就是为社会各种产业培养人才。职业教育和技术教育本来是两个不同的概念。职业教育是谋生的教育，技术教育则是培养技术人员，或者以传授一定技术知识和技能为目的的教育。但是由于科学技术的进步，社会上的大多数职业都与技术有关，因此就把职业教育和技术教育统称为职业技术教育了。学生受完职业技术教育以后就要进入社会，参加社会的生产劳动和其他职业。因此，职业技术教育和市场经济有着较直接的联系。职业技术教育应该根据市场经济的发展调整专业设置、课程计划和培养的方式方法。当然，职业技术教育中也有一部分与市场经济没有直接关系，如师范、卫生保健、艺术、体育等专业，它们应该根据社会发展需要，而不是根据市场要求来改革。

高等教育的情况比较复杂。这是因为高等教育的门类很多，有理、工、农、医、文、史、哲各类，各类中又分基础理论教育和应用理论教育。简单地说，有一部分专业是直接为生产部门培养技术人才的，如工、农、商、金融等专业，它们与市场经济靠得最近，有直接的关系。需要根据市场经济发展不断调整专业设置、课程计划和培养方式。有一部分专业如医科、哲学人文科学就与市场经济离得较远。当然，从提供劳动服务来讲，它们与劳务市场也有较直接的联系，但是这种劳动服务毕竟不同于物质产品的生产，它服务的成果不直接进入商品市场。

高等教育为市场经济服务的另一个方面就是给市场提供科技信息和科技成果。科学技术是第一生产力。科技信息和科技成果能够直接影响生产率的提高，它与市场经济有着密切的联系。据《光明日报》1994年2月8日载，全国技术市场成交额1988年为72.49亿元，1993年为207亿元。其中有一部分就是高等学校创造的。高等学校具有多学科、高科技的优势，高等学校应该为提高社会生产力做出贡献。同时，也要建立和培养科技市场，来刺激高等学校的科技研究。

成人教育和市场经济的关系也很密切。但是成人教育也分两部分，一部分属于补偿教育，主要是给未能完成正规教育的成人补习文化科学知识，提高他们的文化素养。这部分与市场经济没有直接的联系。另一部分是职业性的继续教育，是给成人的职业培训，这就要根据市场的需要，根据成人所从事的职业进行培训，使成人尽快地掌握职业所需要的熟练技能。这部分与市场经济有较直接的联系，而且办学灵活，可以适时地根据市场需要来调节。

以上是根据各级各类教育的性质和任务来看它与市场经济的关系，有诸多不同。不能笼统地讲教育可根据市场经济体制的建立来进行改革。但是从教育的总体上来讲，教育有一个适应经济体制的变革问题。如何主动适应，要根据各级各类教育的不同任务来进行。当前，根据中共中央和国务院颁布的《中国教育改革和发展纲要》（以下简称《纲要》）的精神，教育应该从以下几方面来适应社会主义市场经济体制建立的需要。

第一，要落实教育在社会主义建设中的战略地位，增加教育投入，按照《纲要》的要求积极稳步地发展教育事业。《纲要》为我们制定的总目标是：到本世纪（指20世纪）末，"全民受教育水平有明显提高；城乡劳动者的职前、职后教育有较大发展；各类专门人才的拥有量基本满足现代化建设的需要；形成具有中国特色的、面向21世纪的社会主义教育体系的基本框架"。具体的目标可以概括为抓好"两个基本""三个积极发展""四个重点"。

"两个基本"是基本上实现九年制义务教育，基本上扫除青壮年文盲，要在85%的人口地区，使85%的学龄儿童受完九年义务教育，要使1949年以后出生的成人95%都能脱盲。

"三个积极发展"是积极发展职业技术教育，积极发展成人教育，积极发展高等教育。

"四个重点"是重点建设100所大学、建设一批重点学科、建设一批重点高中、建设一批职业技术学校。

要实现这个目标，国家要增加教育资金的投入，同时要多渠道集资办学。《纲要》规定，国家财政性教育经费支出要占国民生产总值的4%；地方的教育拨款也要逐步增长，提高各级财政支出中教育经费所占的比例，"八五"期间逐步提高到全国平均不低于15%。同时管理和提倡厂矿企业、事业单位、社会团体和个人根据自愿、量力原则捐资助学、集资办学，来不断增加教育资金的投入。

第二，要改革教育体制。随着经济体制、政治体制和科技体制的改革，教育体制也必须进行改革。我国现行的教育体制高度集中，高度统一，包得过多。在这方面，高等教育的问题尤为突出，表现为教育投入和发展与经济发展不适应，专业设置和教育质量与市场经济不适应，招生、分配制度和社会需求不适应。根本的问题是教育体制与社会主义市场经济体制不相适应。因此，必须改革。要采取综合配套、分步推进的方针，改革包得过多、统得过死的体制。只有这样，才能增强主动适应经济建设和社会发展的活力，走出教育发展的新路子。

首先是改革办学体制。改变政府包揽办学的格局，逐步建立以政府办学为主体，社会各界共同办学的体制。基础教育以地方政府办学为主；高等教育逐步形成以中央和省（市、自治区）两级政府办学为主，社会各界参与办学的新格局；职业技术教育和成人教育主要依靠行业、企业、事业各单位办学和社会各方面联合办学。同时积极鼓励、大力支持社会团体和个人办学，欢迎海外侨胞和国外友好人士捐资助学。

其次是改革教育管理体制。高等学校实行中央、省（区、市）两级管理；中小学由地方政府在中央大政方针指导下统筹和管理，包括有权确定本地区学制、招生规模，确定教学计划和选用教材，确定教师职务限额和工资水平等。中等学校以下各类学校都实行校长负责制。

最后在管理上要讲究办学的社会效益和经济效益。当前我们感到一方面教育经费严重不足，另一方面又存在大量的浪费，办学效益不高。例如高等学校规模过小，全国高等学校平均每校在校学生不足2 000人。但各地又在新建学校。据专家研究，在我国的条件下，每校在校学生4 000名的办学效益最高。今后发展应该以挖掘老校潜力为主，走内涵发展的通路。中小学教育的浪费主要表现在辍学率和留级率上。辍学和留级无形中增加了教育的投入。因此，中小学要把提高教育质量，减少辍学率和留级率作为提高办学效益的重要内容。

第三，要改革教育结构。中等教育阶段要加强职业教育，特别要加强农村地区的农村职业中学教育。农业是国民经济的基础。第二、第三产业都要依靠农业提供原材料和剩余劳动力，提供广阔的商品市场。农业搞不好，市场就难以发展。但是农村职业教育却是我国教育中的薄弱环节，长期被人忽视。人们长期抱着一种小农经济的观点，认为务农不需要什么知识和技术，这是十分错误的观点。我国农业的出路是向农业大生产发展，实现农业的机械化和现代化。这就必须摆脱小农经济思想的束缚，依靠科技，依靠人才。农村职业教育不光是设置农业专业，而且包括农村经济发展所需要的工、商、财经、服务等专业。要结合本地区经济发展的状况统筹安排。我国近几年来创造了农科教结合的经验，在这个三结合中，农村职业教育应该起到主导地位，在办学的过程中推广科学技术知识，发展农村经济。

高等教育要大力发展高等专科教育，培养应用型人才。高级人才和中低级人才的比例失调已经存在多年。这个问题不解决，势必影响劳动生产率的提高，同时造成高级人才的浪费。

第四，要调整教育的培养目标，改革教育内容和教育方法。前面讲过，市场经济的主要特点是开放性、竞争性、创新性、法制性。为适应这些特点，就要求教育培养的人才要有宽广的视野，善于捕捉信息；有果断的决策能力，敢想敢干，勇于创新；有经济头脑，注重经济效益，讲究工作效率；同时还要有较强的法制观念，善于处理人际关系等。为此，在培养目标上要克服应试教育的弊端，注重学生基本素养的提高。在市场经济的条件下，仍然要坚持社会主义教育方针，使学生在德、智、体诸方面生动活泼主动地发展。特别要加强学生的思想道德教育，抵制市场经济给人的思想上带来的一些消极影响，如拜金主义、享乐主义、极端个人主义等。要教育学生坚持真理和正义，反对虚伪和邪恶，封建社会的"舍利求义"当然不完全适合时代的要求，但也不能见利忘义，要正确处理好利和义的关系，处理好个人与国家、个人与集体、个人与他人的关系。要培养学生的国家意识，热爱祖国的爱国主义感情。要进行国情教育，使学生了解我国还是一个发展中国家，还有少数人生活在温饱线以下；在现代化的社会中仍然要坚持勤俭节约，艰苦奋斗，才能增加积累，才能使我国的经济不断增长，人民共同富裕。

在教育内容上，要加强科技教育，加强职业技术教育，培养学生的科技意识。特别要增加计算机应用的知识的教育，加强环保教育，增强环保意识；要增加发展社会主义市场经济所需要的内容。为此，要减少一些陈旧落后的内容，减少重复和次要的内容，才不至于增加学生的作业负担。在保证全国统一的基本要求的前提下，因地制宜、因时制宜地开设一些选修课、讲座等，既适应新的科技发展，又适应学生个人不同的需要，有利于因材施教。

在教育方法上，要改变那种只是为了应付升学考试的呆读死记的方法。要重视学生的学习兴趣，充分调动学生学习的积极性和主动性，变强迫的学习为自愿的学习，变被动的学习为主动的学习，变苦学为乐学。近些年来，一些中小学校在这方面开展了多种实验，取得了很好的效果。如小学开展的"愉快教育""和谐教育"，中学开展的"成功教育""创造教育""希望教育"等都是很好的尝试。这些改革实验中都有一个相同的思想，即引导学生积极参与教育过程，使每个学生积极主动地学习，并在学习过程中得到成功的喜悦，充满成功的希望，这样，将来必然会有信心、有能力去从事创造性的劳动。

第五，最重要的是要更新教育观念，树立为社会主义市场经济培养人才的观念。要树立正确的教育观、人才观。所谓人才，是指能够坚持社会主义方向，勤奋工作，为社会做出一定贡献的人。行行出状元，行行出人才。要破除传统的人才观——"学而优则仕"的旧观念、把人才分成三六九等。市场经济需要多方面的人才。从直接从事工农业生产的劳动者到高级科技人员和管理干部，都是社会主义市场经济所需要的人才。市场经济在一定意义上是竞争的经济，而市场竞争，在科技高度发达的今天，归根到底是科技的竞争、人才的竞争。有了人才，才能赢得市场。我国要搞社会主义市场经济，把产品推向世界市场，战胜国际上的竞争对手，就不仅要培养高级科技人才，而且要培养大批生产能手，有科学管理知识的企业家。要克服狭隘的为教育而教育的旧观念，树立大教育观念，即树立全时空的教育观。在空间上，要把学校教育与家庭教育、社会教育结合为一体，打破封闭式的围墙式教育，把教育和社会联系起来，放眼社会，放眼世界。在时间上，要把就业前教育和就业后教育结合起来，把学校教育纳入终身教育体系中。学校的就业前教育不仅要考虑学生将来从事什么职业，而且要使他们具有终身学习的能力，以便能够根据科技发展、生产变革以及市场的变化随时参加学习，更新知识和劳动能力。

以上只是粗略地讲到教育改革的几个方面，具体内容还要经过调查研究，科学地论证。

四、教育要按照教育规律办事，不能用经济规律代替教育规律

教育与经济有密切的关系，教育发展离不开经济发展。因此，教育工作者要懂得经济发展的规律，懂得教育发展要受经济发展规律所制约，懂得改革教育，使它适应经济发展的需要，为经济建设服务。但是，教育活动和经济活动是人类不同的社会活动，都有各自不同的规律，互相不能替代。教育只能按照自身的规律办事，才能得到发展。

教育是通过培养人来为经济服务的。而培养人则有自身的规律，不能用经济规律来代替教育规律。现在社会上流传许多不正确的口号或者有一些认识不很全面，需要从认识上加以澄清，否则不利于教育的改革和发展，也不利于教育为社会主义现代化建设服务。

第一个问题是教育的功能问题。《中共中央关于教育体制改革的决定》中指出："教育必须为社会主义建设服务，社会主义建设必须依靠教育。"十一届三中全会确定，党的工作重心要转移到经济建设上来，因此确定了"一个中心，两个基本点"的路线，即以经济建设为中心，坚持四项基本原则、坚持改革开放。因此，教育要为经济建设这个中心服务，这是毫无疑义的。为这个中心服务，当然要为社会主义市场经济体制的建立和完善服务。但社会主义建设不仅限于经济建设，还有政治建设、文化建设。要使我国社会主义事业顺利发展，必须以经济建设为中心，同时加紧民主政治、法制以及文化教育卫生事业等各方面的建设。用通俗的话来讲，就是要在加速物质文明建设的同时，加强精神文明建设和法制建设。邓小平同志在1979年就提出："我们要在建设高度物质文明的同时，提高全民族的科学文化水平，发展高尚的丰富多彩的文化生活，建设高度的社会主义精神文明。"1989年他又讲，"要两手抓，一手要抓改革开放，一手要抓严厉打击经济犯罪，包括抓思想政治

工作"。1992年再一次重申要"两手抓，两手都要硬"的主张。加强精神文明建设，抓思想政治工作靠什么？就是要靠教育。也就是说，教育不仅有经济的功能，还有政治的功能、文化的功能。教育不仅要为社会主义市场经济发展服务，还要为社会主义的精神文明建设服务，为整个社会发展服务。因此，我们谈论教育的效益问题，不能光谈经济效益问题，还要谈社会效益问题。

我们要充分认识社会主义市场经济体制的建立对我国社会主义建设的重要意义，认识它对教育改革和发展的促进作用。但我们还要充分认识市场经济的消极作用。市场经济具有自发性、盲目性，会给人们带来利己主义、拜金主义、享乐主义的思想。在改革开放过程中，不适合于我国国情的西方生活方式和思想也会趁机而入。教育要为社会发展服务，就要加强思想教育的功能、文化的功能，把它作为一种"消毒剂"。有些宣传媒体鼓吹培养学生的商品意识，什么都讲钱，讲报酬。这种提法是欠妥当的。学校的有些经济行为，也要考虑到它的教育效果，要考虑对学生的思想品德起什么作用。

第二个问题是教育商品化问题。有的同志提出，教育要适应市场经济，教育就要实行商品化，人才要进入市场。对这个问题要做具体分析，我不赞成提这样的口号。因为，第一，前面已经讲到，教育的功能是多方面的，它不仅有经济的功能，同时还有政治的功能、文化的功能；它不仅培养生产力，而且要育人。因此，教育是国家的事业。国家要投入资金，发展教育，而不是把教育放到市场上去调节。第二，教育是一种活动过程，是指人类的一种社会活动，活动本身不能成为商品，例如经济活动、政治活动等本身并非是商品。第三，教育是一个大概念，教育有不同层次、不同类型。不同层次、不同类型的教育与经济的关系不尽相同，有些较为直接，有些则只是间接地与经济发生关系。因此，教育适应市场经济方面也要有所区别，不能笼统地提教育要商品化。

有人企图从另一个角度来论证教育的商品化。他们认为教育服务作为一种劳务，是提供特殊的使用价值的一种商品，也可以在市场上进行交换。根据这个理论，学生或者家长就是买方，所以上学就要交学费。我认为这样解释也不科学。学生、家长和学校不是简单的买方和卖方的关系，学费也并非教师劳务的价值。家长送孩子上学，是为了增进孩子的知识和能力，将来谋求一个职业，获得经济利益。从这个角度来看，教育是家长的投资。但是教育是一种复杂的社会活动，它不仅提高学生的劳动能力，而且还提高学生的思想品德、身体素质。另外，家长作为社会的成员，有一定的义务送孩子入学，并非只是为了将来获得高额工资。

从某种意义上来讲，教师的劳务是商品，受到市场的调节。例如某个地区教师工资比别的地区高，则低工资地区的教师就会向高工资地区流动；又如，教师可以被家长雇用作为家庭辅导教师，教师付出劳务，家长支付报酬，但教师劳务的商品化，并不能代表整个教育的商品化。

企业和其他用人单位与学校的关系也不是买方和卖方的关系。企业和其他用人单位为了优先获得人才，可以出资委托学校代培或者出资获取毕业生。但是这种投资并非是向学校购买人才。不仅是因为这种投资不足以抵偿学校的培养费用，而且人才作为资源的配置不完全是由市场调剂的。即使在资本主义国家，企业雇用人才也不是和学校直接发生关系的。人才作为一种劳务是可以交换的，但培养人才的学校不是商品，培养人才的活动——教育不是商品。因此，教育商品化的提法，无论从理论上，还是从实际上讲，都是谈不通的，不科学的。

第三个问题是能不能把教育推向市场来解决教育经费短缺的问题。有人主张，当前教育经费短缺，教师工资过低，脑体倒挂都是计划经济造成的，只有把教育推向市场，按市场经济规律办教育，才能走出困境。

首先要弄清楚，教育经费短缺、体脑倒挂是不是就是计划经济的结果。我认为有一定的关系，但并不是必然的联系。回顾20世纪50年代，我国教育经费和经济建设是同步增长的。第一个五年计划期间，我国教育基本建设投资占基本建设总投资的5.5%。当时工业固定资产增长1.26倍，而工程技术人员增长2倍。1958年以后，由于"左"的思想的影响，教育基本建设投资才开始减少下来。第二个五年计划期间，教育基本建设投资占基本建设总投资的2.6%，三年调整时期（1962—1965年）为3.2%，第三个五年计划期间为1.9%。就是说"文化大革命"期间达到最低点。可见轻视教育是受"左"的思想路线的影响。拿教师的工资来讲，20世纪五六十年代也是比较正常的，"文化大革命"以前教授最高工资与工人最高工资之比是3.5∶1。脑体倒挂是近些年来的事，是当前市场经济不完善的结果，是法制不健全的结果，并非与计划经济有关。说它有一定关系，则是说，由于我国长期实行计划经济，企业效益太低，造成国家财政困难，国家没有很多的钱用来办教育。建立社会主义市场经济体制以后，企业有了活力，经济得以高速度发展，如果税收制度健全，国家的财力会加强，教育的投入也会增加，教育经费的困难才会得以缓解。这才是一条正常发展的道路。

　　教育从来就是国家办的重要事业，是国家精神文明建设的一部分，当然也是提高社会生产力、提高综合国力的具有战略意义的事业，教育经费在任何国家都是由政府保证的。特别是义务教育，世界各国都是免费的。即使是商品经济很发达的资本主义国家，也从来没有把教育当作商品推向市场。我们可以反过来问一声，如果某个经济很落后的地区，那里的生产力很低，不需要有多高文化的劳动力，是不是那里就不需要办教育呢？不是的。越是落后的地区，越要重视教育。教育发展了，有了人才，才能改变当地的落后面貌。

　　当前，我国教育经费短缺，需要多种渠道筹集资金。但这并非放弃国家办教育的责任。教育经费的主渠道仍然是国家。国家允许私人办学，但大多数私立学校也属于非营利性的，而且国家对私立学校在经费上都有一些有形无形的补贴。私立学校的教育有商品化的倾向，但它只是整个教育事业的极少部分，不足以代表教育全部。学校可以收取学费，但学费也只能作为教育经费的一小部分来源。资本主义国家私立学校收费的标准一般占该校经费的5%～25%。超过30%学生就负担不起。因此，学费并非教育作为劳务的价格。

总之，办私立学校也好，学校收学费也好，并非市场经济的必然结果，更不能按经济规律办教育。如果硬要把它与市场经济联系起来，那么也只能说，由于市场经济体制的建立，一部分人先富起来后，现在有条件办起私立学校，或者学校收取学费了。同时也由于市场经济体制的建立，人们思想解放了，认识到社会主义也可以办私立学校，资本主义也可以办公立学校，私立学校和学校收费与资本主义没有必然的联系。

至于学校破墙开店，虽然在当前教育经费短缺、教师待遇过低的情况下无可非议，但终究不是正常现象。这在商品经济极度发达的国家也是绝无仅有的。我们只能把它看作一种暂时现象，不得已而为之的现象；不能把它看作合理的、必然的现象。

第四个问题是能不能提倡学校搞企业化。有的同志认为，要把市场经济中的竞争机制引进学校，学校要实行企业化管理。这是不妥当的。教育活动区别于经济活动，学校的主要任务是教育教学，是培养人才。教师的劳动固然也有勤奋和怠惰之分，需要有激励的机制，奖勤罚懒，但教师的劳动具有自己的特点，很难用企业管理的办法来要求教师。即使有些制度如目标管理、岗位责任制等可以用于学校管理，但整个学校不能企业化。

还有一些同志认为，学校要办产业，要创收，因此主张学校要企业化。前面说过，在当前教育经费短缺的情况下，学校办产业无可非议，特别是职业中学、专业学校、高等学校办产业，不仅可以增加收入，而且有利于学校与社会的联系，有利于把教学、科学研究和生产相结合，是应该提倡的。但是，学校办企业和办学校是两回事。校办企业应该和学校分开来。校办产业按照企业发展的规律办事，学校要按照教育规律办事。不能说因为学校办了企业学校就应该企业化。

上面我们分析了社会主义市场经济体制的建立与教育改革的关系。由此可以看到，社会主义市场经济体制的建立不仅是经济领域里的一场变革，而且是一场深刻的社会革命，它将影响到社会各个方面，对教育的改革和发展的影响尤为深刻。我们教育工作者要深刻地认识到这一点，认真学习邓小平同志关于建设有中国特色社会主义的理论，认识社会主义市场经济建立对我国解放生产力、消灭剥削、消灭两极分化、达到共同富裕、实现社会主义现代化的意义，正确认识市场经济与教育的关系，积极地进行教育改革，以适应经济体制转变的需要；同时始终坚持四项基本原则，遵循教育规律，努力培养社会主义现代化建设所需要的人才。

教育必须为社会主义现代化服务，必须与生产劳动相结合[*]

邓小平同志的教育思想是建设有中国特色社会主义理论的组成部分。它指导我国教育向正确的方向发展。邓小平同志特别重视教育要为社会主义现代化建设服务，与生产劳动相结合的问题。

教育在社会主义现代化建设中的作用可以归纳为以下几个方面。

第一，教育为社会主义现代化建设培养人才，特别是为现代化生产培养有文化科学知识的熟练劳动力和科技人才。人是生产力的第一要素。现代大工业生产特别是新的科学技术革命带来的新的产业革命使生产主要不是靠体力，而是要依靠智力。科学技术是第一生产力，科学技术之所以能够成为直接生产力，是靠人把科学知识应用于生产实践，是人的智力同自然和技术互相影响的结果。

要使人在生产中发挥智力的作用，就要强调教育的作用。教育是劳动力再生产的重要手段。人不能一生下来就成为现实的劳动力，要把自然的人变成具有生产能力的劳动力，只有通过教育。马克思说过："要改变一般的人的本性，使它获得一定劳动部门的技能和技巧，成为发达的和专门的劳动力，就要有一定的教育或训练。"在新的科技革命的条

---

* 原载《中国高等教育》，1994年第5期。

件下，这种教育和训练更是不可缺少的。教育程度越高，劳动力的质量就越高，劳动生产率也就越高。

当前我国工业发展要发挥现有潜力，由劳动密集型转向集约化经营，以内涵扩大再生产为主，就必然要依靠科技进步和提高劳动者素质，必须把教育放在重要位置。

第二，教育是实现科学知识再生产的最有效的形式。科学技术是第一生产力已是被人们共识的真理。但科学技术的进步是靠科学知识的继承、积累和创造来实现的，而这种积累和继承必须通过教育来实现。教育把人类积累起来的知识传授给下一代，同时发展他们的智力，使他们在社会实践中创造新的科学技术。特别是现代的高等学校，是科学研究的一个重要方面军，现代许多新的科学发现和技术发明大多是在高等学校的实验室里创造出来的。所以，教育在促进科技进步和科技与生产的结合上具有三方面的职能，即传授和传播科技知识的职能、创造新的科技知识的职能和促进科技转化为生产力的职能。

第三，教育既是建设社会主义物质文明的重要条件，也是社会主义精神文明的重要内容。建设社会主义现代化，不仅要有高度的物质文明，而且还要有高度的社会主义精神文明。提高人民大众的文化科学水平是社会主义精神文明建设的基础。劳动者有了高尚的精神境界，具有集体主义思想和为人民服务的献身精神，具有共产主义的劳动态度和自觉纪律与法制观念，才能有秩序地、高效率地投入物质文明建设中，而这些品质的形成就要通过教育。

教育要为社会主义现代化建设服务，就必须把教育与生产劳动结合起来。

邓小平同志1978年在全国教育工作会议上的讲话中指出："为了培养社会主义建设需要的合格的人才，我们必须认真研究在新的条件下，如何更好地贯彻教育与生产劳动相结合的方针。"他说："马克思、恩格斯、列宁和毛泽东同志都非常重视教育与生产劳动的结合，认为在资本主义社会这是改造社会的最强有力的手段之一；在无产阶级取得政权之后，这是培养理论与实际结合，学用一致、全面发展新人的根本途径，是逐步消灭脑力劳动和体力劳动差别的重要措施。"他又指出："现代经济和技术的迅速发展，要求教育质量和教育效率的迅速提高，要求我们在教育与生产劳动结合的内容上、方法上不断有新的发展。"他认为，要做到这一点，"更重要的是整个教育事业必须同国民经济发展的要求相适应"。邓小平同志在这里发展了马克思、恩格斯、列宁和毛泽东关于教育与生产劳动相结合的思想。

教育与生产劳动相结合是现代大工业生产的要求，也是现代教育的普遍规律。传统的手工业生产造成了人的畸形发展，现代大工业生产则要求人的全面发展。马克思、恩格斯在论述资本主义生产过程时反复强调过这个观点。20世纪中叶以来，新的科技革命带来的新的产业革命，使人从直接支配工具和工作机转为主要负责控制机器，并更多地从事程序设计和组织整个生产过程，人在生产中使用体力劳动的比重在减少，使用脑力劳动的比重在增加。这种变化，就向教育提出两方面的要求，一方面要求教育给生产者授予现代科学技术知识，使他们通晓现代生产的科学原理；另一方面要求教育紧密地与生产部门相联系，了解现代生产对科学技术的需求，把教学、科研和生产结合起来，促进生产力的不断发展。

教育与生产劳动相结合不仅是大工业生产的要求，是提高生产力的必要手段；而且是改造社会，培养革命新人的强有力手段。教育与生产劳动相结合是实行脑力劳动和体力劳动相结合，促进人的脑力和体力的充分发展的唯一的途径，通过这种途径，还能使学生把在学校学到的理论和社会实际相结合，学有所用，学用一致，成为社会主义建设所要求的新人。

如何实现教育与生产劳动相结合，邓小平同志在上述讲话中还具体地指明了方向。这就是：教育事业的计划要成为国民经济计划的一个重要组成部分。他指出："应该考虑到各级各类学校发展的比例，特别是扩大农业中学，各种中等专业学校、技工学校的比例，要研究发展什么样的高等学校，怎样调整专业设置、安排基础理论课程和进行教材改革。"他还指出："生产劳动、科学试验和科学研究在学校教育中怎样组织得更有计划，使之更符合于经济计划和教育计划的需要，应该加以深入研究。"这些指示，是我们办教育必须认真研究的问题。

贯彻教育同生产劳动相结合的方针，在不同的学校应该有不同的做法。

对中小学来讲，主要是加强基础科学文化知识的教育，特别要加强科技教育，使他们从小懂得科学技术在生产中的应用。

各类技术学校和高等学校要把教学和生产紧密结合起来，要和企业相联系，一方面为企业培养人才，另一方面帮助企业进行技术改造。高等学校更要把教学、科研和生产结合起来，根据生产发展的需要，进行开发性研究，创造新的科技成果，提高社会生产力，促进国民经济的发展。

教育改革和持续发展的有力保障[*]

　　经过10多年的酝酿和研讨，我国第一部《中华人民共和国教育法》
终于在1995年3月18日经八届人大三次会议审议通过了，我作为一名教
育工作者感到特别兴奋。我们早就盼望我国有一部教育法，以保证我国
教育事业健康地发展。

　　《中华人民共和国教育法》(以下简称《教育法》)实际上是一部教
育基本法。它的颁布标志着我国教育走入法制教育的新纪元。

　　教育立法之所以重要，是因为教育发展在社会主义建设中的战略地
位得以从法律上得到保证。我国社会主义建设的总设计师邓小平同志多
次强调教育优先发展的战略地位和重要意义。《中共中央关于教育体制
改革的决定》明文规定："教育要为社会主义现代化建设服务，社会主
义现代化建设要依靠教育。"但是10多年来，教育优先发展的战略地位
一直难以落实，原因就在于没有法律对此做出明确的规定。一些政府
部门的领导人，不是按照国家的要求来发展教育，而是把它作为一项软
任务，于是教育投入不足，甚至于把国家的教育拨款挪作他用。因此有
必要制定教育法，以确保教育优先发展的战略地位，使教育事业持续地
发展。

---

[*]　原载《人民教育》，1995年第5期。

我国社会由于经济体制的改变正在经历一场前所未有的变革，教育如何适应这场变革，如何适应我国社会主义市场经济体制的建立，也是全社会关心的问题。教育在领导体制上，一方面要改变过去统得太死的管理制度，给学校以办学的自主权；另一方面又要求学校要按照教育规律办事，不能运用办企业的方法来办学校，不能以眼前的经济利益为出发点，在改变管理体制后学校办事需要有法可依，因此也迫切需要制定教育法。这次人大通过的《教育法》在这方面就有较明确的规定，例如，第三十一条规定："学校及其他教育机构具备法人条件的，自批准设立或者登记注册之日起取得法人资格"，"在民事活动中依法享有民事权利，承担民事责任。"

　　教育方针是多年来一直争论不休的问题，这次《教育法》中明确规定："教育必须为社会主义现代化建设服务，必须与生产劳动相结合，培养德、智、体等方面全面发展的社会主义事业的建设者和接班人。"（第五条）我理解这个教育方针是，它反映了现代教育发展的规律，反映了我国现代化建设的要求，突出了社会主义办学的方向。我认为，德、智、体全面发展概括了美育、劳动教育的内容。现代社会教育的任务越来越复杂，教育目标越来越多元，不可能都写在方针中，因此都概括在德、智、体全面发展中。关于建设者和接班人大家议论得也比较多，我的理解是，社会主义的建设者应该是社会主义接班人；社会主义的接班人也应该是社会主义建设者。我国的教育方针是对全体受教育者而言的，培养目标是统一的，不能把受教育者分成建设者和接班人两部分人。

　　有了《教育法》并不等于实际工作中都能依法办事，还需要全社会都能认真执行，因而执法就变得更为重要。《教育法》是规范教育机构（主要是学校）的主办者、经营者、管理者、教育者和受教育者的权利和义务，调整其相互关系的法律。各类教育主体都应该遵守《教育法》，用法律来保护自己的权益，同时遵守法律规定的义务，社会其他成员也要遵守《教育法》。当前最最关键的是各级政府要提高执法的自觉性，真正按照《教育法》规定，落实教育优先发展的战略地位，增加教育投入，改善办学条件，保证教师的工资能及时发到教师手中并切实改善教师的待遇。教育工作者更要自觉地遵守《教育法》。《教育法》是教育母法，我国1986年颁布的《义务教育法》和1993年颁布的《教师法》等都是它的下位法，将来还要颁布《职业技术教育法》《高等教育法》《成人教育法》等，也都是它的下位法。有了这些下位法，在执行《教育法》时就有了更具体的内容。因此在执法过程中，我们要把它们结合起来。

为了让全社会成员都能认真地执行《教育法》，就要大力宣传《教育法》。当务之急是要让每个公民都知道《教育法》的重要意义和它的主要内容，要开展《教育法》的学习。我们工作在教育战线上的教师、教育管理人员更要认真学习，并向我们的学生宣讲《教育法》。让我们大家都来执法、护法。

现代化与中国文化传统教育[*]

一、概念与特质

（一）现代化的概念、阶段与特征

世界各国都在追求现代化，但什么叫现代化，却有很多不同的理解。我们认为，所谓现代化，就是人类认识自然、利用自然和控制自然（包括人类自身）的能力空前提高的历史过程，以及由此而引起的政治、经济、文化等社会各领域广泛而深刻的变革，其目标是创造高度的物质文明和精神文明。

现代化的客观历史进程始于西方，它大体上包括从农业社会向工业社会转变和从工业社会向信息社会转变这两大阶段。现代化的最初萌芽约在1500年前后就已产生。1492年，哥伦布发现美洲新大陆；1500年前后，文艺复兴从意大利开始；1521年，发生了马丁·路德倡导的宗教改革运动；1543年，哥白尼的《天体运行论》出版；1640年，英国资产阶级革命爆发；等等。这都是现代化开始的先兆。18世纪70年代发生于英国的产业革命，可以看作现代化的正式开端。产业革命打碎了保守的生产技术基础，把科学技术与生产结合起来，使大工业机器生产代替了手

---

*　原载《北京师范大学学报（社会科学版）》，1995年第5期（与高益民合撰）。

工业小生产，使人类利用、控制自然界的能力有了空前的提高，为人类创造了巨大的物质财富。这一深刻的变化为人类带来的文明与进步，是整个工业社会以前的历史所无法比拟的。因此，尽管在漫长的农业社会，人类文明的演进始终未曾间断，但它却不能称作"现代化"，而只有英国产业革命以来的巨大的社会变迁才被看作现代化进程。这一阶段的现代化在世界各国都表现出如下特点：第一，工业化。其最重要的特征是资本的集中和大企业的形成，大企业的活动成为工业的正常形式。第二，城市化。英国19世纪上半叶第一个成为世界上的都市化社会，其城市人口由1/5激增到4/5，后来其他国家的经济起飞也与城市化相伴随。第三，社会结构的分化与集中化。即一方面，个人角色和社会角色趋于专门化，社会资源的配置渠道趋于多样化；另一方面，社会协作与流动又在不断深入和加强。第四，世俗化和理性化。利益、效率和程序成为社会行为的最高原则，神秘主义的精神寄托被理性主义的实际行动所代替。

现代化是一个动态的、不断发展的过程，它的第二阶段是从工业社会向信息社会转变的阶段。1956年，美国白领工人的数量在历史上第一次超过了蓝领工人；1957年，苏联发射了第一颗人造卫星。这两件事成为世界由工业社会向信息社会转变的标志。美国社会预测学家约翰·奈斯比特认为信息社会具有以下特点：第一，信息是经济社会的驱动力；第二，信息和知识在经济增长因素中起着举足轻重的作用；第三，人们的时间和生活观念总是倾向未来；第四，人与人相互交往的增多，使竞争和对抗成为人们相互作用的主要表现形式；等等。其中，"智力工业""知识工业"是信息社会的核心工业，这是信息社会的最重要的特点。如果说产业革命时代现代化的主要特征是机器代替了人的体力，那么20世纪中叶以来的现代化的主要特征则是电脑代替了人的部分脑力，社会生产趋于智能化。

（二）民族文化传统及其演进规律

民族文化传统是经过长期的历史积淀而形成的对现实社会仍产生巨大影响的文化特质或文化模式，它反映了人类社会的历史相似或历史延续性质。民族文化传统与"文化传统"和"民族传统"在某种程度上是同等概念。因为文化具有民族性，所以，说"民族传统"，就是指该民族的文化传统。说"文化传统"也往往是就一个具体的民族而言。民族文化传统是具有历史意义的整个民族文化的一部分，因此民族文化传统与整个民族文化具有一致的演进规律。民族文化的发展过程尽管十分复杂，但它离不开创造（Making）、发现（Finding）、选择（Selecting）和传递（Transfering）这四个基本环节。

所谓创造，就是建立前所未有的新质文化的过程，它包括具有起始意义的创造和在一定文化基础之上的再创造。就我国而言，中华文化的创始和奠基时期是先秦。根据考古学的充分证明，我国早在约公元前5000年至公元前2300年就产生了华夏、东夷、苗蛮三大文化集团；殷墟出土的甲骨文和其他文物表明殷商时期我国已经创造出具有较高水准的物质文明，并形成了较为丰富的文化思想；"周虽旧邦，其命维新"，周代建立和形成了在我国具有深远影响的宗法制度和礼制；时至春秋战国，诸子蜂起，学派林立，中国进入了辉煌的文化创造时期，中华文化由此确定了其基本走向。由此可见，民族文化的形成必须首先经过创造性的劳动。当然，不仅在文化的奠基时期需要创造，在民族文化的进一步发展过程中，创造始终是最重要的环节。

所谓发现，是指挖掘和利用已经存在的但未曾受到注意的文化。发现分为两种：在时间意义上，发现指对过去的文化进行发掘和利用；在空间意义上，发现指对异质文化进行吸收。它又包括两种情况：一种是文化主体通过渐进而和平的文化交流主动地吸取异质文化，如中国历史上的佛学东渐就属于这种情况，从佛教东汉时的传入到唐朝时的兴盛，中国文化对之进行了长时间的消化与吸收；另一种是在两种文化的强烈撞击和矛盾冲突下，文化主体被迫吸取异质文化，如鸦片战争打开了中国的大门，使中国在不平等的情况下，被迫接受了一部分西方文化。当然，这种划分并不是绝对的。一般来说，发现都伴随着创造过程，因为发现旧有文化和异质文化本身，并不能使这些文化融合于现有文化之中，还需要创造性地把它们结合起来，从而创造出新的民族文化。

如果说，创造和发现都属于生产文化的环节，那么，选择和传递就大体上属于保存文化的环节，它们与文化传统的形成更具直接的关系。选择，就是根据一定的社会需要并基于当时对文化的理解对已有的文化产品进行淘汰或保留；传递，就是将既有的文化产品在时间上和空间上加以延伸，以期在不同的地域和久远的将来仍可保存其文化，其中，时间上的纵向传递是形成民族文化传统的最直接因素。我国西汉时期的"罢黜百家，独尊儒术"就是一次大规模的文化选择运动，它削弱和钳制了其他文化思想，唯独崇尚儒学，从而大大影响了西汉以后的文化传播，使儒学在整个中国历史上占有了举足轻重的主导地位，并使儒学在日本、朝鲜、越南等周边国家得到了广泛的传播。

上述四个基本环节不是孤立地发生作用，而是相互交织、相互配合，综合地作用于民族文化传统的形成与演进，甚至可以说很难把它们清楚地分为四个环节。这四个基本环节都毫无例外地依赖于教育，统一于教育，使得在处理现代化和民族文化传统两者关系的时候，教育必须站在历史的前台。

二、中国文化传统教育的意义

（一）民族文化传统与现代化的基本关系

世界各国，特别是东方国家都遇到一个共同的问题，即在实现现代化的同时，如何保持自己的民族文化传统。尤其在我们这样一个文化传统十分深厚的国家，这一问题更引起了人们的高度关注。

现代化首先从西方开始，因此往往容易把现代化与西方化联系起来。同时，在引进西方的科学技术的时候也必然会带进他们的思想方式、行为方式乃至生活方式。因此，中国在实现现代化的过程中，始终存在着东西方文化的冲突。

怎样来解决这个问题？我们的意见是，文化传统也是在不断变化的，它不是静止的，而是动态的、发展的。弘扬民族文化绝不是拒绝外来文化，相反，只有不断地吸收外来文化，中国民族文化才能得到发展。但必须注意一点，那就是吸收外来文化必须进行选择，即选择有利于我国民族发展的文化，经过消化和改造，最后融合于我们民族文化之中，成为中华民族文化的一部分。那种与本民族文化格格不入的东西或对民族有害的东西是不能吸收的，生搬硬套、全盘洋化更是行不通的。但有一点是肯定的，中国的现代化包括了文化的现代化，而这种文化的现代化又包含着中国民族文化的特点。

有人说，现在都在提倡教育的国际化，为什么还要提倡民族化？我们认为这是不矛盾的。一个民族，其文化越是有民族特色，越能受到国际的重视。国际化的表现是互相交流、互相了解、互相尊重别人的文化和价值观念，同时又互相吸收对自己民族有益的东西，充实和发展自己的民族文化，而绝不是实行民族文化的融合，或者是用一个民族的文化替代另一个民族的文化。

民族文化传统与现代化存在着相矛盾、相冲突和相对立的一面，这是人所共知的。一方面，现代化急速地消解文化传统的固有体系，把不适应现代社会的传统剥离开来；另一方面，文化传统的某些内容又阻碍了现代化进程。造成两者对立的原因，是它们总体上代表了不同的时代。工业社会以前的文化与工业社会的文化显然具有不同的质，文化传统在其形成初期，对当时的社会而言是新文化，代表了当时社会的发展方向，而对现代社会来说，文化传统就是旧文化，它总体上属于旧的时代。文化传统与现代化只有经过互相矛盾、互相冲突和互相对立的过程才能完成文化由旧质向新质的转化。

但必须看到，民族文化传统与现代化的对立只是相对的，两者之间还有互相适应、互相协调和互相促进的一面。从民族文化传统的角度说，第一，民族文化传统是现代化的基础、前提、立足点和出发点。没有一个民族能把自己的社会先变成一张与传统毫无关系的白纸，再在上面重新画上现代化的美景。现代化只能站在一个现实的基础之上，而这个现实即由传统构成。考察世界各国的现代化，就可以发现所有国家无不遵从这一基本规律。我们知道，英国是一个历史悠久、文化传统十分深厚的国家，而资产阶级革命和工业革命却首先发生在那里；其他欧洲国家诸如法国、德国、意大利等，其现代化水平已经达到了相当的高度，而这显然也是在其各自的文化传统之上建立起来的；美国、加拿大、澳大利亚、新西兰等国的历史较短，文化传统的影响较小，但它们的现代化也并未完全摆脱殖民地时期形成的传统；东方文化历史久远，而日本已经走上了现代化道路，其他亚洲国家的崛起也正在改写近代以来以西方为中心的历史。这些都是现代化基于民族文化传统的明证。第二，民族文化传统的合理内核能促进现代化进程。民族文化传统中既有反映时代的内容，也有反映民族性和人类性的内容，后者代表了这个民族乃至整个人类的发展方向，它们虽然存在于旧文化当中，但却不属于旧质文化，相反，它们能在现代化潮流的冲刷下焕发出更加旺盛的生命力。例如，首先进入现代化的国家许多是临海国家，海洋民族的文化传统中本来就含有与其他民族交往的开放传统和从事贸易活动的商业传统，这些传统在现代化的激发下有效地促使了这些国家迅速地适应了工业社会的需要。再如东方传统中的团结合作、纪律严明、忍辱负重等品格为使亚洲国家于内忧外患的不利状况下迅速完成经济起飞发挥了巨大作用。第三，民族文化传统是一个民族发展的动力与源泉，它能形成一种民族精神，激发民族活力，从而使民族在复杂曲折的现代化道路中获得新生。从世界文化史来看，现代化国家的一个强有力的精神杠杆就是本民族强烈的民族意识和爱国主义精神，这些国家的人民至今仍常常以虔敬的心情来缅怀自己的文化传统，对于本民族的历史文化遗迹都倍加珍惜。

正因为民族文化传统的重要作用，所以我们说，现代化不排斥传统，它需要传统；现代化不剔除传统，它吸收传统。民族文化传统与现代化的上述关系是我们进行文化传统教育的最基本的理由。当然，我们并不满足于一个简单的论断，我们还需要对两者基本关系的具体表现和基于这种关系之上的操作方式进行深入的研究。但我们必须在中国全境特别是中国大陆即刻着手中国文化传统的教育工作。

（二）中国文化传统教育的意义

在现代化的过程中保持和发扬我国的民族文化传统，是教育工作者的任务。教育的本质就是通过传播文化来培养人才，中国教育工作者肩负着培养中华民族优秀后代的重任，因此必须从培养人、塑造人的角度来重视弘扬中国文化传统问题。当然，应当看到，中华民族文化源远流长，它的主流是优秀的，但也并非没有糟粕，因此，在弘扬文化传统的时候还必须进行选择，我们要充分发挥教育的文化选择功能，以弘扬民族文化中的优秀部分。

1. 中国文化传统是世界文化的重要组成部分，是中国人民的宝贵财富，进行民族文化传统教育有利于保存这一优秀文化遗产。

中国文化经过数千年的演进已经发展成为一种高水平的文化形态，它既有民族性，又有世界性。中国文化的许多殊胜之处，是无法用一篇文章来概括的，这里只例举一二。

第一，中国文化传统具有强大的包容性。所谓包容性，就是吸收各种异质文化并使之有机地与本民族文化相结合的特性。从历史上看，每当一种文化进入中国，大都逐步走向中国化而成为中国文化的一部分。如前面提到的佛教东渐就是一个鲜明的例证。佛教产生于印度，却在中国得到保存、发展与弘扬，经过几百年的改造与吸收，佛教有一部分变成中国式的宗教（如禅宗），另一部分则被吸纳于宋明理学之中。再如，世界历史上的许多文化都因异族入侵而中断、消亡过，如印度文化因雅利安人入侵而雅利安化，埃及文化因亚历山大的占领而希腊化、恺撒的占领而罗马化、阿拉伯人的移入而伊斯兰化，希腊罗马文化因日耳曼族的入侵而中断上千年，而中国文化却反复把以武力入主中原的北方民族纳入中国文化发展的轨道中来。这种包容性与大同社会这一人类社会的总体趋势和基本精神是一致的。

第二，中国文化传统具有强大的整合力。中国的古代文化包括齐鲁文化、巴蜀文化、荆楚文化、吴越文化、岭南文化等多元文化体系，这些文化虽然所处的地域不同，文化的内容特点不同，发展的水平层次也有差异，但它们却都有足以融为一体的共同特征，它们有共同的大传统。中国文化的这种特点至今仍体现得十分明显。全世界的华人，无论身处何地，却有着极其相似的价值追求。

第三，中国文化传统具有世俗性。与西方的神学独断相比，中国文化表现出了一种理性的和入世的精神。孔子在《论语》中就有一些关于鬼神的论述，如"务民之义，敬鬼神而远之，可谓知矣"（《雍也》），"未能事人，焉能事鬼？"（《先进》）等。孔子对鬼神虽未否定但未肯定的思想，对中国后来形成无神论的文化传统有很大影响。同时，儒家思想作为中国文化的主导思想，提倡一种入世精神，它要求"修身，齐家，治国，平天下"，倡导以天下为己任的社会责任感。这种世俗的文化与世界文化发展的总趋势是一致的。

总之，中国文化传统中有许多与整个人类社会发展方向相一致的优秀内容，保存这一世界文化的重要遗产，是中国人民责无旁贷的历史责任。

2. 中国在世界现代化进程中的位置，要求必须进行中国文化传统教育。

我国的现代化是后发外生型现代化。后发，就是指在时间上现代化的进程开始得晚。目前，相当一批国家早已完成了从农业社会向工业社会的转变而进入工业社会向信息社会的转变时期，而我国还基本上处于现代化的初级阶段。外生，就是指现代化的最初启动力量和现代化因素的最初来源不是来自于本社会内部，而是来自于外部压力。我国正是在鸦片战争和后来一系列的西方列强侵略活动之后，才开始了缓慢而曲折的现代化进程。从世界范围看，后发外生型现代化国家虽然具有一定的后发优势，如可大量借鉴早发国家的经验、引入先进的技术设备等，但总的来说，它们的处境并不有利。第一，这些国家启动现代化的时候，首先必须面对一个既已形成但又并非完全公正的国际政治经济秩序，它们在这一秩序中处于不平等的被动局面。第二，这些国家在启动现代化的时候，整个世界已经陷于资源短缺和污染严重的困境中，自然环境也不如早发国家优越。第三，后发外生国家缺少现代化因素的准备。早发内生国家一般都有一段较长时间的现代化因素的积累阶段，社会动力系统也蕴藏于民间，这样经过自然而渐进的发展达到传统社会向现代社会的转折点。后发国家则只能在缺乏现代化因素积累的情况下，在短时期内完成这个历史转变，因此具有明显的人为特点。第四，后发外生国家常常面临着许多特殊的问题，这些问题增加了现代化的难度。如传统体制的迅速崩坏与新体制建立的艰难之间、新目标的突然提出与解决能力的低下之间、消费的不正常超前与生产的落后之间的错位现象，又如部分地区的飞速发展与广大地区的步履缓慢并存、经济的快速发展与思想观念陈旧和法制意识淡薄等传统惯性并存的失衡现象等，都是后发外生国家的特殊问题。

在这种内忧外患、困难重重的情况下，后发外生国家要实现现代化，就必须具有高度的民族自信心和凝聚力，具有严格的纪律和心理承受力，具有吃苦耐劳的劳动精神。而上述品格正是民族回应力的重要组成部分。中国现在面临着严重的挑战，同时中国又是一个大国，其现代化问题的复杂程度是其他民族所难以比拟的。因此，要提高中国人民应付挑战的能力，全方位地调动起全部力量，就必须加强中国文化传统教育，充分发挥中国文化的凝聚功能、激励功能和整合功能，为现代化提供坚强的精神保证。

3. 进行中国文化传统教育，有利于发现现代化的一般规律，使中国的现代化进程更为合理。

现代化包括两个基本阶段，这在全世界都是共同的。在这一世界性的历史大合唱中，促进经济发展，创造物质文明，始终是统领世界各国现代化的主旋律。在这种国际交流日益加深的条件下，物质生产趋于相似，科学技术没有国界，所以，现代化在全球范围内都表现出了某种程度上的一致性。但必须看到，现代化的两个重要转变都首先发生在西方，这就隐含着这样一个命题：由西方所引导的这条现代化道路，不可避免地带有西方色彩！也就是说，世界性现代化的背后，还隐藏着它的差异性。借用孔子的话说，就是"和而不同"。

现代化的差异性迫使我们思考两个基本问题：第一，如何分析民族文化传统，把具有进步意义和富有生命力的内容提升出来，将代表旧时代的内容剥离开去，从而完成文化的创造性转化。尽管这一问题的可操作性正在不断地摸索之中，但有一点是毫无疑问的，即这项工作首先需要一个参照系统，那就是两个世纪以来产生的现代文化。第二，如何分析西方引导的现代化道路，把属于人类社会共同财富的那一部分提取出来，把仅仅属于西方社会的特征抽离出去，从而发现现代化最普遍的规律。这项工作同样也需要一个参照系统。进行中国文化传统教育，正是为了建立这样一个相异质的文化参照系统。

长期以来，第一个问题受到了高度的重视，反省文化传统已经成为中国人的自觉意识；第二个问题却受到了忽视，甚至反思现代化就会被看作怀古恋旧和落后保守。因此，加强文化传统教育，纠正上述偏颇，全面合理地理解现代化，是当前中国的一大急务。

三、中国文化传统教育的要点

（一）关于中国文化传统教育的直接目标

进行中国文化传统教育的首要目的，是振奋民族精神。民族精神，是指导民族生存、延续和发展的精粹思想，是整个民族的信念与追求。它蕴含于民族文化传统之中，是民族文化传统的优秀部分。

振奋民族精神之所以具有极为重要的意义，也是中国在世界现代化进程中所处的特殊地位使然。中国是文明古国，在人类几千年的文明史中，曾长期处于领先地位。但在近几百年，特别是近100年，中国由泱泱大国沦为惨遭侵略者蹂躏的落后国家，与西方发达的工业国家拉开了很大的距离。尽管近几十年来中国的进步也十分迅速，但由于我们的现代化进程开始得太晚及其他一些历史原因，中国仍是落后的发展中国家。而我们的青年恰恰生活在这样一个历史时期。对于后发展国家来说，这种局面显然在民族心理上造成了巨大的压力，这种压力的长期存在很容易导致民族自尊心、民族自信心和民族自豪感的衰退、萎缩与丧失，从而无法为中国的现代化进程提供较好的民族心理背景。因此，振奋民族精神，是进行民族文化传统教育的第一要义。

中华民族的基本精神，是一个包含诸多要素的思想体系，就其主体内容来说，包括"天人合一""以人为本""刚健有为""贵和尚中"等方面，"刚健有为"则是其基本核心。早在2000年以前的《易传·象传》就对"刚健有为"的精神做过经典性的概括表述，它说："天行健，君子以自强不息。"中国大思想家孔子的"刚健有为"思想在《论语》中也表现得十分充分，如"刚毅木讷近仁"（《子路》）、"三军可夺帅也，匹夫不可夺志也"（《子罕》）、"士不可以不弘毅"（《泰伯》）、"发愤忘食，乐以忘忧，不知老之将至"（《述而》）等。这些思想在孔子以后的中国社会得到继续发展，成为民族精神的重要组成部分。在国家强盛时期和民族危难之际，它都曾激发过民族斗志，培育了中国人民自立自强的精神境界。"刚健有为"的精神，就是不断进取的精神，它有利于促进社会变革，因而在现代化的今天，其意义尤为突出。中国文化传统教育要始终以弘扬这种精神为其核心，任何时候都不能失去这个指针。

（二）关于中国文化传统教育的内容

中国文化蕴涵极为丰富，内容非常广泛，这里不能一一述及，只着重阐述弘扬中国优秀传统伦理道德问题。中国文化具有许多特点，但总体而言，它是伦理型的文化，这是它最具典型性和代表性的特征。有人把西方文化概括为"智性文化"，把中国文化则称为"德性文化"，确有它的道理。中华民族在漫长的历史发展中，建构了成熟的道德价值体系，形成了丰富的个人伦理、家庭伦理、国家伦理乃至宇宙伦理的道德规范体系，并有一整套完备的道德教育理论。它们是我国民族文化传统中的重要内容。道德伦理对于增强民族内聚力、振奋民族精神、整合社会价值、协调社会秩序有着极其重要的作用，而这正是中国的现代化进程所不可缺少的。我国传统的伦理道德中，"天下兴亡，匹夫有责""先天下之忧而忧，后天下之乐而乐"就是一种调整个人与国家关系的伦理观念；"己所不欲，勿施于人"就是调整人与人关系的伦理观念；"富贵不能淫，贫贱不能移，威武不能屈"就是关于个人修养的伦理观念。此外，诸如仁爱孝悌、谦和好礼、诚信笃实、克己奉公、见利思义、忠贞爱国等美德至今也仍具有十分重要的现实意义。

民族的优秀传统道德与现代化，究竟具有什么关系？前者是否能促进后者的发展？这是一个重要而基本的问题。有人对此持否定的意见，认为现代化与传统道德互不相容。这类观点有两种具体的表现形式：一种认为传统道德必然阻碍现代化，要实现现代化就必须抛弃传统道德；另一种认为现代化必然导致道德堕落。这两种看法都是不正确的。第一种看法，实质上是对传统道德不加分析地采取全面否定的态度。必须承认，在漫长的农业社会中形成和完善的传统道德理论和道德规范，与当时的社会背景有着密切的联系，换言之，当时的社会状况正是这些道德产生的土壤。因此，传统道德也就不可避免地带有落后的和封建的农业社会的性质与痕迹。这也正是20世纪初胡适先生、鲁迅先生等一批现代哲人批判旧礼教、旧道德和旧文化的基本理由。但是，由此就得出传统道德一无是处的结论，则既不合于逻辑，也不尊重历史事实。第二种看法，没有看到物质文明的高度发展为精神文明的提升带来的可能性，没有看到科学技术的发展为道德进步提供的物质前提。事实上，物质文明与精神文明是相辅相成的。在远古时代，道德被统摄在最低级的自然神崇拜、动物神崇拜和鬼魂崇拜等原始宗教中，尊敬这些象征物就是道德，触犯禁忌就是不道德，道德的内容十分贫乏，道德的社会功能也十分有限。所以，管子说过："仓廪实则知礼节，衣食足则知荣辱。"（《管子·牧民》）在现代社会，传统道德的许多观念都得到了强化。例如时间观念，我国早有"惜时如金"的道德格言，但在生活与工作节奏都非常缓慢的农业社会，这种格言的实现只能是有限的。而在机器生产速度加快、社会协作异常紧密、商业竞争相当激烈、信息传递尤为快捷的现代社会，才能看到真正的"惜时如金，争分夺秒"。再如，在人与环境的关系方面，"天人合一"曾是长期以来具有指导意义的传统宇宙伦理，但由于农业社会生产力水平十分低下，人类破坏环境和改善环境的能力都很微弱，因此"天人合一"的伦理意义并不十分突出，在人类改造自然的能力迅速增长的现代社会，人与环境发生了更高层次的密切关系之后，以"天人合一"为基核的环境观才被赋予了新的内容并上升为整个国际社会的指导原则。

（三）关于中国文化传统教育的方法

考察19世纪与20世纪之交的中国学术界就可以发现，当时出现过一大批贯通古今、融汇中西的大学者，而这些学者的教育背景都有一个共同的特征，就是他们曾受到过中国传统和西方思想两方面的熏陶和严格训练。这在进行中国文化传统教育的方法方面，给了我们有益的启示。

第一，我们必须重视研究传统的教育方法。中国古代有十分丰富的教学思想，如因材施教、循序渐进、启发诱导、温故知新、教学相长、学思并重、言传身教等，这些十分宝贵的教学思想因受后来的科举制度的影响实际上在长期的古代教育中并没有得到有效的贯彻，现在应当重新予以重视和挖掘，并赋予更加丰富的内容。另外，还有一些长期被认为是糟粕的东西，现在也应拿来重新审视。例如，早期教育中的背诵问题。以前我们批判了不求甚解的死记硬背，批判了忽视儿童个性和身心发展阶段的硬性灌输，要求充分发展儿童的想象力和独立思考能力，发挥他们的主体性，这无疑是正确的。但背诵本身并不应该受到忽略，相反，在思维能力尚未得到充分发展的儿童时期，背诵通常比包括讲解在内的其他方法都更能发挥儿童的主体作用，并能充分发展儿童的记忆力。现在中国大陆的学生，很多人缺少对中国古典文学的了解和理解，除了接触少以外，缺乏早期的严格训练是一个重要原因。

第二，要大量吸收现代西方的教学方法，积极引入现代化教学手段。现代西方的教学理论已经发展到很高水平，其共同特点是它们都以现代心理学为其科学基础。如国外教学理论中关于阅读的研究，不仅对现代汉语的一般阅读教学具有启发意义，而且为我们的古典阅读教学也提供了值得参考的科学根据。与此同时，我们还必须把现代化的先进手段引进到文化传统的教学当中。目前我国台湾地区已在利用电脑整理古籍和进行古典名著的教学方面取得了较大的进展，大陆因起步较晚，加之受经济条件的限制，这方面的情况还不尽如人意，作为一个方向，还应不懈努力。

第三，要把民族文化传统教育渗透到各科教学之中。我国的语文课、历史课中，蕴涵着丰富的民族文化传统内容，即使在理科教学中也有许多内容可以被用来进行民族文化传统教育，如中国的四大发明对世界的贡献、《九章算术》中的智慧、早在先秦时期就已开始进行的关于哈雷彗星的记录等，都是进行爱国主义教育和培养民族自尊心、自信心的好教材，它们需要广大教师的细心挖掘，并通过他们的教学艺术来加以实现。

民族文化传统教育与中国现代化进程紧密相连，它不是权宜之计，而应贯穿于现代化的全过程。因此，中国文化传统教育将成为21世纪中国教育的重要主题。

关于教育现代化的几个问题*

　　《中国教育改革和发展纲要》（以下简称《纲要》）指出："根据我国社会主义现代化建设'三步走'的战略部署，到本世纪（20世纪）末，我国教育发展的总目标是：全民受教育水平有明显提高；城乡劳动者的职前、职后教育有较大的发展；各类专门人才的拥有量基本满足现代化建设的需要；形成具有中国特色的、面向21世纪的社会主义教育体系的基本框架。再经过几十年的努力，建立起比较成熟和完善的社会主义教育体系，实现教育的现代化。"《纲要》对教育现代化指明了具体内容和要求。在《纲要》的指导下，全国教育工作者都在向《纲要》提出的总目标奋进。1996年，江苏、上海、珠江三角洲都举行了教育现代化研讨会，探讨教育现代化的特征、内涵以及实施的策略和措施。一时间，教育现代化成了热门话题，现代教育学的专著也已有多本问世。可以说，教育现代化的讨论已经摆上议事日程。因此，我想就这个问题说几点个人的看法。

---

*　原载《中国教育学刊》，1997年第3期。

一、什么叫教育的现代化

为了说明白什么叫教育现代化，首先要了解什么是现代化。

世界各国都在追求现代化，但什么是现代化，人们却有很多不同的理解。我认为，所谓现代化，是指人类认识自然、利用自然和控制自然（包括人类自身）的能力空前提高的历史过程，以及由此而引起的政治、经济、文化等社会各领域广泛而深刻的变革，其目标是创造高度的物质文明和精神文明。[①]现代化是一个历史过程，这个过程从什么时候开始的呢？有两种观点：一种是以意识形态的转变为标志，从而确定它是从欧洲文艺复兴开始的。因为中世纪时代是以神为中心的，神统治着世界的一切，文艺复兴冲破了神的束缚，人得到解放，人的思想得到解放，从而使人类步入现代化的进程。恩格斯在《自然辩证法·导言》中对文艺复兴的伟大意义做了高度评价。他说："这是一次人类从来没有经历过的最伟大的、进步的变革，是一个需要巨人而且产生了巨人——在思维能力、热情和性格方面，在多才多艺和学识渊博方面的巨人的时代。"[②]第二种观点是以科学技术与生产的结合为标志，因而确定它是以产业革命为起点的。

我倾向于第二种观点。因为，文艺复兴固然是一次伟大的思想革命，但它只是现代化开始的先兆，是思想的准备阶段，只有产业革命把科学技术与生产结合起来，使大工业机器生产代替了手工业小生产，人类认识、利用、控制自然的能力才有了空前的提高。这一深刻的变化为人类带来的文明与进步，是整个工业社会以前的历史无法比拟的。正如恩格斯指出的："蒸汽和新的工具机把工场手工业变成了现代的大工业，

---

① 顾明远、薛理银：《比较教育导论——教育与国家发展》，208页，北京，人民教育出版社，1996。

②《马克思恩格斯选集》第3卷，445页，北京，人民出版社，1995。

从而把资产阶级社会的整个基础革命化了。工场手工业时代的迟缓的发展进程变成了生产中的真正的狂飙时期。"①科学技术一旦与生产结合就变成巨大的生产力，推动着社会的发展。

现代化是一个历史过程，是一个动态的、不断发展的过程。它发展到今天经历了工业化、信息化两个阶段。工业社会的基本特征：第一，工业化。即资本的集中和大企业的形成。第二，城市化。英国在19世纪上半叶，其城市人口就占总人口的4/5。第三，社会结构的分化与集中化。即一方面个人角色和社会角色趋于专门化，社会资源的配置渠道趋于多样化；另一方面，社会协作与流动又在不断深化和加强。第四，世俗化和理性化。利益、效率和程序成为社会行为的最高原则，神秘主义的精神寄托被理性主义的实际行动所代替。现代化的第二个阶段是从工业社会向信息社会转变的阶段。1956年美国白领工人的数量在历史上第一次超过蓝领工人，1957年苏联发射第一颗人造地球卫星，这两件事成为世界由工业社会向信息社会转变的标志。信息社会的基本特征可以概括为：第一，信息化；第二，智能化；第三，国际化；第四，未来化。美国社会预测学家约翰·奈斯比特认为信息社会具有以下特点：第一，信息是经济社会的驱动；第二，信息和知识在经济增长因素中起着举足轻重的作用；第三，人们的时间和生活观念总是倾向未来；第四，人与人相互交往的增多，使竞争和对抗成为人们相互作用的主要表现形式；等等。其中，"智力工业""知识工业"是信息社会的核心工业，这是信息社会的最重要的特点。如果说，产业革命时代现代化的主要特征是机器代替了人的体力，那么20世纪中叶以来的现代化的主要特征则是电脑代替了人的部分脑力，社会生产趋于智能化。②

---

① 《马克思恩格斯选集》第3卷，301页，北京，人民出版社，1995。

② 顾明远、薛理银：《比较教育导论——教育与国家发展》，209～210页，北京，人民教育出版社，1996。

教育现代化是社会现代化的组成部分。社会的现代化包括人的现代化。从理论上讲，一个国家要实现现代化，首先要求人的现代化，这就要求教育的现代化。教育现代化是国家现代化不可缺少的条件，两者互相促进，互为因果。我国社会主义建设的总目标就是建设"四个现代化"，也迫切要求人的现代化，没有现代化思想的人，没有时代精神的人，是建设不成"四个现代化"的。

怎样理解教育的现代化？就是指传统教育向现代教育转化的过程。所谓转化，并不是把传统教育抛弃掉，空中楼阁地去构建一个现代教育，而是通过对传统教育的选择、改造、发展和继承来实现的。传统教育中有许多优秀的东西，要继承和发扬，但它毕竟是旧时代的产物，有不少与现时代不相适应的东西，这就要扬弃或改造，使它符合时代的要求，成为现代教育的传统。所以说，教育现代化是一个传统教育转化为现代教育的过程。

在这里有一个问题需讲清楚，就是现代化不是西方化，教育现代化也不是教育西方化。现代化是从西方先开始的，而且工业化是它的主要标志，因此容易被人们误认为现代化就是西方化。20世纪50年代末，在西方出现过一种"现代化理论"，企图论证西方社会制度的优越性和合理性，并为战后发展中国家的社会发展提供理论指导和政策依据。这种理论认为，非西方发展中国家与西方发达国家的发展历程是一致的，前者现在所处的阶段曾是后者经历过的一个阶段，非西方发展中国家要想实现现代化，唯一的途径就是西方化和照搬西方的模式，只有靠西方文明的传播，靠输入西方社会的现代化因素才有可能。[①]

"现代化理论"在20世纪60年代末就遭到许多学者的批判。这种理

---

① 顾明远、薛理银：《比较教育导论——教育与国家发展》，167~169页，北京，人民教育出版社，1996。

论代表了西方中心主义的观点。事实上世界文明并非以西方文明为中心，西方文明只是人类众多文明中的一个类型；更重要的是在20世纪60年代末一些发展中国家运用这种理论所提供的"增长第一"的发展战略和发展政策并未使它们真正进入现代化，许多国家出现了"有增长无发展"的局面。"现代化理论"遭到怀疑。

现代化的内容是极为复杂的，它表现在经济、政治、文化各个方面，它在不同社会制度下，在各个不同的国家的表现形式也有不同，很难用普通的特征来概括它。中国的现代化就是要在邓小平同志建设有中国特色社会主义理论指导下把国家建设成为富强、民主、文明的社会主义国家。也就是说，中国的现代化，在政治上要完善社会主义民主；在经济上要分三步走，在21世纪中叶达到中等发达国家的水平；在文化上要普及九年制义务教育；在观念上要树立改革开放的思想。

中国教育现代化的指导思想就是邓小平同志指出的"教育要面向现代化，面向世界，面向未来"；就是教育要适应社会主义现代化建设的需要；就是要改变旧的教育思想、教育制度、教育内容和教育方法，达到现代教育的基本特性和基本要求。

二、现代教育的基本特性是什么

现代社会包含了工业社会和信息社会两个阶段。现代教育在这两个阶段中也有不同的特性。工业社会的教育特征有以下几点：第一，受教育者的广泛性与平等性，至少在理论上、法律上是这样；第二，学校教育的制度化、体系化，建立起各级各类教育体系；第三，教育的生产性，教育与生产劳动相结合是现代教育的普遍特征；第四，教育内容的科学性，学校增加了科学教育的内容。进入信息社会以后，现代教育除了保留了工业社会教育的某些基本特征以外，又增加了许多新的特征。

根据现代社会的基本特征和当前世界教育发展的形势，我不揣冒昧地提出现代教育概念性的描述：所谓现代教育就是建立在先进科学技术基础上的，与生产劳动相结合的，能够满足全民学习需要的教育活动。现代教育是现代生产的产物，教育与生产劳动相结合是现代教育的普遍规律。①现代教育有如下特征。

　　（1）受教育者的广泛性和平等性。工业社会由于大工业机器生产要求工人有一定科学文化知识，普及义务教育的思想得以形成为国家的法律和制度。义务教育的最重要的意义是使全社会成员不分民族、种族、性别、家庭状况、财产和文化背景、宗教信仰，都享有受教育的权利，从而在相当的程度上实现了受教育者的广泛性和平等性。这种广泛性和平等性的程度，是随着现代社会的发展而不断扩大的，包括义务教育年限的延长，高等教育向大众化的发展，等等。因此，实现教育现代化，首先要建立一个满足广大人民群众需要的教育体系。

　　（2）教育的终身性和全时空性。科学技术的迅猛发展及其在社会生产和社会生活方面的广泛应用，以及由此而带来的巨大变革，使得一个人在学校学习的知识和能力已远远不能满足这种变革的需要。人们必须不断学习，终身学习。终身教育的思想在20世纪60年代应运而生。所谓终身教育，俗话说就是活到老、学到老。正如保罗·朗格朗所说的把人生分为两半——前半生用于受教育，后半生用于劳动的概念，是毫无科学根据的。教育要为社会每个成员在他们需要的时候给他们提供学习的机会。

　　终身教育是符合马克思主义原理的。马克思在分析资本主义生产时

──────────

① 这里需要说明的是：第一，现代教育是现代生产的产物只是从生产力发展的角度提出的，生产力是社会发展的动力，这里并不排除其他社会因素对教育的影响。第二，教育与生产劳动相结合是现代教育的普遍规律，但认识这条规律，使用这条规律则因社会政治制度的不同和教育观念的不同而不同。

讲道："大工业的本性决定了劳动的变换，职能的更动和工人的全面流动性。"①现代生产的发展证明了马克思的论断的科学性。几百年来由于新的技术和工艺在生产上的应用和变革使得一些传统的行业不断消失，一些新的行业不断产生。这种变革就要求人们不断地学习。

所谓教育的全时空性，是指教育已经不限于学校，而且来自家庭和社会。特别是现代传播技术的发展，使得人们可以从多种渠道获得信息（知识）。因此，需要全时空的大教育观，把学校教育与家庭教育、社会教育有机地结合起来。

（3）教育的生产性和社会性。教育与生产劳动相结合是现代教育的普遍规律。工业生产要求与科学技术相结合，要求教育为它培养掌握科学技术的人才，信息社会尤其如此。因此，现代教育只有走出象牙之塔，为社会经济发展服务，为社会发展服务，才能适应社会的需要，同时教育本身也才能得到发展。近些年来，教育与生产劳动相结合普遍受到各国的重视。1981年，联合国教科文组织在日内瓦召开的第38届教育大会就是以教育与生产劳动相结合为主题的。作为教育与生产劳动相结合的形式，教学、科研、生产一体化，合作教育等在各国有了较大的发展。

（4）教育的个性性。人的发展既有共性又有个性。它们都受到社会各种因素的制约。但共性更多地体现社会的要求，而个性则较多地体现个体的要求。工业社会比起农业封建社会来说，虽然人身得到了自由和解放，但他受到社会分工的束缚。而且工业社会强调的是标准化、统一化，个性并不能得到充分的发展。信息社会强调个性化、多样化，多媒体技术的广泛应用也为个别学习提供了可能。这就为个性发展提供了条件。

---

① 《马克思恩格斯全集》第23卷，534页，北京，人民出版社，1972。

个性的核心是创造性。科学技术迅猛发展要求教育培养创造性人才。同时社会上的激烈竞争也需要培养具有个性的、有创造能力和开拓精神的人才。

发展个性与培养同一社会同一时代的共性不是矛盾的。每个人都生活在一定的社会里，个性必须符合社会的要求，并与环境和谐相处才能得到充分的发展。

发展个性与全面发展也是不矛盾的。全面发展是指一个人的智力和体力的充分自由的发展。但每个人的智力和体力是有差异的，所以不能要求每个人在各个方面都一样地发展。全面发展也可以理解为每个人在德、智、体诸方面都达到一定的要求。但每个人都有不同的兴趣、爱好和性格，不可能要求每个人在德、智、体诸方面都一样地发展，平均地发展。信息社会是一个丰富多彩的社会，需要具有个性的丰富多彩的人才。

（5）教育的多样性。教育的个性性必然要求教育的多样性。教育的多样性表现为教育目标的复杂性和多样化。农业社会的教育目标是很单纯的，只是传授知识，教书育人，培养统治阶级的官吏。工业社会的学校教育不仅要培养统治人才，而且要培养发展社会生产的科学技术人才和有文化、懂技术的劳动者；学校要为社会发展服务。信息社会要求学校成为信息的策源地。高等学校不仅要开展科学研究，创造新的知识和科研成果，而且要创造新的价值观和思维方法。

教育的多样性表现为教育结构的多样化。学校教育由过去单一的普通教育，发展到普通教育、职业教育、技术教育等多种教育；高等教育由单一的长期学术性教育，发展到多层次、多类型的教育。同时教育突破了学校教育的框框，正规教育与非正规教育、正式教育与非正式教育多种形式并存。

教育的多样性还表现为教育内容和教育方法的多样化。由于培养目标不同，各类学校的课程设置五花八门。学分制的普遍推行，使教育内容（表现在课程上）因人而异，教学组织形式和教学方法也越来越多样化，特别是教育技术的发展、多种媒体在教学中的应用，使得教学过程突破了教师教、学生学的单一局面。课堂教学虽然一时间还不会消失，但已经不是唯一的教学形式。个别学习、学生广泛参与是现代教学的重要特点。

（6）教育的变革性。现代社会的一个基本特征就是不断变革。马克思在《资本论》中指出："现代工业从来不把某一生产过程的现存形式看成和当作最后的形式。因此，现代工业的技术基础是革命的，而所有以往的生产方式的技术基础本质上是保守的。"[①]现代工业生产的变革造成社会的不断变革，与之相适应，教育也必须不断革新，才能适应社会不断变革的需要。近几十年来世界各国教育改革的频繁正是反映了现代社会变革的需要。

教育技术在教育中的应用必将引起教育的革命。它改变了某些过去认为亘古不变的教育原则，改变了教育内容以文字教材作为唯一的载体，改变了教学的形式和方法。有人说，人类的知识载体由无纸载体变为有纸载体，今天又在向无纸载体转化。此种说法不太确切，应该说是向多种载体转化。

（7）教育的国际性和开放性。现代教育本身就是一种国际现象，它是互相学习、互相交流的结果。随着科学技术的发展，国际交通越来越便捷，信息的交流越来越快捷，世界变得越来越小，某一个国家的某一项教育改革会迅速传遍全世界。大量国外学习的留学生，在异国工作的外国专家和顾问，在世界各地举办的国际会议，学者间往来的各种信件、资料的交换，都促进了国际教育文化的交流。教育的国际性和开放性表

[①]《马克思恩格斯全集》第23卷，533页，北京，人民出版社，1972。

现在国际的人员交流、财力支援、信息交换（包括教育内容和教育观念）和教育机构的国际合作、跨国的教育活动和研究活动等方面。

教育国际性的另一个重要内容是培养具有国际视野，关心和了解国际形势及其发展，具有国际交往能力的人才。

教育的国际性和开放性关系到国家的生存和发展。缺乏信息交流就会使我们的教育停步不前，使科学技术落后于世界，"文化大革命"的教训是深刻的。

教育的国际性与教育的民族性是不矛盾的。不同民族有着不同的文化传统，也就有着不同特征的教育。教育的国际性不排除各国教育的民族性。在当今世界，文化越具有民族性，才越具有世界意义。教育也是一样。正是因为教育具有民族性才有国际交流的必要。

（8）教育的科学性，即教育对教育科学研究的依赖性。现代教育不是凭经验，而是更多地依赖科学的决策。教育行为的理性加强了。科学决策的失误往往会影响整个教育的发展，甚至社会经济的发展。大到教育的发展战略，小到课堂教学的改革，都要在调查研究、科学实验的基础上进行。

教育的科学性还包含着教育的法制性。法律不等同于科学。但现代社会的法制需要建立在科学基础上，一旦教育规范经过科学论证，形成法律，它就具有法律的规定性。现代教育是法制的教育，教育行为都由国家的立法来规范。这种法制化的教育是高度理性化的。

现代教育的特征可能还可以举出若干条，但上面几条基本上包括了现代教育的基本属性。

三、现代教育的基本内容

教育现代化的内容很广泛，包括教育思想的现代化、教育制度的现代化、教育内容的现代化、教育设备和手段的现代化、教育方法的现代化、教育管理的现代化等。本文无意也不可能论述所有的内容，只想谈谈教育思想的现代化。上述教育现代化的内容错综复杂，但它们是互相制约、互相促进的。教育思想是主导，教育内容是核心，教育制度、设备、方法、管理是保证。教育思想的变革会引起教育内容的变革、教育方法的变革。20世纪60年代，新的科技革命带来的冲击波引起了教育思想的变革，一时间出现了各种教育思潮，其中要素主义、结构主义占了上风。由此引发了教育内容的一场革命，同时也出现了许多新的方法，例如发现法、问题教学法、掌握学习教学法、暗示教学法、范例教学法等。反过来，教育内容的变革和教学方法的变革也要求教育思想的变革。古代人文科学知识的传授可以是经院式的，但自然科学知识的传授就需要科学实验，从而要求教育思想转变。当代多媒体电脑进入课堂，不仅改变了知识的载体，而且也改变了教学方法。教师的教育思想不转变，就不能适应这种变化。

总的来说，教育思想作为上层建筑的一部分，是随着社会的变革而变革的。例如，中世纪是宗教控制着社会、控制着教育，学校教育的目的是培养神职人员，用宗教信仰来教育虔诚的臣民。文艺复兴打破了神学的统治，要求培养人，促进人的和谐发展。工业革命以后，资本主义生产需要有文化的工人，于是教育不再是少数人的专利品，而成为平民百姓的权利。20世纪60年代，科学技术进步引起的社会生产不断变革，不仅要求每个社会成员都能获得现存的知识，更重要的是要使他们具有获取知识的能力。总之，经济基础的变革要求作为上层建筑的教育思想随之变革，不同的社会制度又有不同的教育思想。但是，由于教育与科学技术发展有着密切的关系，科学技术作为第一生产力是没有国界的，因此，现代教育思想又有某些共同的特点。

教育的现代化，最重要的是教育思想的现代化，即教育思想的现代转化，使它适应现代社会的需求。

　　教育思想的现代转化包括人才观、教育价值观、教学观、师生观等。本文也难于一一加以论述，只能概括地描述现代教育思想的几个特征。

　　（1）教育价值的全面性。教育与社会的关系是一个古老的话题，历史上曾经有两种对立的观点。一种是教育万能论，认为教育可以改变社会的一切；另一种是教育无能论，认为环境决定一切，或者遗传决定一切，教育无能为力。马克思主义认为，教育与社会的关系是相互制约、互为因果的，而社会发展的决定因素是生产力的发展。人是社会环境的产物，而社会环境需要人去改造，人又是生产力中最主要、最活跃的因素。科学技术是第一生产力。人的培养和科学技术的创造都需要教育。

　　教育具有多种功能，既有政治功能、经济功能，又有文化功能。教育既具有促进社会发展的功能，又具有促进人（个体）发展的功能。教育是通过培养人来为社会服务的。教育为社会服务，为人的发展需要服务是不矛盾的，全面理解教育的功能，树立全面的正确的教育价值观，才能真正认识到教育的重要性，把教育放到优先发展的地位。

　　（2）教育观念的开放性。传统的教育观念是封闭的，它把教育局限于学校、课堂。现代教育观念是开放的，教育不仅在学校，而且在家庭、在社会。它以学校教育为主导，把学校教育、家庭教育、社会教育联系起来。传统的教育观念是狭窄的，把教育局限于青少年时代的正规教育。现代教育观念是广泛的，教育延续到人的一生，包括正规教育、非正规教育，正式教育、非正式教育。现代教育观念具有全时空性。

　　（3）教育观念的民主性。传统的教育观念认为教育是教师的事，学生只是被动地接受教育；教师是权威，神圣不可侵犯，所谓"师道尊严"。现代教育观念是民主的，认为师生是平等的，在教育过程中要充分发挥学生的主体性、主动性；教师的主导作用在于启发、引导、帮助学生，并且设计有利于学生学习的环境。传统的教育观念只重视严格管理和训练，养成学生死记硬背、唯书唯上的思维定式；现代教育观念强调学生的自动性、创造性，有利于学生养成积极思考、敢于向权威挑战的思想品质。

（4）教育观念的未来性。传统的教育观念总是向后看，留恋于以往的经验。现代教育观念总是向前看，看到新的情况和发展趋势，研究新的问题。当然，过去的经验是宝贵的，是创造的基础，离开过去的经验积累就没有创造。但现代教育更重视在新的形势下的创造。传统的教育观念倾向于被动地等待变革，现代教育观念是主动适应社会变革，对教育建设具有超前意识。

教育科学研究与教育现代化*

一

现代教育的一个重要标志就是教育行为对教育科学研究的依赖性。现代教育不是凭经验，而是更多地依赖科学的决策。科学决策的失误往往会影响到整个教育的发展，甚至社会经济的发展。大到教育的发展战略，小到课堂教学的改革，都要在调查研究、科学实验的基础上进行。这说明教育行为的理性加强了。科学研究之所以在现代教育中占有如此重要的地位，决定于两个重要因素：一是教育与社会的关系越来越密切。教育要为社会发展服务，就要对教育的规模、教育的目标、教育的制度、教育的内容有一个科学的认识和决策，才能取得应有的效果。二是科学技术的迅猛发展，人类知识的成倍增长，使得传统的教育模式难以适应新的要求。教育必须变革，包括教育思想、教育制度、教育内容、教育方法等各个方面都要相应地变革，才能适应新的科技革命发展的要求。但是如何变革，就需要开展科学研究。

教育科学研究可以分为两大类：一类是基础研究；一类是应用研究。

---

* 原载《人民教育》，1997年第7—8期。

教育科学的基础研究就是通过对教育现象（包括历史的和现实的）的观察与调查、分析和综合，找出教育的本质规律的研究；也可以是通过实验，探索教育及人才成长的各种基本规律的研究，目的是对教育活动提高理性认识，掌握教育活动的基本规律。教育科学的应用研究是相对基础研究而言的，是指对某一项教育现象进行观察与调查、分析和综合，特别是通过实验，找出它的一般规律，以及掌握规律、运用规律的方法，使它能够运用于教育实践。

相对应教育科学的基础研究和应用研究，教育理论也可分为基础教育理论和应用教育理论两大类。教育哲学、教育史研究都属于基础教育理论一类；学科教学论、教育管理学就属于应用教育理论一类。当然，两者也不能截然分开，例如，学科教学论、教育管理学中也有一些基础理论的东西。教育科学的基础研究和应用研究都很重要。基础研究可以提高我们的理论水平，用它来指导我们的教育实践。应用研究可以使我们较快地掌握教育活动的科学方法，运用于教育实践，提高教育质量。常常听到一些同志批评教育理论脱离实际。我认为应该从两方面来看，一方面确实有一些教育理论工作者没有去研究教育实际中的理论问题，而是关在屋子里研究纯粹的空洞理论，或者提出来的一些理论不切实际，无法指导教育实践。另一方面却有一部分实际工作者对教育理论不感兴趣，凭经验或长官意志办事。这两种倾向都是应该克服的。

教育理论，不论是基础理论还是应用理论，都对教育实际工作者有重要的意义。就拿教育哲学来讲，教育中任何一种行为背后都隐藏着某种教育思想。教育哲学就是对教育实践中产生的问题做哲学思考和解释。它不解决教育实践中的具体操作问题，而是解决教育工作者对教育实践的认识问题。有了正确的认识，才能有正确的行动。

例如，对教育价值观的认识，就会影响到对教育在社会发展中的地位的认识，就会影响到政府对教育的投入；又如，对人才观的认识，就会影响到教育目标、教育内容、教育方法的选择。教育的应用理论也很重要，它指导我们的实际教育行动，具有可操作性，在实际工作中比较容易被广大教育工作者所重视。但我要提醒广大教育工作者，在重视应用理论的同时，也要十分重视基础理论。因为基础理论不仅使我们掌握教育的基本规律，而且使我们得到理论思维的训练，可以使我们站得高、看得远，不为一时一事的现象所困惑，更有利于应用理论付诸实践。当然，从事教育科学的基础研究只能是少数人，在实际工作中主要是开展教育科学的应用研究，但在应用研究中时时要注意基础理论的指导意义。

二

教育科学研究不同于其他科学研究，它有自己的特殊性。我想有如下一些特点。

（1）具有高度复杂性。教育科学研究的对象是育人的活动，而教育的对象是人不是物，而且不只是人的生理（如医学），还包括了人的心理、思想等；人在受教育过程中不仅受到有目的、有计划、有组织的学校教育的影响，而且受到社会、家庭、伙伴关系等来自各方面的影响。教育研究中对育人的可变因素难以控制，因而我们的研究成果往往带有局限性，难以迁移和推广。但是并不是没有规律可循，只是寻找规律更困难。在这种情况下，既要说明一般规律的重要性，重视一般规律的研究，同时又要注意到一般规律在不同条件下表现形式的不同。

（2）具有长期性。育人的周期很长。小学一轮要5~6年；中学一轮起码要3年。一门课的教学至少也要1~2年。有的研究要通过几轮才能下结论。因此，从事教育科学研究要有长期奋斗的精神，切忌急功近利。

（3）具有群众性和广泛性。这可以从两方面来理解。一方面，教育活动是群体的活动。教育的对象不仅是个体的人，而且也是人的群体，它不像医生看病那样只针对个体的病人。因此，教育实验，不管你采用的样本多大，都具有群众性。另一方面，正因为教育活动具有复杂性，所以仅经过小范围的研究往往不能代表普遍性，教育研究应该有一定的规模，或者由小到大，才能摸索到较具普遍性的一般规律。因此，广大的教育工作者都可以参加研究。

（4）容易掺杂主观性。教育科学研究的主体和对象都是教师和学生，不像自然科学研究有严格的客观标准，具有较强的客观性。教育科学研究由于可变因素太多，缺乏客观的仪器测量，往往容易掺杂实验主体的主观意志。因此，在研究中要特别注意用客观的、科学的态度对待研究中出现的教育现象和研究的结果，避免主观因素的干扰。

（5）方法的多样性。教育科学研究不像自然科学研究那样精密，因此，不能简单地运用一种方法，例如实验法，而是可以运用多种方法相结合，例如观察法、问卷法、历史文献法、个案研究法、比较法、实验法，等等。要把定量分析和定性分析结合起来。自然科学注重实证研究，因而比较重视定量分析。教育科学研究过去往往不重视实证研究，因而不重视定量分析。近些年来对定量分析比较重视了。这是一大进步。但是仍不可忽视定性分析。因为教育现象作为社会现象的一种形式，有些是难以运用定量分析的方法的。例如道德，就很难运用测量的方法，需要通过大量的事实加以分析。

教育科学研究还有另外一些特点，例如实验研究，可以是设置实验班的小规模对比实验研究，也可以是大规模的不做对比的研究。由于实验研究的对象是少年儿童，应该十分慎重，实验班、对比班都需要努力把工作做好，提高教育质量，不容许用牺牲一部分少年儿童的利益来突出实验的结果。

本文不可能详细介绍各种研究方法，只是从总体上讲讲教育科学研究与其他研究的不同，以便在研究中注意到这些特点。

三

一个地区开展教育科学研究自然应以应用研究为主，可以分为宏观研究和微观研究两大类。宏观研究包括区域教育发展战略和规划、教育体制改革、教育结构的研究等。微观研究主要是学校教育教学工作的研究，可以是学校的整体改革，也可以是各学科的教学研究或学校工作的专题研究。地方的教育科研机构可以兼顾宏观研究和微观研究。广大教师则宜于开展微观的研究，特别是与自己的工作相联系的各学科教学研究或专题研究。

开展教育科学研究要抓住几个环节。首先是选题和立题。选题的标准是目标明确，即要解决什么问题、要突破什么难点应明确；内容要具体，具有可操作性；要对结果加以假设，预测它的成果。题目选好以后就要开题，即设计研究方案，论证它的科学性、可行性。当然，在研究过程中会根据实际情况调整研究方案和计划，但总的方案不能变动，否则就失去了原来的意义。研究过程中要随时总结，最后研究的结果必须做理论上的概括总结，提炼出一般性或特殊性的规律。

对于教师来讲，选题最好小一些，具体一些。我发现不少学校的选题往往过大，过于空泛，一提就是整体改革、综合改革，但目标并不明确，措施也不具体，开展几年以后工作虽有进步，但是变化不大，成果不显著，或者总结不出带有规律性的东西。当然，学校中任何一项改革总是与学校的整体相联系，整体改革、综合改革也是需要的，但在整体改革或综合改革中总要有一些特色，有一些突破点，否则这种研究就难以奏效，往往限于一般化，无法从理论上提高。

四

苏州市较早地认识到教育科研的重要性，用教育科学研究来带动全市的教育改革，提高教育质量，取得了重要的成果。

我了解了苏州市教育科学研究的经验，认为它有如下一些特点。

（1）目标明确，他们把教育科学研究与推进素质教育结合起来，"以教育科研为先导，全面推进素质教育"。他们选择的国家级课题、省级课题都是根据邓小平同志教育要"三个面向"的精神，瞄准21世纪的发展目标，抓住与素质教育密切相关的宏观和微观的问题，深入开展研究，推动了教育质量的提高。

（2）科学研究的重点明确，就是要转变教育思想和教育观念，建立符合素质教育要求的质量观。教育现代化的转变包括教育思想的转变，教育内容的更新，教育制度、设备和手段的改善，教育方法的改革。但教育思想是先导，教育内容是核心，教育制度、设备、手段和方法是保障。只有教师教育思想的转变，才能带动其他各方面的变革。教师的教育思想不转变，即使有了先进的教育内容，先进的设备和手段，仍然不能在教育实践中起作用。尤其是由应试教育向素质教育的转变，除了在教育内容、考试制度上加以改革外，关键在于教育思想的转变。

苏州市抓住了建立科学的质量观为全面实施素质教育的突破口，所以素质教育取得了显著的效果。

（3）各级教育行政部门领导对教育科研的重视，抓教育科研工作的意识强，力度大。他们在推进教育现代化工程中清醒地意识到，教育事业的发展仅靠增加投入不行，同时要依靠科研来提高"软件"的质量。许多事实证明，在我国的国情下，教育科研如果得不到领导的支持是难以开展的。且不说开展科研需要一定的经费支持，如果领导整天地用考分来压学校，用升学率来评估教师的成绩，教育科研就难以开展起来。

因此教育思想的转变，首先要各级领导的思想转变。

（4）具有广泛的群众性。苏州市的教育科研不是少数科研机构的人员在努力，而是广大的教师投入教育科研中，这是十分可贵的。前面曾经讲到，教育科研具有群众性和广泛性。这个特性之所以重要还因为教育活动虽有一般规律，但这些规律在不同条件下的运用会有很大的不同；教育方法有定规，但无定法；教育经验总是具有各自的个性，要借用别人的教育经验，必须通过自己的实践和研究加以改造和消化，使之成为自己的经验，才能取得预期的效果。因此，有必要人人都参加教育科研，才能提高自己的教育教学水平和能力。

苏州市教育科研有如上几个特点，因此我相信江苏省在推进教育现代化过程中，一定能够取得丰硕的成果，同时不断丰富我国教育理论宝库。

教育观念的根本转变：解放思想的20年[*]

党的十一届三中全会召开到今天已是整整20年。如果有人要问，20年来教育科学研究的成绩是什么，可能谁也说不周全。但也可以用一句话来概括，这就是再大的成就莫过于思想的解放、观念的变化。这种思想解放，使广大教育工作者科学研究的热情一下子迸发出来，于是在教育科学领域中呈现了百花争艳的局面。可以说，在我国教育发展史上从来没有过这么多教师和教育科研工作者参加到教育科研队伍中来，也从来没有这么多科研成果问世。这20年是广大教育工作者热情奔放的20年，也是反思探索的20年。

一、从"读书无用"到"科教兴国"

回想20年前，不仅教育事业被破坏殆尽，而且最可怕的是搞乱了人们的思想，那种认为世界是没有知识的人所创造的，知识分子是精神贵族、是吸血鬼，大学就是大家都来学等奇谈怪论广为流行，"读书无用"成为一种时尚。1977年，邓小平同志提出要"尊重知识，尊重人才"。他说："我们要实现现代化，关键是科学技术要能上去。发展科学

技术，不抓教育不行。"①同时提出，要恢复高等学校入学考试。这项措施大大地改变了人们的教育价值观。人们纷纷重新拿起书本，"读书无用论"一下子就烟消云散。以后，邓小平同志又提出干部要"革命化、年轻化、专业化"，再一次激发了青年学习的热情。

我国社会的进一步改革开放，社会主义市场经济体制的建立，科学技术的迅猛发展，越来越使人们认识到，知识和人才对实现社会主义现代化具有重要作用，是立国之本。中国的穷，不在于资源的贫乏，而在于知识的贫困、人才的缺乏。中国要赶上世界先进水平，必须尊重知识、尊重人才。百年大计，教育为本。党的十五大进而把"科教兴国"定为国策。

从"读书无用"到"科教兴国"，这就是20年来人们教育价值观念的变化。这种观念的转变所产生的巨大能量还将在今后的社会发展中进一步显示出来。

二、从"阶级斗争的工具"到"为社会主义现代化建设服务"

我国历次政治运动总是先从教育领域开始的。虽然历次运动被淘汰下来的人，家庭出身不好的、不能进入党政部门工作的人都被安置到教育部门，但教育却被认为是"阶级斗争的工具"，是无产阶级专政的工具。这看来是矛盾和不可思议的，但却是一种现实的存在。在我国历史上，人们往往把知识分子视作犯上作乱的不安定因素，但历来君王又总是要利用一部分知识分子来帮助他们维持统治。这就是这种矛盾之所以产生的原因。列宁曾经讲"学校应当成为无产阶级专政的工具"，指的

---

① 《邓小平文选》第2卷，40页，北京，人民出版社，1994。

是要"从思想上、组织上、教育上实现无产阶级对劳动群众中的半无产的和非无产的阶层的影响"①，并非作为阶级斗争的工具，更非作为政治斗争的工具，也并不是制造知识分子斗知识分子，更不是像"四人帮"那样把教育作为他们进行反革命政治斗争的工具。十一届三中全会后一场关于教育本质的大讨论，对于澄清人们对教育的本质和功能的认识起了重要的作用。教育是人类发展的必要条件，也是人的发展的需要。教育对于社会，不仅有政治功能，还有经济的功能、文化的功能。在现阶段，我国社会要发展，就要进行社会主义现代化建设，教育要为社会主义现代化建设服务。1985年《中共中央关于教育体制改革的决定》明确提出，"教育必须为社会主义建设服务，社会主义建设必须依靠教育"，从而使教育走上了正确的轨道。这是思想解放的伟大成果，也是教育价值观念的巨大转变。这种转变为教育事业的发展奠定了思想基础，也为教育科学研究开辟了道路。

教育具有促进社会发展和促进人的发展的功能，而教育促进社会发展是通过促进人的发展来实现的。但是从教育是"阶级斗争的工具"的观点出发，就只强调教育促进社会发展的功能，忽视或者反对教育促进人的发展的功能，把教育促进人的发展斥之为"人本主义"思想，从而扼杀了教育的活力，压制了人的个性发展和文化素养的提高。这显然是错误的，教育要为社会主义现代化建设服务，必须重视人的素质的提高，重视人的个性和创造才能的培养。

三、从封闭到开放

20世纪60年代，是世界教育大发展、大改革的年代，是世界教育进

①《列宁选集》第3卷，765页，北京，人民出版社，1972。

入现代化的重要历史时期。可惜这时我们正在大闹"文化大革命",对世界上发生的重大的变革一无所知。我个人就曾经闹出过极大的"笑话"。1974年,联合国教科文组织召开第十八届大会,我作为代表团的顾问参加了这次会议。在讨论教育委员会的提案中,我发现工业发达国家提出"终身教育"的提案很多,而发展中国家大多只提到扫除文盲和普及初等教育的项目。什么叫"终身教育",在我国教育界无人知晓,甚至认为既然"终身教育"是资本主义发达国家提出来的,无疑它是一种资产阶级教育思想。在一次招待会上,一位澳大利亚的代表问我,中国如何解决青年的失业问题。我告诉他,中国没有失业,中学毕业生全部上山下乡,农村有广阔的天地。这样回答,立场不可谓不坚定,然而却不科学。现在回想起来都觉得脸红,这是一个多么愚蠢的回答。实际上,马克思在130多年以前就论述过,"现代工业的技术基础是革命的,而所有以往的生产方式的技术基础本质上是保守的"。又说,"大工业的本性决定了劳动的变换、职能的更动和工人的全面流动性"[①]。如何适应工业生产的不断变革和个人的全面流动性,唯一的办法是学习,把生产劳动和教育结合起来,培养全面发展的人。"终身教育"主张教育不只在学校一次完成,而是要不断学习、终身学习,才能适应现代社会的变革。这与马克思在130多年以前预言的是一致的,是一种科学的教育思想。但是由于我国长期不开放,我们不了解世界科技发展和教育发展的形势,对马克思主义的基本原理也没有学透彻,而是用一种小生产者的眼光去看待外界的事物,就闹出了这种"笑话"。

改革开放以来,我们打开了眼界,积极引进国外先进的教育思想、教育内容和方法,才使我们的教育事业和教育科学有了长足的发展。特别是早在1977年,邓小平同志指示"要引进外国教材,吸收外国教材中

---

① 《马克思恩格斯全集》第23卷,533～534页,北京,人民出版社,1972。

的有益东西"，在外汇十分紧缺的情况下，中央在邓小平同志的指示下，挤出10万美元，从美国、英国、德国、法国、日本等国家选购大批教材，促进了我国课程和教材的现代化改革。

从封闭到开放，是一种巨大的转变。这种转变使我国教育能够跟上世界教育发展的步伐，担负起为社会主义现代化建设服务的任务。

四、从"一枝独秀"到"百花齐放"

在改革开放以前，教育科学可以说只是"一枝独秀"，一本教育学唱独角戏。虽然教育学有多种版本，但大同小异。改革开放以后，教育科学开始呈现出百花齐放的局面。经过4个五年计划，涌现出了大批科研成果。教育科学再也不是一本教育学所能囊括得了的，而是成为一个学科群，出现许多新的学科和交叉学科，如教育哲学、教育经济学、教育社会学、教育管理学等。各级各类教育也建立了自己的理论体系。教育科研队伍不断壮大。各种新的教育实验如雨后春笋般地出现，各种新的教育思想竞相争艳。这是教育事业和教育科学繁荣昌盛的景象，这个局面来之不易，是思想解放20年的结果，是教育观念转变的结果。

当前，我国教育和教育科学，正面临着机遇和挑战。机遇是世界正处于新的变革之中，各国都在寻求应付变革的对策，都十分重视教育的作用。我国教育虽然还落后于世界先进水平，但是教育的进步并不像经济的增长那么困难，尤其是我国是教育大国，人才济济，只要我们把握时机，增加教育的投入，进一步解放思想，实施有力度的教育改革，就能培养出适应时代要求的大批人才，从而促进我国社会主义现代化建设的发展。

教育遇到的挑战也是多方面的。新的科学技术的发展，经济体制的转型，教育资金的严重不足，都要求教育深化改革。教育体制要改革，以增加学校办学的活力；教育内容和方法要改革，以提高教育质量，培养基础宽厚、有创新意识和能力的人才。

　　教育改革首先仍然是教育观念的转变，要高举邓小平理论伟大旗帜，"解放思想，实事求是"。例如，当前克服"应试教育"的弊端，推进素质教育的进程为什么那么艰难？关键在于人们思想还不够解放。为什么不能把高等教育的大门适当开大一点，以缓解升学的竞争？资金不足是原因之一，但更重要的是有许多思想障碍。为什么不能把课程要求降低一点，为什么不能实行多级多本？这也是由于有种种思想障碍。因此，只有克服思想障碍，思想得到解放，才能寻找到许多新的出路和办法。思想解放离不开实事求是，特别要注意我国的国情，教育改革要与我国实际相结合。实事求是本身也是一种思想解放。只有思想解放才能真正做到实事求是。我国教育领域现在还有许多形式主义的、不实事求是的地方，也正是因为思想不解放。"解放思想，实事求是"是邓小平理论的精髓。20年来，邓小平理论指引着我国的教育发生了翻天覆地的变化，今后它仍将是指引我国教育健康地走向新的世纪的根本指针。

21世纪民办教育面临的问题及发展趋势[*]

据统计，到1997年，全国私立小学有1 806所，普通中学1 702所，职业中学689所，中等专业学校1 036所，具有颁发学历文凭资格的民办高校20余所，各级各类民办学校在校生约1 066万人，招生约991万人，在校教职工约52万人，投入的办学资金约124亿元人民币，接受捐赠约6.4亿元人民币。

目前民办学校最困难的仍是发展问题。因为我国长期以来私人资本积累薄弱，所以许多教育教学所必需的设施设备因资金缺乏而得不到有效投入。最近召开的全国第三次教育工作会议提出要吸引社会资金投向民办教育，并将其作为拉动内需的重要手段，但这需要时间，需要人们观念的更新和民办学校社会影响的提高。

当前，民办教育有如下问题亟待解决。

第一，民办学校教育发展所需要的内外部环境有待改善，有些机制性问题尚未解决。虽然有了《社会力量办学条例》，但是具体实施起来，各省、市配套的政策措施并不齐备，规范性不强，致使有的方面约束太多，有的方面又管理不够，而且，各地教育主管部门对民办学校的支持也有待改进。就内部环境来说，许多民办学校是以个人、私营企业等为依托，在

---

* 原载《中小学管理》，2000年第3期。

内部管理上存在不少问题。例如，有的学校是家族式管理，教师缺少对学校教育教学的民主参与；有的学校投资者与管理者的关系没有理顺，影响了教育教学的正常进行；有的民办学校之间因相互争夺生源而做虚假招生广告。种种不规范的做法，严重影响了民办学校的健康发展。

第二，税收问题。由于法律规定民办学校不得以营利为目的，所以，原则上对民办学校免于征税。但是，《营业税条例的实施细则》中又明确规定，只对从事学历教育的学校免予征税。而我国多数学校特别是民办高等学校不属于学历教育。各地在处理这个问题上极不统一。有些地方以企业所得税、城市建设税等各种名义向当地的民办学校征税，从而在一定程度上影响了社会力量办学的积极性。当然，不同的学校在税收问题上应当区别对待，这是个十分复杂的问题，需要加强研究，制定出具体而有针对性的政策措施。

第三，应当建立和完善民办学校评估体系。民办学校近年来急速发展，良莠不齐。虽然多数学校能够努力按照教育规律办学，建立和完善各项规章制度，提高教育质量，但是，各方面都非常成功的案例却为数很少，不少学校的教育教学管理缺乏规范性，这在很大程度上与整个民办教育系统尚未建立起评估体系有关。

目前，社会对民办学校教育质量的评价，对是否具有学历授予权的确认等，还缺少严格、准确、系统的评估标准，这种状况应该尽快改变。

这些问题是影响民办学校健康发展的主要因素。要解决好这些问题，不仅在操作层面需要制定出相应的政策措施，还需要在理论层面加强研究。

面向21世纪，民办学校的改革和发展将可能突破旧有模式，实现新的飞跃。就此，我有这样几点看法。

第一，民办学校将会更加凸显自己的特色。世界各国的私立学校有个共同的特点，就是以特色为生命，以质量为第一。与公立学校相比较，私立学校由于拥有更大的自主权，更易于办出特色。可以断言，未来的教育竞争，必将是特色的竞争和质量的竞争。

第二，将会出现更加多样化的办学形式，公立学校和私立学校之间的壁垒将不会增厚，相反会变薄。在今后的若干年里，世界各国的私立学校由于办学资金来源的多种渠道，各种力量的介入会增多，尤其是国家的介入会更加明显，导致办学的多样化。在今后，由于公共资金的进入——不管是政府以资助的形式，还是公益性社会机构以捐赠的形式，私立学校都将更加关注国家的需求。同样，社会力量对公立学校的介入也会增强。在中国，民办公助和国有民办的办学形式已经存在并将有所发展；在美国，联邦政府及其所属机构对私立学校包括私立大学资助的增强已经成为十分引人注目的现象，私营公司对州立学校的介入，也已经成为现实；在日本，地方政府与私营企业及社会机构合作办学也早已有之。可以预见，新的办学形式还将会涌现，人们必将会创造出更为多样的办学形式。

第三，私立学校会更加关注21世纪国家发展战略的需要。从发展历史及其性质可以看到，私立学校以往关注的主要是社会的教育需求，是办学者的教育理念的实现。但是，21世纪世界范围内科技、经济竞争的加剧，使得各国更加注意把教育包括私立学校教育纳入促进国家整体发展的战略轨道，各国通过立法、行政管理，特别是财政资助的手段推动私立学校在保持自身特色的同时，努力促进实现国家发展战略。私立学校不能不适应这种变化及其需要。私立学校的办学方向，甚至办学行为都有可能围绕这种变化和需要进行某些调整。

解放思想　转变观念[*]

　　最近发生的几件学生暴力事件，虽说是个别偶发事件，但不能不令人痛心和震惊。这些事件的产生有片面追求升学的社会原因，还与不正确的教育观念和错误的教育方法有密切的关系，是其所酿成的恶果。江泽民同志《关于教育问题的谈话》，深刻地阐明了正确引导和帮助青少年学生健康成长的重要性，指出一定要有正确的教育观念和教育方法。那么，我们需要树立哪些正确的教育观念呢？

一、正确的教育价值观

　　教育的价值观是人们对教育的作用和意义的认识。不同的历史时期有不同的教育价值观；不同的阶级、不同的利益集团有不同的教育价值观。但是不能离开教育的本质来谈教育价值。教育的本质是什么呢？教育的本质就是培养人，就是根据一定社会的要求，传递社会生产和生活经验，促进人的发展，培养该社会所需要的人才。这里面包含两个意思：一是促进人自身的发展；二是培养社会所需要的人才。这二者是相互依存的。特别是在当今时代，我们培养的人，需要在德、智、体、美

---

[*]　原载《中国教育学刊》，2000年第4期。

等方面全面发展，才能成为我国社会主义社会所需要的人才。但是，在现实生活中，不少人却认识不到这个教育本质，只从个人的利益来考虑教育的目的和作用。家长想的是，自己的孩子能不能考上重点中学或大学，至于孩子是不是得到全面发展，是不是符合社会的要求，却考虑甚少；各级领导只关心每年的升学率，于是给所属学校下指标，把升学率看作他的政绩；校长和教师在这种上下的压力下，只知道强迫学生学习，用考试和分数压学生，片面追求升学率。这样的教育价值观必然会扭曲教育的本质，如果再加上使用错误的教育方法，必然走向反面，使教育变成摧残人的活动。

家长都希望自己的子女多读一些书，特别是在独生子女家庭，"望子成龙"的心情是可以理解的，但要有正确的教育价值观。其实，仔细分析一下，每个家长"望子成龙"的思想动机并不相同，可以分为以下几种类型：一种是补偿型。不少中学生的家长由于受到"文化大革命"之累，未能上大学，千方百计要让孩子上大学以求补偿。另一种是面子型。一部分家长，特别是干部和知识分子家长，如果孩子没有考上大学，便觉得很没有面子。有的孩子就看穿了这一点，和父母吵架时就说"你们老说为我好，不还是为了你们自己的面子"。第三种是利益型。有些农村的家长希望孩子"跳出农门"，有些城里的家长希望孩子上了大学能够找到好的工作。家长由于教育价值观不端正，往往只重视孩子的学习，很少关心孩子的思想；只重视孩子学习的分数，不关心孩子能力的发展，再加上家长在孩子面前表现出来的担心、急躁情绪，更给学生带来心理上的沉重压力，处理不当，就会引发一些消极的，甚至可悲的后果。

我们要从国家盛衰、民族兴亡的高度来认识教育的作用和意义，正确引导和帮助青少年学生健康成长；不仅要加强对学生的文化知识教育，而且要切实加强思想政治教育、品德教育、纪律教育、法制教育，使学生在德、智、体、美等方面全面发展，成为有理想、有道德、有文化、有纪律的社会主义事业建设者和接班人。

二、正确的人才观

不能把人才和天才混淆起来。我认为，一个人能够勤奋学习和工作，对社会有高度的责任感，并为社会做出一定的贡献就是人才。天才只是少数，是指那些有异常的资质，在认识自然和社会方面有过重大发现或发明，或为社会做出重大贡献的人。社会是由各种人才组成的，社会主义建设需要各类人才。1985年《中共中央关于教育体制改革的决定》中就指出："要造就数以亿计的工业、农业、商业等各行各业有文化、懂技术、业务熟练的劳动者。要造就数以千万计的具有现代科学技术和经营管理知识，具有开拓能力的厂长、经理、工程师、农艺师、经济师、会计师、统计师和其他经济、技术工作人员。还要造就数以千万计的能够适应现代科学文化发展和新技术革命要求的教育工作者、科学工作者、医务工作者、理论工作者、文化工作者、新闻和编辑出版工作者、法律工作者、外事工作者、军事工作者和各方面党政工作者。"这还只是一种概括性分类，如按照国际劳工组织的国际标准职业分类（ISCO），则社会的职业可分为8大类、83小类、284细类以及1 506个职业项目，每个职业项目还有许多具体职业，多到上万种。缺了哪一个具体职业，社会都难以运转。当然，每个家长都希望自己的孩子有一份好的、收入高的、所谓体面的工作。但是，一个人的能力有大小，人的天赋、兴趣、爱好都有差异，工作自然有差别。任何工作只要勤奋好学都能做出成绩，都会受到人们的尊敬。不久前去世的伐木和植树英雄马永顺就是全国人民的榜样。俗话说，"三百六十行，行行出状元"，马永顺就是这一行的状元。当今是一个变革的时代，一个人已经不可能一辈子固定在一个职业上，也没有哪一种学校能够保证他的毕业生一辈子的职业。学校教育重要的是打好素质教育的基础，学生走向社会再不断地学习。一个青年只要肯于学习，改变职业的机会多得很。去年我在巴黎第八大学讲学，接待我们的是一位获得博士学位不久的高级讲师，他就曾经当过10年火车司机。我想，我国终身教育体系建立以后，这种现象一定也会出现。

三、正确的学生观

这里包含两个问题：一是什么是好学生？二是怎样对待所谓差生？传统的教育观念认为，听话的就是好学生，或者学习好的又听话的才是好学生。事实上，听话的孩子往往很少有创造性。孩子有活泼好动的天性。但是不知道从哪一年开始，也不知道发源地是哪个学校，全国小学生都要背着手上课。为什么要这样？就是不让学生乱说乱动。许多小学的学生干部大多是女孩子，因为女孩子听话。我参观一所小学，布告栏上公布的十佳少年，九个是女孩。难道真的男孩子中就缺乏好学生？恐怕不是。这是一种偏见。用"听话"作为衡量学生的标准，自然就培养不出学生的创新精神和创造思维。

有些老师把学生分成三六九等，说谁是最聪明的，谁是最笨的；有的老师给学生排队，一号种子、二号种子、三号种子；有的老师当着孩子的面在家长面前数说孩子的缺点。这样很伤学生的自尊心和自信心。一个人从小就失去了自尊心和自信心，长大了往往就不会有进取精神。

应该相信，每个孩子都有优点，都有进步的愿望，包括差生。对待差生，老师应该给予更多的关怀。因为差生总有一种自卑心态，常常不愿意积极参加各种活动。如果老师嫌弃他，不放心交给他任务，他就没有信心改正自己的缺点，他就会疏远学生集体。如果老师再用恶语伤他的心，他可能更会走下坡路，要是再在社会上结交一些坏人，就可能走入歧途。对待差生，老师要拉一把，而不是推一把。要尽量挖掘他内心深处哪怕一点点进步的火花，通过肯定、鼓励把它点燃起来。有些老师对差生爱不起来，这就是学生观的问题，要树立培养下一代人才的责任感，热爱每一位学生，包括差生。

四、正确的教学质量观

传统的教学质量观认为，学生学到的知识越多越好，考试的分数越高越好。现代教育则重视培养学生的能力和对事物的态度。早在20世纪60年代，布鲁纳在《教育过程》一书中就说过："我们也许可以把培养优异成绩作为教育的最一般的目标；但是，应该弄清楚培养优异成绩这句话指什么意思，它在这里指的，不仅要教育成绩优良的学生，而且也要帮助每个学生获得最好的智力发展。"当今时代，科学技术迅猛发展，知识日新月异，学校教育在短短的几年时间里不可能，也没有必要把人类所有知识教给学生，更重要的是要教会学生学习。教育质量的高低要根据学生的智力发展水平来衡量。知识也不是学得越多越好，而要看他能不能举一反三，能不能迁移。

有的老师要求学生门门都要优秀，这是不符合学生成长的规律的。人是有个别差异的。每个学生的兴趣爱好都不同，要求一个学生门门优秀，就必然会抑制和扼杀他的特殊的兴趣和才能。用这种标准来要求就出不了卓越的人才。

全面的教育质量观是既重视学生在德、智、体、美等方面的全面发展，又特别重视学生的创新精神和实践能力，看他有没有特长和爱好，个性是否得到充分的发展。

五、正确的教学观

教学过程是师生双边活动的过程。但是，传统教育却把教学变成老师单方的活动，"老师滔滔地讲，学生静静地听"，学生处于一种被动的地位。教学过程对学生来说就是学习过程。学习要靠大脑的积极活动。如果被动地接受知识，没有通过大脑的积极活动，这些知识就不容易理解，也不容易记忆，更不可能迁移。孔子说："学而不思则罔"。要让学生在教学中思考，问一问为什么。教学的启发式和注入式的根本区别就在于能不能促进学生的积极思维。注入式教学着重把现存的结论教给学生，不要求学生思索，更不喜欢学生提出问题；启发式教学则要求学生积极思维，提出疑问，寻求答案。所以说，启发式教学不仅老师提问，而且要能启发学生提问。我们的老师往往习惯于按照自己的思维方式设计一套问题（当然有经验的老师总结了以往学生学习中的问题），希望学生沿着他的思路去思索。这也许能少走弯路，但却限制了学生的思路。这种方法还不能算是真正的启发式教学。今天，我们提倡培养学生的创新精神，就要培养他们积极思维，敢于提出疑问，敢于提出与老师不同的意见。可以说，不会提问的学生不是一个好学生。

我们教学中的另一个毛病是只重视学习的结果，不重视学习的过程。我们有的老师上课不能说不认真，讲得细而又细，唯恐学生听不懂，但效果却适得其反，就像婴儿似地吃惯稀烂的食物，消化的能力会衰退一样。外国许多国家的教学很重视教学的过程，课堂上学生非常活跃。这是值得我们学习的。

要启发学生的思维，就要把学生放到主体地位上来，并为学生留有自主学习的空间。减轻学生学业负担的目的也就是给学生更多自主学习的空间，让他们自主地学、自觉地学，学自己感兴趣的知识。学生的主体性并不妨碍教师的主导作用，而是对教师的要求更高。教师的主导作用要表现在启发学生的主体性上。

六、正确的师生观

良好的师生关系是一股巨大的教育力量。师生关系融洽，教育就有成效；师生关系紧张，学生对你的教导就会产生一种对抗情绪，你讲的课他也没有心思听。要建立什么样的师生关系呢？过去讲民主、平等的师生关系。我认为还不够，应该建立一个民主、平等、和谐的伙伴关系。师生应该是一种最亲密的关系，仅次于父子的血缘关系。教师还应该成为学生的伙伴，要能互相交心。这种关系的基础是理解和信赖。教师在学生心目中是很有权威的。这种权威可能产生两种不同的结果：一种是敬爱、信赖；一种则是惧怕、疏远。要让学生敬爱、信赖你，你首先要了解学生、理解学生、信赖学生。教师的爱主要体现在理解学生、相信学生上。但是也有的教师往往由于不了解学生，提出的要求不切合实际，不能为学生所接受。有些教师就会使出教师的权威，说什么"都是为你们好！"，学生却不领你的情。有的教师甚至在"都是为你们好"的美丽辞藻的掩盖下使用了错误的教育方法。有的教师教学水平很高，可是因为师生关系不够好，教学效果也不好。

父母和子女之间也应该建立一个民主、平等、和谐的伙伴关系，不能总是用"都是为你好"而把要求强加于孩子。即使是合理的要求，也应让孩子理解。有些父母虽然对孩子不那么严厉，但关怀得过多，使孩子感到一种无形的心理压力，也容易出问题。

总之，"没有爱就没有教育，没有兴趣就没有学习"，这恐怕是亘古不变的真理。

终身教育*
——20世纪最重要的教育思潮

20世纪60年代，西方世界出现了终身教育思想，主张教育应该贯穿于人的一生中的各个年龄阶段，而不是只在儿童和青少年时期。1965年，联合国教科文组织成人教育局局长保罗·朗格朗的终身教育提案经联合国教科文组织国际成人教育促进委员会讨论后，广为流传，许多国家制定了教育法规来推行终身教育。1972年，联合国教科文组织发表国际教育委员会的报告《学会生存——教育世界的今天和明天》（以下简称《学会生存》）。报告深刻地分析了新的科学技术革命对人类活动的影响，认为人类正在走向学习化社会，每个人必须终身继续不断地学习，才能适应科学技术的发展和社会的变革，终身教育是学习化社会的基石。该报告出版后的两年内就相继被译成33种文字在世界各国出版发行，成为20世纪最有影响的教育著作。终身教育也就成为最有影响的现代教育思潮。

我第一次接触到"终身教育"这个词是在1974年。当时联合国教科文组织恢复我国席位不久，我作为中国代表团的成员参加了联合国教科

---

* 原载《中国成人教育》，2000年第12期。本文是作者在2000年10月于北京师范大学召开的"国际终身学习研讨会"上所做的主题报告。

文组织第十八届大会。各国提交大会的提案中有两大类：一类是发展中国家提出的，多为扫盲和普及初等教育的提案；另一类是发达国家提出的，多为成人教育和终身教育的提案。我不知道什么叫终身教育，因为它是西方发达国家提出的，就简单地把它当作西方资产阶级教育思想。1976年我看到了《学会生存》的简译本（该书中译本由华东师范大学原外国教育研究室翻译，1979年由上海译文出版社出版），才认识到终身教育的时代意义。1980年我在准备"现代生产与现代教育"的报告时，查阅了马克思、恩格斯的著作，发现马克思在100多年以前就深刻地阐述了大工业生产与教育的关系，蕴含了终身教育的思想。他说，"大工业的本性决定了劳动的变换、职能的更动和工人的全面流动性"。又说，"大工业还使下面这一点成为生死攸关的问题：用适应于不断变动的劳动需求而可以随意支配的人员，来代替那些适应于资本的不断变动的剥削需要而处于后备状态的、可供支配的、大量的贫穷工人人口；用那种把不同社会职能当作互相交替的活动方式的全面发展的个人，来代替只是承担一种社会局部职能的局部个人"。[①]简言之，现代生产需要全面发展的人，而这种全面发展的人只有不断学习才能做到。

因此，终身教育思想是符合时代发展的要求的，是代表着先进生产力的要求的。这种观点的提出有着宏观的历史时代背景。

第一，20世纪50年代科学技术得到飞速发展，由此而引起了一系列社会变革，同时也对教育提出了新的要求。

《学会生存》一书指出："到目前为止，还没有什么东西可以和我们现在所说的科学技术革命所产生的后果相比拟。""18世纪的产业革命是用机器去代替和加强人类的机体功能。可与这种产业革命和最初的机器时代相比的是，科学与技术革命同时还进而征服了人类的精神世界，即

---

① 《马克思恩格斯全集》第26卷，534～535页，北京，人民出版社，1973。

在任何距离之间都可以直接传递信息，而且发明了日益完善的、理性化的计算机。"[1]这种现象必然影响到全人类的活动，包括教育。首先，教育已经不能只是少数人的特权，而是人民大众的权利；其次，教育不是一次受完，人的一生要不断受教育。现代科学技术革命使生产过程不断变革，造成了劳动的变换、职能的更动和工人的全面流动性。现代工业使得许多传统职业在社会上消失，同时新的职业不断涌现，一个人一辈子固定在一个工作岗位上已不可能，如果不继续学习，他就会很快被抛出现代生产以外。

第二，科学技术革命不仅促进了生产的变革，而且自身也在不断发展，新的技术日新月异。由于核子、电子技术的发明和应用，人类进入了信息时代，同时知识也在急剧增长。有人估计，人类知识的总和90%是最近30年创造的。知识的爆炸和不断更新，使得一个人不可能在短短的学龄期间（一般指6~24岁）掌握人类创造的全部知识，而是要不断学习、终身学习才能适应这种变革。正如终身教育理论的创始人保罗·朗格朗所说，把人的一生分为两半，前半生用于学习，后半生用于工作，是没有科学依据的。终身教育要为每个社会成员在他需要的时候给他提供学习机会。

第三，科学技术的进步使人类更深刻地认识到人与自然、人与社会的关系，认识到人类自身的发展和责任。人类要想不断发展、可持续发展，就要善待自然，还要对社会有高度的责任心，因而要不断提高自身的素质。科学技术是中性的，它可以用来创造可供人类享受的物质财富，同时也可用来制造毁灭人类自身的武器。只有不断提高人类对自然、科学和社会的认识，才能使科学技术造福于人类。

---

[1] 联合国教科文组织国际教育发展委员会：《学会生存——教育世界的今天和明天》，5页，上海，上海译文出版社，1979。

就是在这种时代背景下，产生了终身教育的思想。这种思想一经提出，就受到社会的极大关注，许多国家把它列入国家发展的战略。起初，大家把终身教育看作成人教育、职工教育的同义词。谈到终身教育，总是和职工的培训和继续教育连在一起。后来人们逐渐地认识到，只从职工教育的角度来理解终身教育是不够的，需要把整个教育系统纳入终身教育的体系之中，而且终身教育从内容到形式都与传统意义的教育有根本的不同。《学会生存》在定义终身教育时指出："终身教育就变成了由一切形式、一切表达方式和一切阶段的教学行动构成一个循环往复的关系时所使用的工具和表现方法。"①

终身教育改变了传统教育的理念。教育的目的已经不再是训练儿童和青少年，而是使所有的人终身受教育；这种教育已经不只限定于学校教育，而是包括了正规教育和非正规教育、学校教育和社会教育的一切教育形式；教育的内容已经不限于传授和储存知识，而是要努力寻求获取知识的方法；教学过程正在发生变化，学习过程正在趋向于代替教学过程，学生的主体性和主动性正受到越来越多的重视；教师的作用也在起变化，由权威性地传授现存的知识，转变为更多是判断学习者的需要，设计学习环境，推动和鼓励学生学习，评价学习过程，帮助学生改进学习方法。知识经济时代的到来使终身教育具有更新的意义。所谓知识经济，根据现有的认识，它的基本特征是，知识和信息是社会生产的基本要素，是经济和社会发展的驱动力。如果说，传统农业是以土地、劳动力为其基本的生产要素，传统工业是以资本和能源为其基本的生产要素的话，那么，知识经济则是以知识（信息）为其基本的生产要素。而这种知识，不是我们一般理解的书本上的知识、现存的知识，而是不

---

① 联合国教科文组织国际教育发展委员会：《学会生存——教育世界的今天和明天》，196页，上海，上海译文出版社，1979。

断创新的知识。固然掌握前人的知识是十分重要的，它是知识创新的基础，但书本上的知识毕竟是过去的经验。创新的知识则是面向未来的。知识的不断创新，必将引起生产的不断变革，从而促进整个国民经济的持续增长，促进社会的不断进步。这种知识的掌握和创新不能只靠学校教育，更要靠社会实践，结合自己的工作不断学习，不断创新。因而教育要把职前教育和职后教育结合起来，所以终身教育具有更为重要的意义。

在知识经济的时代，我们对终身教育应有如下一些新的认识。

第一，终身教育是一种知识更新、知识创新的教育。终身教育是为了适应科学技术的不断进步和生产的不断变革而提出来的。它要使人们适应这种变化，促进这种变化。这是学习社会的基本特征。通过不断实践，不断学习，不断更新自己的知识，掌握人类创造的最新知识，同时不断自我创新，从而促进生产的变革和社会的进步。

第二，要把终身教育思想纳入整个教育体系之中。学校教育的目的不只是为了升学，而是为终身学习打好基础。教育是为了人类的生存，为了个体的发展。以往人们把教育分为正规教育和非正规教育，普通教育和成人职工教育，认为终身教育只是非正规教育的任务，或者是成人职工教育的任务，属于正规教育以后的继续教育。这是很大的误解。终身教育是一种教育思想，体现这种思想的教育体系就是终身教育体系。它贯穿于人的一生。普通中小学教育是打基础的教育。这种基础就包括了终身教育的基础。为了使中小学毕业生有终身学习的基础，就不能只传授现存的书本上的死的知识，更重要的是要教会学生学习，使他们具有自学的能力，走出校门以后有自己获取新的知识的能力。

普通高等教育是一种专业教育，是培养专门人才的教育。但在知识经济时代，专门人才要能适应科学技术的不断发展，只有继续学习，不断学习。因此高等学校不能只传授现存的知识，更重要的是培养学生的能力，要以终身教育思想来设计课程和学习。现代高等学校区别于传统大学的基本特征就是创新知识。现代高等学校的职能不在于保存、传播和发扬人类创造的已有知识，更重要的是要创造新的知识，创造新的思维方式和新的价值观。

第三，为了使整个教育系统都纳入终身教育体系，必须改革现在的教育制度，研究各级各类学校的衔接和转换的问题。终身教育思想是要使每一个人都要不断学习、终身学习。因此无论哪一类教育，都要给毕业生以继续学习的出路和机会。教育结构的多样化是必然的。只有教育结构的多样化才能满足社会生产和社会生活多样化的要求，才能适应不同学生不同的要求。但是社会的需求和个人的需要也是不断变化的，因此我们的教育体系就要适应这种变化，使各级各类学校相互贯通，能够相互转换。当前我国的学校制度还缺乏这种连贯性。例如职业高中的毕业生基本上断绝了继续学习的路子。要把整个教育系统都纳入终身教育体系，就要为这部分学校找出路，要在他们的毕业生需要的时候给他们提供学习的机会。当然，职工教育、成人教育的大门是比较宽的，任何人都可以进入职工学校或成人学校学习。但是从正规学校系统来说，我国当前的学制却是不连贯的，需要研究一个办法使它连贯起来。例如加强高等职业学校的建设，在普通高校中设预科等办法，使任何青年在需要学习的时候都有可能继续深造。

第四，要转变教育观念，使我们的教育行为符合终身教育的要求。

终身教育是一种自我学习、自我教育的理念，是传统的驯化教育的一种解放，是为了个体的脑力和体力的充分自由地发展。因而教师要充分尊重学生的自主性，不能越俎代庖。现代教育技术的应用，网络教学的发展，为学生自主学习提供了更为有利的条件。但是，并不是说教师就不需要了。教师的职业永远不会消失，只是角色在起变化，由知识的载体、学术的权威、高高在上的教育者，变为学生学习的引路人，学习的伙伴。教师还应该成为学生的智慧的启迪者，情操的陶冶者。

终身教育是信息时代、学习社会的产物，是现代教育的基本特征。终身教育是20世纪最重要的教育思潮，它改变了人们对教育的认识。它的影响超越了时空，不仅遍及全世界，而且将影响21世纪乃至更长远。

新世纪呼唤创新人才*
——2001年中国教育论坛开幕词

21世纪是一个寄托着人类美好梦想的世纪。而今天，历史的车轮已经把我们带到了它的身边。但是，"21世纪"绝不仅仅是一个时间概念，它意味着人类社会的深刻变革，它带来了希望，也充满着挑战。我们不会自然而然地取得进入新世纪的门票，也无法轻而易举地享用新世纪的成果；相反，我们要真正获得"新世纪人"的资格，就必须付出艰辛的努力，做好充分的准备。

早在20世纪70年代，以阿尔温·托夫勒等人为代表的一批未来学家就对21世纪进行过种种设想，他们把人类即将进入的社会称作"信息社会"。几十年过去，随着科学技术的不断进步，特别是信息技术的迅猛发展，他们的预言正在成为现实，他们所勾勒的图景也真切地展现在我们面前。

信息社会是一个知识社会。它既是一个知识高速增长和知识迅速传播的社会，也是一个知识对经济增长起决定作用的社会。我们从一些国家的发展中已经看出，一种全新的知识经济正在取代传统的农业经济和

---

* 原载《北京师范大学附校学报》，2001年第7、8期。

工业经济，成为经济发展的重要力量。知识不再藏在幕后以无形资产或某种经济的附庸而出现，而是登上了经济发展的前台。与石油大王、汽车大王引领时代风骚的19世纪末不同，20世纪末成为世界关注焦点的风云人物是软件霸主比尔·盖茨、媒体大亨默多克等知识产业的企业家。这种变化表明了知识开始在国民经济增长和劳动生产率的提高中起着决定作用。更重要的是，这些知识不是那些靠传统的传承方式获得的旧知识，而是靠创造性学习获得的新知识；不是那些远离现实的死知识，而是生动地运用于人类生活的活知识。因此，创新无疑是知识社会的一个核心特征。

知识社会也必然是学习社会。托夫勒引用赫伯特的话说："明天的文盲不是不能阅读的人，而是没有学会怎样学习的人。"由于掌握新知识和活知识的需要，学习已不是简单的一劳永逸的行为，而是贯穿于学习者整个人生的持续性行为，学习的场所也不仅是传统的学校，而是渗透在家庭、社区、工作岗位和各种社会角落里，终身学习成为全社会的理念。在以传统经济为主导的社会，学习主要是一种继承性的过程，它主要是为了应付那些可以重复发生的情况。但富于不确定性的信息社会则要求人们不断地对付和处理各种新的挑战与危机，这意味着创造性学习将变得比以往任何时代都重要。因此，创新也是学习社会的一个核心特征。

江泽民同志指出："创新是一个民族进步的灵魂，是国家兴旺发达的不竭动力。"他还说："今天，面对世界科技飞速发展的挑战，我们必须把增强民族创新能力提高到关系中华民族兴衰存亡的高度来认识。"

当然，创新并不是未来社会的唯一特征，创新也不是对人才的唯一要求，但创新无疑是21世纪人才必须具备的品质。教育肩负着培养人才的重任，培养创新人才是时代对教育提出的要求。近年来，来自教育内部和外部的种种批评，使我们清醒地看到目前中国教育还没有建立起一套比较成熟的培养创新人才的机制。1999年第三次全国教育工作会议确立了全面推进素质教育的基本方向，为消除长期以来我国教育存在的种种弊端，构建一个充满生机的有中国特色的社会主义教育体系提供了政策指南。但是，如何全面推进素质教育，并不是一个简单的问题。如我们应该建立什么样的人才观，如何采用合理的人才评价方式，如何通过课程改革发挥儿童的创造力，如何推行教育的信息化等，都需要进一步研究。

这里，抛砖引玉，我想谈谈有关培养创新人才的两个重要问题。

第一是促进学生主动发展的问题。素质教育提倡培养学生的创新精神和实践能力，有人便因此提出要由教知识变为教能力、由练知识变为练能力、由考知识变为考能力的观点。我必须指出，这仍然是一种旧的思维方式的延续。我一直主张，不仅要让学生全面发展，而且还要有利于他们的主动发展。因为，创造性作为人类的类本质，是区别人与动物的标志，人可以制造工具，就表明创造性是内在于人的一种素质。模仿和掌握外在灌输的东西，虽然有时会有助于创新的发挥，但它本身并不是创新。任何创造都是主动的，我们的教育不是去教学生掌握一个固定不变的程序，而是要创造宽松的环境。只有让受教育者自由、主动地进行自我发展，他们身上内隐的创造性素质才可能外显出来。

我想谈的另一个问题是面向全体的问题。创新并不只是少数人特有的素质，我们不能总是把眼光盯在少数尖子身上，不能只进行所谓精英教育。实际上，只重视少数人的教育正是窒息创造性的教育。创新能力的培养需要一定的外部环境和条件，如果整个社会的氛围是循规蹈矩的，如果大多数人的观念是因循守旧的，那么特立独行的人也很难脱颖而出，精英队伍也只能是无源之水和无本之木。相反，只有真正激发每个人的创造力，整个民族的活力才能被真正地焕发起来。

参与21世纪的国际竞争，对教育提出的是质的要求，其核心是要培养创新人才。但是，我国教育特别是基础教育的发展还面临着许多十分艰巨的任务，在量的普及和质的提高方面都有许多工作要做。不久前，国务院召开了全国基础教育工作会议，这是党中央、国务院实施科教兴国战略的又一重大举措。国务院《关于基础教育改革与发展的决定》将我国农村义务教育发展中的问题作为重点进行了分析，继续确认普及九年义务教育和扫除青壮年文盲是教育工作中的重中之重。朱镕基总理在刚刚闭幕的全国基础教育工作会议上指出，加强基础教育的一个重要方面，是要完善教育管理体制，确保经费投入，特别是保障义务教育投入；又指出，要着力提高基础教育质量，必须全面贯彻党的教育方针，扎扎实实推进素质教育；要适应时代发展和现代化建设要求，端正教育思想，转变教育观念，面向全体学生，培养他们的创新精神和实践能力，使学生具有适应终身学习的基础知识、基本技能，具有健壮的体魄和良好的心理品质。由此可见，我们还要为科技兴国的奠基工程付出艰辛的努力，中国基础教育的改革与发展任重而道远！如果这些基本问题得不到解决，那么也就无从提高教育质量，无从培养创新人才，无从参与21世纪的国际竞争。

要培养创新人才，教育本身就应该是创新的，就应该具有自我革新的内在活力。今天，我们请来社会各界，特别是经济界和科技界的专家学者来为教育发展献计献策，就是为了给教育改革引进新思维。江泽民同志说："国运兴衰，系于教育；教育振兴，全民有责。"全社会都来关心教育，教育才有希望，下一代才有希望，中华民族才有希望。

教育创新是教育工作者的历史使命[*]

2002年9月8日，江泽民同志在人民大会堂出席了北京师范大学建校100周年庆典，发表了重要讲话。江泽民同志的讲话高屋建瓴、意蕴深邃，为推进我国教育事业的改革，发出了教育创新的号召，具有重大理论意义。近年来，江泽民同志多次指出，创新是一个民族进步的灵魂，是一个国家兴旺发达的不竭动力。在这次庆祝大会上，他又深入、全面地论述了教育创新的思想，把教育创新提高到与理论创新、制度创新、科技创新同等重要的地位，成为实施科教兴国战略的重要途径。在讲话中，江泽民同志还高度评价了教师在推进教育创新、培养高素质人才中的巨大意义，对全国广大教师提出殷切希望和很高的要求。全国教育工作者无不为之欢欣鼓舞，同时也备感肩上担子的沉重。

今天，知识经济已显端倪、信息社会初具雏形、全球化浪潮汹涌而至，知识的生产与创造正日益成为社会发展的动力。国际竞争日益激烈。江泽民同志指出，各国之间的竞争，说到底是人才的竞争，是民族创新能力的竞争。作为知识传播者和人类文明火炬传递者的教师，责无旁贷地要投入教育创新的大潮中，投入民族复兴的伟大事业中，解放

---

* 原载《中国教育学刊》，2002年第5期。

思想，大胆开拓，做教育创新的先锋，为培养具有创新能力的人才而努力。怎样才能做到教育创新？就在于超越以往的旧思想、旧模式，创造符合时代发展的新思想、新模式。每一个教育工作者都要在各自的岗位上，联系自己的工作实际，研究解决面临的新情况、新问题。就拿教师来讲，现在正面临教师角色的转变和创新的新时期。教师已经不是像几十年以前那样，有知识就能当教师，也不只是单纯地传授知识，当一名教书匠，而是要有渊博的知识、高尚的品德、高超的教育艺术，还要不断地了解学生，研究教法，做一名研究型、反思型、创新型的教师。每一名教育理论工作者都应该深入实际，研究和解决中国教育改革和发展中的实际问题，探索在新形势下教育发展的规律，为创造有中国特色的教育理论新体系而努力。

教育创新，首先是教育观念要创新。江泽民同志指出，"进行教育创新，首先要坚持和发展适应国家和社会发展要求的教育思想"。我国有优秀的教育传统，但也有一些陈旧的教育观念，不符合时代的要求。就拿人才观来说，什么样的人才是人才？传统观念中"学而优则仕"的人是人才。但是，今天的社会是多样化的社会，社会职业也是多元化、多层次的，是时常会变动的。因此，只要有社会责任心，勤奋努力，为社会做出一定贡献的就是人才。又如学生观，什么样的学生是好学生？过去认为考试成绩好的、听话的就是好学生。但在今天这个创新的时代，激烈竞争的时代，没有创新精神和创新能力，不会发现问题、提出问题的学生，恐怕就不能算是好学生。所以教育观念不创新，就不能很好地贯彻党的教育方针，不能培养出时代所需要的人才。

教育创新，教育制度也要创新。江泽民同志指出，"关键是通过深化改革不断健全和完善与社会主义现代化建设要求相适应的教育体制"。我们需要研究今天有哪些制度阻碍着教育发展，怎样排除这些障碍；如何建立学习型社会的终身教育制度。当前，许多教师认为考试制度制约着教育改革。的确，考试制度需要改革，也正在不断改革。但更重要的是整个评价制度要改革创新。这种评价包括教育行政部门对学校的评价、学校对教师的评价、教师对学生的评价。要给学生多种评价，鼓舞他们扬长补短。同时建立可以随时提供学习机会的终身教育制度，不断提高民族的素质。

江泽民同志还指出，"必须充分利用现代科学技术手段，大力提高教育的现代化水平"。当前，各地都在积极推进信息技术教育，但硬件建设较多，软件建设还跟不上，需要加紧在软件建设上下功夫，包括课件资料库的建设和教师的培训。

江泽民同志强调指出，"进行教育创新，根本的目的是要推进素质教育，全面提高教育质量"。素质教育的重点是培养学生的创新精神和实践能力，是全面贯彻教育方针。因此，教育要深入改革，改革教学内容、方法和手段，完善人才培养模式。在当今知识创新的时代，教师要充分调动学生的积极主动性，教师的责任是指导学生选择正确的学习路线和学习方法。

进行教育创新，就要开展教育研究。教育理论工作者要把教育创新作为今后教育理论研究的重点，把教育创新与当前的教育改革结合起来，争取在教育理论上有所突破。

江泽民同志指出："百年大计，教育为本。教育大计，教师为本。""我国广大教师，要率先垂范，做先进生产力和先进文化发展的弘扬者和推动者，做青少年学生健康成长的指导者和引路人，努力成为无愧于党和人民的人类灵魂的工程师。"这既是对教师地位和作用的崇高评价，也是对我们提出的极高要求。全国广大教育工作者要不辜负江总书记的希望和要求，牢记自己的神圣职责，志存高远，脚踏实地，默默耕耘，做爱国敬业的楷模；加强自身的思想道德修养，学为人师，行为世范，做学生的表率；生命不息，学习不止，严谨笃学，与时俱进，做终身学习的先行者。

中国教育学会各分支机构和全体会员要认真学习江泽民同志的讲话精神，积极探索教育创新的途径和措施，努力在各自的工作岗位上有所作为，有所创造，开创中国教育创新的新局面。

试论教育思想和教育制度的创新*

2002年9月8日，江泽民同志在北京师范大学建校100周年庆祝大会上发表了重要讲话。他在这篇讲话中全面、深刻地论述了教育创新的思想，首次把教育创新提高到与理论创新、制度创新、科技创新同等重要的高度，并且强调教育是为各方面的创新工作提供知识和人才的基础，从而把教育提高到前所未有的地位。这篇讲话对于推进我国教育事业的改革和发展具有重要的指导意义，是马克思主义教育思想的重要文献。

一

教育创新是时代的要求，也是我国实施科教兴国战略的迫切要求。江泽民同志是站在时代的巅峰，从国运兴衰、民族复兴的高度提出教育创新的。他深刻地分析了时代的特点，指出："当今时代，科技进步日新月异，国际竞争日趋激烈。各国之间的竞争，说到底，是人才的竞争，是民族创新能力的竞争。教育是培养人才和增强民族创新能力的基础，必须放在现代化建设的全局性战略性重要位置。"[1]今天，知识经济

---

* 原载《北京师范大学学报（人文社会科学版）》，2002年第6期。
[1] 江泽民：《在庆祝北京师范大学建校100周年大会上的讲话》，载《人民日报》，2002-
 　 09-09。

试论教育思想和教育制度的创新　　269

已显端倪、信息社会初具雏形、全球化浪潮汹涌而至，知识的生产与创造正日益成为社会的核心生产部门和发展的动力机制。如果我们不能培养创新人才和做到知识创新，我们就不能在国际竞争中获胜。近年来，江泽民同志多次指出，创新是一个民族进步的灵魂，是一个国家兴旺发达的不竭动力。在这次讲话中，他把教育创新作为实施科教兴国战略的重要途径。要实施科教兴国战略，必须不断推进教育创新。他说："教育创新，与理论创新、制度创新和科技创新一样，是非常重要的，而且教育还要为各方面的创新工作提供知识和人才基础。"[①]重视教育是我们党一贯的战略方针。早在1977年，邓小平同志就提出："我们要实现现代化，关键是科学技术要能上去。发展科学技术，不抓教育不行。"[②]江泽民同志继承和发展了邓小平教育理论，提出不仅要重视教育，而且要重视教育创新，不断发展有中国特色社会主义教育事业，不断为我国经济和社会发展培养高素质的劳动者、建设者、管理者和领导者。

教育创新是教育改革的需要。教育改革是永恒的课题。时代在发展，社会在变革，教育也必然要随之改革。特别是近几十年来，教育科学和心理科学有了很大发展，对人的成长有了新的认识。无论是教育内容，还是教育模式、教学方法，都需要改进和完善。改革就是创新，就是要推陈出新。

教育创新要在传统教育的基础上进行。传统教育是历史上长期积累形成和流行的，具有影响的教育思想、制度和方法。传统教育不能简单地一概加以肯定或否定。传统教育中有好的优秀的教育思想、制度和方法，也有不好的或者过时的教育思想、制度和方法。教育创新就是要继

---

① 江泽民：《在庆祝北京师范大学建校100周年大会上的讲话》，载《人民日报》，2002-09-09。
② 《邓小平文选》第2卷，40页，北京，人民出版社，1994。

承和发扬优秀的教育思想、制度和方法，改革一切不符合当今时代要求的教育思想、制度和方法，创造出新的教育传统。

二

教育创新的首要任务是教育思想的创新。江泽民同志指出："进行教育创新，首先要坚持和发展适应国家和社会发展要求的教育思想。"①教育传统包括了教育思想、教育制度和方法。教育思想是最不易改变的，但又是最重要的，它指导着每个教育者的行为，指导着新的教育制度和方法的制定和执行。我国有重视教育的传统，而且有许多优秀的教育思想和方法。但也无可讳言，由于我国几千年的封建统治，长期处于一种小生产的封闭社会，再加上教育制度和人才选拔制度的结合，形成了一种封闭的、狭隘的教育价值观和人才观，一直影响着我国广大教师和家长的思想。如果这些思想不转变，就不能全面地贯彻教育方针，培养新世纪所需要的人才。我认为当今亟待转变的有如下一些教育观念。

（一）改变狭隘的教育价值观，树立正确全面的教育价值观

学校教育为统治阶级服务，培养统治人才，这是古代教育的共同特征。我国封建社会的政治体制和以儒家伦理纲常为核心的思想体系使教育紧紧依附于它并为其服务，从而形成了狭隘的教育价值观——为政治服务，或者是"学而优则仕"，把教育简单地视为一种工具。政治家视教育为阶级斗争乃至政治斗争的工具；经济家视教育为经济增长的工具；广大家长则把教育视作他们的子女谋取优裕职业的敲门砖。当然，任何

---

① 江泽民：《在庆祝北京师范大学建校100周年大会上的讲话》，载《人民日报》，2002-09-09。

一个社会，任何一个国家，教育都是不能脱离政治的，社会主义教育也不能例外，教育要为巩固社会主义制度服务。但是这只是教育的一个社会职能，教育还应该有其他社会职能，例如，教育要为发展社会物质生产服务，为社会精神文明建设服务，即还有经济的职能和文化的职能。教育更重要的本质特征还在于人的自身的发展。也就是说，教育的本体性是育人，是提高人的素质。因此，要重视教育的本体性，淡化教育的工具性。教育具有工具性，但这种工具性是通过育人、通过教育的本体性来实现的。只有人的素质提高了，才能更好地为社会服务。同时，人在为社会服务中，也就是在改造客观世界中，自身得以发展和提高。

（二）改变因循守旧的人才观，树立现代社会的人才观

在封建社会，自然经济占统治地位。这种封闭式的经济活动，只要求受教育者恪守传统的知识和技艺，守住祖宗家业，而不重视启迪受教育者去开辟新的知识领域，鼓励他们的创新精神。这种人才观与狭隘的教育价值观是相联系的。几千年来封建社会统治阶级需要培养的是听话的奴仆，要求他对主人的绝对服从，不需要有自己的独立见解；而劳动人民在封建统治下和自然经济的条件下，也只知道教育自己的子女守家立业，把他们束缚在土地上，而不要求他们去开辟新的天地。

封建社会离我们已经很远了，但这些传统观念的残余远没有消灭，而且时时影响着今天的教育。那种用一种模式培养学生，要求学生把书本上的死的知识奉为经典，把教师的讲解奉为权威，而不培养学生的个性和独立思考能力的教育理念和方式，就是这种因循守旧的人才观的反映。这种人才观当然与现代社会格格不入。在知识经济到来的今天，科学技术日新月异。教育要培养具有开拓精神和创新能力的人，只有不断创造新知识，开拓新领域，才能使国家繁荣、民族昌盛，才能在国际竞争中战胜对手。

陈旧的人才观的另一种表现是，认为出人头地的人才是人才。这

也是受传统观念中"学而优则仕"的影响。但是在今天这个社会需要多样化、职业发展多元化的时代，只要有社会责任心，勤奋努力，为社会做出一定贡献的人就是人才。1985年《中共中央关于教育体制改革的决定》中指出："要造就数以亿计的工业、农业、商业等各行各业有文化、懂技术、业务熟练的劳动者。要造就数以千万计的具有现代科学技术和经营管理知识，具有开拓能力的厂长、经理、工程师、农艺师、经济师、会计师、统计师和其他经济、技术工作人员。还要造就数以千万计的能够适应现代科学文化发展和新技术革命要求的教育工作者、科学工作者、医务工作者、理论工作者、文化工作者、新闻和编辑出版工作者、法律工作者、外事工作者、军事工作者和各方面党政工作者。"这还是一种概括性的分类，如按照国际劳工组织的国际标准职业分类（ISCO），则社会职业可分为8大类、83小类、284细类以及1 506个职业项目，每个职业项目还有许多具体职业，多到上万种。缺了哪一个具体职业，社会都难以运转。当然，每个家长都希望自己的子女有一份好的、收入高的、所谓体面的职业。但是，每个人的天赋、能力、兴趣、爱好、特长有差异，成长中的机遇也不同，职业就会有差别。任何职业只要勤奋好学都能做出成绩，都会受到人们的尊敬。当今是一个变革的时代，一个人不可能一辈子固定在一个职业上，也没有哪一个学校能够保证它的毕业生一辈子的职业。学校教育重要的是打好基础，使学生有较高的素质，学生走向社会再不断学习。一个青年只要肯于学习，改变职业的机会很多。

（三）克服重学术轻技术的观念

在我国漫长的封建社会里，学校教育制度与人才选拔制度是紧密结合在一起的。学习是为了做官，要做官就要参加科举考试。学生寒窗苦读，不接触社会，不接触生产，鄙视一切技艺性的职业和劳动。这种观念至今还有广泛影响。我国职业技术教育不发达，固然有多种原因，但不能说与这种传统观念没有关系。历来的观念是"学而优则仕"，没有说学而优则工、学而优则农、学而优则商。因此，学习好的学生总要追求上普通高中，上名牌大学，不愿意上职业技术学校。这种观念不改变，职业技术教育很难在人们心目中占有重要地位，职业技术教育很难得到发展，结果是劳动人民的文化素质和技术素质得不到提高，必然会阻碍我国劳动生产率的提高。

科举考试制度的思想影响决不能低估。科举考试选拔人才，相对于世袭制是一种进步。但是，学校教育围绕着考试转却成了我国教育的传统，从而导致培养人才模式的僵化，成为教育改革和发展的严重阻力。要改变这种状况，一方面要改革考试制度，另一方面要改变传统的教育观念，把培养人才放到更广阔的视野里进行，跳出"学而优则仕"的狭隘的圈子。

（四）树立正确的教学观和教学质量观

教学过程是师生双边互动的过程。但是因循守旧的传统教育却把教学变成教师单方面的活动，"老师滔滔地讲，学生静静地听"，学生处于一种被动的地位。教学过程对学生来讲就是学习过程。学习要靠大脑的积极活动。孔子说："学而不思则罔"，学习如果不动脑筋思考，知识就不易理解，也不易记忆，更不能迁移。教学的启发式和注入式的根本区别就在于教师能不能促进学生的积极思维。注入式教学只重视教学的结果，把现存的知识教给学生；不重视教学的过程，不要求学生思索，更不喜欢学生自己提出问题。这种教学方式显然不能培养学生的创新精神和实践能力。要培养学生的能力，就要把学生放到教学过程的主体地位。在教学中充分调动学生的积极主动性，并给学生留有自主学习的空间。

什么是高的教学质量？是不是知识越多越好，考试分数越高越好？现代教育更重视培养学生的能力。这种能力包括发现问题、提出问题的能力，分析问题和解决问题的能力；还包括继续学习的能力、表达的能力、与人相处的能力、组织的能力等。早在20世纪60年代，美国教育家布鲁纳就在《教育过程》一书中说过："我们也许可以把培养优异成绩作为教育的最一般的目标；但是，应该弄清楚培养优异成绩这句话是什么意思，它在这里指的，不仅要教育成绩优良的学生，而且也要帮助每个学生获得最好的智力发展。"①当今时代，科学技术迅猛发展，知识日新月异，学校教育在短短的几年时间里，不可能也没有必要把人类积累的所有知识教给学生，更重要的是教会学生学习。教学质量的高低要根据学生的智力发展水平来衡量。

全面的教育质量观，就是要贯彻教育方针，使学生在德、智、体、美诸方面都得到生动活泼的主动的发展。全面发展并不要求学生门门功课都优秀。这是不符合学生成长规律的，因为人是有差异的。要求学生门门优秀，就必然会抑制他的特殊的兴趣和才能。用这样的标准要求学生，就不能培养出卓越的人才。

三

推进教育创新，教育制度要创新。江泽民同志指出，"关键是通过深化改革不断健全和完善与社会主义现代化建设要求相适应的教育体制"，要求我们要扫除制约教育发展的体制性障碍，努力提高教育资源的利用效率，优化教育结构，扩大教育资源，充分满足学习化社会人民群众终身学习的需要。

我们需要研究今天有哪些制度阻碍着教育发展，怎样排除这些障碍；如何建立学习型社会的终身教育制度。对这些问题需要认真地调查研究，充分听取实际工作者和专家的意见，解放思想，实事求是提出政

---

① 布鲁纳：《教育过程》，6页，上海，上海人民出版社，1973。

策性的建议。这里就我个人的一孔之见，提出几点可供思考的问题。

（一）要在教育投入体制方面有所创新

当前，我国教育事业发展中的主要矛盾是教育资源的不足与教育需求旺盛之间的矛盾。教育资源的不足表现在量上就是高等教育的学额不足，不能满足广大青年求学的需求；表现在质上就是优质教育资源的严重不足，出现了从小学就开始为争夺优质教育资源的竞争，严重干扰素质教育的推进。要改变这种状况，除了国家要继续加大教育的投入外，还要节流开源。节流是提高办学效益。目前，一方面资金紧张，另一方面浪费现象也很严重。在同一地区，学校重复建设，资源不能共享；有的中小学建筑追求豪华，不求实用，如有的中学建有四个网球场，平时基本不用，成了参观的摆设，不仅造成巨大浪费，而且影响到地区的均衡发展。开源就是多种渠道集资。当前我国民办学校已有一定规模，但民办学校的地位不明确，政策不落实，行为不规范，使民办学校办学十分艰难。要弄清我国民办教育的特点，制定鼓励民办教育的政策。我国民办教育不像国外那样有教会或慈善基金会的支持，而是主要由两部分人举办：一部分是离退休的干部或教师，出于对教育的热情，通过各方面的支持，或通过贷款建立起来；另一部分是投资商看准了教育市场，以为有利可图，于是有的收取储备金，有的向银行贷款发展起来。这两类学校除少数进入良性循环外，多数还没有摆脱困境。如果政府不加以扶植，很可能造成不好的结果。国家应该通过立法，鼓励民间投资。民办教育促进法不久就能出台，相信这个问题能够得到解决。同时政府要像管理公办学校那样对民办学校加强管理，对不顾质量、唯利是图的学校加以整治。政府对国有民营的改制要持慎重态度，只能在薄弱学校进行，通过改制，吸纳资金，使薄弱校成为优质教育资源；不宜把重点学校改制，否则会扩大教育的不公平。

（二）要进一步改变政府管理教育的职能，增强学校依法自主办学的能力

《中华人民共和国教育法》对各级政府教育管理部门和教育机构的职权都有明确的规定，但不够具体。因此在执行的时候，政府教育管理部门往往管得过细、过于具体，从而削弱了学校自主办学的能力。从法律上来讲，公立学校的举办者是政府，教育行政部门是代表政府对学校管理，学校的经办者是校长。校长是代表学校的法人。学校应该有根据社会的需求和自己的能力设置专业、建设课程和聘任教师的权利。但目前除特许的6所大学外，公立高等院校都没有设置专业的自主权。中国如此之大，各地发展极不平衡，全国统一设置专业是不科学的。同时，只有学校有充分的办学自主权，才能办出特色。在办学自主权方面，我们还有许多问题可以讨论。

可以建立一些中介机构，利用社会资源帮助行政部门管理学校。例如建立教育评估机构、民办学校认证机构。教育行政部门就可以腾出手来调查研究，为重要的决策做准备，在宏观上指导学校工作。

（三）建立民主的学校管理制度

学校的民主管理是为了调动广大师生的积极性，使广大师生积极热情地参与学校管理。学校应该在党委统一领导下建立教授会或者教授评议制度；校务委员会中应该有学生代表和家长代表参加。目前在我国的学校中，教育的主体——教师和学生都没有多少发言权。许多学校都建有教代会制度，但教代会更多的是关心职工的福利，而对教学、科研最有发言权的应该是教师。学生和家长在某种意义上是教育服务的消费者，他们有权了解教育服务的情况和质量。很多国家的学校建有家长委员会，我国少数学校才有这种组织。家长是学校很好的社会资源，它可以帮助学校解决许多难以解决的问题，沟通学校与社会、学校与家庭的联系。

（四）建立学习型社会的终身教育制度

终身教育是现代教育最基本的特征。科学技术的迅猛发展及其在社会生产和社会生活方面的广泛应用，以及由此而带来的巨大变革，使得一个人在学校学习的知识和技能已远远不能满足这种变革的需要。人们必须不断学习，终身学习。终身教育就是为社会每个成员在他们需要的时候给他们提供学习的机会。

建立终身教育制度，就要做到各级各类学校的沟通和衔接，打破职业学校与普通学校的壁垒，允许学生根据社会需要和个人的爱好转换专业，学校之间互相承认学分等。当然，转换专业或互相承认学分等都需要有一定的规则，按照规则办事，但要打破学历主义的壁垒。现代社会是重视能力的社会，应该根据学生的能力来给他提供各种学习的机会，而不是束缚在一类学校或一种专业中，这样才能激发每个学生的学习积极性，同时又不至于在高考时挤向普通高校的独木桥。

终身教育制度也就是提高全民族文化素质的教育，需要把学校教育和社会教育、家庭教育联合起来，建成社区教育体系。学校教育是整个社区教育的一部分，又是社区教育的核心。学校要向社会开放办学，学校的资源，特别是智力资源要为社区服务，把学校的影响辐射到社区；同时吸纳社区的各种资源为学校发展服务，做到资源共享，共同发展。

四

进行教育创新要以邓小平"三个面向"为指针，按照"三个代表"的要求，全面贯彻教育方针。江泽民同志指出："进行教育创新，根本的目的是要推进素质教育，全面提高教育质量。"[1]教育创新不是一句口

---

[1] 江泽民：《在庆祝北京师范大学建校100周年大会上的讲话》，载《人民日报》，2002-09-09。

号，而是要扎扎实实地工作。创新离不开实践，要认真研究教育改革和发展中的实际问题，深入探索新形势下教育发展的规律。

教育创新离不开已有的经验，要认真总结我们自己的经验，发扬我国优秀教育传统，根据新情况不断改进和完善教育内容和方法，创造新的经验。教育创新要吸纳世界一切优秀文化成果。因此，要进一步加大对外开放的力度，密切关注世界教育的发展趋势，借鉴世界上先进的办学经验，不断提高办学质量。教育创新要充分利用现代科学技术手段，用教育信息化来带动教育现代化，扩大优质教育资源，推动农村地区、西部地区的教育发展。

进行教育创新，就要开展教育研究。教育理论工作者要把教育创新作为今后教育理论研究的重点，把教育创新与当前的教育改革结合起来，争取在教育理论上有所突破。江泽民同志指出："百年大计，教育为本。教育大计，教师为本。""我国广大教师，要率先垂范，做先进生产力和先进文化发展的弘扬者和推动者，做青少年学生健康成长的指导者和引路人，努力成为无愧于党和人民的人类灵魂的工程师。"[1]这既是对教师地位、作用的崇高定位，也是对我们提出的极高要求。我们要不辜负江泽民同志的希望和要求，牢记自己的神圣职责，志存高远，脚踏实地，默默耕耘，做爱国敬业的楷模；加强自身的思想道德修养，学为人师，行为世范，做学生的表率；生命不息，学习不止，严谨笃学，与时俱进，做终身学习的先行者。

---

[1] 江泽民：《在庆祝北京师范大学建校100周年大会上的讲话》，载《人民日报》，2002-09-09。

对教育定义的思考[*]

教育是什么？问这样的问题似乎有点可笑。但是，即使是教育理论界，对什么是教育也是众说纷纭，至今没有统一的定义。

先从被大家称为"教育学之父"的夸美纽斯说起。夸美纽斯认为，人人俱有知识、德行和虔信的种子，但这种子却不能自发地生长，需要凭借教育的力量，"只有受过恰当的教育之后，人才能成为一个人"。^①他没有给教育直接下定义，但很明显，上面的话是对教育的一种解释。这里面包含着宗教的影响，他认为人的天赋是上帝创造的，知识、德行和虔信三个种子是"自然存在我们的身上"，教育则使这些种子发芽生长。他的学说可以称为"生长说"。

英国教育家洛克则主张"人心没有天赋的原则"，"人心是白纸"，通过教育能使儿童掌握知识和德行。是谓"白板说"。

法国教育家卢梭则提倡"自然教育"，教育的任务是使儿童从社会因袭的束缚中解放出来，"归于自然"，培养自然的人、自由的人。

德国教育家赫尔巴特提出了作为独立的一门科学的教育学的理论体系。他说："教育学作为一门科学，是以实践哲学和心理学为基础的。

---

* 原载《北京大学教育评论》，2003年第1期。

① ［捷］夸美纽斯：《大教学论》，39页，北京，人民教育出版社，1984。

前者说明教育的目的；后者说明教育的途径、手段与障碍。"①他的教育目的就是"德行"，同时"通过教学来进行教育"。因此他认为，不存在"无教学的教育"和"无教育的教学"。②

俄国教育家乌申斯基则把教育分为广义和狭义两种：狭义的教育中，学校、负实际责任的教育者和教师是教育者；广义的教育是无意识的教育，大自然、家庭、社会、人民及其宗教和语言都是教育者。他认为："完善的教育可能使人类的身体的、智力的和道德的力量得到广泛的发挥。"③

美国教育家杜威从实用主义经验论出发，主张"教育即生长"。他给教育下过一个定义："教育就是经验的改造或改组。这种改造或改组，既能增加经验的意义，又能提高指导后来经验进程的能力。"④

杜威的教育观也是"生长说"，但与夸美纽斯的"生长说"有所不同。杜威把教育建立在儿童的经验上，虽然他认为儿童的经验是建立在他的原始本能上的，但又认为经验是人的有机体与环境互相作用的结果。

从以上简要的介绍可以看到，历史上不同教育家对教育的理解和诠释都是不相同的。他们都在不同的历史背景下，根据自己的哲学观提出对教育的理解和诠释。他们都没有给教育下完整的定义，主要是从教育的作用和教育的目的这个角度提出教育是什么。这里面还包含着对人的本质、人的先天素质与后天获得的不同认识等。

我国教育界长期以来受韩愈《师说》的影响，教师的任务就是"传

---

① ［德］赫尔巴特：《普通教育学·教育学讲授纲要》，190页，北京，人民教育出版社，1989。
② 同上书，12～13页。
③ ［俄］乌申斯基：《人是教育的对象》第1卷，8、12页，北京，科学出版社，1959。
④ ［美］杜威：《民主主义与教育》，159页，北京，人民教育出版社，1992。

道、授业、解惑"，这也就是教育。新中国成立以后，我们学习苏联，最早接触的教育定义是加里宁提出的："教育是对于受教育者心理上所施行的一种确定的、有目的的和有系统的感化作用，以便在受教育者的心身上，养成教育者所希望的品质。"①凯洛夫主编的《教育学》没有提一般教育的定义，只提共产主义教育，给教育赋予阶级的内容。他在书中写道：教育是社会的和历史的过程，它在阶级社会内是具有阶级性的。"共产主义的教育，是有目的地、有计划地实现着青年一代的造成，使他们去积极参加共产主义社会的建设和积极捍卫建立这个社会的苏维埃国家。"②长期以来我们接受这个观点，认为教育是有目的、有计划地培养青年一代的活动，它具有历史性、阶级性，是上层建筑。

1978年，教育界展开了一场关于教育本质的大争论，争论的焦点主要集中在教育的本质属性上，教育是上层建筑，还是生产力，还是有多种属性。争论后并没有统一的结论。因而，各种教科书中都有不同的定义。

下面我们列举比较权威的几种定义（只选广义的）来分析一下。

（1）教育是培养人的一种社会现象，是传递生产经验和社会生活经验的必要手段。（《中国大百科全书·教育》）

（2）传递社会生活经验并培养人的社会活动。通常认为：广义的教育，泛指影响人们知识、技能、身心健康、思想品德的形成和发展的各种活动。（《教育大辞典》）

（3）广义的教育是泛指一切增进人们知识、技能、身体健康以及形成或改变人们思想意识的活动。（南京师范大学教育系编《教育学》）

（4）教育是一种社会活动，它区别于其他社会事物的本质属性就是

---

① ［苏］加里宁：《论共产主义教育》，88页，莫斯科，外国文书籍出版局，1949。
② ［苏］凯洛夫：《教育学》，14页，北京，人民教育出版社，1947。

人的培养。（潘懋元主编《高等教育学》）

以上的定义可以算作一个大类，这类定义有两个特点。一是都是从现象出发，教育是一种社会活动或社会现象；教育的本质是培养人。二是从教育者出发，强调教育者对受教育者的影响，培养教育者所希望的人；很少讲到受教育者本人在教育过程中的作用，他们的自我发展。《中国大百科全书·教育》则把教育视作传递生产经验和生活经验的手段，更加突出了教育者的作用，但没有提到学生在教育过程中的地位和作用。

1979年，于光远曾经提出，把教育科学分为两大门类：一是把教育主要作为一种社会现象来加以研究的科学，叫作"教育社会现象学"；二是把教育主要作为一种认识现象来研究的科学，叫作"教育认识现象学"。他还提出教育的三体论，即主体、客体、环境，三体互相作用。我当时不大同意他的三体论，认为从哲学观点来看，无论是对学生，还是对教师来讲，都只能是二体论。如果以学生为主体，则教师、环境都是客体；如果以教师为主体，则学生、环境是客体。但是从教育过程的基本要素来讲，确是有学生、教师、环境三个要素。把三个要素叫作三体，也无不可。于光远对教育认识现象学的理解，跳出了把教育只看作教育者向受教育者施加影响的一面，给予了认识的主体（学生）在教育中应有的地位。[①]

1981年，我在《江苏教育》第10期上发表了《学生既是教育的客体，又是教育的主体》一文，引起了教育界的争论。争论的焦点是教育过程中以谁为主，学生为主还是教师为主。有人认为，学生也是教育的主体的提法与传统教育中教师主导作用有矛盾。这实际上涉及对教育的理解和诠释问题，也就是冲击了传统上对教育的理解和观念。但是随着

[①] 于光远：《关于教育科学体系问题》，载《教育研究》，1979年第3期。

教育改革的深入和国外教育理念的引入，学生在教育中的主体地位得到了众人的认识。

随着教育理论界在20世纪八九十年代对学生主体性的张扬，90年代中后期，项贤明提出泛教育理论。

他在《泛教育论》中说："教育是作为主体的人在共同的社会生活过程中开发、占有和消化人的发展资源，从而生成特定的、完整的、社会的个人之过程。"这就完全从学生的发展角度来看教育了。他认为，人的生长发展在其本质上是一种生命现象，同无机界的简单变化不同，它的本质特性就是主动的"生长"，而且是所有生命的生长中最高级、最复杂的，因此来自外部的"改造"不足以全面概括教育这种人成为人的活动的本质，全面的教育观应当是内在地包含了"改造"的"生成"教育观。[①]这种教育观实际上与杜威的教育观相似。在教育中强调学生主体的生长是十分必要的，点出了现代教育区别于传统教育的最核心的问题。但完全否认外部的影响，特别是教师的作用，泛教育就变成没有教育了。人的成长与教育密不可分，但把"人成为人"的全部活动都说成是教育，那么教育就变成涵盖人类一切活动的活动了。

20世纪90年代末，在一片对"应试教育"的申讨声中，什么是教育又被人重新提出来。以保定吴宗璜为首的"主客体关系学"研究课题组就写了一本书《教育是什么》，试图用主客体关系的理论来论述教育问题。他们认为，人与其他生物一样，总是力争生存和发展，要生存和发展，就要趋利避害，因此"教育属于人的趋利避害的活动"。他们构建了一套理论，认为，主客体的关系就是一元四系。一元指主客体的存在，四系是部整系、因果系、共性系、相似系。主客体关系学认为：所谓生物的进化，主要是指其调节主客体关系"功能"的进化。这种调节

---

① 项贤明：《泛教育论》，太原，山西教育出版社，2000。

功能由两部分组成：一是主体内部的信息处理功能；二是外部的趋利避害功能。信息处理功能又分为三个等级：第一等级是感应，第二等级是感知，第三等级是思维。趋利避害功能与之相对应也有三个等级：第一是适应，第二是利用，第三是创造。而生物的调节功能是衡量生物进化程度的主要标志。微生物和植物已具有感应、适应功能；动物具有感应、适应和感知、利用功能；而具有思维、创造功能的就是人。思维、创造调节功能就是头脑的智力或通常所说的"智能"。生物还具有积累遗传的功能，即把前辈获得的信息处理和趋利避害的功能进行积累，并遗传给后代的功能。所以他们认为，"人的教育，或者狭义的教育，应该定义为智能的积累遗传，这是人的教育的基本特征，也是人的教育的本质"。作者认为，当今的教育，由于思维、智力的机制和规律还没有像基因遗传的机制和规律那样已经被揭示和掌握，所以人的教育只能停留在人们可以认识和把握的外在行为的教育（传授）水平上。该书作者断言，"当今人的教育，本质上还是动物式的教育"；传统教育是"传授知识、接受知识"的教育模式，新型教育模式应是"开发智力、培养创新"的教育。[①]

上述观点，给我们很多启发，说明教育研究不应停留在表面教育行为上，还应该深入受教育者接受教育的内在机制上。但有的作者却把教育生物学化了。首先，有的作者认为动物也有教育。这是一个有争议的问题。教育理论界一般认为，教育是人类特有的活动，是有目的、有意识的活动，而动物是没有意识的。其次，把传统教育说成是动物式的教育就很不合适。教育为人类的生存和发展起到了重要的作用。任何人也不能抹杀过去的教育（也即传统教育）对人类文明的进步做出的贡献。把传统教育说成是"动物式的教育"，是不是意味着我们今天还没有人

---

① "主客体关系学系列丛书"撰写组：《教育是什么》，北京，商务印书馆，2000。

类文明，还处在"动物式"的生活中？今天我们来批判传统教育，并不否定它的一切，而只是说它不符合时代的要求，不能培养现代化所需要的有创新精神和能力的人。再次，把教育说成是"智能的积累遗传"也有失偏颇。发展人的智能，只是教育的一个目的，还不是教育的全部。教育要使受教育者在德、智、体等诸方面都得到发展。

从以上许多教育的定义和观点可以看到，什么是教育，或者说教育是什么，至今还没有一致的看法。定义者总是从某一视角提出对教育的理解。有的从教育现象的角度，认为教育是一种社会活动；有的从教育目的的角度，认为教育是培养人的活动；有的从教育内容的角度，认为教育是传递生产经验和生活经验的活动；更有论者从人的生长的角度，认为教育即生长。

教育虽然自从有了人类社会就存在，人人都受过一定的教育，但要对教育下一个科学的定义却不是容易的事情。对教育的本质属性就有各种不同的解释，这是因为，教育既具有永恒性，又具有历史性。

其历史性包括两个方面：一是纵向的，不同时代对教育有不同的要求，不同时代、不同利益集团的人群又对教育有不同的认识；二是横向的，不同的民族、不同的国家的历史变迁和文化背景不同，从而对教育也就有不同的认识。以上这些还只是就对教育的理解而言，至于对教育的目的、内容、方法，对教育各要素及其相互关系的理解更因为时代的变迁，民族文化的不同而很不相同。也即每个国家或民族都有自己的教育传统，每一个时代，这种教育传统又会有所变化。教育之复杂就在于此。它不像生理学或者医学那样，它们也是研究人的生长发育、疾病的治疗的。但各民族人体之间的差异不大，有共同规律可循。教育却复杂得多，虽然也有共同规律，但各国各民族的教育传统差异很大。这是因为，教育是人类的一种社会活动，它受人类的其他活动的影响很大，特别是不同文化的影响。

要给教育下一个科学的界说，需要仔细分析教育的各个要素，弄清各要素之间的关系。教育的基本要素有三：教育者（教师、父母、长者）、受教育者（学生、儿童）、教育影响（或称环境，具体指教育内容、教育手段），有了这三者就可以构成教育活动。历史上对教育的诠释不同，就因为各个学者对这三者关系的认识不同。赫尔巴特认为教育者是主导者，教师是中心；杜威则认为受教育者是中心，即儿童是中心。到了20世纪60年代，结构主义者又认为教材是中心，有了优秀的教材，教师就可以按照教材教学，学生按照教材学习。经过20世纪的洗礼，这三个"中心"都没有站稳脚跟。近些年来，建构主义学说盛行，强调教学是儿童作为主体的主客体互动的活动，知识就是建构。我认为，实际上三者的关系是动态的，不同阶段重点是不同的。在幼儿时期，儿童的生存能力还很差，知识极有限，教育者的作用就很大。随着儿童的年龄增长和相随的知识和能力的增长，受教育者的主体作用逐渐增强。中国的文化传统强调师道尊严，中国没有自然教育的传统，因此对教育的认识更强调教师的作用。

近些年来，我们吸纳现代教育思想，强调教育的民主化和个性化，许多学者提出了张扬学生主体性的主张，我也是提出者之一。但我认为，我们今天强调学生的主体性，与儿童中心主义的观点不同。

儿童中心主义是强调儿童、儿童的兴趣在教育中占主导地位，而学生的主体性则是强调学生在教育中的主观能动性，是强调要把学生作为能动的人来看待。因此，发挥学生在教育中的主体性，并不排斥教师的主导作用。如果因为强调学生的主体性而排斥教师的主导作用，就会陷入儿童中心主义的泥坑。

现在教育实践中有一些误区，似乎一谈学生的主体性，课堂上就应以学生的活动为主，教师讲解就变成了传统教育。其实，人的成长是很复杂的。现在不是提倡多元智能吗？有些智能是靠学生的领悟，在潜移默化中获得的；有些智能是在教育者的指导下获得的；有些能力，特别是某种技能必须在严格的训练下才能获得。例如，今天在欧洲，许多手工艺品的制作仍然强调学徒制，学徒要在师傅的严格要求下，经过长期的练习才能出师。在普通学校里，在不同的课上，学生主体性的表现形式也是不一样的。例如，有些课的内容适宜于讨论，在讨论中发挥学生的主体性；但外语课就不是讨论能学好的，而是要多说多讲、敢于开口；物理、化学课更多地表现在学生能够主动做实验上。本文不是专门讨论学生的主体性问题，只是谈到对教育的三个要素的认识上的不同会引起对教育本质的认识的差异。

也有人主张教育二要素说，认为教育的要素只是"学生"和"教育资料"。教育过程中只有一个主体："学生"是主体，"教育资料"是客体。[①]我不知道作者为什么给学生和教育资料打上引号，似乎并无特别意义。作者完全把教师排除在教育要素之外。虽然作者多处强调教师的作用，但是教师的作用只是"激活"文化，无疑就把教师降到犹如电脑之类的工具一样，因为现代技术在教育过程中的作用也是"激活"文化。这位作者认为，教育只是学生的实践活动，而不是教师的实践活动。那么教师的实践是什么活动呢？作者还认为学生的实践活动和教师的实践活动是两个过程。那么这两个过程是什么关系呢？如果是两个不同的过程，那么两个过程能不能分开，独立存在呢？似乎作者也没有说清楚。作者引用了鲁洁的一篇文章——《教育：人之自我建构的实践活动》，但是作者似乎并未读懂鲁洁的文章。鲁洁说，人有两种实践活动：一是改造客观世界的实践活动；二是改造主观世界的实践活动，后者就是教育实践。她提醒人们注意，人存在着个体与类的差别。她说："人生而无知无能，他不是生而就能成为实践主体的，因为任何人的实践都不是个

---

① 张应强：《高等教育现代化的反思与建构》，哈尔滨，黑龙江教育出版社，2000。

体孤立的活动，而是社会性的实践，实践只有在社会中才有可能”，“为此，教育这种发展和改造人的活动，就其发生学的意义来说，是以儿童为教育对象而产生的”。她在另一段中讲道：“在人的发展中，我们也绝不可忽视作为发展主体与外部客体的相互作用，为此，在教育过程中，向受教育者施加一定的外部影响，并不断扩大、提高、完善这种影响，使受教育主体与外部世界的关系得到合理的发展，也是完全必要的。”向受教育者施加一定的外部影响，不就是教师的责任吗？她在最后一段对教育做了一个界定性的表述：“教育实践的出现，表明人（我理解这里指的是作为类的人，而非个体——笔者）决心要按照他的目的——人的理想发展和存在来改造人的现实存在，改变人在自然、自发状态下的发展结果。为此，教育过程的人的发展是一种人的有目的的参与、干预下所发生的运动过程，由这一过程所产生的结果也是人的有目的的活动的创造物，可以说是一种‘人造的人工对象’。”[1]也许我理解得不正确，我认为，鲁洁的文章是强调教育是人的自我建构的实践活动。“教育是使人在已有规定性的基础上不断创造出自己的新的规定性来”，教育是人类有目的的活动。这里丝毫没有否定教师的作用。我认为，如果强调学生的主体作用，就把教师排斥在教育过程之外，借用这位作者的话来说“只能导致人（特别是教师）的思想混乱和视线模糊”。

对教育的认识还涉及对教育价值的认识。教育理论发展史上长期存在着社会本位与个人本位的争论。主张社会本位的教育价值观就认为教育是为社会发展服务的，教育要根据社会的需要来培养人、塑造人；主张个人本位的教育价值观就认为教育是个体成长发展的活动。其实两者是不矛盾的，社会的需要与个人的需要是统一的。马克思主义认为：“人的本质并不是单个人所固有的抽象物，在其现实性上，它是一切社会

——————————
[1] 鲁洁：《教育：人之自我建构的实践活动》，载《教育研究》，1998年第9期。

关系的总和。"①教育是人的社会化过程，因此教育必然要反映社会的需要。但是怎样才能满足社会的需要？只有充分发展人个体的潜在能力，也即脑力和体力，才能使个体更好地为社会服务。

那么，教育是什么？我无意为它下定义，也没有能力做出科学的界定。只想用证伪的方法，对现有的各种界说进行分析，指出不足之处，供大家思考。

其实教育是动态的活动，不论是传统教育还是现代教育，都是教育，教育的定义，作为最抽象的概念，应该涵盖传统教育和现代教育，这就更难了。最后借用几位学者的意见来说明给教育下定义之难。

美国教育学者索尔蒂斯认为，要找出教育的"真正的"定义，无疑如"误入歧途的捕'centaur'（希腊神话中人首马身的怪物）的猎人"，是永远找不到的。他虽然也认为，可以有三种定义：规定性定义（stipulative definition）、描述性定义（descriptive definition）和纲领性定义（programmatic definition）。规定性定义是创制的定义，比如有位学者认为："我把'教育'这个词只用来表示社会为了通过有目的的教和学来保存某些社会文化，而创造和维持的那种社会制度。"描述性定义旨在确切地描述被界说的对象或使用某术语的方法。上述的规定性定义，也是一种描述性定义，因为它提及我们用"教育"一词来表示社会为了通过有目的的教和学来传递某些文化而创立和维护的那种特殊制度。纲领性定义在于明确地或隐含地表述事物应该怎样，是描述性定义与规定性定义的混合。②但他始终没有给出一个"真正的"定义。

我国教育家瞿葆奎教授在总结40多年来对教育的社会属性和职能的论争时也指出，"一位作者发表个人的意见，正是规定性定义的本质之

①《马克思恩格斯选集》第1卷，18页，北京，人民出版社，1995。
②［美］索尔蒂斯：《教育的定义》，见瞿葆奎：《教育学文集·教育与教育学》，31～37页，北京，人民教育出版社，1993。

所在，所以，认为存在一个真正的规定性定义是荒谬的……纲领性定义表达一种价值观或规范，要想在价值观、规范上达成一致的看法，在理论上是不可取的"。而描述性定义也因为或"对定义的认识不够清晰"，或因"坚持历史地、唯物地考察各种社会形态的教育还做得不够"，"难于对教育进行科学的抽象和概括"。[①]

最后我在想，可能世上最普遍的事物，对它下定义最困难。教育这个活动再普遍也没有了，就像人吃饭一样，天天要遇到。但要对"吃饭"下个科学的定义，恐怕也不是容易的事。

① ［美］索尔蒂斯:《教育的定义》，见瞿葆奎:《教育学文集·教育与教育学》，119～120页，北京，人民教育出版社，1993。

形成全民学习终身学习的学习型社会[*]

党的十六大报告把"形成全民学习、终身学习的学习型社会",作为全面建设小康社会的奋斗目标之一。学习型社会又称学习化社会、教育化社会,是关于未来的社会、教育及其相互关系的构想。1968年,美国芝加哥大学校长赫钦斯在《学习化社会》一书中首先提出这一思想。1972年,联合国教科文组织国际教育发展委员会的报告《学会生存——教育世界的今天和明天》一书对学习化社会做了描述:"教育已不再是某些杰出人才的特权或某一种特定年龄的规定活动,教育正在日益向着包括整个社会和个人终身的方向发展。""未来的教育必须成为一个协调的整体,在这个整体内,社会的一切部门都从结构上统一起来。这种教育将是普遍的和继续的。"也就是说,在未来社会里每个成员都是学习者,每一个社会组织都是学习型组织。

学习型社会是与终身教育联系在一起的。20世纪下半叶,科学技术迅猛发展,由此引起生产和社会的变革。这种变革使得一个人不可能一生都固定在一个工作岗位上。职业的变更和人员的流动迫使每一个人都要不断学习,终身学习。于是在20世纪60年代就出现了终身教育的思潮。终身教育的概念首先是联合国教科文组织成人教育局局长保罗·朗

---

* 原载《求是》,2003年第4期。

格朗提出来的。他于1965年在联合国教科文组织召开的国际成人教育促进会上的总结报告中提出："教育并非终止于儿童期和青年期,它应伴随人的一生而持续地进行。教育应当借助这种方式,满足个人及社会的永恒要求。"这种思想一经提出就受到国际社会的极大关注,许多国家把它列入国家发展的战略,有的国家以立法加以保证。例如法国于1972年通过了《终身教育法》,美国于1976年通过了《终身学习法》,日本于1990年通过了《终身学习振兴法》等。起初,人们把终身教育看作成人教育的同义词,总是和成人的培训与继续教育连在一起。后来逐渐地认识到,只从成人教育的角度来理解是不够的,需要把整个教育体系纳入终身教育体系之中。知识经济时代的到来,使终身教育具有特殊的意义。知识的不断创新,必将引起生产的不断变革和社会的不断进步。知识的掌握和创新不能只靠学校教育,还要靠职工在生产实践中结合自己的工作不断学习,要靠职前教育(学校教育)和职后教育的有机结合。在未来社会,终身教育已经不只是为了变换职业和谋生的需要,而将成为人们生活的一部分,成为提高生活质量的重要手段。

为了满足终身教育的需要,必须构建学习型社会,也就是将学习社会化、社会学习化、整个教育一体化。在学习型社会里,全体公民都是教育对象,同时也都是学习的主体,拥有广泛而平等的受教育机会。建设学习型社会,需要做到以下几点。

第一,要把整个教育体系纳入终身教育体系之中。以往人们把教育分为正规教育和非正规教育、普通教育和成人教育、学历教育和非学历教育,而且总是重视前者而轻视后者。学习型社会将打破这种分界,而且更重视非正规的、非学历的教育。学校教育也要按照终身教育的理念来改造,注重培养学生终身学习的意识和能力,引导他们学会学习。

第二,把学校、家庭、社会结合起来,建立社区教育的新体系。教育在时间上延伸的同时,还要在空间上拓展。学校要打破围墙,向社会开放，吸引家长和社区成员到学校学习；社区也要向学校开放，学校要吸纳社会的教育资源，为改善学校条件、提高教育质量服务。

第三，社会各种企事业单位都要办学习型组织。也就是说，各种社会组织都要把组织成员培训和继续学习纳入组织的发展和管理之中，通过学习促进创新，通过创新促进发展。

学习是人类自我超越的一种手段。学习型社会把教育和社会联系在一起，将为人的全面发展创造更好的条件，使人的整体素质得到进一步提高。由此可见，十六大报告关于"形成全民学习、终身学习的学习型社会"的新理念，集中体现了今后相当一段时期内，我国教育发展与改革将以人的全面发展为核心的总体战略思路。这对于我们准确把握教育在社会主义现代化建设中的历史使命，具有极其重要的指导意义。

教育改革是一项社会系统工程*

- 长期以来，人们只重视学校教育，忽视了社会教育和非正规教育。
- 要改革教育体系，建立终身教育体系，用终身教育的理念来统摄整个教育系统。
- 加强人文科学教育，培养学生高尚的道德品质已经是刻不容缓的事情。

20世纪后半叶以来，世界教育有了空前的发展。特别是发达国家，不仅普及了中等教育，而且实现了高等教育的普及化。但是教育却越来越遭到社会的批评：社会贫富之间的差距并没有因此而缩小，社会风尚每况愈下，生存竞争愈演愈烈。这是怎么回事，是否教育自身仍存在较大的缺陷？这确实是值得我们反思的问题。

第一，几十年来教育的功利主义不断加强，20世纪60年代人力资本理论的提出，加剧了这种观念。但是到20世纪80年代却发现，教育的发展并未像人们想象的那样，既能促进经济发展，又能改变个人命运。许多发展中国家并未改变贫困落后的面貌，贫富的差距却扩大了。于是出现了20世纪80年代的所谓教育危机：人们对教育失去了信心。其实教育本来就不是人们所想象的那样，能够立竿见影地使经济快速增长和改变

---

* 见《中国未来研究会会议论文集》，2004年7月。

个人的地位和生活。

第二，长期以来，人们只重视学校教育，忽视了社会教育和非正规教育。一般来说，学校教育只为一定年龄阶段（主要是5～25岁）的人提供学习机会。虽然近几十年来学校实行了开放制度，不同年龄阶段的人都有机会进入高等学校学习，但是限于条件，真正能够进入高等学校学习的成年人只是极少数。而且，许多国家至今仍抱着一种保守主义观点，重视学历而不重视能力。终身教育至今还停留在口头上，并未在制度上落实。

第三，重视城市的教育，忽视农村的教育。世界人口的大多数在农村，我国更是如此。改善农村的教育条件，大力普及农村教育和扫除文盲则是农村发展的必要前提。但是近些年来强调高科技发展及对高级人才的需求，一切教育改革都是围绕着培养高级技术和管理人才，很少考虑农村的需要。这种情况在发达国家感觉不明显，因为发达国家的城乡差别已经很小。但是在发展中国家，这个问题却十分严重。在中国，这个问题已经引起了政府和公众的高度重视。去年（2003年）9月，国务院专门召开了农村工作会议，以此来推进中国农村教育的发展和改革。

第四，教育强调对知识的掌握和智力的发展，对道德教育的重视程度不够。科技进步带来了物质的丰富，但是也由此引发了物欲的增长，而道德水准却有所下降，学生厌学、学校暴力、吸毒、早孕等现象让人们担忧。

第五，网络文化对教育的冲击严重。网络文化给教育带来了许多便利，为教育资源的共享、教师和学生的互动，为个人学习不受时间、地点的限制等提供了条件。同时也带来一系列的问题：青少年沉溺于网上游戏，荒废学业；网络的暴力和色情内容严重地腐蚀着青少年的心灵。

以上一些问题虽然不都是教育本身造成的，但都发生在教育领域之中，其结果都不利于青少年的成长，所以社会公众都认为这是教育的问题，对教育感到失望，并期待着尽快改善。教育本身需要改革，但这是一项社会系统工程。

教育观念要改变。要还原教育的本质，教育的任务是使所有人的创造能力都能得到发展，从而促进人类的发展和社会的进步。教育不是单纯的"经济增长"的工具，教育是在提高人的素质、发展人的创造潜力的基础上为人类创造物质财富；教育不是教育人们滥用科技发展的成果，去无限地攫取自然、破坏自然，而是要使人们了解自然，同自然和谐相处，使人类可持续发展；教育要强调人文精神，使每个人了解人类发展的历史，了解世界文化，了解他人，了解自身的能力和责任。

政府要增加对教育的投入，改善学校设备条件，使它跟上现代科技发展的水平；要特别强调改善教师的待遇，使他们的职业真正成为社会上最受人尊敬的、最受人羡慕的职业。既然教育在人类发展和社会进步中那么重要，从事教育工作的教师理应受到全社会的尊重。但是如果他们的生活待遇却低于其他社会职业，那么那种尊重是没有基础的，也就不可能吸引优秀的青年来从事教育工作，教育事业就会削弱，最后受损害的还是整个社会。

要改革教育体系，建立终身教育体系，用终身教育的理念来统摄整个教育系统。正规学校教育系统仍然是教育系统中的主干，那种学校消亡论、教师消失论的论点是不可取的，也是站不住脚的，至少现阶段是这样，没有什么形式可以代替正规学校教育系统。但是光有正规的学校教育系统不能满足社会所有成员学习的需求。当今世界，科学技术日新月异，知识不可能在学校中一次学完，需要不断学习。更何况在今天，人类已经进入学习化社会，学习已经不仅是为了适应职业社会的变化，而是人的持续发展的过程，成为人生活的一个重要内容。终身教育体系是一个灵活的、多样化的学习体系，它包含了正规教育和非正规教育、正式教育和非正式教育等一切学习形式。它把学校、家庭、社会一切学习形式统整起来，不受时间和地点的限制，为社会所有成员在他们需要学习的时候提供学习的机会。

加强人文学科的教育，提高学生的道德水准。20世纪，科学技术迅猛发展，数学和科学课程在学校中占据了绝对优势地位，人文社会科学被削弱了。学生不了解世界，不了解人类发展的历史，以个人自我为中心，不关心他人，缺乏高尚的道德水准。因而，加强人文科学教育，培养学生高尚的道德品质已经是刻不容缓的事情了。

中国自1978年改革开放以来，教育经历了重大的改革，到20世纪末，基本上普及了九年义务教育，基本上消除了青壮年文盲，高等教育的毛入学率到2003年已达到17%。应该说，作为一个人口占世界总人口1/5的发展中国家，教育发展到如此水平，是极不容易的，是克服了许多困难的。但与发达国家相比，我们还有很大差距。我国要在今后10多年内全面建设小康社会，教育是绝不可少的基础。我们要加大开放力度，加强与各国的文化教育交流，在继承民族文化优秀传统的基础上，吸收世界文化的一切优秀成果，来改进我国的教育。

"三个面向"与中国教育改革[*]

　　邓小平同志是我国改革开放和现代化建设的总设计师,邓小平理论是当代中国的马克思主义,是指导我国社会主义现代化建设的科学指针。邓小平同志在进行党和国家的重大决策过程中,特别重视科学技术和教育,他把教育作为我国社会主义现代化建设的基础。作为教育工作者,纪念邓小平同志100周年诞辰,我们在学习邓小平理论时,特别要认真学习和领会他的高瞻远瞩的教育思想和对教育工作的重要指示,并在实际工作中切实贯彻落实。

　　邓小平同志为北京景山学校的题词:"教育要面向现代化,面向世界,面向未来",是邓小平教育思想的集中体现。

　　当时,我们党指导思想上的拨乱反正才完成不久,我们国家改革开放正处于起步阶段,教育和其他各个领域一样正处在一个十分重要的转折时期,教育的改革和发展面临着许多困难甚至困惑,我国的教育事业既落后于经济建设的需要,也落后于发达国家甚至是一些发展中国家。面对这样一种现状,教育界在如何更好地处理教育与现代化建设、教育与其他各方面的改革、教育与对外开放等关系的问题上还认识不清,把握不准,迫切需要有一个明确而又能指导教育改革和发展全局的方针

---

[*]　原载《教育信息报》,2004年8月24日。

或指导思想。正是在这种背景下，邓小平同志做出了"三个面向"的题词，这在当时中国的教育界，可谓石破天惊！它真的如雪中送炭，给整个教育界和教育事业指明了改革、发展的方向和总的指导方针。此后，在"三个面向"指引下，我国教育事业飞速发展、成就辉煌，教育改革取得重大突破，逐步建立了与社会主义市场经济和整个社会主义现代化建设相适应的教育体制。

教育要面向现代化，就是社会主义现代化建设要依靠教育，教育要为社会主义现代化建设服务。教育是社会主义现代化建设的基础工程，它要为社会主义事业提供人才和知识。早在1977年，邓小平同志就指出，实现四个现代化，科学技术是关键，教育是基础。

这些年来，我国教育有了很大发展。我国在20世纪末就基本上普及了九年义务教育，基本上扫除了文盲，三年高等学校扩招，使我国高等教育进入大众化阶段。教育发展的形势是十分喜人的。但是，从总体来讲，我国的教育还不能适应社会主义现代化建设的需要，主要表现在以下几个方面：我国基础教育的基础还不巩固，农村辍学率严重，实施素质教育步履维艰，升学竞争愈演愈烈，严重影响学生身心健康的发展，也不利于创新精神的培养。从上面的情况可以看出，要使教育为现代化建设服务，还需要我们做艰苦的工作。

第一，增加教育的投入，要逐步达到中共中央、国务院在《中国教育改革和发展纲要》中提出的教育经费应占国民生产总值4%的水平。同时要开源节流，要吸引社会资金投入教育事业，还要节俭办学。目前，一方面农村教育经费严重短缺；另一方面浪费严重，有些地区的学校建一个校门就花去50万甚至100万元。经费富裕的地方应该把力量放在提高教育质量上，不要搞花架子。

第二，要大力培养教师，提高他们的业务素质和教育技能。新的课程改革需要有高素质的教师，加强青少年的思想品德教育需要有高素质的教师。因而，各地教育部门的工作重心应该放在软件建设上，而不是搞豪华的校舍。

第三，农村的课程改革和教学要切合农村的实际。学生学习的内容除为进一步学习、终身学习打好基础外，还要学习一些能够改变农村面貌的科技知识和技能，适应农村现代化建设的需要。农村教育是教育工作的重点。只有把农村教育搞好，提高整体农民的素质，农村的现代化才能实现，中国的现代化才能实现。

教育要面向现代化，必须面向世界，面向未来。教育要面向世界，就是要吸收人类的一切优秀文明成果。当今世界，交通越来越便捷，信息越来越畅通，国际交往越来越频繁。任何国家的一项教育改革都会很快传遍全世界。中国教育界不能闭关自守。中国教育有优秀的教育传统，要继承和发扬。但只有吸收别国的有益经验，才能使我国的教育有所创新。学习外国的经验要了解外国的文化背景，学习他们的基本精神，而不是照抄照搬，更不是学一些皮毛形式。同时，学习要与我国的实际相结合，使之本土化。

教育要面向世界，就是要培养具有世界视野、思想开阔、善于国际交往的人才。随着中国国际地位的日益提高、经济日益全球化，不仅外国商人、学者、旅游者等来到中国，我国寻常百姓也要走出国门，和外国人打交道。这就需要教育我国的国民具有国际视野、国际理解，懂得国际交往礼仪等。

教育是未来的事业，今天在学校学习的学生将是未来社会的栋梁。因此，教育要面向未来。教育要面向未来，就是要面对科学技术的日新月异的发展，迎接科技革命的挑战，培养创新人才；教育要面向未来，就是要面对日益复杂的社会形势，加强青少年的思想品德教育，使他们成为有社会责任感、具有高尚品德的人才。

党的十六大为我国全面建设小康社会绘制了宏伟的蓝图，提出了建设的具体目标。这些目标的实现要靠全国人民的努力，更要靠青年一代的努力。今天在学校学习的学生无论是大学生还是中学生，都将肩负起建设小康社会的任务，甚至要担负实现我国现代化建设第三步，即建设中等发达国家的重任。教育只有遵循邓小平同志"三个面向"的指示，才能培养新时代的新人，为中国的现代化建设担起重担，勇往直前。

我们要高举邓小平理论旗帜，努力学习邓小平教育思想，宣传邓小平教育思想，并用它来指导我们的教育工作。

解放思想是深化教育改革的金钥匙[*]

今年是我国实行改革开放政策的30周年，30年来我国各项事业都取得了举世瞩目的成绩。教育事业也不例外，取得的成绩是空前的。本文不可能列举30年来教育取得的伟大成绩，但可以概括起来从观念的转变、事业的发展、制度的创新、科研的繁荣四个方面来说明。

一、观念的转变

改革开放30年最重要的成果是思想解放，从而解放了生产力，极大地调动了人民群众的积极性。"实践是检验真理的唯一标准"的讨论，打破了禁锢思想的精神枷锁，才有党的总路线的转变，才有改革开放的政策。

最近读了时任科委副主任吴明瑜回忆1977年为全国科学大会筹备的情况，了解到那次大会对思想界、学术界的影响之深远。[①]邓小平同志在那次大会上的讲话有两个重要的论断：一是科学技术是生产力；二是知识分子"是工人阶级自己的一部分"。这两个论断改变了国家的命运，

---

[*] 原载《教育学报》，2008年第3期。
① 吴明瑜：《为邓小平起草全国科学大会讲话稿始末》，载《南方周末》，2008年3月20日。

也改变了知识界的命运。从此，中国走上了建设社会主义现代化新长征的道路，同时迎来了科学技术的春天。

教育界也不例外，正是在思想解放的前提下，我们对教育的本质和功能有了新的更深刻的认识。长期以来受"左"的思想的影响，教育一直被视为阶级斗争的工具，历次政治运动总是先从教育领域开始的，知识和知识分子不被重视。"文化大革命"以后，邓小平同志主持中央工作，首先提出人才问题。1977年，邓小平同志在一次座谈会上说，"我们要实现现代化，关键是科学技术要能上去。发展科学技术，不抓教育不行"，提出要"尊重知识，尊重人才"。全国科学大会也就是在邓小平同志这个思想指导下召开的。1978年召开了"文化大革命"以后的第一次全国教育工作会议。邓小平同志在大会讲话，再一次强调知识的重要，号召青年学生自觉刻苦地学习科学文化；提出教育事业必须同国民经济发展的要求相适应。

1979年夏天，一场关于教育本质的大讨论就是在这个背景下展开的。

教育的本质是什么？它有什么功能？通过讨论，大家虽然对教育本质属性没有达成一致的意见，但有一点是共识的，就是教育是培养人的活动，是人类发展的必要条件，是人的自身发展的需要；教育对于社会，不仅有政治的功能，还有经济的功能、国防的功能、文化的功能等。教育要为社会的物质文明服务，还要为社会的精神文明服务。因此，教育具有促进人的发展和促进社会发展的两大功能，而教育促进社会发展是通过促进人的发展来实现的。只有个体得到发展，才能为社会发展服务。教育的本质是传承文化、创新知识，促进人的发展。

30年来，我们在建设社会主义现代化过程中越来越体会到人才的重要。社会主义现代化建设不仅要有高层管理人才、科学技术人才，还要有一大批掌握先进技术的在第一线生产的劳动技术人才，也就是说，只有全体公民的素质得到提高，现代化才能真正实现。因此，我们要把教育放在社会主义建设中优先发展的战略地位。1995年，中共中央、国务院在《关于加速科学技术进步的决定》中提出了实现"科教兴国"的战略，党的十七大报告把教育放在"加快推进以改善民生为重点的社会建设"的框架中，并提出"优先发展教育，建设人力资源强国"的目标。这些都充分说明了我们党对教育本质和功能的深刻认识。教育首先要满足人的自身发展的需要，教育是每个人享有的权利；同时教育要为社会的发展服务，所以要建设人力资源强国，使我国有强大的综合国力，能在当今日益激烈的国际竞争中立于不败之地。同时，只有国家强盛了，公民自身也才有充分发展的条件。30年来我们逐渐认识到这种辩证关系。

从"教育是阶级斗争的工具"到"科教兴国""教育先行"战略，这种教育观念的转变是30年来教育领域最大的成绩，它指导着我国教育事业的发展和深入的改革。

二、事业的发展

30年来我国教育事业得到空前的发展。

短短30年，我们就在全国范围内基本实现了九年义务教育的普及，基本扫除了文盲。这在许多先进国家都差不多用了半个多世纪的时间才完成。而且我国是一个发展中国家，是在农村人口占70%的情况下，在人口高峰期实现这两个基本的。这也是在解放思想的前提下，依靠广大人民群众的支持才实现的。1985年，在做出决定用15年时间普及九年义务教育时，许多专家是有疑虑的，怕在我国当时经济还不发达的情况下不能实现。但结果是实现了。近年来，农村义务教育经费已由政府包下来，全部免除学杂费并免费提供国家课程教科书；城市义务教育也从今年开始免除学杂费。

高中阶段有了很大发展，2007年毛入学率达到66%。

高等教育实现了历史性跨越，进入了大众化阶段。1978年，在校学生只有85.6万人，2006年在校学生为1 849.31万人（包括成人高校学生约达2 500万人），毛入学率从1980年的2%到2007年达到23%。[1]世界一流大学和重点学科建设取得了重大进展。

研究生教育有了很大发展。特别是学位制度，是改革开放以后才建立起来的，也是在邓小平同志的提议下建立的。他在1978年科学大会开会前就提出要恢复研究生制度，恢复教师职称制度。1980年，五届人大九次会议通过了《中华人民共和国学位条例》，开辟了我国研究生教育的新局面；1980年，全国只有研究生18 830人，2006年达到110.47万人，为国家培养了大批高层次人才。

职业教育也有了很大发展，虽然前几年一度有所削弱，但2005年国务院召开全国职业教育工作会议以后，很快得到发展。2005年，全国中等职业教育在校生接近1 600万人，占高中阶段在校生约40%。高等职业教育在校生近1 000万人。

信息技术在教育领域的应用，促进了教育信息化和现代化。远程教育在普及优质教育资源和职业培训等方面起了重要作用，是30年来我国教育发展的重要内容。

改革开放30年来教育的快速发展，使我国全体人民受教育的程度有了较大的提高，人均受教育年限1980年为5.33年，2005年达到8.5年。我国已经由一个人口大国转变为人力资源大国，今后的任务是要建立人力资源强国，为建设我国全面小康的和谐社会，为世界的文明和进步做出贡献。

---

[1]《关于2007年国民经济和社会发展计划执行情况与2008年国民经济和社会发展计划草案的报告》，载《光明日报》，2008-03-21。

三、制度的创新

30年来的教育成就离不开改革，教育体制改革和创新取得重大突破，有力地促进了教育持续发展。1977年恢复高等学校入学考试制度就是在思想解放以后的重大改革。这次改革一扫"读书无用论"的乌云，使各级教育都恢复了正常。1983年邓小平同志提出"教育要面向现代化，面向世界，面向未来"，确立了"教育必须为社会主义建设服务，社会主义建设必须依靠教育"的根本指导思想。1985年，中共中央《关于教育体制改革的决定》更是拉开了教育全面改革的序幕，实现了全党全国在教育思想上真正向为社会主义现代化建设服务的转变。[①]

教育改革可以分为宏观的领导体制改革和学校内部体制改革两个层面。教育领导体制改革主要是确立了"统一领导，分级管理"的体制，实行简政放权，扩大学校的办学自主权。这一体制的确立，调动了各级办学的积极性。

基础教育方面，中央把发展基础教育的责任交给地方，建立了"地方负责，分级管理"的新体制，普及九年义务教育就是在各级地方政府和广大人民群众支持下在短短的15年时间内得以基本实现的。在这期间，我国重新建立了基础教育督导制度；在全国范围内进行多次课程和教材的改革，使它更符合时代的要求和中国的实际；在学校内部实行了校长负责制度、教师聘任制度，建立了教职工代表大会制度，加强民主管理和民主监督。一系列改革促进了基础教育的发展和提高。

高等教育方面，进行了招生考试制度、收费制度、分配制度、教师聘任制度、后勤社会化制度等一系列改革；20世纪90年代开始又进行了高等学校领导体制改革，实行"共建、调整、合作、合并"的八字方

---

① 方晓东等：《中华人民共和国教育史纲》，369页，海口，海南出版社，2002。

针，把原来分属中央各部委和企业举办的学校改为中央教育部直接管理或由地方管理，使高等学校条块分割的管理体制转变为条块结合的管理体制，高等教育在改革中有了跨越式的发展。20世纪90年代，根据中共中央《中国教育改革和发展纲要》的精神，开展"211"建设工程，建立了一批重点大学；在几十所重点建设的大学开展"985"工程，使高等学校成为国家创新体系的重要组成部分。"十五"期间，全国高校的科技创新成果累累，累计获得55%的国家自然科学奖、64%的国家技术发明奖、54%的国家科技进步奖；哲学人文社会科学研究成果更是约占全国成果的80%，发挥了"思想库""智囊团"的作用。

职业教育、成人教育、民办教育等也有许多重大改革，这里就不一一列举了。

改革开放30年来的最重要的制度创新是开展了教育法制建设。改革开放以前，我国教育只有政府法规法令，除宪法规定的教育条款外，没有一部教育部门法。改革开放以后，教育的改革和发展不仅呼唤着教育立法，也为教育的法制建设奠定了基础。1986年4月12日，我国第一部教育法——《中华人民共和国义务教育法》经过全国人大六届第四次会议通过颁布，以后陆续颁布了《中华人民共和国教师法》《中华人民共和国高等教育法》《中华人民共和国教育法》《中华人民共和国职业教育法》《中华人民共和国民办教育促进法》，2006年又修订颁布了新的《中华人民共和国义务教育法》，教育法制日臻完善，使我国教育走上了以法治教的轨道。

以上说明，教育制度改革和创新是这30年来的教育发展的制度保障，没有教育制度改革和创新，就不可能有今天的局面。因此，教育改革和制度创新是30年来教育领域发展的重要成绩。

四、科研的繁荣

改革开放以前，我国可以说没有多少教育研究，一本教育学唱独角戏。十一届三中全会迎来了教育科研的春天，教育科学研究蓬勃地开展起来。经过六个五年计划，我国涌现了大批科研成果，创建了许多新兴学科，各地建立了教育科研机构，成长了一支科研队伍，为建立有中国特色的教育理论体系打下了基础。30年来，我国教育科研呈现出以下几个特点。

第一，教育科研走出了书斋，结合我国教育改革和发展中的重大问题开展理论研究，为国家的教育决策服务，为学校提高教育质量服务。改革开放以前，我国教育科研仅仅局限于师范院校的少数教学、科研人员，而且只研究中小学的教育教学等微观教育问题，很少研究教育与国家发展的宏观教育问题。改革开放以后，教育科研界从第一天起就开始对教育的本质、教育与市场经济的关系、教育与社会发展、建立世界一流大学等重大问题进行讨论；同时引进国际教育新理念、新经验，研究学校教育、课程内容、教学方法和技术手段的改革。许多科研人员还走出学校，走到基层，开展了各种实验研究。

第二，教育科研走入了群众。改革开放以前教育科研队伍很小，只有几所师范院校的教育学科教师从事业余的研究，全国除少数设立于大学的外国教育研究机构外，没有单独的科研机构。据统计，1979年召开第一次全国教育科学规划会时，全国教育科研人员，以师范院校的教育学科教师为主，总共不足400余人。30年来，我国不仅有了一支庞大的教育科学研究队伍，而且教育科研成了广大教师促进自我发展、提高教育质量的主要途径。

中央教育科学研究所在改革开放后的第二年春天得以恢复，接着各地纷纷建立了教育科学研究所，有的省市成立了教育科学研究院；许多高等学校成立了高等教育研究所或高等教育研究室，教育科研队伍不断壮大。《中华人民共和国学位条例》颁布以后，教育学科作为12大科学门类之一，列入研究生培养专业目录，20多年来，培养了数以万计的教育科研人员，他们是教育科研的生力军，正在发挥教育科研的骨干作用。

特别可喜的是，广大教师加入教育科研队伍，许多第一线的中小学教师参加各种教育实验，更多的是结合自己的日常教学开展研究，把科研作为自我成长、提高教育质量的主要途径。从中国教育学会每年年会征集论文的情况就可以看到教师参加科研的热情，2005年征集到论文6 000多篇，2006年增加到8 000多篇，2007年超过了10 000篇。中国教育学会的"十五""十一五"教育科研规划虽然不是国家科研项目，又无经费资助，但各地各校申报踊跃，"十一五"规划已立800多项。广大教师参与科研的热情是空前的，是值得我们支持和保护的。

第三，教育科研走向世界。30年来，我国教育从封闭走向开放，走向国际化。20世纪五六十年代，正是世界教育大发展、大改革的年代，是世界教育进入现代化的重要历史时期。可惜我们60年代正在大闹"文化大革命"，正在毁灭教育，对世界上教育发生的重大变革一无所知。改革开放才使我们打开了眼界。30年来，我们大量引进、借鉴世界教育的新理念、新经验，促进了我国教育科学的发展，使我国教育科研呈现出百家争鸣、百花齐放的局面。在改革开放思想路线的指引下，我国教育科学也走向国际化。我们积极参加联合国教科文组织、联合国儿童基金会等国际组织的活动；参加了如世界比较教育学会联合会、世界教师教育协会联合会、国际教育评价协会等国际民间组织的会议。我们还在国内组织了多次国际教育会议；科研人员的交往、留学生的互换、学术资源的交流更是日益频繁。这不仅使我们了解了世界，也让世界了解了我们。

*　　*　　*

改革开放30年来教育领域取得的成绩是巨大的。这些成绩都是在邓小平理论指导下，在思想解放的前提下，经过改革创新取得的。但是，当前教育面临的挑战也是巨大的，要完成党的十七大提出的任务还需要付出巨大的努力。当前我国教育正处在转折点上，表现在要从数量的发展转变到提高教育质量上来。党的十七大报告中提出，"优先发展教育，建设人力资源强国"，具体要求"优化教育结构，促进义务教育均衡发展，加快普及高中阶段教育，大力发展职业教育，提高高等教育质量"，核心是提高质量。要完成十七大提出的任务，关键是要高举中国特色的社会主义伟大旗帜，以邓小平理论和"三个代表"思想为指导，全面贯彻落实科学发展观，进一步解放思想，深化教育改革。

综观改革开放30年来教育事业所取得的成绩，无一不与解放思想、改革创新有关。恢复高考、依靠人民群众普及义务教育、高校学生缴费上学、不包分配双向选择就业、高校合并扩招、领导管理体制改革等，都是在思想解放的前提下经过改革而完成的。现在社会上对教育改革有两种截然相反的舆论：一种认为教育领域仍然是计划经济的最后堡垒，没有很好的改革；另一种认为改革过头了，促使教育市场化、功利化，扩大了教育的不公平。这两种意见都有片面性。应该说，30年来教育改革的成绩是巨大的，但改革仍需要深化和完善。改革过程中还存在着许多思想障碍和制度性障碍。只有继续解放思想、克服障碍、创新制度，我国教育才能进一步发展。

解放思想，首先观念要转变。各级领导要把教育观念统一到中央的认识上来。教育先行，把教育放到社会主义现代化建设的优先发展的战略地位已是我国的国策。当今世界科学技术日新月异，国际竞争日益激烈，综合国力的竞争说到底是人才的竞争、教育的竞争。只有把我国建设成为人力资源的强国，我们才能在国际竞争中立于不败之地。我国经济保持了十几年的持续增长，但经济增长中的科技含量还不高。过去，我们依靠廉价劳动力赢得竞争优势，但这种优势不可能长期保持下去，今后的竞争要靠科技创新，靠人才优势。只有教育才能提高这种优势。教育的本质就是传承文化、创造知识、培养人才。我国是有13亿人口的大国，现在已经是人力资源的大国，但要成为人力资源的强国，还需要大力发展教育，提高全体国民素质，培养一大批科学技术人才和管理人才。经济发展与环境的关系已经逐步被各级领导认识到，先发展再治理使我们付出了沉重的代价。但是许多领导尚未认识到教育与发展的关系的重要性。贻误一代人的教育培养，其代价更是无法弥补的。"文化大革命"十年对教育的破坏，不只是贻误了一代人，这个教训要永远牢记。

以上是从经济发展、国际竞争角度讲的。从社会发展来讲，教育是建设和谐社会的基础。党的十七大报告把教育发展放在改善民生、推进社会建设议题中来谈，其意义就在于把教育作为人的发展的权利，作为建设和谐社会的条件。建设社会主义现代化，首先人要现代化，没有现代性的人民大众，现代化社会是建不成的。所以，十七大报告中说，要建设全民学习、终身学习的学习型社会，要促进人的全面发展。什么是学习型社会？就是以学习求发展的社会，就是不断创新的社会。

解放思想，要深入研究妨碍教育发展的思想障碍和制度性障碍。当前教育中遇到许多问题，大多是思想障碍和制度性障碍造成的。

从基础教育来讲，当前存在两大问题：一是教育公平问题，二是素质教育问题。要解决教育公平问题，首先要考虑对弱势群体的政策倾斜。因为弱势群体长期处于不利的环境中。如果没有政策倾斜，优先发展，他们永远跟不上一般水平。但是弱势群体主要在农村，教育优先发展如何在农村落实就遇到制度性障碍。我国城乡二元结构的格局尚未打破。农村教育投入与城市有很大差距。新的《义务教育法》规定义务教育实行免费以后，政府采取了许多倾斜政策，如教科书免费、补助住宿费等，较大地减轻了农民子女上学的困难。但是由于长期二元结构的存在，农村教育发展仍然存在着许多困难。特别是农村教师，编制缺、水平差、待遇低、不稳定，严重地制约着农村教育的发展。

农村教育的另一个问题是脱离农村实际。义务教育是打基础的教育，不仅要打好儿童身心健康发展的基础和进一步学习的基础，而且要打好走向社会的基础。因此，我们要培养学生对社会的责任心、就业意识和能力。虽然全国高中阶段毛入学率已经达到66%，但仍有一部分要留在农村。因此在教育目标、内容和方法上，都不能脱离农村的实际，农村的高中尤其不能脱离农村的实际。这里既有思想观念上的问题，也有制度上的问题。这个问题值得重视和研究。

农民工子女在城市上学的问题虽然部分得到解决，但并未彻底解决。不仅农民工子女学校与城市的学校还有差距，而且义务教育毕业后报考高中的问题未能解决，他们还要回到原籍去上高中。这也是制度性障碍。

教育公平问题在城市中主要表现在择校问题上。这也需要通过改造薄弱学校的途径来解决。硬件建设容易解决，教师队伍的建设不是立即生效的。优质教师资源的合理配置也存在制度性障碍。

素质教育的推进也有思想观念问题和制度性障碍问题。推进素质教育之所以步履维艰，是因为教育不单纯是教育内部的事，它是社会各种矛盾的集中反映。但是解决这个问题也需要思想解放和制度创新。

思想障碍之一是教育价值观问题。教育的本质是促进人的发展。但我国传统教育观念则是功利主义的，所谓"读书做官"。每个家庭都"望子成龙"，都希望通过教育将来获得体面的、舒适的职业。这本来是无可非议的，是人之常情。但现实生活是社会需要各种职业，高等学校的学额有限，每个孩子的智力和努力都不相同。本来应该因材施教，根据学生的天赋、特长和各种条件施以不同的教育，但是每个家长都认为自己的孩子是天才，都挤向高校的独木桥，造成了教育的激烈竞争。

思想障碍之二是人才观问题。本来人才是多样的、多层次的。只要有社会责任心，勤奋努力，为社会做出贡献的人都是人才。人人都能成才，才有不同。但人们往往把人才与天才混淆起来，认为政治家、科学家、艺术家才是人才，从事平凡的工作的人就不是人才。另外，中国的传统文化中家长把子女当作自己的私有财产，把子女能不能上大学、上什么大学看作与自己的面子有关，因此，拼命地逼迫孩子读书，以便将来光宗耀祖。

思想障碍之三是重学术轻技术。这也与中国的传统文化有关。我国长期以来提倡"学而优则仕"，从来没有说学而优则工、学而优则农。手工业、农业历来是不被知识分子重视的。学习内容都是"四书""五经"，很少有科学技术的内容。我国古代的许多先进技术之所以失传，就是因为知识分子不去总结它，没有物化为知识。中国长期以来缺乏职业技术教育，因此，今天仍然不重视职业技术教育，家长不愿意把自己的孩子送到职业学校中。近几年政府的重视和扶植，职业学校毕业生就业形势较好，这种旧的思想观念正在改变。但当前仍然是推进素质教育的思想障碍。

推进素质教育还有许多制度性障碍。大家都说教育竞争是社会竞争的反映，但是教育内部的制度不当也加剧了这种竞争。例如教育资源配置不均。许多地方仍然在发展重点学校，许多学校变相地办重点班，教育竞争始终存在。各地政府把升学率作为评价学校和教师的指标。这都加剧了教育的竞争。

教育模式的统一、教育方法的僵化、教育评价的划一，都不利于素质教育的推进。还有当前"三好学生"的评选、各种竞赛的加分，都加剧了教育的竞争，增加了学生的负担。其实这个问题是很好解决的。教育部门一纸命令取消一切"入学"的附加条件，各种评选和竞赛就会销声匿迹。为什么下不了这个决心，无非是思想不解放，认识不统一。

教师队伍的建设是实施素质教育的关键。30年来，我们把主要精力放在学校建设上，创造条件使儿童青少年有学上，今后的主要精力必须放在教师队伍的建设上。采取一切有力的政策措施，吸引德才兼备的优秀青年进入教师队伍。政府采取教育部直属高等师范大学免费师范生制度，是一项利国利民的政策。有些同志还不理解。事实上已经产生了较好的效应。许多地方师范院校也在逐步采用这种政策，受到当地青年的欢迎。笔者有一次在飞机上遇到一位退休职工，她就反映当地许多家长愿意送孩子上师范。至于在实施过程中遇到一些问题，也需要学校的领导解放思想，研究问题，努力解决。

高等教育方面，高等教育的行政化、功利化、趋同化、结构失衡阻碍着高等教育的发展。高等教育进入大众化以后，从结构上来讲应该大力发展高等职业教育。但是许多高等专科学校盲目升格，使得高等教育结构严重失衡。职业技术教育的缺失严重影响到社会经济的发展。职业教育不发达有思想障碍，上面已经讲到，也有制度性障碍。如前一时期高等职业学校的学费比重点大学的还高，这种倒挂使家长更不愿意把孩子送进高等职业学校。近年来，政府对职业教育进行补助，扩大奖学金的名额，情况就在逐步改变。

高等学校的趋同化十分严重。学校盲目升格，所有学校都想升格为大学，所有大学都向清华、北大看齐，不考虑自己的特色。这势必会降低高等教育的质量。高等教育大众化是有层次的，多样的；任何一个层次的学校都能办出特色，都能成为一流。美国麻省理工学院始终叫学院，法国巴黎高等师范学校始终叫师范学校，但都是世界一流的。美国达默斯学院一直以本科生为主，纽约银行街学院以培养幼儿教师为主，在世界都很有名。新中国成立以后，立信会计学校也很有名。因此，不是所有高校都办成"清华""北大"才算有名。我国高等教育需要解放思想，克服好大喜功的观念，从特色上、质量上下功夫。

高等学校内部行政化越来越严重。"校级干部一走廊、处级干部一礼堂"的说法虽有夸张，却也反映了学校行政化的现状。高等学校是学术的殿堂，是创造知识、创新思想的地方，学术应该成为高等学校的核心。做学问，就要淡泊名利，甘居寂寞，长期钻研。但高等学校的各种评比搞得教师晕头转向；考绩办法是在核心期刊上发表多少文章，于是急就者有之、抄袭者有之、走后门发表者有之，败坏了高等学校的学术风气。高等教育亟须解放思想，深化改革，在制度上创新。

办学体制需要深入改革。党的十六大、十七大都提出建立全民学习、终身学习的学习型社会。建设学习型社会意味着要建立大教育观念，既要重视学校教育，又要重视社会教育，家庭教育；既要重视正规教育，更要重视非正规教育；既要重视正式的学历教育，又要重视非正式的教育。要建设学习型社会，需要全社会的努力，同时需要政府各部门的统筹协作，绝不是教育部门一家的事，因此需要在制度上创新，建立协调教育、文化、体育、卫生、社区各部门的统筹机构及机制，才能顺利地开展。

在办学体制上要解放思想，支持民办学校的发展。《民办教育促进法》的颁布本应该促进我国民办教育的发展，但是这几年的实际是，民办学校发展越来越艰难，不断萎缩，而不是发展。原因是多方面的，有民办学校的外部环境问题，也有民办学校自身内部问题。但我认为，社会，特别是政府对民办学校的认识不到位，支持不力是重要因素。把民办教育看作私营产业还是公益事业，是对民办教育的思想认识问题。这个问题不解决，民办教育永远得不到发展。如果把它看作私营产业，政府当然可以不管，让它在市场上自生自灭。如果是公益事业，政府就应该支持。我们现在基本上是抱着前一种认识，认为它们是私营的，虽然《民办教育促进法》规定民办学校不以营利为目的，但不排除合理回报。既然有回报，政府不仅不在财政上支持，而且要收税。这就给民办学校发展造成很大困难。

其实，民办教育虽然是民间投资，但办的是公益事业。教育与其他产品不同，它是培养人才的事业，不管谁投资，培养出来的人才都是全社会受益的，所以它是公益事业，不是私营产业。虽然我国民办学校不像外国大多由慈善机构或教会举办，他们不求回报，我国大多数民办学校由于私人投资，总企求得到回报，但只要在合理的范围内，就应该支持，因为它总是在为社会培养人才。所以，我国不称私立学校而称民办学校是很有道理的。外国政府对私立学校都有财政的资助，我国政府对民办教育缺乏支持。

我国这样一个有13亿人口的大国，全部教育由国家包下来是不现实的，也是没有必要的。《中华人民共和国宪法》规定，"国家鼓励集体经济组织、国家企业事业组织和其他社会力量依照法律规定举办各种教育事业"。以政府投入为主，多种渠道集资办学的政策是正确的。政府主要保障义务教育的公平。但公民一生多样化的学习选择，不可能全由政府包揽。特别是非义务教育阶段，选择性很强，不可能都由公立学校来满足家长和孩子的需要，必须采取多种形式办学，实行成本分担。民办教育是有力的补充。《民办教育促进法》中认定，民办教育是我国国民教育的组成部分。当前我国民办教育在国民教育中的比例还很小，还构不成组成部分。因此，民办教育的发展空间还很大。这需要我们解放思想，对民办教育转变认识，真正把它作为国民教育的组成部分而加以在政策上、财政上支持。同时加强管理，规范办学制度，淘汰一些不符合条件的、唯利是图的学校。

改革开放30年来，教育领域取得的成绩是巨大的。但是要完成党的十七大提出的"现代国民教育体系更加完善，终身教育体系基本形成，全民受教育程度和创新人才培养水平明显提高"和"建设人力资源强国"的目标，还需要我们进一步解放思想，深化教育改革，进行制度创新。

教育公平与和谐教育*

党的十七大的基本精神是：促进社会和谐，夺取全面建设小康社会的新胜利。建设和谐社会，教育是基础。胡锦涛同志在十七大的报告中说："教育是民族振兴的基石，教育公平是社会公平的重要基础。"当今，教育公平问题受到我国社会的极大关注，这是因为我国教育发展极不平衡，存在着东西部差距、城乡差距、学校之间的差距。这里有历史的原因：一个国家在教育资源极度贫乏的时候，只能集中资源办好一批学校，以便快出人才。这也是以前教育发展不平衡以及20世纪80年代初重点学校出现的缘由。时至今日，我国经济有了很大的增长，教育资源也比以前更加充足，国家已有财力支撑教育的平衡发展，因而教育公平问题就提上了议事日程。

促进教育公平，需要对教育公平有一个认识。教育公平有三层内容：一是入学机会公平，二是教育过程公平，三是教育结果公平。实现教育公平，不仅提供入学机会的公平，在办学条件上也要均衡配置教育资源，还应该特别支持弱势群体子女的教育，这也可以说是对他们的一种补偿。因为长期以来他们缺乏受教育的机会，因此，只有对他们特别予以照顾，教育资源向他们倾斜，才能补偿过去的不足，使他们跟上一

---

* 原载《比较教育研究》，2008年第4期。

般的水平。我国高等学校对少数民族子女降分录取，就是对弱势群体的一种政策倾斜。当前要特别关注进城农民工子女的教育和农村留守儿童的教育。许多地方很重视这个问题，这次我在成都参观了金牛区一所农民工子女学校，叫行知小学，办得很好，与城市小学没有两样。当地教育部门比较有远见，教育局长说，这些农民工子女将来大多数都会留在城市，变成我们的市民，我们现在不去教育他们，将来就会成为城市里的社会问题，因此，还是应该及早让他们受教育。但是许多地方领导不这么想，他们总计算着经费问题，认为城市教育投入只包括有户籍的市民子女，不包括农民工子女，只算经济账，不算社会账。其实农民工为你的城市增加财富，增加税收，为什么不能享受城市的教育？有些同志提出发教育券，由农村孩子带着教育券到城里上学。这样就减少了农村教育的经费，使农村教育更困难。同时，"农民工"的提法也不确切，他本来已经离开土地，成为城市里的工人，也就是实质上的市民，只不过没有户籍而已。既然是城市市民，他们的子女理应受到与城市市民子女同样的教育。当然，现实中也有一些困难，如农民工往往有多个子女，他们都到城市上学，城市负担有困难。但孩子是我们的未来，总要设法让他们受到教育，因此要允许社会力量参与办学，当地政府给予支持。

这是从宏观教育来讲的，国家要负起均衡发展的责任，增加教育投入，改造薄弱学校，扩大优质教育，不仅实现入学机会的公平，而且实现教育过程的公平，使每个学生都能受到良好的教育。这对促进社会的和谐发展有两重意义：一是教育公平是社会公平的基础；二是提高了全体国民的素质，更有利于社会的和谐发展。

就微观教育来讲，一个学校、一个班级也有教育公平的问题。教育公平不只是宏观条件的公平，而且要使每个孩子在一切教育活动中都受到公平的对待，这就需要学校有和谐的环境，班级有和谐的环境，要求教师公平地对待每一个学生。在当今学校中，教育歧视是普遍存在的，不少教师对学生有偏爱，例如爱聪明的孩子，爱听话的孩子，不爱淘气的孩子，甚至有时还会用语言伤害这些孩子，这是不公平的。因此，实现教育公平必须有和谐的教育。和谐教育需要学校协调多方面的工作：学校与教师的和谐、教师之间的和谐、师生之间的和谐、学生之间的和谐。具体到学生身上，要求学生德、智、体全面和谐发展，要以德育为核心，培养学生的创新精神和实践能力。

实现教育公平、和谐发展，并不是不讲差异。我们要承认差异，重视差异，培养差异。实现教育公平，并不是平均主义，并不是人人都一样，用一个模型来塑造人才，而是为学生提供平等的机会，但是内容不同。用一种规格、一种标准来要求每一个学生，对有些学生来讲可能是拔苗助长，对另一些学生来讲可能压抑了他潜能的发展，这也是教育的不公平。

我国教育的最大弊端是统一规格、统一要求、统一模式，因而培养不出优秀人才。我们的教育讲求公平，相信人人都能成才，但是才有不同。有的学生将来可能成为科学家，有的可能成为艺术家，有的可能成为企业家，等等。当今，我国最需要培养拔尖创新人才，著名科学家钱学森院士在温家宝总理看望他时，就提到这个问题。因此，我们不能不思考如何改变这种状况，我认为，就要提倡公平而差异的原则。还要说明一点，拔尖创新人才不只是指科学技术人才，也应包括人文社会科学人才。要做到这一点，需要在很多方面下功夫。

首先，要有灵活的办学机制，提倡学校办出特色。要重视培养学生的学习兴趣，没有兴趣就没有学习，这是颠扑不破的真理。

其次，学校要有灵活多样的课程，便于学生根据不同的兴趣和特长选修。课程不仅包括列入课表中的显性课程，还应包括影响学生发展的各种活动。学校应该从小培养学生对科学文化的兴趣，还是那句话，没有兴趣就没有学习。苏联教育家苏霍姆林斯基说过，一个孩子如果到十二三岁时还没有自己的爱好，老师就要为他担忧。担忧什么呢？担忧他将来成为一个对什么也不感兴趣的平平庸庸的人。我们的老师思考这个问题没有？我国的教育管理工作者思考这个问题没有？恐怕大多数人都没有思考。我们的中学生在毕业填报高考志愿时，大多数不知道填报什么专业，填报的志愿往往是爸爸妈妈的志愿，甚至是爷爷奶奶的志愿。

我最近看了一位美国华裔学生写的书稿，讲述他们在高中的时候怎样根据自己的志愿选课程，怎样准备申报大学。他说，他有5个好朋友，性格不同，追求与梦想也不一样：大卫在高中期间就梦想成为一名导演，并且执着地追求这个梦想，他选择了新闻报告课，高中最后一年成了学校新闻制作主任兼摄影师。麦克想成为一名记者，他读了许多文学著作，特别是莎士比亚的作品，还利用假期到伦敦去参观了莎士比亚大剧院和莎士比亚墓，高中四年，他每学期都为学校办报纸，最后成了校报的主编。约翰痴迷数学难题，想当一名数学家，在语法课上也偷偷地看数学书，同学讥笑，他也不动摇。安德鲁想当一个工程师，他准备在大学学习机械工程，他对课内学习并不太用功，但在课外花很多时间制作自己感兴趣的东西，做小船、做火箭。泰勒想学商业，他很看重人际关系的锻炼技能。泰勒是一个天生会和人交往的人，他能够让你笑、让你哭、让你高兴、让你难过，知道在什么场合说什么话，他是班上最早出去打工的。你看，他们个个都有志愿和爱好。我们的中学却缺乏这种教育，学生缺乏这种个性。

再次，需要改革评价制度。没有绝对的好学生和坏学生，只有某些方面甲学生优于乙学生，某些方面乙学生则优于甲学生。前几年在美国盐湖城举行冬季奥运会期间，我国体育代表团参观一所学校，团长把从国内带去的两只熊猫娃娃送给学校，说明一只是送给学校里最优秀的男生，一只送给最优秀的女生。学校校长感到很为难，他说，我们学校的学生都是优秀的，没有最优秀的男生或女生。最后只好把两个熊猫娃娃放在学校柜窗里，一只写着"给最优秀的男生们"，另一只写着"给最优秀的女生们"。和谐教育就应该从多种视角、多种标准来评价学生，看到每个学生的优点，最终能达到扬长避短，促进学生的和谐发展，而不是把某个学生评下去。

最后，要建设一个和谐、舒适、愉快、活泼的学校文化。最近，学校文化建设受到广泛重视，学校文化的核心是学校要成为和谐的共同体，要有一个共同的愿景、共同的理想、共同的价值观，要有民主和谐的氛围。这里学校校长有重大责任，他要以人为本，协调各方面的关系，建立共同愿景，共同学习，追求学校的和谐发展。

总之，教育公平是和谐教育的基础，反过来，只有和谐教育才能真正地实现教育公平。

终身学习与人的全面发展[*]

　　党的十六大在规划2020年我国实现全面小康社会的目标时，提出要形成全民学习、终身学习的学习型社会，促进人的全面发展。十七大又重申"发展远程教育和继续教育，建设全民学习、终身学习的学习型社会"。如何实现这个目标？首先需要对全民学习、终身学习、学习型社会、人的全面发展这几个概念及其联系有一个明确的理解。

一、人的全面发展是人类对自身发展的最高追求

　　人类很早就萌发了对人的完美、和谐发展的追求。中国古代教育家孔子就说过："若臧武仲之知，公绰之不欲，卞庄子之勇，冉求之艺，文之以礼乐，亦可以为成人矣。"（《论语·宪问》）当时的教育内容"礼、乐、射、御、书、数"（"六艺"）就是想培养"智、仁、勇"全面发展的人。古希腊重视和谐教育，希腊人认为，美就是和谐，或者说和谐就是美。希腊人所理解的人，不仅是心灵美，而且身体也美，心灵美和身体美的统一才真正体现了和谐。^①亚里士多德就要求遵循儿童

---

* 　原载《北京师范大学学报（社会科学版）》，2008年第6期。
① 　滕大春：《外国教育通史》第1卷，135页，济南，山东教育出版社，1989。

的自然行程,通过体育、德育、智育使人得到理性和体魄健美的和谐发展。但是在奴隶社会、封建社会,充其量只有统治阶级才能受到这种教育,而且由于脑力劳动与体力劳动的分离,即使古代智者提出的和谐发展,也是不全面的。中世纪宗教更是认为人生下来是原罪的,为了赎罪,人要禁欲,泯灭人性。文艺复兴冲破了神的束缚,肯定了人的价值,反对以"神"为中心,提倡以"人"为中心。人文主义教育家根据新兴资产阶级的需要,继承和丰富了古希腊身心和谐发展的教育思想,提出培养全人的教育目标。启蒙思想家卢梭提出培养个性自由发展的"自然人"的思想。裴斯泰洛齐主张通过教育与劳动结合,促使人的一切天赋能力和力量的全面、和谐发展。19世纪初,空想社会主义者批判资本与劳动的对立,提倡人人都要劳动,把劳动和教育结合起来,如傅立叶所说的"协作教育的目的在于实现体力和智力的全面发展"[①]。欧文不仅坚持这一主张,而且开展了教育实验。虽然这种实验在资本主义的分工制度下注定是要失败的,但却为后来马克思主义关于人的全面发展的学说奠定了基础。正如马克思所说的:"正如我们在罗伯特·欧文那里可以详细看到的那样,从工厂制度中萌发出了未来教育的幼芽,未来教育对所有已满一定年龄的儿童来说,就是生产劳动同智育和体育结合,它不仅是提高社会生产的一种方法,而且是造就全面发展的人的唯一方法。"[②]马克思、恩格斯继承和发展了前人关于人的全面发展的思想,做出了科学的历史分析,指出人的发展与社会发展的一致性,现代大工业生产决定了需要全面发展的个人来代替只能承担局部职能的局部个人。对于马克思主义关于人的全面发展学说在后面我们会做全面论述。

---

① 滕大春:《外国教育通史》第3卷,508页,济南,山东教育出版社,1989。
② 马克思:《资本论》第1卷,530页,北京,人民出版社,1975。

从上面的陈述可以看到，历史上先进的思想家、教育家无不追求人的全面发展。但是由于历史的局限性，他们对人的全面发展的理解并不全面，而且论述各不相同。那么，什么是人的全面发展，也就是说人的全面发展的内涵是什么？

二、人的全面发展的本质内涵

历史上许多思想家、教育家都曾追求过人的全面发展。但是由于历史的局限，都没有能阐明人的全面发展的本质内涵和发展的条件。只有马克思主义，运用历史唯物主义的方法，把人的全面发展和社会发展联系起来，才科学地阐明了人的全面发展的本质及其发展的物质基础和条件。

关于马克思主义的人的全面发展学说，学术界已经有许多论述，差不多每本教育学教科书中都要论述到。有的从哲学的角度来理解；有的从社会学的角度来理解；有的从政治经济学的角度来理解；更多的是从教育学的角度来论述。我们这里不做这方面的辨析，只是简单地梳理一下马克思、恩格斯在论述人的全面发展时的一些逻辑思考，从而了解人的全面发展在什么条件下提出来，它的本质内涵是什么，什么条件下才能实现。

马克思主义在论述人的全面发展时首先考虑的是人的本质。究竟什么是人，人怎么区别于其他动物？马克思认为，人区别于动物的主要标志是劳动，是有意识的、创造性的劳动。马克思在《资本论》中讲道："劳动首先是人与自然之间的过程，是人以自身的活动来引起、调整和控制人和自然之间的物质变换的过程。人自身作为一种自然力与自然物质相对立。当他通过这种运动作用于他身外的自然并改变自然时，也就同时改变了他自身的自然。"①劳动改变了人自己，也就是我们常常讲到的，劳动创造了人。而人的劳动是创造性的，是从创造工具开始的。尽管猩猩也能用树干去采果实，但它不会制造工具。只有创造性的劳动，才使人与动物区别开来。同时，人的劳动不是个别地存在的，人在劳动过程中结成了社会，因而人不是个体孤立地存在的，而是存在于社会关系中。因此人的本质除了会创造性地劳动外，还有他的社会性。所以马克思讲："人的本质不是单个人所固有的抽象物。在其现实性上，它是一切社会关系的总和。"②

人的劳动是有意识的。马克思在谈到人的劳动与动物的活动的区别时说："蜘蛛的活动与织工的活动相似；蜜蜂建筑蜂房的本领使人间的许多建筑师感到惭愧。但是，最蹩脚的建筑师从一开始就比最灵巧的蜜蜂高明的地方，是他在用蜂蜡建筑蜂房以前，已经在自己的头脑中把它建成了。劳动过程结束时得到的结果，在这个过程开始时就已经在劳动者的表象中存在着，即已经观念地存在着。"人"除了从事劳动的那些器官紧张之外，在整个劳动时间内还需要有作为注意力表现出来的有目的的意志……"③有没有意识，这是人与动物的本质区别。而这种意识是由他的个性和生活条件决定的，也就是说，这种意识不是天生的，是在后天劳动过程中，在与外界的各种交往中产生的。

人的发展取决于生活方法、环境和社会分工。马克思说："这些个人是从事活动的，进行物质生产的，因而是在一定的物质的、不受他们任意支配的界限、前提和条件下能动地表现自己的。"④社会分工是随着生产力的发展而产生的。社会第一次分工是脑力劳动和体力劳动的

---

① 马克思：《资本论》第1卷，201~202页，北京，人民出版社，1975。

②《马克思恩格斯全集》第46卷（下册），18页，北京，人民出版社，1980。

③ 马克思：《资本论》第1卷，202页，北京，人民出版社，1975。

④《马克思恩格斯全集》第46卷（下册），29~30页，北京，人民出版社，1980。

分工。"分工只是从物质劳动和精神劳动分离的时候才开始成为真实的分工。"①这种分工的结果,出现了阶级社会和私有制。因此,马克思指出,分工是和私有制紧密联系着的。分工造成了人的片面发展。一部分人只发展脑力,另一部分人只发展体力。随着社会分工越来越细,人的片面发展越来越严重,到工场手工业时代,人的片面发展到了极点。马克思在《资本论》中详细地分析了这种分工所造成的人的畸形发展。工场手工业把一种手工艺分成各种工序,把每道工序分给个别工人,作为他终生的职业,使他终生束缚在一种技艺操作和一种工具之上。由于劳动被分成几部分,劳动者自身也被分成了几部分,为了训练某种单一的活动,就要牺牲其他一切肉体和精神能力的发展,工人便成了极端畸形发展的人。在这里,劳动者不仅智力得不到发展,而且肌体的发展也越来越畸形。马克思指出:"工场手工业的产物,就是物质生产过程的智力作为别人的财产和统治工人的力量同工人相对立。……工场手工业使工人畸形发展,变成局部工人。"②

但是,大工业机器生产却要求工人的全面发展。大工业机器生产是科学技术与生产相结合的产物。生产的需要和科学技术的发展互相促进,科学技术一有突破,生产力就会几十倍、成百倍地提高。马克思在《资本论》中指出:"现代工业从来不把某一生产过程的现存形式看成和当作最后的形式。因此,现代工业的技术基础是革命的,而所有以往的生产方式的技术基础本质上是保守的。"由于生产的不断变革,也就改变了人们的社会生活,并使工人职能不断地变换。过去传统生产中,一个工人的职能一辈子没有变化,在大工业生产中就大不相同了,工人的职能随着生产工艺的不断变革而不断变换。所以马克思说:"大工业的

———————

① 《马克思恩格斯全集》第46卷(下册),36页,北京,人民出版社,1980。
② 马克思:《资本论》第1卷,400页,北京,人民出版社,1975。

本性决定了劳动的变换、职能的更动和工人的全面流动性。"①而劳动的变换成为大工业不能克服的自然规律,并且带有自然规律的盲目破坏力,"大工业又通过它的灾难本身使下面这一点成为生死攸关的问题:承认劳动的变换,从而承认工人尽可能更多方面的发展是社会生产的普遍规律"。又说:"大工业还使下面这一点成为生死攸关的问题:用适应于不断变动的劳动需求而可以随意支配的人员,来代替那些适应于资本的不断变动的剥削需要而处于后备状态的、可供支配的、大量的贫穷工人人口;用那种把不同社会职能当作互相交替的活动方式的全面发展的个人,来代替只是承担一种社会局部职能的局部个人。"②

大工业生产不仅要求工人全面发展,而且为人的全面发展创造了条件。传统的手工业的手艺掌握在个别人手里,成为一种秘密,在同行中互相保密,只有经验丰富的内行才能洞悉其中的奥妙。马克思把它称为掩盖生产过程的帷幕。"这层帷幕在人们面前掩盖起他们自己的社会生产过程",但"大工业撕碎了这层帷幕。大工业的原则是,首先不管人的手怎样,把每一个生产过程本身分解成各个构成要素,从而创立了工艺学这门完全现代的科学。……工艺学揭示了为数不多的重大的基本运动形式,不管所使用的工具多么复杂,人体的一切生产活动必然在这些形式中进行"③。这就使人们掌握生产过程的基本原理成为可能。马克思预言,在工人阶级夺取政权以后,工艺教育将在工人学校中占据应有的位置,使工人在生产劳动和教育的结合中得到全面发展。

另外,大工业生产创造了高度的劳动生产率,"于是,资本就违背自己的意志,成为社会可以自由支配的时间创造条件的工具,使整个社会的劳动时间缩减到不断下降的最低限度,从而为全体(社会成员)本

---

① 马克思:《资本论》第1卷,533~534页,北京,人民出版社,1975。

② 同上书,535页。

③ 同上书,533页。

身的发展腾出时间"①。马克思认为，自由时间，即劳动时间以外的时间，是人的发展的一个重要领域。

大工业生产要求工人全面发展，但大工业在它的资本主义形式上又再生产出旧的分工，生产的不断变革不断地把只有局部发展的工人抛向后备军。这是很大的矛盾。要解决这个矛盾，除了需要社会变革以外，就要求工人学习，把生产劳动和教育结合起来。所以马克思讲，生产劳动同智育和体育的结合是造就全面发展的人的唯一方法。恩格斯在《共产主义原理》一文中指出："教育将使年轻人很快就能够熟悉整个生产系统，使他们根据社会需要或者他们自己的爱好，轮流从一个生产部门转到另一个生产部门。因此，教育将使他们摆脱现代这种分工给每个人造成的片面性。"②

人的片面发展是私有制及其分工造成的，只有消灭私有制及其分工才能使人得到真正的全面发展。但是反过来，只有个人全面发展了，私有制才能最终被消灭。正如马克思、恩格斯在《德意志意识形态》中讲到的："私有制只有在个人得到全面发展的条件下才能消灭，因为交往的现有形式和生产力是全面的，所以只有全面发展的个人才可能占有他们，即才可能使它们变成自己的自由的生命活动。"③因此，在私有制消灭以后，人类将真正进入"自由王国"，"在这个必然王国的彼岸，作为目的本身的人类能力的发展，真正的自由王国，就开始了。但是，这个自由王国只有建立在必然王国的基础上，才能繁荣起来。工作日的缩短是根本条件。"④到那个时候，人的发展不再是为了从事物质生产，为了维持和再生产自己的生命，即不是为了谋生，而是以人类能力发展为目的。

① 《马克思恩格斯全集》第46卷（下册），221页，北京，人民出版社，1980。
② 《马克思恩格斯选集》第1卷，243页，北京，人民出版社，1995。
③ 《马克思恩格斯论教育》，142页，北京，人民教育出版社，1958。
④ 《马克思恩格斯全集》第25卷，927页，北京，人民出版社，1974。

以上是马克思主义对人的全面发展的历史考察。从这些论述中可以看到，马克思主义认为人的全面发展是大工业生产的必然要求；人的全面发展是指人的脑力和体力的充分地自由地发展和运用[①]；人的全面发展是通过生产劳动同教育的结合来实现的；人的全面发展是历史的概念，必须在消灭私有制及其分工以后，才能真正达到这个理想。同时，马克思又辩证地指出，只有在个体得到全面发展的条件下私有制才会彻底消灭。马克思的伟大就在于他不是抽象地论述人的全面发展，而是第一次把人的发展与社会的发展，与社会生产联系起来，而且预见未来发展的必然。[②]

三、人的全面发展是现代社会的命题

根据马克思主义的历史唯物主义的观点，人的发展是与社会生产发展相一致的。人的全面发展不是像古代思想家那样提出的善良愿望，是科学技术与生产结合的现代社会的客观要求。它只有在大工业生产的基础上，即现代社会才能提出来。

但是马克思又认为只有在消灭私有制及其分工以后才能实现。这是因为马克思以阶级分析为方法，认为在阶级社会里总是资产阶级掌握着生产资料，总是想用最廉价的劳动力来从事生产，不愿意给工人以更多的教育；更重要的是，马克思生活的是资本主义发展的初期，科学技术还不够发达，虽然马克思已预见到大工业机器生产的变革以及人的全面发展是大工业生产的生死攸关的问题，但还没有，也不可能预见到科学技术如此迅猛发展，使知识不再是资本奴役的工具，而是成为现代生产

[①]《马克思恩格斯选集》第3卷，633页，北京，人民出版社，1995。

[②] 联合国教科文组织国际教育发展委员会：《学会生存——教育世界的今天和明天》，华东师范大学比较教育研究所译，611页，北京，教育科学出版社，1996。

的第一要素，因而也就没有预见到知识生产会冲破体脑的分离和旧式的分工。

科学技术是第一生产力，当它一旦与生产结合，社会生产就发生深刻变化而飞速地发展。这是马克思、恩格斯早已预见到的。恩格斯在《反杜林论》序言中就写道："蒸汽和新的工具机把工场手工业变成了现代大工业，从而把资产阶级社会的整个基础革命化了。工场手工业时代的迟缓的发展进程变成了生产中的真正的狂飙时期。"[①]生产的狂飙发展到20世纪中期尤其明显，它所引起的社会变革是过去难以想象的。1972年联合国教科文组织编写出版的《学会生存——教育世界的今天和明天》（以下简称《学会生存》）一书的序言中就写道："到目前为止，还没有什么东西足以和我们现在所说的科学技术革命所产生的后果相比拟。"又说："18世纪的产业革命是用机器去代替和加强人类的机体功能。可与这种产业革命和最初的机器时代相比的是，科学与技术革命同时还进而征服了人类的精神世界。"[②]随着科学技术的迅猛发展，特别是20世纪四五十年代核子、电子的发现和应用，使得生产过程发生了深刻的变化，虽然私有制并未消灭，但旧式的分工正在逐渐被打破，蓝领工人正在与白领工人相融合。18世纪的产业革命是用机器代替和加强人类的机体功能。20世纪中期的新的科技革命是用智能机器代替和加强人类的脑的功能，特别是20世纪90年代以后，知识经济的到来，知识成为生产的第一要素，这就更加要求人的体力和脑力的全面发展。

信息技术的发展和应用，远程教育、互联网、数字化的普及更给世界带来了无穷的变化，也为人们学习提供了多种多样的形式和极大的便

---

① 联合国教科文组织国际教育发展委员会：《学会生存——教育世界的今天和明天》，华东师范大学比较教育研究所译，611页，北京，教育科学出版社，1996。

② 国际21世纪教育委员会：《教育——财富蕴藏其中》，联合国教科文组织总部中文科译，5页，北京，教育科学出版社，1996。

利，为人的全面发展创造了条件。

今天我们所处的知识经济的时代与马克思、恩格斯所处的工业革命初期的时代有很大的不同。那时把工人的全面发展（主要指体脑的结合）作为大工业生产的生死攸关的问题。而新的科技革命时代对人的发展提出了全新的要求。新时代的生产不仅要求工人全面发展去适应大工业生产，而且要求劳动者创新知识，创新技术，把这种知识和技术的创新当作社会生产的必要条件，去推动社会生产；过去劳动者主要指从事体力劳动的工人，现代的劳动者已经不是指体力劳动的蓝领工人，而是包括参加生产的所有人员。因此，新的时代不仅要求工人（体力劳动者）把生产劳动和教育结合起来，接受教育，促进体脑结合，而且要求所有劳动者不断地学习，终身学习，在学习中创造新的知识、新的技术。工业化社会初期和信息化社会与人的发展的关系可以用下面的模型（见图1）来说明。

工业化社会初期：

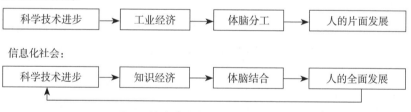

图1　社会生产与人的发展的模型

新时代的另一个特征是教育的民主性。即人人都有受教育的权利。人的全面发展已经不只是政治经济学上的概念，不只是为了大工业生产的可持续发展，而是人类对自身完善的追求。虽然在当今社会里，由于分工还存在，像恩格斯所说的人的体力和脑力的充分自由地发展和运用还不可能完全做到，但人的全面发展已经作为社会进步和发展的目标，已经有了全新的意义。没有全民的文化水平的提高，个人的全面发展是难以实现的。

因此，今天提出的人的全面发展无论在内涵上还是外延上都有扩展，它不仅是指生产者的体力和脑力的充分发展，而且指所有人的体魄、智力、精神、兴趣、爱好、人格等各种能力得到圆满的发展，也就是指人的素质的全面提高。在我国，它的内涵全部体现在我们党的教育方针中，即"教育为社会主义现代化建设服务，为人民服务，与生产劳动和社会实践相结合，培养德智体美全面发展的社会主义建设者和接班人"。这个表述既继承了马克思主义关于人的全面发展的理论，又在新的形势下有了新的发展。但是过去教育方针主要是针对学龄期教育，也即学校教育而言的，今天党的十六大、十七大提出的"形成全民学习，终身学习的学习型社会，促进人的全面发展"指的是全体人民通过不断学习达到全面发展，其外延更为广大，意义更为深远。

如何才能促进人的全面发展，只有通过教育与学习。《学会生存》一书中写道："科学技术革命使得知识与训练有了全新的意义，使人类在思想上和行为上获得许多全新的内容和方法，并且是第一次真正具有普遍意义的革命。"[1]教育和学习已经不限于学校，而是学校教育与社会教育结合，正规教育与非正规教育、正式教育与非正式教育结合的多种形式。信息技术的发展、远程教育、互联网都给学习者提供了随时随处学习的条件。

四、全民教育是现代社会人的全面发展的基础

第二次世界大战以后，随着现代社会的发展，教育民主化是普遍的

---

[1] 联合国教科文组织国际教育发展委员会：《学会生存——教育世界的今天和明天》，华东师范大学比较教育研究所译，5页，北京，教育科学出版社，1996。

要求。1948年联合国通过的《世界人权宣言》和后来通过的《儿童权利公约》都强调教育是人人享有的权利。人民大众也对教育抱着极大的期望。正如《学会生存》一书中所说的："过去人们把一切事物都视为万能的主宰按照事物的自然秩序所做的安排，因而甘愿忍受一切痛苦。现在不然，单就经济、福利与生活水平而言，人们已不再甘心于把人分成不同的阶级而使自己居于不平等的地位；也不再甘心忍受那种使整个民族受苦的挫折。他们也不再听任教育居于不发达的状态，特别当他们开始相信普及教育是促进经济起飞和收复失地的绝对武器时，尤其如此。"[①]

这一段话有多层的意思：第一，20世纪第二次世界大战以后，社会民主意识高涨，人们不再相信注定的命运，要求通过教育来掌握自己的命运。第二，随着科学技术的发展和经济的高速增长，人民生活已经得到改善，教育成为经济增长和人民生活改善的重要途径，人们期望着通过教育来改善自己的生存条件和生活环境。第三，殖民地国家纷纷摆脱殖民国家的统治而宣告独立，它们深深感到普及教育、提高民族文化素养对建设独立国家的重要性。因而教育受到世界各国的重视。教育先行，教育发展先于经济发展第一次成为世界各国领导人的共识。

1990年3月3—5日，在泰国宗滴恩召开的世界全民教育大会，通过了《世界全民教育宣言》和《满足基本学习需要的行动纲领》，在全世界掀起了教育民主化的高潮。20世纪90年代，世界各国都竭尽全力落实全民教育行动纲领，推动教育的普及。2000年又在塞内加尔的达喀尔召开大会，通过了《达喀尔行动纲领——全民教育：实现我们的集体承

---

① 联合国教科文组织国际教育发展委员会：《学会生存——教育世界的今天和明天》，华东师范大学比较教育研究所译，6页，北京，教育科学出版社，1996。

诺》的文件。文件提出共同承诺的六大目标，不仅强调教育的普及和公平，而且把保证教育质量作为重要的目标。全民教育追求的是人人享受教育的权利，满足他们的基本学习需要，丰富他们的生活及其全面生活经验。

全民教育在不同的国家和地区有不同的要求和含义。对于许多不发达国家来说，全民教育主要是满足人们的基本学习需求，摆脱贫穷，能够有尊严地生活。对于发达国家或者社会进步的国家，全民教育，提高全民的受教育程度是人的全面发展的条件。只有全体人民真正享受到教育的权利，社会才能进步，个体才能不断完善，得到全面发展。也只有社会每个成员都得到全面发展，人类才步入现代化社会。这就是说，人的全面发展的追求已经不只是为了大工业生产的可持续发展，而是作为实现社会现代化的必要条件和目的，教育和学习不再只是为了谋生，而是成为人的生活的一部分，是人类对自身完善的追求。

五、终身教育是促进人的全面发展、可持续发展的唯一途径

20世纪五六十年代，新的科学技术革命不仅使现代生产发生了重大变革，而且改变了教育和学习的全部意义，使人类进入了学习化社会。

科学技术革命引起的生产变革，正如100多年以前马克思讲的，造成劳动的变换、职能的更动和工人的全面流动，为了适应这种变化，工人要接受教育，力求多方面的发展。这种情况在20世纪下半叶以来更为严重。《学会生存》一书用了差不多同样的语言描述了这种情况："教育的目的，就它同就业和经济进展的关系而言，不应培养青年人和成年人从事一种特定的、终身不变的职业，而应培养他们有能力在各种专业中

尽可能多地流动并永远刺激他们自我学习和培养自己的欲望。"①终身教育就是在这样的背景下提出来的。

新的科学技术革命不仅对教育提出了新的要求，同时也为建立新的教育体系创造了条件。信息技术的发展及其在教育中的应用，特别是远程教育、互联网的发展，使教育和学习冲破了学校教育的牢笼，使得教育随处都在，随时都是。"科学与技术的革命、人们可能获得的大量知识、庞大的通讯传播网的存在，以及其他各种经济的和社会的因素，已经大大地改变了传统的教育体系，表明了某些教学形式的弱点和其他一些教学形式的优点，扩大了自学的活动范围，并且提高了获取知识的积极性和自觉性。"②

终身教育在20世纪60年代刚刚提出来的时候仅仅被理解为成人的职业培训以适应生产的不断变革。当时许多国家的终身教育立法仅涉及企业对工人的培训。但随着科学技术革命的不断深化，国家对整个教育系统提出了新的要求，整个教育系统都要纳入终身教育系统之中。教育应该贯穿于人的一生，从摇篮到坟墓的一生中的各个年龄阶段。教育的形式不限于学校，包括了一切正规教育和非正规教育，正式教育和非正式教育。《学会生存》一书对终身教育是这样描述的："最初，终身教育只不过是应用于一种较旧的教育实践即成人教育（并不是指夜校）的一个新术语。后来，逐步地把这种教育思想应用于职业教育，随后又涉及整个教育活动范围内发展个性的各个方面，即智力的、情绪的、美感的、社会的和政治的修养。最后，到现在，终身教育这个概念，从个人和社会的观点来看，已经包括整个教育过程了。"③

---

① 联合国教科文组织国际教育发展委员会：《学会生存——教育世界的今天和明天》，华东师范大学比较教育研究所译，14页，北京，教育科学出版社，1996。

② 同上书，15页。

③ 同上书，180页。

可见，终身教育的概念有一个发展的过程，终身教育开始是一种理念、一种思潮，逐渐发展成一种制度、一种教育系统。到21世纪初，终身教育的概念正在逐渐被终身学习的概念所代替。终身学习更强调学习者学习的主动性和主体性，更体现了学习化社会的特征。

终身教育不仅要求所有教育都纳入它的系统，而且要求改变传统的教育模式。传统教育那种只传授僵死的知识，脱离实际教育模式再也不能适应现代社会对人的要求。《学会生存》在分析世界教育的今天和明天时，严厉地批评了今天的教育，指出："学院模式已经过时和陈旧了"，"它过分地依赖理论和记忆。它给予传统的、书面的和复述的表达方式以特殊的地位，损害了口语的表达、自发精神和创造性的研究"。它要求"必须把理论、技巧和实践结合起来，把脑力劳动和体力劳动结合起来；学校不能和生活脱节；儿童的人格不能分裂为两个互不接触的世界"；"教育应该较少地致力于传递和储存知识（尽管我们要留心，不要过于夸大这一点），而应该更努力寻求获得知识的方法（学会如何学习）"。[①]该书尽管写于1972年，但至今仍未过时，它的这些观点仍有现实意义。

联合国教科文组织1996年发表的"国际21世纪教育委员会"的报告《教育——财富蕴藏其中》，进一步论述了终身教育的思想。委员会认为"终身教育概念看来是进入21世纪的一把钥匙。它超越了启蒙教育和继续教育之间的传统区别。它响应迅速变革之世界的挑战……"[②]"今后，整个一生都是学习的时间，而每一类知识都能影响和丰富其他知识。"[③]

---

① 联合国教科文组织国际教育发展委员会：《学会生存——教育世界的今天和明天》，华东师范大学比较教育研究所译，12～13页，北京，教育科学出版社，1996。
② 国际21世纪教育委员会：《教育——财富蕴藏其中》，联合国教科文组织总部中文科译，8页，北京，教育科学出版社，1996。
③ 同上书，89页。

终身教育的目的就是促进人的全面发展。报告提出教育的四大支柱：学会认知、学会做事、学会共同生活、学会生存。委员会认为："这四种'知识支柱'中每一种应得到同等重视，使教育成为受教育者个人和社会成员在认识和实践方面的一种全面的、终生持续不断的经历。"[①]委员会重申了一个基本原则："教育应当促进每个人的全面发展，即身心、智力、敏感性、审美意识、个人责任感、精神价值等方面的发展。"[②]

人的全面发展应该是动态的，脑力和体力的充分自由发展也是动态的，我们不能说到哪一天，哪一个水平我们的脑力和体力就已经达到了极限，人已是全面发展了。据脑科学研究发现，我们今天的人脑利用开发还仅仅是一小部分。同时脑力也是在人的社会生活条件下发展起来的。社会生活在不断变革，人脑也在不断发展。同时，随着劳动生产力的不断提高，整个社会劳动时间在减少，闲暇时间在增多，这为人的发展提供了时间和空间。因此，人们通过终身学习，不断适应社会的变革，人的能力才能不断发展，人的全面发展就从一个高度向另一个高度发展。

六、人的全面发展是建设和谐社会的基础

党的十六大、十七大高举邓小平理论的伟大旗帜，坚持中国特色社会主义，以科学发展观为指导，提出了建设和谐社会的宏伟目标。建设和谐社会，不仅在政治、经济、文化各方面要和谐协调发展，更重要的是人与人的关系要和谐。要达到人人和谐，人自身需要全面和谐发展。虽然我们现在还处在社会主义初级阶段，私有制和社会分工还没有消

[①] 国际21世纪教育委员会：《教育——财富蕴藏其中》，联合国教科文组织总部中文科译，76页，北京，教育科学出版社，1996。
[②] 同上书，85页。

灭，还不可能达到人的彻底解放，使脑力和体力得到充分自由发展和运用，但社会的进步和科学技术的发达，无论在需要上还是在可能性上都为人的全面发展创造了条件。正如马克思、恩格斯所预言的那样，在工人阶级掌握政权以后必然会把教育放在重要的位置。党的十六大、十七大就是根据和发展了马克思主义关于人的全面发展的原理，结合当代科学技术和生产力发展的状况和我国社会主义现代化建设的目标，提出在我国建设全民学习、终身学习的学习型社会，最终促进人的全面发展。这是我们党的伟大创举，在历史上第一次提出以人为本，把社会发展与人的发展同时提出来，社会的发展最终是促进人的全面发展，人的彻底解放。

那么，什么是学习型社会？我个人的理解，就是以学习求发展的社会，就是不断创新的社会。具体的内涵包括：以个体学习、终身学习来追求个体的全面发展；以组织的学习和创新来追求组织的发展；以社会的学习和创新来促进社会的发展，从而达到全面小康的和谐社会。个体学习是基础，以每个公民的个体学习、终身学习来促进全社会的和谐发

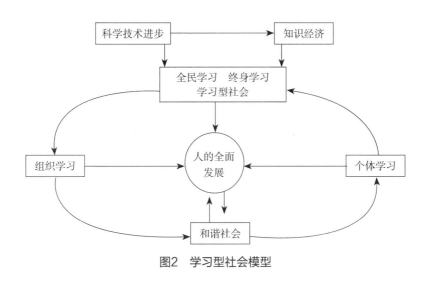

图2 学习型社会模型

展，和谐社会反过来又为人的全面发展创造了条件，最终达到人类追求的最高目标。学习型社会可以用上页的模型来说明（见图2）。

这个模型说明，在学习型社会里，科学技术不断进步，促进知识经济的发展；科学技术进步和知识经济都要求人的全面发展，形成全民学习、终身学习的学习型社会；通过个体学习、组织学习促进人的全面发展，最终达到和谐社会。和谐社会又反过来促进人的全面发展，逐步达到人类的最高追求。

要建设学习型社会，需要高举邓小平理论伟大旗帜，坚持科学发展观，解放思想，在教育观念上有所转变，制度上有所创新。建设学习型社会是全社会的事情，绝不是教育这一个部门的事，需要社会各部门的努力。按照终身学习的理念，学校教育要纳入终身教育体系，不是单纯地传授现存的知识，而是要培养学生终身学习的意识和能力，培养他们的兴趣爱好、创新精神和实践能力。要特别重视职业培训和员工的继续教育。因此，非正规教育和非正式教育应该成为终身教育的主要形式，应该受到劳动人事部门和企业界的重视。当前我国社会正在转型时期，大批农民要转移到城市的工业和服务业上来。这批劳动力的培训是能否建成学习型社会的关键。要重视社区文化教育的建设，尽可能地为全体公民提供自由学习的条件。

改革开放以来我国教育科学的重建与发展[*]

2008年是我国改革开放30周年，30年来我国教育事业取得了举世瞩目的成绩。这些成绩可以从教育观念的转变、教育事业的发展、教育制度的创新、教育科研的繁荣四个方面来概括。本文着重谈谈教育科学的重建与发展。

一

中国的教育科学是与中国现代教育制度同步产生和发展的。20世纪初废科举兴学堂以后，中国引进了西方的学制，同时也引进了西方的课程。教育科学就随着中国师范教育的建立而在中国大地诞生。1920年，北京师范大学首建教育研究科，专攻教育理论，培养教育学士，开设了教育学、心理学、哲学、美学、教育史、教授法原理、教育行政等24门课程。1932年，北京师范大学又成立了教育研究所，专门从事教育研究和培养教育研究人才。20世纪二三十年代，随着美国杜威、孟禄等学者来华讲学，中国教育研究曾盛极一时。

---

[*] 原载《教育研究》，2008年第9期。

1949年以后，我国实行向苏联学习的"一边倒"政策，教育科学以苏联为蓝本，批判抛弃了一切西方教育理论。从此，苏维埃教育学一统天下。1958年开始提倡建立中国自己的教育学，批判苏维埃教育学（俗称凯洛夫教育学），但是由于"左"的思想的干扰，中国自己的教育学始终未能真正建立起来。

"文化大革命"结束后，在思想解放的前提下，教育理论界拨乱反正，中国教育科学才迎来了春天，教育科学得以重建并得到蓬勃发展。改革开放30年来，我国教育科学的发展大致经历了以下几个阶段。

第一个阶段为20世纪70年代末至80年代初，是拨乱反正的时期。1977年5月24日，邓小平在与王震、邓力群、于光远谈话时提出，要"尊重知识，尊重人才"；1978年3月18日，邓小平在全国科学大会开幕式的讲话中指出"科学技术是生产力"，知识分子"已经是工人阶级自己的一部分"；同年4月22日，邓小平在全国教育工作会议上的讲话中批判了"两个估计"（"四人帮"炮制的"新中国成立以后17年教育战线是黑线统治，知识分子是资产阶级知识分子"的估计）[1]，教育界思想得以解放。

1978年，时任中国社会科学院副院长的于光远在一次教育座谈会上提出，教育现象中，虽含有上层建筑的东西，但不能说教育就是上层建筑。后来他的讲话以《重视培养人的研究》为题发表在《学术研究》1978年第3期上。这引起了关于"教育本质"的大讨论。这次讨论首先在《教育研究》上展开，持续了10多年，发表的论文有300余篇，许多重要文章都发表在该刊上。这次讨论虽然对教育的本质属性并未达成统一的认识，但极大地解放了思想，使人们对教育有了较全面的认识。长期以来，人们总是把教育作为阶级斗争的工具、政治斗争的工具，通过

---

[1]《邓小平文选》第2卷，86页，北京，人民出版社，1983。

讨论，我们逐步认识到，教育是培养人的活动，是人类发展的必要条件，是人自身发展的需要；教育对于社会，不仅有政治的功能，还有经济的功能、国防的功能、文化的功能，等等。教育要为社会的物质文明服务，还要为社会的精神文明服务。因此，教育具有促进人的发展和促进社会的发展两大功能，而教育促进社会的发展是通过促进人的发展来实现的，只有个体得到发展，才能为社会发展服务。教育的本质是传承文化、创新知识和促进人的发展。

当然，这种认识并非一下子就能被所有人接受。1980年，笔者曾经在中国教育学会和北京市高教局共同举办的高等学校干部暑期讲座上讲演，题目是"现代生产与现代教育"，提出"现代教育是现代生产的产物，教育与生产劳动相结合是现代教育的普遍规律"的观点。这个观点直到1991年还有人撰文批判，当时提到教育要促进人的发展，被批判为资产阶级的"人本主义"，可见教育观念的转变并非易事。但第一阶段在全国思想解放的背景下，冲破了思想的束缚，为后来教育科学的繁荣奠定了基础。

全国教育科学规划领导小组办公室的成立、中国教育学会的创建、中央教育科学研究所的恢复，标志着我国教育科学走上了有计划、有组织发展的轨道。

第二个阶段为20世纪80年代至90年代中期，是引进借鉴西方教育理论和经验的时期。改革开放，犹如一觉醒来，打开窗户，发现外面的世界是如此五彩缤纷。20世纪60年代是世界教育大发展、大改革的年代，是世界教育进入现代化的重要历史时期。可惜当时我国正在闹"文化大革命"，对世界教育发生的重大变革一无所知。改革开放以后，我们的眼界才被打开，于是开始积极引进国外的教育理念、教育内容和教育方法。

最早引进的一本书是联合国教科文组织1972年发表的教育报告《学

会生存——教育世界的今天和明天》。该书提出，由于第二次世界大战以后科学技术的迅猛发展并引起社会变革，人类开始进入学习化社会，终身教育成为人们生存的必需。此书的观点开始并未被中国教育界所重视，直到20世纪90年代，中国经济转型时期才被人们认识和重视，并写进了《中国教育改革和发展纲要》和《中华人民共和国教育法》中。其实"终身教育"不仅是一种重要的教育思潮，而且是现代化发展的必然趋势，是人类发展的必然。为什么我们的认识比发达国家晚了30年？这是因为我国在20世纪70年代基本上还处在小农经济时代，再加上计划经济体制，没有经历大工业生产的变革，所以很难理解终身教育在现代社会的重要性。直到20世纪90年代中期，我国工业现代化程度有了较大的提高，计划经济向社会主义市场经济的转变，生产技术的不断变革，才引起教育界对终身教育思想的重视。

在引进国外教育经验方面，比较教育工作者起到了重要的作用。1977年8月，教育部在北戴河召开外国教育座谈会，讨论开展外国教育研究工作，并制定了规划。1978年7月5—15日，第一次全国外国教育学术讨论会在北京师范大学召开。这可以说是改革开放以后教育界第一次召开的学术会议。在这次会议的推动下，出版了一批介绍外国教育经验的图书，比较重要的有《外国教育丛书》（35册）和《六国教育概况》、《二十国教育概况》、《今日美国教育》等。1980年，经国务院方毅副总理批准，公开发行《外国教育动态》（后更名为《比较教育研究》）杂志。

这一时期主要是介绍美国、苏联、英国、法国、德国、日本6个发达国家的教育制度和改革发展的经验，同时引入各种教育思想。在我国最流行的有4位学者的教育思想，即苏联赞科夫的发展性教学理论和苏霍姆林斯基的"和谐教育"思想，美国布鲁纳的结构主义教育理论和布卢姆的掌握学习理论。此外，还大量介绍瑞士心理学家皮亚杰的发展心理理论。

在引进国外先进的教育内容方面最值得一提的是，1977年邓小平指示，"要引进外国教材，吸收外国教材中有益的东西"。在当时外汇十分紧缺的情况下，经邓小平批准，中央特拨10万美元，从美国、英国、德国、法国、日本等国家选购了大批教材，有力地促进了我国课程和教材的现代化改革。[①]

第三阶段为20世纪90年代中期以后，中国教育界开始独立走自己的路，创建有中国特色的教育理论体系。1983年，邓小平给北京景山学校题词："教育要面向现代化，面向世界，面向未来。"题词为我国的教育发展指明了方向。1993年，中共中央、国务院颁发了《中国教育改革和发展纲要》，明确提出要建设具有中国特色的社会主义教育体系。在"三个面向"方针的指引下，全国教育界开展了理论研究和各种实验研究。

这一时期教育理论界着重开展了教育与社会主义市场经济的关系、教育结构的改革、教育体制的改革、教育现代化、素质教育、学生主体教育等讨论。在教育实践中，许多地区和学校进行了"三个面向"的综合改革、愉快教育、和谐教育、成功教育、主体教育、新教育、新基础教育等实验研究，取得了丰硕的成果。教育科学在这一时期有了重要的发展。教育学开始分化为许多分支学科，如从各级各类教育来分，建立了学前教育学、初等教育学、特殊教育学、高等教育学、成人教育学、职业技术教育学等；从教育过程中的问题来分，建立了课程论、教学论、德育论等；教育学和其他学科结合产生了许多新学科，如教育经济学、教育社会学、教育技术学、教育管理学等。教育科学不再是一本教

---

① 任才：《永远铭记邓小平对中小学课程教材改革的丰功伟绩》，见课程教材研究所：《课程教材改革之路》，11页，北京，人民教育出版社，2000。

育学一统天下，而是组成了一个教育学科群，呈现出百家争鸣、百花齐放的五彩缤纷的局面。

这里值得一提的是，1979年在中央教育科学研究所老所长董纯才倡议下创办的《教育研究》杂志，在促进我国教育科研的发展、教育科研人才的成长方面起了重要的作用。

从改革开放30年来教育科学发展的三个阶段可以看出，思想解放始终是教育科学发展的前提，教育观念的转变是教育科学发展的动力。从"教育是无产阶级专政的工具"到"科教兴国""教育先行"；从"教育是阶级斗争的工具"到"以人为本""教育公平是社会公平的基础"，这种观念的转变极大地解放了教育理论工作者的思想，促进了教育科学的繁荣。

二

改革开放30年来教育科学发展呈现如下几个特点。

第一，教育科研紧密联系我国社会主义建设的实际，研究教育与国家发展的关系，研究教育改革和发展中的重大理论问题，为国家的教育决策服务，为学校提高教育质量服务。改革开放以前，我国教育科研队伍仅仅局限于师范院校的少数教学、科研人员，他们以研究中小学的教育教学等微观教育问题为主，很少研究教育与国家发展的关系等宏观教育问题。改革开放以后，教育科研界开始对教育的本质、教育与市场经济的关系、教育与社会发展、教育结构改革、建立世界一流大学等重大问题进行讨论；同时引进国际教育新理念、新经验，研究学校教育、课程内容、教学方法和技术手段的改革。改革开放以前，教育行政部门的教育决策很少征求专家的意见；改革开放以后，教育理论工作者积极参与教育决策活动，重大的教育立法都有教育专家参与，教育制度的创新也渗透了教育专家的心血。

第二，教育科研队伍不断壮大，教育科研成为教育事业发展、科学决策的重要基础，也是广大教师促进自我发展、提高教育质量的主要途径。改革开放以前，教育科研队伍很小，只有几所师范院校的教育学科教师为了备课而做的研究。中央教育科学研究所虽然早在1956年就成立了，但队伍很小，而且一度并入北京师范大学，"文化大革命"时又被撤销。1964年，根据国务院的决定，在少数大学设立了外国教育研究机构，但人数有限，研究刚刚开始就因"文化大革命"而停止。据统计，1979年召开第一次全国教育科学规划会议时，全国教育科研人员以师范院校的教育学科教师为主，总共不足400人。

中央教育科学研究所在改革开放后的第二年春天得以恢复，接着各地纷纷建立了教育科学研究所，有的省市成立了教育科学研究院；许多高等学校成立了高等教育研究所或高等教育研究室，教育科研队伍不断壮大。1980年，《中华人民共和国学位条例》颁布以后，教育学科作为12大科学门类之一，在教育学一级学科下面又有10个二级学科列入研究生培养专业目录。20多年来，教育学科培养了数以万计的教育科研人员，他们是教育科研的生力军，正在发挥教育科研的骨干作用，一支庞大的教育科研队伍已经形成。

特别可喜的是，广大教师加入教育科研队伍，许多第一线的中小学教师参加各种教育实验，更多的是结合自己的日常教学开展研究，把科研作为自我成长、提高教育质量的主要途径。

第三，教育科研密切结合教育实际，科研人员走进学校，和第一线的教师共同开展教育实验研究。在学校开展的各种类型的教育实验如雨后春笋般地出现。各地教育部门和研究机构也都根据本地的实际开展区域性研究，谋求地方教育有计划、高质量地发展。每一个五年规划全国教育科学规划领导小组办公室收到的申报科研课题都多达数千项。中国教育学会的"十五""十一五"教育科研规划虽然不是国家科研项目，又无经费资助，但各地各校申报踊跃，"十一五"规划已立800多项。从中国教育学会每年年会征集论文的情况就可以看到教师参加科研的热情，征集到的论文，2005年6 000多篇，2006年增加到8 000多篇，2007年超过了10 000篇，广大教师参与科研的热情是空前的，是值得支持和保护的。

第四，教育科研走向世界。30年来我国教育从封闭走向开放，走向世界，我们不仅大量引进借鉴世界教育的新理念、新经验，促进了我国教育科学的发展，同时我国教育科学也在改革开放思想路线的指引下，走向国际化。我国教育科研工作者积极参加联合国教科文组织、联合国儿童基金会、世界银行等国际组织的活动；参加世界比较教育学会联合会、世界教师教育协会联合会、国际教育评价协会等国际民间组织及其召开的各种学术会议。我们还在国内组织了多次国际教育学术会议；科研人员也逐渐在国外刊物上发表文章；从2006年开始，在教育部的倡导下，中国教育学会与高等教育出版社联合Springer出版社编辑出版了《中国教育学术前沿》（*Frontiers of Education In China*）英文版向世界发行；科研人员的交往、留学生的互换、学术资源的交流更是日益频繁。这不仅使我们了解世界，也让世界了解我们。

改革开放30年来教育科研的成绩都是在思想解放的前提下取得的。虽然取得的成绩是巨大的，但是遇到的挑战更巨大。党的十七大为我国全面建设小康社会规划了蓝图，提出了"优先发展教育，建设人力资源强国"的任务。要完成这个艰巨的任务，需要继续解放思想，更新教育观念，深化教育改革，进行制度创新。教育科研工作者任重而道远。

当前，我国教育正处在重大的转折点上，即由数量发展向质量提高的转变，教育科研同样也要着重于质量的提高。当前教育专著汗牛充栋，但真正具有学术价值和实际价值的却凤毛麟角。当然，教育书籍可以分为两大类。一类是普及读本，包括许多第一线教师的经验总结、理论提升，这是值得提倡的。第一线教师在实践中遇到许多问题，有许多体会和领悟，他们在总结的过程中就提升了自己的理性认识，对别的教师也会有所启发。另一类是理论工作者的理论著作。对这一类科研成果就应该有严格的学术要求，要在理论上有所创新。教育理论工作者要克服功利主义，甘愿坐"冷板凳"，在基本功上下功夫。这就需要进一步解放思想，不迷信过去，不迷信外国，不迷信权威。

教育科研的生命力一在实际，二在创新。教育理论工作者要在理论与实际结合上下功夫，结合国情，研究我国教育发展中的重大理论问题和提高教育教学质量的实际问题。教育理论工作者要在理论上创新，不要简单地搬用外国的理论，要建立有中国特色的教育理论体系，就只有从中国的实际出发，建立中国教育的话语体系和理论概念。笔者相信，年青一代教育理论工作者有这种能力和气派建立中国现代教育理论体系。

中国教育科学走向现代化之路纪实[*]

——纪念共和国成立 60 周年

  2009年是中华人民共和国成立60周年。新中国成立那一刻，我有幸亲历其境，参加了天安门的开国典礼。那时我是北京师范大学教育系一年级的学生。刚入学不久，全国第一届政治协商会议就胜利召开了。10月1月举行开国典礼，我们一大早就到天安门集合，等待伟大时刻的来临。下午3点钟，听到毛主席一声"中华人民共和国中央人民政府成立了"，便见五星红旗缓缓升起，那时全场激动万分，大家高呼"中华人民共和国万岁！""毛主席万岁！"60年来，共和国在中国共产党的领导下，在社会主义建设的征途中，经过风风雨雨，克服了众多艰难险阻，正在迈向现代化之路。

  中国教育科学作为社会主义建设的重要组成部分，也经过了艰难曲折的道路。今天在纪念新中国成立60周年之际，回顾历史，可以更好地理解现实，谋划未来。

---

* 原载《北京师范大学学报（社会科学版）》，2009年第4期。

一

我国教育科学的建设和发展至今不过100多年的历史。从清末"废科举，兴学堂"开始，学习西方的学校教育制度，同时也引进了西方教育科学。起初是为了培养师资，在师范院校开设教育学课程，后来教育科学逐渐在我国发展起来。北京师范大学就是我国教育科学的发源地。北京师范大学的建立与现代教育理论的引进是同步的。由王国维翻译的、日本立花铣三郎著的《教育学》，是传入我国的第一本教育学著作，曾连载于《教育世界》第9、10、11号上（1901年），很快就在北京师范大学讲授。1920年北京师范大学建立了教育研究科，专攻教育理论，教育科学逐渐得到发展。但是，直到新中国成立以前，我国教育科学还是以西方的理论为主，虽然也出现过如陶行知的生活教育、陈鹤琴的活教育、晏阳初的平民教育等流派，但没有重大的突破。正如黄济教授所概括的："就当时教育科学的哲学基础来看，大致有德国的古典哲学、美国的实用主义和从苏联学来的马克思列宁主义，其中又以实用主义教育思想影响较大。或者可以说，在思想上影响较大的是实用主义，在实践中特别是在中小学教育实践中主要的还是以赫尔巴特为代表的所谓'传统教育'的一套。"[1]

二

中国教育科学在新中国成立以后有了长足的发展。大致可以分为五个阶段：1949年至1957年向苏联学习时期；1958年至1966年"文化大

---

[1] 黄济、王哲先：《教育科学的重建和发展》，见顾明远：《改革开放30年中国教育纪实》，127页，北京，人民出版社，2008。

革命"之前"左"倾思潮时期；1966年至1976年"文化大革命"时期；1976年至1978年拨乱反正时期；改革开放至今30年。

（一）向苏联学习时期

中华人民共和国成立以后，中国教育理论界首先是向苏联学习。早在1948年秋季，东北和华北大部分地区获得解放，全国解放指日可待。东北行政委员会和华北解放区召开各种教育会议，重点讨论中等教育的正规化和东北解放区高等教育改造问题。东北解放区最先开始向苏联学习。

中华人民共和国成立以后，确立了"一面倒"向苏联学习的方针。1949年10月5日，刘少奇在中苏友好协会成立大会上的讲话中指出："我们要建国，同样也必须'以俄为师'，学习苏联人民的建国经验"；"苏联有许多世界上所没有的完全新的科学知识，我们只有从苏联才能学到这些科学知识。例如：经济学、银行学、财政学、商业学、教育学等"。①1949年12月23—31日，第一次全国教育工作会议在北京召开。我当时作为北京师范大学教育系的学生，曾经旁听过这次会议。会议提出："建设新教育要以老解放区新教育经验为基础，吸收旧教育某些有用的经验，特别要借助苏联教育建设的先进经验。"②从而掀起了学习苏联教育经验的高潮。

向苏联教育学习是通过以下几种渠道进行的。

第一，通过翻译苏联教育理论著作和教材。1949年11月14日《人民日报》发表了节译的凯洛夫主编的《教育学》（1948年版）的第二十一章"国民教育制度"；继而又连续发表了第十二章"劳动教育"；第一章第五节"教育学是科学"等。接着，1950年12月和1951年2月，由沈颖、

---

① 《中华人民共和国教育大事记（1949—1982）》，4页，北京，教育科学出版社，1983。
② 同上书，8页。

南致善等翻译的凯洛夫主编的《教育学》（1948年版）全书分上、下册由新华书店出版，1951年12月，又由南致善、陈侠共同修订由人民教育出版社再版发行，该书后面还增列了俄华名词对照表。因为该书由当时俄罗斯共和国教育部部长凯洛夫任主编，因此中国学者把它称为"凯洛夫教育学"。其影响之大，至今还有人一直提到它。其他被翻译成中文的，比较重要和有影响的教育理论著作还有：冈察洛夫著，郭从周等译《教育学原理》，人民出版社1951年版；叶希波夫、冈察洛夫编，于卓、王继麟等译《教育学》，人民教育出版社1952—1953年版；斯米尔诺夫著，陈侠、丁酉成译《教育学初级读本》，人民教育出版社1953年版；申比廖夫、奥哥洛德尼柯夫著，陈侠、熊承涤等译《教育学》，人民教育出版社1955年版；凯洛夫总主编，冈查（察）洛夫、叶希波夫、赞科夫主编，陈侠、朱智贤等译《教育学》，人民教育出版社1957年版；达尼洛夫、叶希波夫编著，北京师范大学外语系1955级学生译《教学论》，人民教育出版社1961年版；马卡连柯著《论共产主义教育》和《父母必读》等。此外，人民教育出版社还办了一份刊物《教育译报》，专门翻译介绍苏联教育理论和经验。

第二，邀请苏联专家担任教育部顾问、学校的顾问和直接授课。1950年至1952年末，教育部先后聘请苏联专家阿尔辛节夫、福民、达拉巴金、顾思明、戈林娜五人担任教育部顾问。全国主要高等学校聘请苏联专家任教。以北京师范大学为例，该校自1950年开始就请苏联专家来校长期讲学，至1958年，先后请了8位教育学、心理学专家讲学。

他们基本上是把苏联的课程搬过来。他们的讲义不仅是学生的教科书，也是后来老师编写教材的依据。为了把苏联专家讲的课学到手，每位专家都配备了年轻骨干教师做助手，教研室的老师都要跟班听课。为了扩大影响，苏联专家讲学期间，办起了大学教师进修班和研究班。20世纪五六十年代，我国一批教育理论工作者，几乎都在这些进修班或研究班学习过。为了学习苏联教育理论和担任苏联专家的翻译，北京师范大学教育系还成立了翻译室，大量翻译苏联教育著作。自1949年，至1960年中苏关系恶化，苏联专家撤走，我国教育部门和高等学校先后共聘请苏联专家861人，担任顾问或从事教学、科研工作[1]。

第三，派遣留学生到苏联学习。1951年8月19日，首批派往苏联的375名留学生启程，我也是这批留学生中的一员。当时派出学习教育学和心理学的共4人，其中2人来自北京师范大学。回国后，3人都在北京师范大学工作。以后又派出多批留学生到苏联学习教育学和心理学，直到1960年中苏关系恶化才停止。

"向苏联学习"，这是新中国成立初期全国建设的方针，也是教育工作的方针，是自上而下的运动。因此，学习苏联的教育理论和经验就在全国范围内展开。虽然当时在学术界也有不同意见，但经过知识分子思想改造运动，学习苏联由不自觉逐渐变成自觉的行动，所谓"全心全意向苏联学习"。

苏联教育理论虽然反映在多种著作中，但中国教育界学习的主要是凯洛夫主编的1948年版的《教育学》。因此形成了所谓"凯洛夫教育理论体系"。这个理论体系影响了我国教育理论达半个世纪之久，至今仍有它的影子。因此，我们不能不对它做一点简要的剖析，其中有几个观点对我国教育科学有重要的影响。

（1）教育是上层建筑，是经济基础的反映，阶级社会的教育具有历史性、阶级性；苏维埃教育要为无产阶级的事业和苏维埃的建设服务。凯洛夫《教育学》在论述了各个社会形态的教育以后指出："教育总是和政治相联系着的。无产阶级社会主义革命必然要消灭阻碍社会向前发

---

[1]《中华人民共和国教育大事记（1949—1982）》，279页，北京，教育科学出版社，1983。

展的资产阶级的阶级教育，而以共产主义教育来代替它。"①同时，强调教育学的"党性"原则。凯洛夫认为，教育学是社会科学，苏维埃教育学是建立在最先进的哲学理论——马克思列宁主义理论的基础上的。他说："苏维埃教育学就是论述共产主义教育的科学。共产主义世界观是马克思列宁主义的世界观；是现代社会最先进阶级，即工人阶级的世界观。苏维埃教育学是在实行着这个先进阶级的政策，它的党的政策。"②中国教育理论工作者也是坚信不疑教育学要为党的路线方针政策服务，发展到后来为阶级斗争服务，为无产阶级专政服务。

（2）教育主要是在教学的基础上实现的。凯洛夫说："只有在掌握科学原理的基础上，才可能建立学生的共产主义世界观。只有在教学过程中，才能成为具有共产主义教育的人，同时也才能成为具有高度教养的人。"③又说："教学，是教育的基本途径。"④这一条后来在"文化大革命"中被批判为"智育第一"，认为是凯洛夫教育学修正主义的铁证。

（3）强调系统知识的传授。凯洛夫教育学以及整个苏联教育，特别强调给学生传授系统的知识。他们批判杜威实用主义教育，认为实用主义教育不能给学生以系统的知识。十月革命以后，苏联在20世纪20年代的教育改革中，一方面强调学校以生产劳动为基础；另一方面盲目学习西方的教育经验，采用综合教学大纲、设计教学法等做法，严重地影响到学生的文化学习，学生不能学到系统的科学文化知识，毕业生不能满足高等学校培养干部的要求。于是20世纪30年代进行了全面的改革和调整。联共（布）中央做出了一系列决定来纠正20世纪20年代的错误。其

---

① 凯洛夫:《教育学》上册（16版），沈颖、南致善等译，10页，北京，人民教育出版社，1953。
② 同上书，29页。
③ 同上书，15页。
④ 同上书，56页。

中最有名的，也是常常被中国教育理论界所引用的是：1931年9月5日联共（布）中央《关于小学和中学的决定》、1932年8月25日《关于中小学教学大纲和作息制度的决定》、1936年7月4日《关于教育人民委员部系统中的儿童学曲解的决定》。第一个文件严厉批评苏联的学校没有给予学生充分的普通教育知识，没有培养学生通晓文字、掌握科学基础的能力，批判了"学校消亡论"和"设计教学法"。第二个文件，建议教育人民委员部修订中小学的教学大纲，以保证儿童能真正掌握牢固的有系统的各种学科的基本知识、关于事实的知识以及正确说话、作文、演算数学习题的技能；同时确定中小学校中教学工作组织的基本形式是分班上课，有严格规定的日程表，教师必须负责地、有系统和连贯地讲述他所教的科目。第三个文件，批判儿童学的宿命论，认为这种理论把儿童天赋归结于生理上和社会上（家庭）的因素，从而把大多数工农子女列为"落后的""有缺陷的"一类儿童而被送入特殊学校，使他们受不到正常的教育。以上三个文件从不同的角度强调学生掌握系统知识的重要性。在他们的教育实践中强调儿童尽早学习分科知识。苏联小学阶段学习年限只有4年，五年级进入初中阶段，就开始分科学习。这种教育思想对我国教育影响非常深刻。新中国成立以来也是一直强调要以系统的知识传授给学生，强调学生要掌握基础知识和基本技能。

（4）强调教师的主导作用。凯洛夫认为："教师本身是决定教学的培养效果之最重要的、有决定作用的因素。"虽然他也主张"学习是学生自觉地与积极地掌握知识的过程"，但是他又认为，"教学的内容、方法、组织之实施，除了经过教师，别无他法"。[1]因而确定了教师在教学中的权威性、主导性。这一条被我国教育工作者牢牢地掌握，因为它与

---

① 凯洛夫：《教育学》上册（16版），沈颖、南致善等译，58～60页，北京，人民教育出版社，1953。

中国传统教育中的师道尊严是相一致的。

（5）中国教育界接受了凯洛夫教育学的整个理论体系。凯洛夫教育学的结构分四大部分：①总论，说明教育的本质、学校的目的和任务、儿童成长和发展的基本阶段及教育、国民教育体系；②教学论：教学过程、教学内容、教学原则、教学方法等；③教育理论：德育、体育和美育的任务、内容、方法和组织，儿童集体、课外和校外活动、学校与家庭的合作组织问题；④学校行政和领导。我国几十年来编写的大部分《教育学》都没有摆脱这个四大块的体系。

从总体来讲，以凯洛夫教育学为代表的苏联教育学，力图以马克思主义的唯物辩证法作为教育学的哲学基础，对人类教育的本质和它的功能与作用做科学的分析，同时批判地吸收了历史上哲学家、思想家和教育家的各种教育思想，形成自己的所谓"苏维埃教育学"的理论体系。但从根本上来讲，这个体系实际上没有摆脱赫尔巴特理论的影响。它强调的是学科中心、课堂中心、教师中心，与杜威的实用主义教育思想是相对立的。苏维埃教育学的发展也是在20世纪30年代批判实用主义教育思想中建立起来的。在苏联教育学的影响下，我国也开始批判杜威的实用主义教育学。1950年10月《人民教育》第1卷第6期上发表了我国教育史学家曹孚的文章《杜威批判引论》（第2卷第1期续完）。文章指出，要批判旧教育思想，首先应该批判杜威。要充分批判杜威，必须批判他的教育思想基础——哲学体系。文章对杜威的生长论、进步论、无定论、智慧论、知识论、经验论等一系列的哲学、教育思想进行了分析批判。1951年，人民教育出版社汇集成册出版。1956年，人民教育出版社又出版了陈元晖著的《实用主义教育学批判》一书。

新中国成立以后至改革开放以前，不仅苏联凯洛夫教育理论统治着我国教育理论界，且由于苏联专家的实地指导，苏联教育经验的广泛传播，我国的教育实际，包括教育工作者的教育观念、教育制度、教学内容和教学方法，都按照苏联教育的模式加以改造。这种改造，不仅是为了学习苏联，也是我国当时计划经济集中统一所需要的。实事求是地说，新中国成立初期学习苏联有其必然性。因为当时西方封锁我们，除了向苏学习，别无他道。而且我们的确也学到了不少东西，使我国教育科学逐步走上了规范化、科学化之路。正如瞿葆奎教授所评价的："从教育学建设的角度看，苏联的教育学帮助国人完成了教育学理论模式的格式塔转化，填补了当年社会主义教育理论的空白。当然苏联的教育学本身有许多不足，如操作性较强，理论性较差；教条性较强，辩证性较差；等等。"[①]这个时期，在学习苏联教育学的基础上，我国教育学教师和学者也开始编写师范院校用的教育学教学大纲和教材。如1953年人民教育出版社出版了师范学校课本《教育学》、北京师范大学编写的《教育学讲义》（1955年编，1957年第一次印刷）、东北师范大学编的《教育学讲义》（1956年）、哈尔滨师范学院编的《教育学讲义》（1956年）、开封师范学院编的《教育学讲义》（1957年）等。其理论体系均类似苏联凯洛夫的《教育学》。

这个时期还有几件大事影响了我国教育科学的发展。

第一件事是1951年开展的对电影《武训传》的批判。1951年5月20日，《人民日报》发表社论《应当重视电影〈武训传〉的讨论》。全国开始展开批判运动。在这之前一个月《人民教育》第2卷第6期发表了张凌光的文章《评"活教育"的基本原则》，对陈鹤琴的"活教育"思想进行批判。以后又对陶行知的"生活教育"进行批判。

第二件事是知识分子思想改造运动。1951年9月，北京、天津20多所高等学校教师开展了以"改造思想，改革高等教育为目的"的学习运

[①] 瞿葆奎：《中国教育学百年》，见《元教育学研究》，390页，杭州，浙江教育出版社，1999。

动。知识分子思想改造运动很快就在全国开展起来。在教育界开展了对杜威实用主义教育思想的批判。

第三件事是1955年至1957年关于教育方针的讨论，以及毛泽东对教育方针的论述。1955年2月9日《人民教育》2月号发表了张凌光的文章《实行全面发展教育中若干问题的商榷》。文章引起了一场关于"全面发展与因材施教"的讨论。一派意见认为，全面发展的教育方针应该加上"因材施教"；另一派意见认为，全面发展中就包含着"因材施教"。这个讨论一直持续到1957年上半年，直到毛主席发表教育方针以后才结束。1957年2月27日，毛主席在扩大的最高国务会议上做《关于正确处理人民内部矛盾的问题》的报告。报告中提出："我国的教育方针，应该使受教育者在德育、智育、体育几方面都得到发展，成为有社会主义觉悟的有文化的劳动者。"从此，我国教育理论体系中就有教育方针这一章。这个方针不仅指明了社会主义教育的培养目标，而且为中国教育理论体系的建设指明了方向。

（二）1958—1966年"左"倾思潮时期

这个时期又可以分为两个小阶段，第一个小阶段是1958年至1960年，是大跃进、大革命年代；第二个小阶段是1960年至1966年，是调整的年代。

从1958年开始，全国沉溺在"大跃进"的高潮中，"大炼钢铁""赶英超美"成为喊得最响亮的口号。教育战线也不例外，除了大办教育以外，"教育大革命"以"左"倾浪潮冲击了教育科学的建设。"拔白旗，插红旗"，一切权威被打倒。为了贯彻"大跃进"和"群众路线"的精神，大学本科生参加或单独编写了教育学教学大纲和教材。

1958年，中苏关系开始恶化，至1960年完全破裂，苏联开始撤离专家。教育理论界开始了对苏联《教育学》的批判。

早在1955年，就有人提出不能生搬硬套苏联教育经验，应该走自己的路。1955年夏，教育部在上海召开高师教育学教学大纲讨论会，提出要"创建和发展新中国教育学"[①]。中苏关系的恶化加剧了对苏联《教育学》的批判。1958年开始进行内部批判，批判它不要教育与生产劳动相结合，不要教育为无产阶级政治服务，不要党的领导，还批判它是书本中心、课堂中心、教师中心等。1960年3月7—12日，5月16—21日，中央文教小组召开各省市委文教书记会议，中共中央宣传部部长陆定一在会上提出，要在哲学、社会科学和文艺方面批判修正主义，挖18、19世纪资产阶级学术思想的"老祖坟"，并在教育战线进行教育革命。到20世纪60年代中期，批判开始半公开化。例如，《人民教育》于1964年第6期上，发表了《社会主义教育学中的一个重要问题》《资产阶级教育观点必须批判》等文章；1965年第2期上刊登了《冒牌的马克思主义教学论》，第3期上刊登了《"智育第一"的思想必须批判》等文章。[②]

对苏联教育学的批判是猛烈的，但并未切中要害，因此也是无力的。苏联教育学的基本观念、教育制度、教学模式以至教学方法已经被我们全盘接过来，而且有所发展，并未因对苏联教育的批判而有所改变。相反，把全盘接受过来的东西当作自己的传统，完成了苏联教育经验的本土化。这似乎是矛盾的、很奇怪的现象。但是如果仔细分析，这种现象并不奇怪。第一，当时两国的意识形态是一致的。虽然我们认为苏联是修正主义国家，但从意识形态来讲，当时苏联奉行的也是马克思列宁主义、社会主义。两个国家都强调党对学校的领导，直到苏联解体。第二，两国都是计划经济，统一领导。全国统一的专业，一套教学计划、一套教学大纲、一套教材，被认为是理所当然的事。第三，苏联

---

① 瞿葆奎：《中国教育学百年》，见《元教育学研究》，392页，杭州，浙江教育出版社，1999。

② 同上书，396页。

教育理论并非是苏联独创的。前面我们已经讲到，凯洛夫教育理论体系实际上是赫尔巴特教育理论的翻版。新中国成立前自接受西方教育思想以后，一直受到赫尔巴特教育思想的影响。所以，学习苏联教育理论，在刚开始的时候，一部分知识分子尚有抵触，后来一看，和原来的一套也没有什么两样，因此很容易就接受下来。

对教育科学发展影响很大的一个事件是1958年对心理学的批判。1958年8月14日，北京师范大学邀请京津有关高等院校和科研机关的教师、研究人员举行座谈会，批判心理学中的"资产阶级方向"。会上，一些发言者认为心理学教学的"资产阶级方向"主要表现为：第一，以心理分析代替阶级分析；第二，排除阶级社会对人的心理影响，极力从生物学的观点说明人的心理现象；第三，宣扬资产阶级观点和庸俗趣味。1958年8月15日，《光明日报》报道了座谈会的情况，并发表社论《拔掉资产阶级教育科学中的一面白旗》。此后，各地师范院校及综合大学中的心理专业相继开展对心理学的批判。在这次批判中，把心理学说成是"伪科学"。[1]教育学以心理学为基础，这次批判动摇了教育科学发展的基础，阻碍了我国教育科学现代化发展之路。对心理学的批判直到十一届三中全会以后才得以平反。

1959年下半年，华东师范大学、上海师范学院、上海市教育局、共青团上海市委和上海教育学会等组成上海教育学编写组，"试图编著一部具有真正中国气派的、一流的社会主义教育学"。1960年印出了《教育学（初稿）》。这时期的教育学教材，还有河北北京师范学院（河北师范大学前身）编的《教育学讲义》、南京师院编的《教育学》、华东师范大学和上海师范学院编的《教育学讲义（初稿）》、上海市师范学校

---

[1]《中华人民共和国教育大事记（1949—1982）》，229页，北京，教育科学出版社，1983。

编的《教育学讲义（试用稿）》、华南师范学院编的《教育学讲义（初稿）》、华中师范学院编的《教育学（初稿）》等。

这一时期还出版了《列宁教育文选》（人民教育出版社1957年第1版，1963年第2版）、《毛泽东同志论教育工作》（人民教育出版社1958年）、《马克思恩格斯论教育》（格鲁兹杰夫编，人民教育出版社1958年）等。[①]

1960年由于发生三年自然灾害，全国进入调整时期，教育领域的"左"的倾向有所遏制，教育科学建设出现转机。1960年10月，中央教育科学研究所在筹备3年多时间以后终于正式成立。1961年4月，中共中央宣传部会同教育部、文化部在北京召开全国高等学校文科和艺术院校教材选编计划会议（简称文科教材会）。开始组织编写教育学，由刘佛年任主编。经过多次修改，1962年第1次印刷试用，但"文化大革命"以前终究没有正式出版。直到1979年，经稍加修改才正式出版[②]。

但是，阶级斗争的形势却越来越紧张。1960年教育界开始批判资产阶级教育的"量力性原则""系统性原则"，并且开展了缩短学制等教育改革实验。1963年7月，中共中央在北戴河召开政治局会议，会议讨论阶级斗争，提出阶级斗争要年年讲、月月讲、日日讲。在教育战线讲阶级斗争，首先从批判母爱开始。1963年5月30日《人民日报》上发表了一篇《斯霞与孩子》的文章，报道了南京师范大学附小斯霞老师的事迹。斯霞老师以"童心"爱"童心"，认为儿童"不但需要老师的爱，还需要母爱"，教师要"像一个辛勤的园丁"，"给我们的幼苗带来温暖的阳光，甘甜的雨露"。没有想到，几个月后在教育界掀起了一场关于"母爱教育"的讨论和批判。斯霞的名字也顿时成为舆论的焦点。当时批判之深入和广泛是空前的。几乎动员了教育界的所有理论工作者，除

---

① 瞿葆奎：《中国教育学百年》，见《元教育学研究》，388～396页，杭州，浙江教育出版社，1999。
② 同上书，397页。

各大报刊外，《人民教育》在同年第10期上发表《我们必须和资产阶级教育思想划清界限》《从用"童心"爱"童心"说起》《谁说教育战线无战事？》三篇文章。这组文章以讨论"母爱教育"为题，认为所谓"母爱教育"就是资产阶级教育家早就提倡过的"爱的教育"。说它涉及教育有没有阶级性，要不要无产阶级方向，要不要对孩子进行阶级教育，要不要在孩子思想上打下阶级烙印。随后，围绕着这些问题，在教育界掀起了一场关于"母爱教育"的讨论和批判。为了批判母爱就要挖老祖宗，一直批到夸美纽斯、卢梭、裴斯泰洛齐，他们都是新兴资产阶级的代表人物。

（三）十年浩劫时期

"文化大革命"十年浩劫，教育科学被摧残殆尽。全国高等学校7年没有招生，全国师范院校教育系几乎都被撤销，中央教育科学研究所也被撤销。我校唯一一所教育研究机构——外国教育研究室停止了工作6年多，也差一点被撤销，幸好周恩来总理在1972年召开外语工作座谈会时问起1964年建立的几个外事研究机构的情况，才被工宣队留了下来，并开始恢复工作。从收集资料开始，陆续出版内部刊物《外国教育动态》。这个刊物可以说是"文化大革命"后期中国唯一的一个教育期刊。但也只是从反帝反修出发介绍各国教育改革的动态资料，谈不上科学研究。

对我国教育事业和教育科学摧残最严重的是"四人帮"炮制的"两个估计"。1971年4月15日—7月31日，全国教育工作会议在北京召开。会议在"四人帮"控制下通过了《全国教育工作会议纪要》（以下简称《纪要》），中心论点是"两个估计"，即"文化大革命"前17年教育战线是资产阶级专了无产阶级的政；知识分子的大多数世界观基本上是资产阶级的，是"资产阶级知识分子"。同时《纪要》还将"全民教育""智育第一""知识私有""个人奋斗"等称之为17年资产阶级统治学校的精神支柱①。

这个《纪要》是"四人帮"为了达到他们篡党夺权的目的，别有用心地歪曲"文化大革命"前17年教育的事实，是对我国教育和教育科学毁灭性的摧残。

（四）拨乱反正时期

1976年10月，中共中央一举粉碎"四人帮"，结束了长达10年的"文化大革命"。经过拨乱反正，教育事业得以恢复和发展。然而，由于长期的"左"的思想占支配地位，"左"倾错误的影响依然存在。在"两个凡是"的束缚下，仍然坚持"以阶级斗争为纲"，"抓纲治国，继承革命"。直到邓小平回到中央工作以后，形势才出现了转机。

邓小平回到中央工作以后，首先抓教育。1977年5月，他两次召开座谈会，首先提出人才问题，他强调实现现代化的关键是科学技术，发展科学技术必须抓教育。1978年3月18日，邓小平在全国科学大会上讲话，提出：科学技术是生产力，知识分子是工人阶级的一部分。1977年9月9日，邓小平同教育部同志谈话，明确提出"两个估计"是错误的："'两个估计'是不符合实际的。怎么能把几百万、上千万知识分子一棍子打死呢？我们现在的人才，大部分还不是17年培养出来的？"②1977年11月18日《人民日报》发表了题为《教育战线的一场大辩论——批判"四人帮"炮制的"两个估计"》的文章。此后，教育界开始了对《纪要》的公开批判。推倒"两个估计"，极大地解放了知识分子的生产力，使全国知识分子重新焕发青春。

拨乱反正的一件大事是恢复高考。"文化大革命"导致高校7年没有招生，1970年清华、北大被批准试点招生，条件是：政治思想好、身体

---

① 方晓东、李玉非、毕诚、宋荐戈、王洪元：《中华人民共和国教育史纲》，227页，海口，海南出版社，2002。

② 《邓小平文选》第2卷，67页，北京，人民出版社，1994。

健康、具有3年以上实际经验、年龄20岁左右、有相当于初中以上文化程度的工人、农民、解放军战士和青年干部。办法是："实行群众推荐、领导批准和学校复审相结合"；分配原则是："学习期满后，原则上回原单位、原地区工作，也要有一部分根据国家需要统一分配"。1973年，全国高等学校开始按照上面清华、北大招生的办法招收工农兵学员。但是，招来的大学生文化知识太差，不能胜任大学课程的学习。同时走后门拉关系十分严重，群众意见很大。一时间，"读书无用论"的思想弥漫全国。

1977年8月4—8日，邓小平组织召开科学和教育工作座谈会，应邀参加的有30多位著名科学家和教育工作者。邓小平发表讲话提出："今年就要下决心恢复从高中毕业生中直接招考学生，不要再搞群众推荐。从高中直接招生，我看可能是早出人才、早出成果的一个好办法。"[1]高等学校入学全国统一考试像一股强劲的春风把读书无用论的思想一扫而光，使青年人看到了前途，看到了希望。

1978年发生的重大事件就是关于"真理标准"的讨论。1978年5月11日，《光明日报》发表特约评论员文章《实践是检验真理的唯一标准》。全国开展了讨论。这场讨论的实质是解放思想，推倒"两个凡是"，对邓小平复出和改革开放起到思想准备的作用。但解放思想作为一条思想路线，直接影响到教育科学的重建与发展。

1978年3月和4月分别召开了全国科学大会和全国教育工作会议。两次会议对教育战线进行拨乱反正，为我国教育事业和教育科学研究走上正轨起了重要作用。

在这短短的两年时间里，有一件事是对教育科学发展有直接影响的，就是于光远发表了《重视培养人的研究》的文章。1978年，时任中

---

[1]《邓小平文选（1975—1982）》，52页，北京，人民出版社，1983。

国社会科学院副院长的于光远在一次教育座谈会上提出，教育这种现象中，虽含有上层建筑的东西，但不能说教育就是上层建筑。后来形成文章《重视培养人的研究》，发表于《学术研究》1978年第3期。于是引起了教育界对"教育本质"的讨论。这次讨论参加人员之广泛，持续时间之长久，是前所未有的，对教育科学的发展起到了不可估量的作用。

这段时间里还有两件事值得提一提。一是1978年7月经国务院批准，教育部重建中央教育科学研究所，董纯才任所长。从此教育科学研究有了自己的机构。后来各省市也先后成立了教育科学研究所或研究院。二是1978年7月5—15日在北京师范大学召开了全国外国教育学术讨论会，有5所大学的50多位代表参加，讨论了国际教育改革的动向，商讨外国教育研究的规划，这可以说是"文化大革命"以后召开的第一次全国性的教育学术讨论会。

（五）改革开放30年

1978年12月中央召开十一届三中全会，确定了"解放思想，实事求是"的思想路线；做出了停止使用"以阶级斗争为纲"的口号，把工作重点转移到社会主义现代化建设上来的战略决策。改革开放使我国教育发展进入了一个新阶段。在"解放思想，实事求是"的思想路线指引下，我国教育理论界认真反思新中国成立以来的教育理论建设，同时努力吸纳世界各国教育改革的新理论、新经验，力图创建有中国特色的社会主义教育理论体系，建设中国教育的新传统。改革开放30年又可以分为三个小阶段：第一个阶段是1979年至1985年，主要是教育反思和介绍世界各国第二次世界大战以后各种教育思潮和教育改革的经验，为我国教育的重建和发展提供可资借鉴的经验；第二个阶段是1985年至1993年，在我国经济体制由计划经济向市场经济转变的形势下，我国教育界探索建立新的适应社会主义市场经济的现代教育体制和理论体系；第三个阶段是从1993年开始至今，是探索中国教育现代化，创建有中国特色教育理论体系的时代。

1. 第一阶段：从1979年至1985年。

这个时期主要是教育反思和介绍外国教育的经验。最重要的有以下几次活动。

（1）教育本质的讨论，教育价值观的转变。1978年开始的"教育本质"讨论主要是在20世纪80年代初进行的。关于"教育本质"的讨论，实际上是对教育的反思。新中国成立以来一直到"文化大革命"结束，中国从领导到普通教师，都把教育视为"无产阶级专政的工具"。也就是说，教育的功能主要是为政治服务。

现在要搞经济建设，科学技术是生产力，教育是培养人才的基础，那么，必然会提出这样的问题：教育有没有为经济发展服务的功能？还有没有其他功能？教育本质的讨论持续了近十年，发表的论文数百篇。虽然还有不少议论，但基本达成共识：教育是传承文化、创造知识、促进人的成长的社会活动，它的功能是多元的，有政治功能、经济功能、文化功能等。1985年《中共中央关于教育体制改革的决定》明确指出："教育必须为社会主义建设服务，社会主义建设必须依靠教育。"从而使我国教育走上了正确的轨道。党的十五大进而把"科教兴国"定为国策。对教育本质和价值的正确全面的认识是我国教育科学走向现代化的最重要的一步。

（2）关于学制的讨论。"文化大革命"把学制搞乱了，全国实行中小学九年制，极大地降低了中小学生的学业水平。20世纪80年代初期就开始恢复中小学十二年制的讨论。但当时有两种意见：一是实行小学五年、初中四年、高中三年的学制（简称五四三学制），二是小学六年、初中三年、高中三年的学制（简称六三三学制）。最后由于北京、上海率先改回"文化大革命"前六三三学制，全国几乎都实行，少数农村至今还保留着小学五年的学制。上海后来实行五一三制，其中一年为初中预备班。

（3）引进外国先进的教育思想。教育要改革，就要吸收世界一切先进文化成果。20世纪60年代，是世界教育大发展、大改革的年代，是世界教育进入现代化的重要历史时期。可惜这时我们正在大闹"文化大革命"，对世界上发生的重大变革一无所知。改革开放以后，我们的眼界才被打开，于是积极引进国外先进的教育思想、教育内容和方法。

引进最早的一本书是华东师范大学外国教育研究室翻译的，联合国教科文组织1972年发表的教育报告《学会生存——教育世界的今天和明天》。此书翻译于1976年，但由于思想不解放，直到1979年才由上海译文出版社出版。书中介绍了20世纪60年代产生的最重要的教育思潮——终身教育。

该书指出，由于科学技术的迅猛发展而引起的社会变革，人类开始进入学习化社会，终身教育成为人们生存的必需。其实"终身教育"不仅是一种重要的教育思潮，而且是人类教育发展的必然趋势。可惜我们对它认识不足。该书出版以后，我国教育界反响很小，只有极少数文章讲到它。为什么我国反应那么冷淡？现在想来并不奇怪。这是因为我国在20世纪70年代基本上还处于小农经济的时代，再加上计划经济体制，很难理解终身教育在现代化社会中的重要性。直到20世纪90年代中期，我国工业现代化程度有了较大发展、计划经济向社会主义市场经济转变、生产方式的转型才使得教育界对终身教育思想重视起来，并被写进1995年通过的《中华人民共和国教育法》中。

在介绍国外教育经验中，比较教育工作者起了重要的作用。我校外国教育研究室于1979年经教育部批准改建为外国教育研究所，1993年又更名为国际与比较教育研究所。1965年创刊的《外国教育动态》在停办10多年以后，1980年被批准正式出版，国内外公开发行，1993年改名为《比较教育研究》，是我国改革开放以后恢复最早的杂志之一。20世纪80年代初，华东师范大学又创办了《外国教育资料》，东北师范大学创办了《外国教育研究》，中央教科所创办了《外国教育》。除了在这些杂志上翻译介绍各个国家的教育外，其他各种报刊都辟有外国教育的栏目，一时间热闹非凡。

1980年3月至6月，北京师范大学教育系邀请美国哥伦比亚大学比较教育学者胡昌度教授来校讲学，同时教育部高教司组织了一个比较教育教师研修班，学员是来自全国10所高等学校的10多名教师。他们一方面跟随本科生听课，同时又请胡昌度教授介绍国外比较教育学科发展的情况和趋势。在此基础上这10多名教师，在老一辈比较教育学者王承绪、朱勃、檀仁梅教授的指导下，编写出了新中国成立以后第一部大学本科生使用的《比较教育》教科书，初步实现了比较教育学在我国的重建。

学习外国教育经验，首先瞄准了发达国家。当时苏联尚未解体，因此选定的发达国家为：美国、英国、法国、西德、日本和苏联。在当时教育部的推动和支持下，几所大学外国教育研究机构编辑出版了一批介绍外国教育经验的图书。比较重要的有：人民教育出版社出版的《外国教育丛书》（35册）、《六国教育概况》《二十国教育概况》《今日美国教育》《美国教育基础》等，还有全国哲学社会科学"六五"规划国家重点课题"战后各国教育研究"（江西教育出版社1991年），赞科夫编、杜殿坤等译《教学与发展》（文化教育出版社1980年），苏霍姆林斯基著、周蕖等译《给教师的一百条建议》（天津人民出版社1981年），布鲁纳著、上海师范大学外国教育研究室译《教育过程》（上海人民出版社1973年内部发行）等。当时在报刊上介绍最多、影响我国教育实践最大的有以下一些教育思潮：赞科夫的发展性教学理论、苏霍姆林斯基的"和谐教育"思想、布鲁纳的结构主义教育理论和发现法、范例教学理论、布卢姆的掌握学习理论。

（4）第一届教育科学规划会和中国教育学会成立。1979年3月23日至4月13日，在北京海运仓总参招待所召开第一届教育科学规划会议。

那次会议规模很大，参加会议的有教育界专家、学者、教育行政部门领导干部269人。这期间中国教育学会经邓小平批准正式成立，董纯才为会长，杨秀峰、成仿吾、陈鹤琴为名誉会长。1983年召开第二次全国哲学社会科学规划会，比较正式地制定了"六五"教育科学规划。申报批准的课题开始研究，其成果大致都在"七五"期间，也即20世纪90年代以后陆续出版。20世纪80年代出版的最大的著作是，由董纯才任主编，刘佛年、张焕庭任副主编的《中国大百科全书·教育卷》（1985年）。编纂工作几乎集中了中国教育理论界的所有学者，反映了当时的中国教育科学水平。

（5）学生主体性教育的讨论。我在《江苏教育》1981年第10期发表了《学生既是教育的客体，又是教育的主体》一文，专门阐述了学生在教育中的主体地位，引起了学术界的议论。赞同者有之，反对者也有之。反对者认为，任何事物只能有一个主体，教师在教育过程中起主导作用，因此教师才是教育的主体。针对这种意见，我在1991年应《华东师范大学学报（教育科学版）》主编瞿葆奎教授之约，又写了《再论教师的主导作用和学生的主体作用的辩证关系》一文[1]。该文从教育过程的三个要素：教师、学生、教材（教育影响）来分析他们之间的关系。

20世纪90年代，基层学校的教师也都接受了"教师主导作用，学生主体作用"的观点。这实际上是一种教育观念的转变问题。我国传统教育历来重视"师道尊严"，教师在教育过程中有绝对的权威，教师的任务就是灌输固定的、僵化的知识，教育方法是经院式的，不启发学生思考；学生只是被动地接受知识，不用讨论，更不能怀疑。这种教育只能培养出思想僵化、"唯书""唯上"的人。今天要培养具有创新精神和实践能

---

① 顾明远：《再论教师的主导作用和学生的主体作用的辩证关系》，载《华东师范大学学报（教育科学版）》，1991年第2期。

力的人才，就必须把学生放到教育的主体地位，由学生积极地、主动地、自主地学习。教师的主导作用主要在启发、引导、帮助学生自主学习。

（6）"三个面向"的提出是这个时期最重要的事件。1983年国庆前夕，邓小平为北京景山学校题词："教育要面向现代化，面向世界，面向未来。"这个题词具有重大的战略意义，不仅为我国教育事业的发展指明了方向，也为我国教育科学走向现代化，建立中国教育理论体系指明了方向。

2．第二个阶段：1985年至1993年。

20世纪80年代中期，我国经济和社会发展进入了一个新的历史时期。1984年10月，党的十二届三中全会通过了《中共中央关于经济体制改革的决定》，提出实行有计划的商品经济；党的十三大确定了社会主义初级阶段理论。中央的决策为制定新时期教育改革和发展的方针、政策以及克服教育工作中存在的"左"的倾向奠定了理论基础。1985年《中共中央关于教育体制改革的决定》拉开了教育全面改革的序幕，实现了全党全国在教育思想上真正向为社会主义现代化建设服务的转变。

（1）实施普及九年义务教育。《中共中央关于教育体制改革的决定》中最重要的决策就是在全国范围内普及九年义务教育以及实行分级管理的体制，不仅极大地调动了地方和群众办学的积极性，促进了我国教育的跨越式发展，同时也对我国教育科学研究提出了新的课题并拓展了研究空间。

（2）关于教育与市场经济关系的大讨论。这个时期教育界讨论最热烈的是教育与市场经济的关系，教育如何适应我国经济体制改革的要求。20世纪90年代，随着计划经济向社会主义市场经济的转变，把教育推向市场，实行教育产业化的思潮开始兴起，在社会各界引起了很大的争论。参加讨论的除教育界的学者外，还有经济学家、企业家。在讨论过程中，出现许多不同的观点。归纳起来有以下几种：第一种观点认为，教育是一种产业，是生产知识、生产科技、生产人才（人力资本）的产业。应该把教育推向市场，特别是非义务教育阶段，应积极建立教育产业。这样，可以解决政府教育投入不足的困难，扩大办学规模，满足广大群众求学的需求。持这种观点的还有一种理论，认为教育服务作为一种劳务，是提供特殊的使用价值的一种商品，也可以在市场上进行交换。学生或者家长是消费者，所以上学就要交学费。把教育推向市场，可以引入市场竞争机制，促进教育改革和提高办学效率。

第二种观点则与上述观点针锋相对，认为"教育产业化"的提法是不科学的。教育是培养人才的社会公益事业，不能产业化，更不能市场化。教育的本质是培养人，不仅生产劳动力，还要育人。教育是国家事业，国家要投入资金，而不是把教育放到市场上去调节。教育是有层次的，不同层次、不同类型的教育与经济的关系不尽相同，有些较为直接，有些则只是间接地与经济发生关系。因此，教育适应市场经济方面也要有所区别，不能笼统地提教育产业化。另外，我国尚处在社会主义初级阶段，经济还不发达，各地区经济发展极不平衡，居民收入差别很大，大多数居民仅仅处于温饱水平。如果把教育推向市场，势必影响一部分家庭子女的入学，扩大教育的不公平。

第三种观点认为，不能笼统地提教育的产业化，而是要从分析教育的本质属性入手，了解教育与市场的关系。他们认为教育具有某种产业属性，因为它占用了经济资源，存在着一定的投入和产出关系，有一定的就业规模，涉及一定的经济活动；教育服务是一种有报酬的劳务，可以在市场调节下流动。教育属于国民经济发展的"第三产业"，但又与其他第三产业有本质上的区别，教育具有公益性。教育具有某种产业属性，在有些方面可以引入市场机制，特别是非义务教育阶段。另外，学校后勤社会化、学校科技成果的转让，更应该进行市场运作。

在这个阶段内，教育科学有了很大发展。教育科学"六五""七五"

规划的完成，出现了一大批科研成果。教育科学再也不是一本《教育学》所能囊括得了的，而是成为一个学科群，出现了许多新的分支学科和交叉学科，如教育哲学、教育经济学、教育社会学、教育管理学、比较教育、中外教育史等；各级各类教育也建立起了自己的理论体系。

20世纪80年代在教育理论界发生的一件大事是，由于《中华人民共和国学位条例》的公布，我国开始了教育科学的研究生教育，开始有了我们自己培养的教育硕士和教育博士。他们成为我国教育科学理论队伍中的生力军。

3．第三个阶段：1993年至今。

这个阶段是从中共中央、国务院发布《中国教育改革和发展纲要》（以下简称《纲要》）开始的。20世纪90年代，随着我国经济体制改革和科技体制改革的逐步深入，教育体制改革也取得了很大进展。但是教育工作中还存在许多问题，教育还不能适应经济和社会发展的需要。《纲要》提出了到20世纪末中国教育改革和发展的战略目标、方针任务、总体思路和重大政策措施。《纲要》提出教育要全面贯彻教育方针，面向现代化，面向世界，面向未来，加快教育改革和发展的步伐，到20世纪末基本普及九年义务教育和基本扫除青壮年文盲；要建设有中国特色社会主义教育理论体系。

在这个阶段中，我国教育法制建设渐趋完善。继1986年六届人大第四次会议通过《中华人民共和国义务教育法》以后，1993年颁布了《中华人民共和国教师法》，1995年颁布了《中华人民共和国教育法》，1996年颁布了《中华人民共和国职业教育法》，1998年颁布了《中华人民共和国高等教育法》，2002年颁布了《中华人民共和国民办教育促进法》。

这个阶段，在教育理论界讨论最多的问题是素质教育、教育现代化、课程改革和教育公平等问题。

（1）关于素质教育的讨论。素质教育是在20世纪80年代后期提出来的。它的提出有两种不同的背景和原因：一是为了克服片面追求升学率的负面影响；二是为了提高教育质量和国民素质，特别是在义务教育得以普及以后提出了更高要求。"文化大革命"使我国教育遭受到毁灭性的破坏。"文化大革命"以后，随着国家对知识、对人才的重视，我国教育得以迅速恢复和发展。青年求学的热情日益高涨，因此一直存在着升学的激烈竞争。为了提高升学率，有些学校不顾学生的健康，轻视道德教育，加班加点，应付考试；有的学校为了提高升学率，压题猜题，忘记培养学生成才的教育本质。1981年，《中国青年报》第22期发表了著名教育家叶圣陶的文章《我呼吁》，呼吁社会各界关注中学生在高考重压下负担过重的问题，批判了当时中学和一部分小学片面追求升学率的错误做法。他称这种现象犹如"千军万马过独木桥"，令人担忧。于是学术界开展了对片面追求升学率的批判。《教育研究》杂志从1986年第4期至1987年第4期，还专门开辟了"端正教育思想，明确培养目标"的专栏讨论。在这场讨论中，1987年时任国家教委副主任的柳斌在《努力提高基础教育的质量》一文中正式使用"素质教育"一词，并且从1995年到1997年间，连续撰文五论"关于素质教育的思考"，把素质教育的讨论推向新的高潮。

　　素质教育的概念一经提出，就引起了教育界的热烈争论。特别是《中国教育改革和发展纲要》中提到"中小学要由'应试教育'转向全面提高国民素质的轨道"以后，中小学议论纷纷。教育理论界有些学者认为，"素质教育"的提法缺乏理论依据。有人说，素质是指人的生理心理的遗传素质，难以在后天培养；有人说，素质是中性的，有好的素质，有坏的素质，笼统地讲素质教育不好理解；有人问，素质教育与全面发展什么关系？与教育方针什么关系？是不是用素质教育代替教育方针？在学校工作的校长和教师更关心的是提倡素质教育还要不要考试？考试能力是不是也是一种素质？他们特别对"转轨"两个字很反感，提出，难道我们过去的工作都做错了，要转轨了？可见当时的思想是十分混乱的。这次讨论一直持续到今天，尽管在某些方面还没有达到完全一致，但大体上达成某些共识。

1999年6月12日，中共中央、国务院做出了《关于深化教育改革全面推进素质教育的决定》，对素质教育做了全面的阐述："实施素质教育，就是全面贯彻党的教育方针，以提高国民素质为根本宗旨，以培养学生的创新精神和实践能力为重点，造就'有理想、有道德、有文化、有纪律'的、德智体美等全面发展的社会主义事业建设者和接班人。全面推进素质教育，要坚持面向全体学生，为学生的全面发展创造相应的条件，依法保障适龄儿童和青少年学习的基本权利，尊重学生身心发展特点和教育规律，使学生生动活泼、积极主动地得到发展。"①从此，素质教育成为我国的教育国策，同时也逐渐被大家所认识。

（2）关于教育现代化的讨论。进入20世纪90年代以后，在沿海发达地区，九年制义务教育已经基本普及，实现教育现代化就提上了议事日程。江苏首先提出，九年制义务教育普及以后江苏教育再怎么进一步发展？就是要实现教育现代化。于是关于教育现代化的理论讨论就掀起了一个高潮。1993年中共中央、国务院发布的《中国教育改革和发展纲要》中提出："到本世纪（20世纪）末，我国教育发展的总目标是：全民受教育的水平有明显提高；城乡劳动者的职前、职后教育有较大发展；各类专门人才的拥有量基本满足现代化建设的需要；形成具有中国特色的、面向21世纪的社会主义教育体系的基本框架。再经过几十年的努力，建立起比较成熟和完善的社会主义教育体系，实现教育的现代化。"《纲要》公布以后，江苏、上海、北京、珠江三角洲都先后召开了

---

① 中共中央、国务院：《关于深化教育改革全面推进素质教育的决定》，载《光明日报》，1999年6月17日。

教育现代化专家咨询会议、研讨会，探讨教育现代化的特征、内涵和实施的策略与措施。

教育现代化是社会现代化的一部分。现代化是西方先开始的，因此人们往往把现代化和西方化等同起来。20世纪50年代末，在西方出现过一种"现代化理论"，企图论证西方社会制度的优越性和合理性，并为战后发展中国家的社会发展提供了理论指导和政策依据。20世纪60年代末，这种理论就遭到许多学者的批判。这种理论代表西方中心主义的观点。事实上世界文明并非以西方文明为中心。西方文明只是人类众多文明中的一个类型。而且在20世纪60年代，一些发展中国家运用这种理论所提供的"增长第一"的发展战略和发展政策并未能使它们真正进入现代化。因此，现代化理论遭到怀疑。

中国现代化更不能走西方的道路，必须根据我国的国情，走自己的道路。邓小平理论指明了这条道路，就是把国家建设成有中国特色的富强、民主、文明的社会主义国家。也就是说，中国的现代化，在政治上要完善社会主义民主；在经济上分三步走，21世纪中叶达到中等发达国家的水平；在文化教育上要扩大公民受教育的程度，形成全民学习、终身学习的教育体系；在观念上要树立改革开放的思想。

教育现代化就是要面向现代化、面向世界、面向未来，为适应社会现代化的需要，充分利用现代科学技术的新成果来改进教育制度、教育内容和方法，促进人的现代化的过程。

（3）新一轮课程改革。教育改革的核心是课程，改革开放以来我国进行了多次中小学课程改革，2001年6月，教育部颁布《基础教育课程改革纲要（试行）》，现在义务教育阶段的课改已在全国施行，高中阶段的课改还在15个省市试点。新课程改革的精神是：改变课程过于注重理论传授的倾向，强调形成积极主动的学习态度，使获得基础知识与基本技能的过程同时成为学会学习和形成正确价值观的过程；改变课程结构过于强调学科本位、门类过多和缺乏整合的现状，整体设计九年一贯的课程和课时比例，并设置综合课程，以适应不同地区和学生发展的需要，体现课程结构的均衡性、综合性和选择性；改革课程内容"繁、难、偏、旧"和偏重书本知识的现状，加强课程内容与学生生活以及现代社会和科技发展的联系，关注学生的学习兴趣和经验，精选终身学习必备的基础知识和技能；改变课程实施过于强调接受学习、死记硬背、机械训练的现状，倡导学生主动参与、乐于探究、勤于动手，培养学生搜集和处理信息的能力、获取新知识的能力、分析和解决问题的能力以及交流和与人合作的能力；改变课程过于强调甄别与选拔的功能，发挥评价促进学生发展、教师提高和改进教学实践的功能；改变课程管理过于集中的状况，实行国家、地方、学校三级课程管理，增强课程对地方、学校及学生的适应性。

围绕课程改革，课程理论成为这个时期研究的热点，并在一些问题上开展了讨论。这些问题是：关于教学过程的本质的争论、关于课程本质的讨论、关于师生关系的讨论、关于"轻视知识"的争论以及课程内容的争论等①。

（4）关于教育公平的讨论。进入21世纪以后，由于农村税费改革引起的农村教育资源匮缺，农民工大量涌入城市，其子女上学困难的问题，引起社会的关注，从而引发了教育公平的讨论。许多学者开展了教育差距和实施教育公平的研究。

此外，学术界对高等教育大众化和建设世界一流大学、职业教育的发展、教育信息化等也有较深入的研究，这里就不一一介绍了。

实践总是丰富的，理论概括总是贫乏的。以上我们只是列举几场有

---

① 王永红、丛立新：《基础教育课程与教学发展、变革的历程及成就》，见顾明远：《改革开放30年中国教育纪实》，452～468页，北京，人民出版社，2008。

较大影响的讨论。实际上许多教育问题讨论天天在进行，处处在进行。20世纪八九十年代在我国大地上掀起了教育改革实验的大潮。这种改革实验其本质也是寻求一种新的教育理念和培养人才的新模式。在全国比较有影响的实验有：著名教育家吕型伟教授领导的教育整体改革实验研究、顾泠沅的青浦实验、叶澜教授的新基础教育实验、裴娣娜教授的主体教育实验、朱永新的新教育实验，都是跨越多个省市，几十所学校参加。其他还有李吉林的情境教育实验研究、愉快教育实验研究、成功教育实验研究等，可谓百花齐放。这些实验研究都为中国教育的现代化的实现创造了基础。

改革开放30年来中国教育科学研究的成果不胜枚举。如果一定要概括的话，可用"从阶级斗争为纲转变为科教兴国""从封闭到开放""从一枝独秀到百花齐放"几句话来说明。30年的教育研究还呈现以下几个特点。

首先，教育科研走出了书斋，结合我国教育改革和发展中的重大问题开展理论研究，为国家的教育决策服务，为学校提高教育质量服务。改革开放以前，我国教育科研不仅局限于师范院校的少数教学、科研人员，而且只研究中小学的教育教学等微观教育问题，很少研究教育与国家发展的宏观问题。改革开放以后，教育科研界从第一天起就开始对教育的本质、教育与市场经济的关系、教育与社会发展、建立世界一流大学等重大问题进行讨论；同时引进国际教育新理念、新经验，研究学校教育、课程内容、教学方法和技术手段的改革。许多科研人员还走出学校，走到基层，开展各种实验研究。

其次，教育科研走入了群众。改革开放以前教育科研队伍很小，只有几所师范院校的教育学科教师从事业余的研究，全国除少数设立于大学的外国教育研究机构外，没有单独的科研机构。据统计，1979年召开第一次全国教育科学规划会时全国教育科研人员，以师范院校的教育学科教师为主，总共不足400余人。30年来不仅有了一支庞大的教育科学研究队伍，而且教育科研成了广大教师促进自我发展，提高教育质量的主要途径。中央教育科学研究所于1978年春天得以恢复，接着各地纷纷建立了教育科学研究所，有的省市成立了教育科学研究院；许多高等学校成立了高等教育研究所或高等教育研究室，教育科研队伍不断壮大。《中华人民共和国学位条例》颁布以后，20多年来教育学培养了数以万计的硕士和博士，充实了教育科研队伍，他们是教育科研的生力军，正在教育科研中发挥着骨干作用。特别可喜的是，广大教师加入教育科研队伍中来，许多第一线的中小学教师参加各种教育实验，更多的是结合自己的日常教学开展研究，把科研作为自我成长、提高教育质量的主要途径。

最后，教育科研走向世界。30年来我国教育从封闭走向开放，走向国际化。我们大量引进借鉴世界教育的新理念、新经验，促进了我国教育科学的发展，使我国教育科研呈现出百家争鸣、百花齐放的局面。在改革开放思想路线的指引下，我国教育科学也走向国际化。我们积极参加联合国教科文组织、联合国儿童基金会等国际组织的活动；参加了如世界比较教育学会联合会、世界教师教育协会联合会、国际教育评价协会等国际民间组织的会议；我们还在国内组织了多次国际教育会议；科研人员的交往、留学生的互换、学术资源的交流更是日益频繁。这不仅使我们了解了世界，也让世界了解了我们。

三、中国教育科学现代化之路任重道远

新中国成立60年来，中国教育科学走过了一条曲折坎坷之路，改革开放迎来了教育科学的春天。在党的正确路线的阳光照耀下，在广大教育工作者的努力灌溉下，中国教育科学已经长成参天大树。但是要建设有中

国特色社会主义教育理论体系，同志尚需努力。特别要正确处理好几个关系。

一是现代教育与传统教育的关系。中国教育是在中国的文化基础上发展起来的，中国传统文化是它的核心基础。因此，中国教育在实现现代化的过程中，要正确对待中国传统文化。要继承和发扬文化的优秀传统，批判和摒弃陈旧落后的思想观念。我们反对民族虚无主义，认为中国的文化是落后的，不如西方先进。中国传统文化有落后的一面，特别是近代以来，中国是落后了。但中国文化从根本上讲是优秀的，它凝聚着中华民族不畏强暴，自强不息，克服天灾人祸，走向胜利的智慧和力量。今天，这种民族精神正在鼓舞着13亿人民走向新的时代，走向世界。我们也不赞成民粹主义，认为中国文化是最优秀的，无须向别人学习，一切新鲜事物都是中国"古已有之"，拒绝接受新观念、新经验。一个民族和一个人一样，看不到自己的缺点的时候，落后即将开始。中国近代以来之所以落后于世界，就是因为夜郎自大，闭关自守。这个深刻的教训值得我们时刻铭记在心。

二是外国教育经验与本土经验的关系。中国现代教育制度是从引进西方教育制度开始发展起来的，自然渗透着许多西方文化思想。100多年来，我们接受和吸收了许多西方国家的教育思想和经验，近30年来更是各种教育思潮蜂拥而入，如何鉴别、吸纳并使之本土化，内化为中国教育的传统，是需要认真对待的问题。我们反对西方中心主义，认为西方一切都是好的，现代化就是西方化，中国只有全盘西化才有出路。历史证明，这条道路是走不通的。只有结合中国的国情，走自己的路，才能真正实现中国教育的现代化。但是，我们也不赞成东方主义。当今，西方文化霸权主义的猖獗，惹起了一些东方学者的极大反感，于是产生了狭隘的东方主义思潮。实际上，西方中心和东方中心都是受殖民文化的影响，东方主义只是对西方殖民文化的消极抵制，是对自我民族文化缺乏自信的表现。正确的态度应该是，在继承和弘扬我国优秀文化的基础上，积极吸收人类文明的一切优秀成果，借鉴世界上先进的办学经验和管理经验，并和我国自己的经验相结合，实现教育传统的本土化。

三是理论和实际的关系。理论来源于实践，同时又指导着实践。列宁曾经说过：没有实践的理论是空洞的，没有理论的实践是盲目的。建设有中国特色的社会主义教育理论体系必须立足于中国的实践。中国的教育理论工作要走到教育实践的第一线，研究实际中的理论问题。从这一点上讲，我国许多老一辈的教育家如陶行知、陈鹤琴等值得我们学习，虽然他们都是留学生，但他们都不是照搬外国的理论，而是脱下西装，深入民众，所以他们提出的理论至今仍放射出光芒。当前我国有丰富的教育实践经验，也有许多亟待解决的理论问题，我相信，有中国特色的社会主义教育理论体系一定会和我国现代化建设同步完成！

弘扬传统文化在乡土教材建设中[*]

　　我对乡土教材没有研究，主要向大家学习。这次会议非常有意义。用人类学的方法来研究各民族的教育是教育研究发展的一个重要方向。特别是我国幅员辽阔，56个民族都有自己的文化传统和教育传统，因此，要研究各民族的教育就必须与研究各民族的文化联系起来。影响教育的因素很多，有政治体制、经济发展水平等，但影响最深远、最持久的是民族文化传统。即使是汉族，因为分布在全国各地，各地的地域文化也不相同。因此，不了解一个民族、一个地区的文化，就不可能了解那里的教育。所以，开展人类学研究，深入一个民族或一个地区，了解那里的文化传统和族群心理，是教育研究最科学的方法。研究民族文化对研究者来说，有研究主体了解研究客体的真实情况的一面，但更重要的是为了该民族或该地区教育的改革和发展，特别是让当地教育能够传承本民族、本地区的文化传统和乡土知识。

　　正像会议通知中所讲到的，经济全球化，西方文化的浸入，使得各国各民族保持自己的文化传统尤为重要。我国的孩子现在只知道麦当劳，生活在"三片"（薯片、芯片、大片）中，这是很危险的。因此，

---

* 原载《中国教育学刊》，2010年第1期。原题目为"弘扬传统文化需要走出一些误区"，
　收入时题目做了修改。

传承本土知识，弘扬民族文化传统是当前迫切的任务。但是弘扬传统文化需要走出一些误区。当前功利主义盛行，许多所谓国学活动，其实并非真正弘扬民族文化，而是所谓"文化搭台，经济唱戏"，一切为了金钱，把传统文化庸俗化。另外一种误区就是走形式主义，让孩子穿上官袍，戴上官帽，摇头摆尾地读《弟子规》《三字经》《论语》等。这传递给孩子一种什么信息？这不是弘扬国学，而是宣扬一种封建的意识。弘扬中华文化优秀传统要从小做起，在教育中增加中华文化的元素也是非常重要的。小学生记忆力强，在小学生中普及一些中华文化的典籍，背诵一些经典的名句名篇，同时受到中华文化的熏陶，是很好的弘扬传统文化的方式，值得提倡。但要避免走形式，更不能把传统文化中的糟粕当精华。教育对传统文化和外来文化都应该发挥选择的功能，取其精华、去其糟粕，才能使中华优秀文化得以弘扬光大，世代相传。

同时，我们在弘扬民族传统文化时要处理好民族性与时代性的关系。任何一种文化都具有双重性，即民族性和时代性。文化是一个民族或者是一个族群的生活样式，不同的民族或族群有不同的生活样式，因此，文化必然具有民族性。但是文化不是凝固不变的，它随着时代的发展和进步不断变化。同时随着与其他民族的交往，各民族文化也会吸收其他民族文化融入本民族文化之中，因而民族文化不断发展和丰富。

我国是一个多民族国家，56个民族都有自己的民族文化传统，但又都统一在中华民族大文化中。我们要重视各民族文化传统的传承，特别是少数民族的文化，这样中华文化才是丰富多彩的。新的课程改革给地方课程、校本课程留下了较大的空间，这就为传承乡土知识、民族文化提供了有利的条件。研究如何把乡土知识、民族文化融入地方课程和校本课程当中是课程改革的重要任务。现在许多地方已经有不少经验，大家在一起研讨，交流经验，很有必要。

实现教育现代化的宏伟蓝图[*]

——学习贯彻《国家中长期教育改革和发展规划纲要》

经过将近两年时间的调研、讨论、公开征集意见、修改以后，《国家中长期教育改革和发展规划纲要（2010—2020年）》（以下简称《教育规划纲要》）已经由中共中央、国务院印发[①]，并发出通知，要求各地区各部门结合实际认真贯彻执行。《教育规划纲要》的制定为我国教育实现现代化、建设人力资源强国绘制了宏伟蓝图，是我国教育发展史上的一件大事，它的贯彻执行必将对我国社会主义现代化建设起到不可估量的作用。

一、为什么要制定《教育规划纲要》

制定《教育规划纲要》是党中央、国务院研究了国内国际形势以及我国经济社会发展的任务做出的重要决策。早在2006年夏天，十六届中央政治局第34次学习会就讨论了教育问题。在会上，胡锦涛总书记发表了重要讲话，强调指出，要坚定不移地实施科教兴国战略和人才强国

---

* 原载《北京师范大学学报（社会科学版）》，2010年第5期。

① 单行本已由人民出版社于2010年7月出版。

战略，切实把教育摆在优先发展的战略地位。同年7月至11月，国务院总理温家宝又在中南海先后召开了四次教育座谈会，听取各界人士对教育改革的意见，谋划教育发展的未来。自2006年以来，中共中央、国务院连续发布了三个规划纲要：2006年2月9日印发了《国家中长期科学和技术发展规划纲要（2006—2020年）》、2010年6月6日印发了《国家中长期人才发展规划纲要（2010—2020年）》，最近又印发了《国家中长期教育改革和发展规划纲要（2010—2020年）》。这不是偶然的，国家要实现邓小平设计的中国特色社会主义建设的战略目标，科学技术是关键，人才是基础，教育要为科技创新和人才培养提供智力支撑。《教育规划纲要》的制定也是落实中共十七大提出的"优先发展教育，建设人力资源强国"的主要举措。因此，我们可以从国内、国际形势来理解制定《教育规划纲要》的必要性。

第一，从国内发展形势来看。今天我国经济社会发展到一个新的历史时期，今后10年是我国全面建设小康社会，加快推进社会主义现代化，建设创新型国家的关键时期。从经济发展形势来看，我国经济发展方式正处在转型时期，推动产业结构升级，转变经济发展方式，建设资源节约型和环境友好型社会，必须依靠科技进步和提高劳动者素质。

科学技术是第一生产力，人才是关键，教育是基础。《教育规划纲要》在"序言"中就开宗明义地提到："教育是民族振兴、社会进步的基石，是提高国民素质、促进人的全面发展的根本途径，寄托着亿万家庭对美好生活的期盼。强国必先强教。优先发展教育、提高教育现代化水平，对实现全面建设小康社会奋斗目标、建设富强民主文明和谐的社会主义现代化国家具有决定性意义。"

第二，从国际形势来看。世界格局深刻变化，科技进步日新月异，国际竞争日益激烈。国际竞争是综合国力的竞争，说到底是人才的竞争，是民族创新能力的竞争。国际金融危机更加凸显科技创新的重要性。同时，近些年来，我国的国际地位有了极大的提升，重大的国际事务如果没有中国参与，就难以解决。但是我国的国际人才培养，与我国的国际地位极大地不相称。我国在国际组织中的人员还不及印度、巴基斯坦等其他发展中国家。因此，我们亟须提高国民素质，加强创新人才和国际人才的培养。

第三，从教育内部来看。新中国成立以来，虽然教育发展取得了伟大的成绩，但正如《教育规划纲要》所指出的，教育仍然不完全适应国家经济社会发展和人民群众接受良好教育的要求。教育观念相对落后，内容方法比较陈旧；学生适应社会和就业创业能力不强，创新型、实用型、复合型人才紧缺；教育体制机制不活，学校办学活力不足；教育结构和布局不尽合理，城乡、区域教育发展不平衡；教育投入不足。深化教育改革，促进教育公平，提高教育质量，是全社会共同的心声。

二、《教育规划纲要》确定的工作方针和战略目标

《教育规划纲要》确定今后10年的工作方针是："优先发展、育人为本、改革创新、促进公平、提高质量。"教育优先发展，是我国社会主义现代化建设的发展战略，是贯彻落实科学发展观，加快建设人力资源强国，推进社会主义现代化，实现中华民族伟大复兴的重要战略部署。胡锦涛同志在全国教育工作会议上的重要讲话中指出："强国必先强教"，"必须优先发展教育，在党和国家工作全局中必须始终把教育摆在优先发展的战略地位，切实保证经济社会发展规划优先安排教育发展、财政资金优先保障教育投入、公共资源优先满足教育和人力资源开发需要"。[1]

---

[1] 胡锦涛：《在全国教育工作会议上的讲话》，载《人民日报》，2010-07-15。

育人为本，这是教育改革和发展的目的，是教育工作的核心。教育的根本目的就是培养德、智、体、美全面发展的社会主义建设者和接班人。为此，要树立正确的教育价值观、人才观、成才观，克服功利主义、学历主义、应试主义倾向，树立全面发展的教育观、人人成才的人才观、多样化人才的发展观、终身学习的学习观、系统培养的成才观。教育有多种功能，有为社会发展服务的功能，有个体发展的功能。不能把两者对立起来，只有个体得到充分自由的发展，才能更好地为社会发展服务。正如《教育规划纲要》中指出的："人力资源是我国经济社会发展的第一资源，教育是开发人力资源的主要途径。"教育要关心每个学生，为每个学生提供适合的教育，促进每个学生主动地、生动活泼地发展。

促进公平和提高质量是今后教育改革和发展的两大工作重点。促进公平，这是国家的教育基本政策。教育公平是社会公平的重要基础，也是公民依法享受教育权利的要求。提高质量是教育改革和发展的核心任务，建设人力资源强国，教育质量是关键，正如温家宝总理所言："只有一流的教育，才有一流的国家实力，才能建设一流的国家。"[①]改革开放30多年来，我国解决了学龄儿童有学上的问题，今后的任务是要解决上好学、上有质量的学的问题。促进教育公平和提高教育质量就是要解决学龄儿童普遍都能享受有质量的教育的问题。促进教育公平和提高教育质量本来是两个不同的问题。但是由于我们现在教育质量总体还不高，优质教育稀缺，教育发展不均衡，只有少部分儿童能够享受到优质教育，所以就出现了教育不公平的问题。因此，要促进教育公平就要普遍提高教育质量，办好每一所学校，教好每一个学生，使人人都享受到高质量的教育。

---

① 温家宝：《百年大计教育为本》，载《中国教育报》，2009-01-05。

改革创新是教育发展的强大动力，是完成优先发展、育人为本、促进公平、提高质量的根本保证。优先发展教育，增加教育投入，到2012年达到国家财政性经费支出占国内生产总值4%的比例，需要通过改革来实现；促进教育公平，教育投入要向弱势群体和薄弱环节倾斜，要实行城乡一体化、教师在城乡之间流动等，都需要通过体制创新来实现；提高教育质量，推进素质教育，需要进行人才培养体制的改革、考试招生制度和评价制度改革、学校制度改革和教育管理制度的改革等。总之，教育发展在于改革创新。

可以看出，20个字的工作方针是一个完整的整体。优先发展是战略，育人为本是目的，促进公平和提高质量是任务，改革创新是保证。

《教育规划纲要》制定了今后教育改革和发展的战略目标：到2020年，基本实现教育现代化，基本形成学习型社会，进入人力资源强国行列。这是三个互相联系的目标。我们要建设人力资源强国，要从两个方面着力：一是提高全体国民的素质，这就要延长国民受教育的年限。我国主要劳动人口受教育的年限平均只有9.5年，其中受过高等教育的比例只有9.9%，而发达国家普遍超过了12年和超过25%。同时要提倡全民学习、终身学习，形成学习型社会。二是要培养一批拔尖杰出人才，他们有战略眼光，能够引领先进科技、引领先进文化、引领社会不断前进。

为此，要基本普及学前教育、巩固提高九年义务教育水平、加快普及高中阶段教育、大力发展职业教育、全面提高高等教育质量、加快发展继续教育、重视和支持民族教育事业、关心和支持特殊教育。到2020年，实现更高水平的普及教育、形成惠及全民的公平教育、提供更加丰富的优质教育、构建体系完备的终身教育、健全充满活力的教育体制。

三、实现教育现代化是中国教育工作者的历史使命

《教育规划纲要》绘制了基本实现教育现代化的蓝图。本文将着重讨论的问题是：什么是教育现代化？教育现代化的标准是什么？怎样实现教育现代化？

（一）现代化的概念和历程

为了理解教育现代化，先要理解现代化是什么。关于现代化，学术界有许多研究，也有许多不同的观点。一般认为，"广义的现代化主要是指工业革命以来现代生产力导致社会生产方式的大变革，引起世界经济加速发展和社会适应性变化的大趋势……"。[①]罗荣渠在《现代化新论》一书中，分析了现代化有四类含义：一是指经济上落后国家通过大搞技术革命，在经济和技术上赶上世界先进水平的历史过程；二是现代化实质上是工业化，是经济落后国家实现工业化的过程；三是现代化是自科学革命以来人类急剧变动的过程的统称；四是现代化主要是一种心理态度、价值观和生活方式的改变过程。[②]我们这里没有时间对这个问题展开讨论。我个人认为，现代化应该是一个发展的概念，它是一个历史过程，是人类认识自然、利用自然、改造自然（包括人类自身）的能力空前提高的历史过程，以及由此而引起的政治、经济、文化等社会各领域广泛而深刻的变革，其目标是高度的物质文明和精神文明。[③]

现代化的客观历史进程始于西方，它大体上包括从农业社会向工业社会转变和从工业社会向信息社会转变的两大阶段。对现代化的发生和起点有两种现点：一种是以意识形态的转变为标志，从而认为它是从欧

---

① 罗荣渠：《现代化新论》，3页，北京，北京大学出版社，1993。

② 同上书，8～17页。

③ 顾明远、薛理银：《比较教育导论——教育与国家发展》，199页，北京，人民教育出版社，1998。

洲文艺复兴开始的。因为中世纪是以神为中心，神统治着世界，文艺复兴冲破了神的束缚，人的思想得到解放，从而使人类步入现代化的进程。另一种观点是以科学技术与生产的结合为标志，因而认为它是以产业革命为起点。我倾向于第二种观点。因为，文艺复兴固然是一次伟大的思想革命，但它只是现代化的先兆，是思想准备阶段，只有产业革命把科学技术与生产结合起来，使机器大工业生产代替了手工业小生产，人类认识、利用、改造自然的能力才有了空前的提高。这一深刻的变化为人类带来了文明与进步，是整个工业社会以前的历史无法比拟的。正如恩格斯所指出的："蒸汽和新的工具机把工场手工业变成了现代的大工业，从而把资产阶级社会的整个基础革命化了。工场手工业时代的迟缓的发展进程变成了生产中的真正的狂飙时期。"①科学技术一旦与生产结合就变成了巨大的生产力，推动着社会发展。因此，生产力是现代化的动力，科学技术是第一生产力。世界现代化的进程是这样，中国现代化的进程也是这样。我国社会现代化虽然在鸦片战争以后洋务运动就逐渐开始了，但真正步入现代化进程还是改革开放以后，生产力得到较大发展以后。现代化的内容是极为复杂的，它表现在经济、政治、文化各个方面。它在不同社会制度下，在各个不同的国家，表现形式也有不同，很难用普遍的特征来概括它。中国的现代化就是在邓小平理论的指导下把国家建设成为富强、民主、文明的社会主义国家。

教育的现代化是社会现代化的组成部分。人的现代化是社会现代化的核心。没有现代化的人是建设不成现代化的国家的。要实现人的现代化，就要求教育的现代化。

（二）教育现代化的核心和内涵

怎样理解教育现代化？教育现代化是指传统教育向现代教育转化的

---

① 《马克思恩格斯选集》第3卷，611页，北京，人民出版社，1995。

过程，是赶超世界先进教育水平的过程。所谓转化，并非把传统教育抛弃掉，在空中楼阁的基础上去构建一个现代教育，而是通过对传统教育的选择、改造、继承和发展来实现的。传统教育中有许多优秀的东西，要继承和发扬。但它毕竟是旧时代的产物，是适应那个时代的要求而产生的，有不少东西与时代的要求是不相适应的，这就需要选择和改造，使它符合时代的要求，向现代教育转化。所谓赶超世界先进教育水平，也并非照搬西方教育模式，而是吸收其中的先进教育理论和经验，建设有中国特色的社会主义教育理论体系和教育制度。邓小平提出"教育要面向现代化，面向世界，面向未来"，就为教育现代化指明了方向。

教育现代化内涵十分丰富，包括观念层面、制度层面、教育内容和方法层面。但是核心是教育观念的现代化，只有教育观念转变，然后才有制度的转变。我国在清末民初就引进了西方的教育制度，教育内容也几经更新，但教育观念没有彻底改变。正如《教育规划纲要》提出的，我们的教育观念相对落后，内容方法比较陈旧。教育观念的转变是最主要的，也是最难、最长期的。因为观念总是隐藏在人们头脑中的最深沉的、最不易变化的东西，它与长期积淀的文化传统、民族心理有关。

教育观念首先表现在对教育的本质、价值、功能的认识上。教育学要回答的无非是三个问题：什么是教育或者教育是什么？为什么要教育？怎样教育？这三个问题都包含着教育的本质和价值观。

1978年我国教育界曾经有过一场教育本质的大讨论。这场讨论是在解放思想的背景下提出来的。长期以来，我国教育界学习苏联教育学，认为教育是有阶级性的，教育是上层建筑。1978年夏天，在一次座谈会上，于光远同志提出，教育这种现象中，虽含有上层建筑的东西，但不能说教育就是上层建筑。后来形成文章《重视培养人的研究》，发表在《学术研究》1978年第3期上，由此引起了教育本质的热烈讨论。有许多种不同观点：有"生产力说"与"上层建筑说"之辨、"社会实践活动说"与"特殊范畴说"之辨、"生产实践说"与"精神生产说"之辨、"社会化说"与"个性化说"之辨、"培养人说"与"文化传递说"之辨等。1983年，胡乔木同志在听取汇报时，曾说：教育是个体社会化的过程。这次大讨论没有结论，但拓宽了人们的视野，认识到教育的价值、教育的功能是多方面的，打破了过去一直认为教育是阶级斗争的工具的认识。[①]

以上种种说法其实都没有说到教育的本质，只讲到教育的一些属性。争论最多的是教育是生产力还是上层建筑。其实这两者都是教育的属性而不是本质。属性可以是多种多样的，教育既有生产力的属性，也有上层建筑的属性，是可以并存的。后来大家比较有共识的是，教育本质是培养人，教育是培养人的活动。但各个时代不同，各个社会不同，培养人也是不同的。

但也有专家提出为什么人要受教育？也就是说教育对于人有什么价值？人所以要受教育是因为要传承文化。这是因为，人类社会之所以存在是因为人不是个体的人，而是以文化为纽带连在一起的群体，也就是说，人类社会是以文化存在为纽带而存在的，世界上没有无文化的人类，也没有无文化的社会。人类社会要繁衍、要发展，不仅要生殖，而且还要把个体化为群体的人、化为社会的人，这就要有文化的传承，也就是胡乔木同志讲的教育是人的社会化过程。因此，教育的产生是人类文化传承的需要，因而传承文化是教育本体的功能。

教育界普遍认为，教育有两种功能，一是促进个体发展的功能，二是促进社会发展的功能。但是长期以来，特别是在阶级社会里，人们普遍重视教育的社会功能，忽视促进个体发展的功能。统治阶级总是把教

---

① 张东娇：《教育本质讨论》，见顾明远：《改革开放30年中国教育纪实》，北京，人民出版社，2008。

育作为统治人民的工具，强调它的社会功能。我国古代教育很重视培养人，但当时的培养目标是为统治阶级服务的君子，至于农民则被认为是不需要受教育的。"古之教者，化民成俗"，是指培养人符合当时统治阶级的要求。新中国成立以后，长期以来把教育作为阶级斗争的工具、无产阶级专政的工具，也是强调教育的社会功能。"文化大革命"以后，党和国家的工作重心转移到经济建设上来，又开始强调教育要为经济建设服务，强调教育的经济功能，仍然是强调教育的社会功能，不提教育促进个体的发展，不提以人为本。

其实，促进个体的发展与为社会服务是不矛盾的。社会是由人组成的，没有人的发展，哪来社会的发展。马克思讲："每个人的自由发展是一切人的自由发展的条件。"①教育为社会服务主要建立在培养每个个体的基础上。教育的政治功能、经济功能、国防功能、文化功能等统统要落实在人的发展身上。没有个体的发展，没有整个国民素质的提高，怎么能促进社会经济的发展，怎么能促进政治民主、巩固国防？为什么各个国家、各国领导都重视教育？就是因为在政治、经济、国防、文化活动中，人是最主要的要素。1957年苏联第一颗人造卫星上天，美国的第一反应，认为这是教育问题，没有说是经济问题，第二年就颁布了《国防教育法》，来改善他们的国民教育。

但是培养什么人、促进人的哪些方面的发展，是有历史性、时代性的。在奴隶制和封建社会里，培养人是有局限性的，不仅培养的人是少数人，而且培养的人不是全面发展的。只有现代社会，现代教育才提出全面发展。马克思在《资本论》中说道："大工业的本性决定了劳动的变换、职能的更动和工人的全面流动性。"又说，大工业要求用全面发展的人代替片面发展的人。因此，培养全面发展的人是现代教育的最根本的任务。

---

① 《马克思恩格斯选集》第1卷，294页，北京，人民出版社，1995。

马克思对全面发展的理解不只是指德、智、体的全面发展，更主要的是指人的脑力和体力的充分自由地发展。而脑力和体力的充分自由地发展只有通过教育与生产劳动相结合的途径才能实现。

因此，要实现社会现代化，就必定要重视人的现代化，就是要重视人的教育，重视促进人的个体的发展。

培养人包含两个方面：一是提高他的基本素质，对全体国民来讲，就是提高全体国民的素质。这就是今天我们推进素质教育的目标。二是把个体培养成才，培养成社会需要的各类人才，使他成为可以推进社会发展进步的人力资源。我们教育制度的设计、教育内容的安排、教育方法的选择都要符合上述两方面的要求，促进人的全面发展。

（三）教育现代化的基本特征

关于教育现代化的基本特征，我曾经把它归纳为八个方面[①]，现在重新整理，并根据《教育规划纲要》的精神加以解释。这几个特征主要是从教育观念层面来说的，不是教育现代化的指标体系。

第一，受教育者的广泛性和平等性。普及教育是现代工业的产物，随着社会的发展，普及教育的程度逐渐提高。现代发达国家已经基本上普及了高中阶段教育，高等教育也已经跨过了大众化进入了普及化的阶段（高等教育毛入学率在15%以上为大众化阶段，50%为普及化阶段）。现代教育必须满足不同群体对教育的不同需求，也就是我们通常讲的，办好人民满意的教育。这里面包含了教育公平和教育质量。我国社会已经进入了一个新的历史阶段。党和政府正在根据科学发展观的指导思想建设社会主义和谐社会。教育是和谐社会建设的基础，要逐步实现受教育者的广泛性和平等性，促进人的全面发展，从而促进社会的现代化发展。教育的公平有几个层次，包含教育机会的公平、教育过程的公平、

---

① 顾明远：《关于教育现代化的几个问题》，载《中国教育学刊》，1997年第3期。

教育结果的公平。教育机会的公平是保障公民享受教育的权利；教育过程的公平是使每个学生都能够享受同等教育条件，包括教师的质量、教育各种资源的配置基本上是公平的；教育结果的公平主要指每个学生的潜能都得到发挥，获得教育的成功。教育结果还取决于每个人的遗传天赋、环境（如家庭的经济、文化环境）以及个人努力的程度。

教育公平还应包括为不同的群体和个人施以适合他们特点的教育。如果要求农村的孩子和城市的孩子接受同等难度的教育，对农村孩子来讲就不太公平；如果一个孩子对艺术有天赋才能，而且有兴趣，而你硬要他学科学，这对他也是最大的不公平。因此，正如《教育规划纲要》中所提出的，要"尊重教育规律和学生身心发展规律，为每个学生提供适合的教育"。

因此在实施教育公平、教育均衡发展的时候，在照顾到大多数人的时候，还要照顾到两头的少数人，一部分是有天赋才能的学生，一部分是弱势群体。只有做到这一点，才是真正的公平。

第二，教育的终身性和全时空性。终身教育在20世纪形成最重要的思潮，也是现代教育最基本的特征。终身教育的思想产生于20世纪初，流行于20世纪60年代。它是由于现代科学技术的迅速发展引起生产和社会的不断变革，促使人们必须不断学习才能适应这种变革而产生的。终身教育强调教育应该贯穿人的整个一生，主张学校教育、社会教育和家庭教育相互沟通，相互促进。终身教育不是只搞一个独立的系统，而是把一切教育都纳入终身教育体系。

随着社会的进步和发展，50年来终身教育已经从理想走向现实，各国都在建设终身教育制度，终身教育也逐渐走向社会全体成员的终身学习。终身教育开始出现的时候，主要与成人教育、职业培训联系在一起。后来逐渐扩展到所有教育，而且逐渐向终身学习的概念转化。终身学习已经不限于人们为了谋生的需要，而是成为人们生活的一部分，成为文明社会的生活方式。《教育规划纲要》提出，到2020年我国要基本形成学习型社会。我的理解是，所谓学习型社会，就是以学习求发展的社会，就是创新的社会，就是全民素质高水平的社会，每一个个体、每一个组织、每一个国家要发展，首先必须学习，全民学习、终身学习是学习型社会形成的基础。

所谓教育的全时空性，是指教育已经不限于学校，也没有年龄的限制，而是全民皆学，时时可学，处处能学。特别是现代传播技术的发展，人们可以从多种渠道获得信息。因此，教育现代化需要有全时空的大教育观视野，把正规教育与非正规教育、正式教育与非正式教育统一起来，把学校教育、家庭教育、社会教育、自我教育有机地结合起来。

第三，教育的生产性和社会性。现代教育是现代生产的产物，教育与生产劳动相结合是现代教育的普遍规律。大工业生产与手工业生产不同，它必须与科学技术相结合，因而要求教育为它创新技术和培养掌握科学技术的人才。以知识为主要生产要素的知识经济尤其如此。因此，现代教育只有打开大门，与企业和社会各种团体相联系，为社会经济发展服务，才能适应社会的需要，同时教育自身也才能得到发展。

尤其是高等学校，固守过去的学术象牙之塔已经不可能了。工业革命以后就打破了大学封闭的传统。英国牛津大学、剑桥大学曾是最保守的。19世纪，英国不得不另建新大学以适应时代的要求。后来牛津大学、剑桥大学也不得不改革。美国从1862年颁布《赠地法案》开始，大学为农业和工业服务，大学就蓬勃发展起来。以后教学、科研、服务就成了大学的三大职能。第二次世界大战以后，大学的产学研结合是大家都很熟悉的。

这次《教育规划纲要》中强调大力发展职业教育，建立健全政府主导、行业指导、企业参加的办学机制，以及高等教育树立主动为社会服务的意识、推进产学研结合等的规定，体现了现代教育的生产性和社会性。

第四，教育的个性和创造性。人的发展既有共性，又有个性。共性更多地体现社会的要求，个性则较多地体现个体的要求。工业社会强调标准化、统一化，个性不能得到充分发展。信息社会强调个性化、多样化。信息网络化也为个别学习提供了可能，这就为个性发展提供了条件。《教育规划纲要》特别强调全面发展与个性发展的统一，在"人才培养体制改革"一章中提出，要"树立多样化人才观念，尊重个人选择，鼓励个性发展，不拘一格培养人才"。

个性的核心是创造性。科学技术的迅猛发展要求教育培养具有创造能力的人才。同时社会上的激烈竞争也需要人才具有个性、有创造能力和开拓精神。

怎样才能培养个性和创造性？首先要承认学生的个性差异。教育学上常常讲两大规律：一是外部规律，即教育与社会政治、经济、文化的关系；二是内部规律，指教育要遵循儿童青少年发展的规律。儿童青少年的发展既有年龄特征，又有个性特征。年龄特征容易认识，现代生理学、心理学都有研究。儿童青少年的个性特征就难以捉摸。但是从种种表现可以认识到一些差异。因此，自古以来我国教育就提倡因材施教。为每个学生提供适合的教育，就是最好的教育。

我国基础教育最大的问题是没有注意发展不同学生的天赋特长和兴趣爱好。没有兴趣就没有学习。我们的孩子今天是为兴趣而学习还是为分数而学习？这值得我们反思。苏霍姆林斯基曾经说过：如果一个孩子到十二三岁的时候还没有自己的兴趣爱好，老师就应该为他担忧。担什么忧？担心他将来成为对什么都不感兴趣的平平庸庸的人。

美国许多优质中学，学生到高中时就有了志向，而且为之努力。而我国的高中毕业生却缺乏自己的专业志向，高考填报志愿时往往由爸爸、妈妈按照分数来填志愿。这就是我们与先进国家教育的差距。

第五，教育的多样性和差异性。教育的个性和社会的多样性必然要求教育的多样性，同时社会不同群体对教育的不同需求也要求教育的多样性。教育的多样性表现在培养目标的复杂性和多样化上。现代社会不仅要有一批高水平的管理者，而且要有一大批科学技术和文化艺术的专业人才，有高素质的熟练工人和农民。从个体来讲，人是有差异的，教育要为每个人的发展提供适合的条件，重视差异教育，培养特殊人才。公平而有差异是现代教育的基本原则。

要区别大众教育与精英教育。有些人总认为我国高等学校扩招后质量一定会下降。他不明白，多数人能够上大学的大众教育与只有少数大学生的精英教育在性质上已有很大不同，不能用精英教育的标准来衡量大众教育。大众教育的时代，高等教育是多层次、多样化的，质量也是不同的。因此，现在高等学校的趋同化、升格风不符合教育现代化的要求。《教育规划纲要》中提出：要推动普通高校的多样化发展，高等教育克服同质化倾向，建立高校分类体系，实行分类管理，这都体现了现代教育多样性和差异性的特征。

第六，教育的信息化和数字化。信息化已经成为现代社会的基本特征。教育信息化就是教育现代化的特征之一。信息技术在教育中的应用正在引起一场教育革命。它引起了教育观念、教育过程、教育模式、教师角色等一系列变革。

教育已经冲破了学校的樊篱。学生可以随时随地获得信息。学校教育不能不考虑如何控制、引导学生利用多渠道信息。教师已经不是知识的唯一载体，教师的作用更多的是设计教学，引导学生选择正确的学习路线和策略，教会学生正确处理信息，使他们在信息海洋中不至于迷失方向。

信息技术在教育中的应用不仅改变了教育模式，而且为终身学习创造了条件。《教育规划纲要》专门有一章论述加快教育信息化进程，要求："到2020年，基本建成覆盖城乡各级各类学校的教育信息化体系，促进教育内容、教学手段和方法现代化……推进数字化校园建设"，这充分体现了现代教育的基本特征。

第七，教育的变革性和创新性。现代社会在科学技术迅猛发展和不断创新的带动下，社会、经济、文化在不断变革和创新。现代教育也必须不断变革和创新，才能适应形势的发展。因此，教育的变革性和创新性是现代教育的基本特征。《教育规划纲要》要求："把改革创新作为教育发展的强大动力"，同时指出："教育要发展，根本靠改革。要以体制改革为重点，鼓励地方和学校大胆探索和试验，加快重要领域和关键环节改革步伐。"

《教育规划纲要》规划了六大改革，而以人才培养体制改革为起点，凡是阻碍人才培养的一切制度都要改革。这充分体现了现代教育变革性和创新性的特征，也是我国实现教育现代化的关键。

第八，教育的开放性和国际性。全球化带来了教育的国际化。随着科学技术的发展，国际交通越来越便捷，信息交流越来越快捷，地球变得越来越小，某一国家的某项教育改革迅速传遍全世界。教育的开放性和国际性是现代教育的基本特征。

教育的开放性和国际性表现在国际人员交流、财力支援、信息交换（包括教育观念和教育内容）、教育机构的国际合作和跨国的教育活动等方面。只有坚持开放，才能更好地吸收世界上一切优秀文化，充实和丰富我国的教育。

过去我们只讲经济全球化，不讲文化全球化、教育全球化。但是无可讳言，全球化不仅影响到经济，也影响到文化和教育。关键看如何理解全球化这个概念。如果认为全球化并非一体化，而是指不可避免的互相交往、互相联系、互相影响的话，那么，教育也不能不纳入全球化的轨道中。教育只有加大开放力度，才能了解世界上的先进科学技术，吸收优秀文化，为我所用。

教育国际化的另一个重要内涵是培养具有国际视野，关心和了解国际形势和发展，具有国际交往能力的人才。没有这种人才，我们很难去与别人竞争。日本早在1984年教育咨询报告中就提出要培养国际化的日本人，韩国也早已提出教育国际化的问题。

《教育规划纲要》把"扩大教育开放"作为体制改革中的一项重大改革，要求："加强国际交流与合作。坚持以开放促改革、促发展。"要求开展多层次、宽领域的教育交流与合作，提高我国教育国际化水平。同时还要求："培养大批具有国际视野、通晓国际规则、能够参与国际事务和国际竞争的国际化人才。"这充分体现了现代教育的特征和促进教育现代化建设的决心。

第九，教育的科学性和法制性。现代教育是建立在高度理性基础上的，反映了社会发展和个体发展的规律。现代教育不是凭经验，而是更多地依赖于科学的决策，教育行为的理性加强了。决策的失误往往会影响到整个教育的发展，甚至社会的发展。例如前几年我们对中等职业教育的政策和大学合并就有不周到的地方。因此，现代教育必须重视教育研究，重视教育政策的科学决策。

教育的科学性还包含了教育的法制性。现代社会是法制社会，现代教育也是法制的教育，教育行为都要有国家的立法来规范。

《教育规划纲要》十分重视教育的科学决策和法制建设。这次规划纲要的制定就充分体现了民主的、科学的决策，听取了专家和广大群众的意见。《教育规划纲要》中还提到，"加强教育宏观政策和发展战略研究，提高教育决策科学化水平"，提出要完善教育法律法规，大力推进依法治教。这都是实现教育现代化必不可少的重要举措。

以上是我所理解的教育现代化的基本特征和《教育规划纲要》中促进我国教育现代化建设的现代教育元素。我们要认真学习《教育规划纲要》，贯彻落实《教育规划纲要》的要求，只要这样做，到2020年，我国教育就能达到"基本实现教育现代化"的目标。

实现教育现代化可以列出若干指标，但最关键的是：全社会，包括各地领导、教育管理工作者、教师、家长都要树立现代教育观念，能够运用先进的、科学的、现代的教育理念来教育学生。一个学校不在于建设得多么豪华，有什么游泳池、大礼堂、塑胶跑道等，而在于有没有优秀的、懂得现代教育规律和学生成长规律的校长和教师；现在许多中小学办成大学校，动辄几千人、上万人，这并不符合教育现代化的要求。教育现代化要求小班化，让老师能够照顾到每个学生；学校也应规模适当，让校长能够照顾到每个班级、每个老师的工作，几千人的学校，校长如何照顾得过来。最近有些地区已经在进行"教育现代化"验收，我不知道他们制定的是什么标准，是不是心急了一些。这恐怕不利于教师、家长观念的转变，也不利于教育现代化的发展。我们需要静下心来，认认真真地学习《教育规划纲要》的精神和要求，解放思想，实事求是，大胆试验，认真反思，提高认识，为实现教育现代化而努力。

学校制度亟待研究改革[*]

学制是学校教育制度的简称，也称学校系统，是一个国家各级各类学校的体系。它规定各级各类学校的性质、任务、入学条件、学习年限以及它们之间的衔接和关系。[①]学制的制定对国家教育发展具有重要意义。

一、我国学制的沿革

新中国的学校制度是1951年制定的，但从中小学校制度来讲，基本上沿用1922年的旧学制，至今已近90年的历史。虽然中间经过几次变动，但基本上没有什么变化。

新中国成立之初，我国的学校制度实际上存在两个系统：一是老解放区的学校系统，二是新解放区经过初步改造的旧学校系统。随着国民经济的恢复、发展和一系列重大社会改革运动，旧的教育制度和学校系统越来越不适应社会状况。为了适应新形势的要求，中央人民政府政务院于1951年10月1日颁布了《关于改革学制的决定》，指出：我国原有学制有许多缺点，其中最重要的是工人、农民的干部学校，各种补习学

---

* 原载《教育学报》，2011年第3期。

① 顾明远：《教育大辞典》，1827页，上海，上海教育出版社，1998。

校和训练班，在学校系统中没有应有的地位；初等学校修业六年并分为初、高两级的办法，使广大劳动人民子女难以受到完全的初等教育；技术学校没有一定的制度，不能适应培养国家建设人才的要求。

新学制分两个系统：一是正规学校系统，二是成人业余学校系统（见图1）。正规学校系统分为：幼儿教育（幼儿园招收3～7岁儿童），初等教育（修业年限5年，实行一贯制，招收7岁儿童），中等教育（包括中学，修业年限6年，分初、高两级，工农速成中学，中等专业学校），高等教育（包括大学、专门学院和研究部）；成人业余学校系统，分为青年和成人初等学校，业余中学；另有各种政治学校和政治训练班。

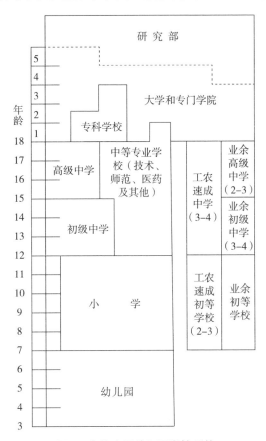

图1　中华人民共和国学校系统

新学制有以下一些特点。

第一，新学制明确地和充分地保障了全国人民，首先是工农劳苦大众和工农干部受教育的机会，体现了教育为工农服务的方针。为了弥补工农干部在革命战争时期缺少受教育的机会，还特别为工农干部设立了工农速成中学。这是从苏联建国初期在大学设工农速成系学来的，目的是用较短的时间为工农干部补习中学课程，使他们能够更快地接受高等教育。

第二，新学制为适应培养大量国家建设人才的需要，明确规定了各类技术学校和专门学校在学制中的地位，并重视培养高级专门人才。新学制中还规定了各类技术学校附设短期技术训练班或技术补习班，体现了教育为生产服务的方针。

第三，新学制中规定设政治学校和政治训练班，在高等学校附设专修科、先修班和补习班，保证青年知识分子和干部有再受教育的机会。

第四，小学实行五年一贯制，不再四二分段，使广大工农子女能够接受完整的初等教育。

但在实行过程中发现，要在全国范围内施行小学五年一贯制还有困难，因而小学仍保持六年学制，初、高两级分段。后来随着各地经济的好转和教育的普及，六年也就不再分段了，小学恢复了六年制；工农速成中学也随着工农入学机会的增长而在1958年前后停办。因此，中小学实际上沿用了1922年的旧学制。①

"文化大革命"中曾根据毛主席提出的"学制要缩短，教育要改革"的指示，把中小学学制缩短为八年，即小学四年、中学四年。后延长到九年，即小学五年、中学四年。

"文化大革命"以后，大家都认为，中小学学制过短，不能完成基础教育的任务，所以又逐渐回到六三三学制。但许多地区，因为师资缺

---

① 顾明远：《教育大辞典》，1827页，上海，上海教育出版社，1998。

乏，仍然实行小学五年。直到新课程改革，大多数地区小学才逐步改为六年，有些地区认为小学五年、初中四年更为合理，就一直保持小学五年，例如，上海市就是采用五四学制至今。

"文化大革命"中，职业技术学校受到极大的破坏，技术学校、中等专业学校被取消，"文化大革命"后虽然竭力恢复职业技术教育，但学制非常混乱。

今天的高等教育也已经完全改变了1951年学制规定的状况。随着我国教育的发展，高等教育已经由精英教育阶段进入大众教育阶段，同时发展高层次的研究生教育。高等教育的结构，无论在层次结构还是在专业机构上，都有了新的构成。

二、我国亟须研究制定新的学制

对于我国学制安排，学术界一直很关注，认为有必要认真研究，制定和颁布新的学制。为什么有这个紧迫性？原因如下。

第一，一国的学制反映了这个国家的经济社会发展水平和它的教育方针政策、教育结构、人才培养模式等。1951年的新学制反映了新中国成立初期的我国经济社会发展的状况和新民主主义的教育方针，已经不适合于今天我国社会主义现代化建设的现状和教育发展战略及方针。同时，我国教育发展的现状已经完全不同于1951年时的新学制，有必要重新制定新的学制。

第二，学制需要符合儿童发展的规律和特点。今天的儿童已经大不同于20世纪50年代的儿童。许多研究表明，今天的儿童发育比半个世纪前的儿童要早，他们的智力比过去发达，在社会信息化环境下，他们吸收知识的渠道丰富多样，各年龄阶段的特征有所变化。这就需要对旧的学制进行调整。例如，入学年龄我们从20世纪80年代就从七岁调整为六岁，各学段也需要有所调整。

第三，新中国成立初期，文盲众多，工农干部在革命战争中缺乏受教育的机会，全国初等教育尚未普及，当时的学制一方面要考虑教育的普及，另一方面又要培养专门人才。因此，当时的教育还属于精英教育时代，只有一小部分人能接受中等教育和高等教育；同时为了使工农干部接受教育，又专门设置了成人业余教育系统，对他们进行补偿教育。21世纪之初，我国普及了九年义务教育，高等教育实现了跨越式发展，我国教育已经进入了大众教育时代，业余教育从补偿教育转变为终身教育的一部分，这些特征应该在学制中得到反映。

第四，当今时代已经进入信息化和数字化时代、学习化社会。不久前公布的《国家中长期教育改革和发展规划纲要（2010—2020年）》（以下简称《教育规划纲要》）要求到2020年我国基本实现教育现代化、基本形成学习型社会、进入人力资源强国行列，终身教育体制的建立将是必由之路。新的学制应该反映终身教育的新理念。

第五，《教育规划纲要》指出，改革创新是教育发展的强大动力。改革创新也需要在学制上创新。制定新的学制，可以从制度上保证教育方针政策的贯彻执行，保证战略主体素质教育的推进和创新人才的培养，达到进入人力资源强国行列的战略目标。

三、制定新学制需要研究的几个问题

制定新的学制需要认真研究，从理论和实际两个方面论证清楚。既要遵循儿童青少年发展的规律，又要适应国家经济社会发展水平；既要参照国际上的先进经验，又要符合我国的国情，特别要考虑到我国的特点。我国人口众多、民族多样、幅员辽阔，各地区发展极不平衡，是世界上最大的发展中国家，正处在社会主义的初级阶段。这就决定着我国学制应具有时代性、发展性、多样性、灵活性、终身性的特点。

要认真总结新中国成立60多年来教育发展的经验和教训。60多年来学制几经变动，有失败的教训，也有成功的经验。无论是经验还是教训，都是教育改革和发展的精神和制度的财富，只有认真总结，才能沿着正确的方向前进。

关于中小学学制问题，学界有不同的意见。新中国成立以来，许多地方和学校做过学制改革的尝试。

北京师范大学附属实验小学（以下简称北师大实验小学）从1958年建校起就实行五年制，并自编教材，直到1988年为了应付当时小升初的全市统考，不得已停止了五年制的试验。但长达30年，北师大实验小学五年制的毕业生的学业水平一直与六年制相当，同样进入初中阶段的学习，说明五年制的质量是能够保证的。1958年，北师大实验小学建校时我们教育系的师生都参加了义务劳动。1988年，北师大实验小学改为六年制时，我正任北京师范大学副校长，负责几所附属学校的工作，当时实验小学校长尤素湘含着眼泪来告诉我，由于全市统考，实验再也坚持不下去了。30年的实验就此结束，我也感到十分惋惜。

北京景山学校在1960年建校之初实行的是"十年一贯制"，贯通小学直至高中。"文化大革命"后实行小学、初中九年一贯制至今。小学也进行了自编教材的实验。北京景山学校至今仍是一所全国知名、具有改革创新的实验学校。

上海市至今小学仍是五年制，实行五四学制。上海的教育水平一直名列前茅，他们的经验值得认真总结。

"文化大革命"以后，许多专家主张实行义务教育五四学制。如时任教育部副部长、中国教育学会会长董纯才同志，曾竭力主张实行五四学制，并亲自指导一些地方的实验。

北京师范大学在20世纪80年代初，先在自己的附属实验小学和二附中开展了五四学制的试验，并编写了五四学制的教材。1986年以后，扩大到山东、湖北、黑龙江等省的多个地区，经过当时国家教委审定的教材适用范围最多的时候达到上百万人，后因新课改而停止。

当时许多领导和学者也都认为，小学五年、初中四年的学制较为合理。因为小学生潜力很大，只要教学得法，完全可以完成初等教育的任务；而初中开始分科，学生负担加重，学生往往在初中出现分化现象，如果改为四年，不仅可以减轻学生的学业负担，还可以适当增加一些综合技术教育课程，适应初中毕业生直接就业的要求。但考虑到实行四年制初中，在校舍、设备、教师等资源方面要增加投入，许多地方难以办到。记得当时何东昌同志认为，全国不做统一规定，由各地自己决定。所以，新课改以前国家推荐的八套半教材中就有两套是五四制教材（人教社版和北师大版）。

今天，九年义务教育已经在全国范围内普及，高中阶段也将在今后几年内普及。因此，有必要对我国的中小学学制重新研究和设置。九年义务教育就不需要再分段了。我个人特别赞成义务教育阶段实行九年一贯制。这不仅有利于减少小升初的无序竞争，而且可以统一安排九年课程，减轻初中阶段的负担。当然，在目前中小学分设的情况下，完全改成九年一贯制学校，可能在校舍、设备、师资等方面难以做到，但可以尝试一校一贯或异校一贯多种形式。今后在扩建改建合并过程中，逐步建设九年一贯制的学校。

（1）关于分流问题。各国学制都考虑学生何时分流问题。例如德国，大部分州实行九年义务教育，分基础学校和初级中学。基础学校与中学之间有一个为期两年的过渡阶段，称定向阶段或观察阶段。中学则有三种类型：普通中学（初级中学）、实科中学和文科中学，也有综合中学。法国也是实行九年义务教育，小学五年、初中四年，初中前两年称观察阶段，后两年称方向指导阶段，设有选修课，少部分进入带有职业技术教育倾向的"技术班"，以便进入技术高中。美国中小学不分流，是典型的单轨制，但学制分六三三制和八四制，大部分州实行的是八四制。我国基于教育平等的观念一直反对双轨制，赞成美国式的单轨制。但实际上存在着双轨制，分流在初中以后。"文化大革命"以前，初中以上的学制就分普通高中、技工学校、中等专业学校。后二者一般不能升入高等学校。也就是说，我国长期以来初中以后实行的是双轨制。

究竟什么时候分流合适，值得研究。根据世界教育发展的趋势，分流的时间正在后移，同时在20世纪六七十年代，曾经有过普通教育职业化、职业教育普通化的倾向，但随着教育的普及、高等教育的大众化，普通教育与职业教育的分流逐渐后移，而且两者互相沟通。我国还是一个发展中国家，而且发展很不均衡，我国学制不能照搬西方发达国家。同时遵循因材施教的原则，我国学制安排应该更多地考虑多样性和灵活性，在初中后分流是合适的。这里我讲一个故事。前几年，中国教育学会与陶行知研究会在黑龙江乌兰县联合召开农村教育现场会，有一位清华大学美术学院二年级学生在会上发言。他说，他在初中二年级时因为功课不好父亲让他辍学回家种地，但学校有位老师去做他父亲的工作，说："这娃喜欢画画，还是让他上学吧，将来没准会有出息的。"父亲答应了。他初中毕业考上了艺术职业高中，毕业后在广告公司工作了几年，后来考上了清华大学美术学院。这充分说明因材施教、适时分流的意义。这当然与课程设置也有关系，但在学制上也应该有所反映。

（2）关于职业技术教育问题。职业技术教育对国家的建设来讲十分重要，工业发达国家都把职业技术教育放在重要的地位。在我国，由于受传统观念的影响，长期以来社会上对职业技术教育不够重视，家长不愿意送孩子到职业学校学习，认为低人一等；用人部门也都以"学历为本"，不是以"能力为本"，普遍轻视职业技术教育。这是一种错误的观念。传统社会是两极分化的，要不就是统治阶级的人上人，要不就是被统治的人下人。现代社会的人才结构是多元的。1985年颁布的《中共中央关于教育体制改革的决定》中就指出："要造就数以亿计的工业、农业、商业等各行各业有文化、懂技术、业务熟练的劳动者。要造就数以千万计的具有现代科学技术和经营管理知识，具有开拓能力的厂长、经理、工程师、农艺师、经济师、会计师、统计师和其他经济、技术工作人员。还要造就数以千万计的能够适应现代科学文化发展和新技术革命要求的教育工作者、科学工作者、医务工作者、理论工作者、文化工作者、新闻和编辑出版工作者、法律工作者、外事工作者、军事工作者和各方面党政工作者。"后来又提出要培养一大批拔尖创新人才。（见图2）

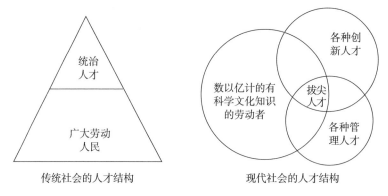

传统社会的人才结构　　　　　　　　现代社会的人才结构

图2　传统社会与现代社会的人才结构

因此，职业技术教育在我国学制中应该占有重要位置。

要研究职业技术教育体系问题。我国现行学制中，实施职业技术教育的机构是职业高中、技工学校、高等职业技术学院。高等职业技术学院相当于高等专科的水平，没有达到大学本科的水平。这既不符合当今知识经济时代的需要，也不符合我国建设现代化的需要，而且也不适应职业技术学校学生进一步学习的需要。应该建立从初级到中级、高级的职业技术教育体系，互相衔接，互相沟通。同时要建立沟通职业技术教育和普通教育的立交桥，使学生有更多的选择，体现终身教育的精神。

这样也可以改变一次高考定终身的局面，使有志学习的青年随时都可以得到学习的机会，同时也减轻了高考竞争的压力。

职业技术教育在学习年限及招生录取制度方面也要体现多样性、灵活性。有些专业是否可以把中等职业教育与高等职业教育联系起来？例如，学前专业、小学教师专业，需要有高学历人才，但他们有些技能需要从较年轻的时候培养，等到高中毕业再学音乐、舞蹈之类的技能课程就太晚了。因此，这些专业能否招收初中毕业生，并与高等职业学校贯通起来？另外，职业高中的年限应有一定的弹性，有些专业在职业高中三年中难以完成，可否设置四年制的职业高中？

（3）关于高等教育问题。我国高等教育已进入大众化阶段，因此与30年以前的精英教育不同，要体现多样化、多层化的特点。我国目前高等教育的结构头大脚轻和同质化，不尽合理，需要在学制上加以解决。高等教育的学制既要反映高等教育大众化的要求，又要有利于培养杰出创新人才。高等教育的层次结构、专业结构都应该在学制中有所反映。根据我国经济社会发展的现状，有必要在新的学制中突出应用性高级专门人才培养的地位。

（4）关于终身教育。现代教育的基本特征就是终身教育，整个学校制度应该纳入终身教育的体系。除了正规的学校教育是终身教育的主体以外，各种形式的继续教育，包括正规的与非正规的、长期的与短期的各种培训班，应该在新的学制中有一定的位置。

学制改革要与用人制度、劳动工资制度改革结合起来。用人制度要改变重学历轻能力的倾向；劳动工资制度要以能力作为定级的标准。我国学制僵化，与劳动工资制度的重学历有关。"文化大革命"前，大学还有五年制的，如北京师范大学、华东师范大学培养中学教师都是五年制。但"文化大革命"后因为工资制度以学习年限定位，五年制就无法恢复，这就降低了中学教师的培养质量。前几年教育部发文，高等专科学校只能二年制，把专科与本科分得那么清，不利于人才培养，实际上也行不通。这都是学历主义作祟的结果。因此，学制改革一定要克服学历主义，实事求是，从实际出发，从我国的国情出发，借鉴国际教育的经验，制定一个有中国特色的社会主义现代学校教育系统。

《教育规划纲要》指出："把改革创新作为教育发展的强大动力。"制定新学制是一次重大的制度创新。本文想抛砖引玉，引起同仁的重视和研究。

从新民主主义教育到社会主义教育[*]
——纪念中国共产党成立 90 周年

今年是中国共产党成立90周年。中国教育在中国共产党的领导下走过了从新民主主义教育到社会主义教育的光辉历程，把一个约有80%文盲的人口大国转变为人力资源大国，而且正在向人力资源强国迈进。中国教育发展的这一历程是与中国革命发展的历程联系在一起的，经过了艰苦曲折的道路。今天我们在纪念建党90周年之际，回顾中国教育建设的历程，对于学习和贯彻落实《国家中长期教育改革和发展规划纲要（2010—2020年）》具有启发意义。

一

新民主主义教育是中国新民主主义革命时期，由中国共产党领导的以共产主义思想为指导的民族的、科学的、大众的教育。[①]它是马克思主义教育思想在中国传播，并与中国革命相结合的产物。

新民主主义教育萌芽于五四运动时期，形成于革命根据地时期。中

---

* 原载《教育研究》，2011年第7期。
① 《中国大百科全书·教育卷》，426页，北京，中国大百科全书出版社，1985。

国共产党成立后，在进行革命根据地政权建设的同时，逐步形成了新民主主义教育的方针和制度。

新民主主义教育的形成和发展经过了如下几个时期。

（一）五四运动新民主主义教育萌芽时期

十月革命一声炮响，给中国带来了马克思列宁主义。中国的先进知识分子立即意识到新时代的到来。五四运动的领导者李大钊、陈独秀以及他们主办的《新青年》杂志，大力宣传马克思主义，同时介绍宣传苏俄的教育思想和教育制度。1921年《新青年》第8卷2号、4号和5号的"俄罗斯研究"专栏里，刊登了《苏维埃的平民教育》《苏维埃的教育》《俄罗斯的教育状况》《革命的俄罗斯的学校和学生》《俄国的社会教育》等文章，介绍十月革命后俄罗斯的教育改革。

马克思主义教育理论要解决的一个根本问题是教育的性质问题。李大钊、陈独秀第一次正确地揭示了教育与政治经济的关系，正确地阐明了教育的性质。他们运用历史唯物主义观点，从经济基础和上层建筑的关系上阐明了教育不能脱离政治经济发展，教育具有历史性和阶级性。

中国最早的马克思主义教育理论家还有杨贤江、钱亦石等人。杨贤江在他短暂的一生中积极参加革命实践，潜心研究教育理论，翻译了许多马克思主义教育著作，运用马克思主义观点编写了《新教育大纲》和《教育史ABC》。这两部书的出版，对中国此后马克思主义教育理论的发展产生了重大影响，为新民主主义教育奠定了理论基础。

新民主主义教育不仅有马克思主义作为理论基础，而且是在中国革命实践中产生的。1921年中国共产党成立后，毛泽东、何叔衡等共产党人即在长沙创办了第一所干部学校——湖南自修大学，为党培养干部；1922年在上海创办了上海大学；1923年中共湖南省委创办了湘江学校；1926年和1927年，中国共产党又分别在广州、武汉创办了农民运动讲习所。这些学校的建立不仅培养了大批革命干部，也为新民主主义教育奠定了实践的基础。

（二）新民主主义教育形成时期

新民主主义教育是在革命根据地形成的。1927年，中国共产党开辟了井冈山革命根据地及其他十几处革命根据地，进行了土地革命，建立了人民革命政权；在发展根据地经济的同时，兴办人民教育事业。这里的教育完全不同于半封建半殖民地的教育，是一个全新的教育体系。

在苏区时期，共产党和苏维埃政府提出了"一切苏维埃工作服从革命战争的要求"，教育工作也不例外。1934年1月，毛泽东在第二次全国苏维埃代表大会上所做的报告中提出苏维埃文化教育的总方针"在于用共产主义的精神来教育广大劳苦民众，在于使文化教育为革命战争与阶级斗争服务，在于使教育与劳动联系起来，在于使广大中国民众成为享受文明幸福的人"[①]。这就是新民主主义教育的方针。因此，苏区时期被认为是新民主主义教育的形成时期。

在当时的战争条件下，革命根据地不可能有系统的学校制度，主要以干部教育为主，培养党、政、军干部。苏区的干部学校主要有苏维埃大学、中国工农红军大学、中央农业学校、高尔基戏剧学校等。苏区除设立干部学校外，还十分重视在职干部的教育，从中央到各省、县、区，都经常举办各种培训班。除了干部教育外，苏区也很重视工农教育和儿童教育。为了提高工农大众的文化水平和阶级觉悟，各地普遍开展了群众性的以扫盲为主的文化教育运动。教育的形式多种多样，有夜校、半日学校、露天学校、星期学校、寒暑假学校、识字班、识字组、读报组、俱乐部、列宁室、巡回图书馆、研究会等。苏区的儿童教育实行免费的、义务的和普及的教育。学制规定列宁小学为五年制，分初级小学和高级小学，初级小学三年，高级小学两年。为了适应农村的情

[①]《毛泽东同志论教育工作》，15页，北京，人民教育出版社，1958。

况，列宁小学采取全日制和半日制两种形式，并放农忙假期，把学习与生产劳动结合起来。

1937年卢沟桥事变，抗日战争全面爆发。中国共产党深入敌后，在陕甘宁、晋察冀、晋冀鲁豫、华中、东江等地区建立了抗日民主根据地。根据地实施"抗战教育"。毛泽东在《为动员一切力量争取抗战胜利而斗争》中指出，"今后的任务是'动员一切力量争取抗战的胜利'"，要"改变教育的旧制度、旧课程，实行以抗战救国为目标的新教育制度、新课程"。[①]教育方针继承和发展了苏区文化教育的总方针，提出教育为长期抗战服务、教育与生产劳动相结合的抗日民主根据地的教育方针。抗日战争时期是新民主主义教育的成熟时期。

在抗日战争的背景下，根据地的教育仍然以干部教育和群众教育为主，同时对儿童基础教育也很重视。《陕甘宁边区抗战时期施政纲领》中规定：实行普及免费的儿童教育，以民族精神与生活知识教育儿童，造就中华民族优秀后代；发展民众教育，消灭文盲，提高边区成年人之民族意识与政治文化水平；实行干部教育，培养抗战人才。[②]

抗日民主根据地的干部教育以实施高等的专门教育为主，为抗日战争培养军事、政治、经济和文化等方面的人才。当时建立的大学有：中国人民抗日军政大学，并先后在山东、晋察冀、淮北、苏北、苏中、鄂豫皖、太行、太岳等根据地举办了12所分校；还有陕北公学、鲁迅艺术文学院、中国女子大学，这三所学校后来并入延安大学；1939年成立了华北联合大学；1940年创办了延安自然科学院（这是抗日民主根据地第一所理工科大学）。以中国人民抗日军政大学为首的抗日民主根据地的高等学校，师生一边打仗，一边学习，为抗日战争和解放战争培养了大

---

① 《毛泽东选集》第2卷，356页，北京，人民出版社，1991。

② 中央教育科学研究所：《老解放区教育资料（二）》抗日战争时期上册，7页，北京，教育科学出版社，1986。

批革命干部。

抗日民主根据地大力发展文化教育事业,建立学校,为广大人民群众服务,向农民子女开门。1938年,边区政府颁布了《陕甘宁边区小学法》,规定小学修业五年,前三年为初小,后两年为高小,合称完全小学,初小单独设立。中等教育因边区需要大量小学教师,因此重点发展师范学校。1937年3月成立鲁迅师范学校,1938年为解决国统区和敌占区到延安的知识青年求学问题成立边区中学,1939年7月鲁迅师范学校和边区中学合并为陕甘宁边区第一师范学校。次年又在关中、定边分别成立了第二、第三师范学校,学制两年或两年以上,为边区培养小学教师和基层文化干部。1940年在庆阳成立陇东中学,1941年成立边区医药专门学校,1942年又设边区职业学校。可见,随着抗日战争的深入和边区的发展,中等教育逐步得到发展。当时的中等学校不是为高等学校培养生源,而是为革命根据地的建设和抗战培养干部。

边区的群众业余教育继承和发扬了土地革命时期苏区的传统,为适合抗日战争的环境和边区条件,开展了多种多样的业余文化教育活动。其中尤以冬学运动规模最大。冬学是利用冬天农闲季节开展扫盲学习和其他教育活动。

整个革命根据地的教育完全是一种新型的教育。它是以马克思列宁主义、毛泽东思想为指导的民族的、科学的、大众的新民主主义教育。1940年3月,《中央关于开展抗日民族地区的国民教育的指示》指出:"应该确立国民教育的基本内容为新民主主义的教育,这即是以马列主义理论与方法为出发点的关于民族民主革命的教育与科学的教育。"[①]

新民主主义教育是民族的。"它是反对帝国主义压迫,主张中华民

---

① 中央教育科学研究所:《老解放区教育资料(二)》抗日战争时期上册,82页,北京,教育科学出版社,1986。

族的尊严和独立的。它是我们这个民族的，带有我们民族的特性。"①新民主主义教育反对帝国主义的侵略，坚持民族独立和自强，重视民族自己的文化遗产。当然，它并不排斥外国经验，而是立足中国，放眼世界，吸收世界一切优秀文化成果，为新民主主义革命服务。

新民主主义教育是科学的。"它是反对一切封建思想和迷信思想，主张实事求是，主张客观真理，主张理论和实践一致的。"②它坚持马克思主义唯物辩证法，用科学的知识教育学生。

新民主主义教育是大众的。"它应为全民族中百分之九十以上的工农劳苦民众服务，并逐渐成为他们的文化。"③新民主主义教育为大众所享有，并成为大众革命的有力武器。

（三）新民主主义教育的继续和发展

在解放战争时期，随着解放区的扩大，新民主主义教育在改造新解放区旧教育的同时得到扩大和发展。这一时期，各解放区继承和发扬了抗日战争时期的革命传统，继续坚持以干部教育为主，同时举办中等教育，发展小学教育和群众业余教育；对新解放区的旧教育进行改造，废除旧教材中的反动内容，加强思想政治教育，改造教师的思想。1948年秋，东北地区已接近全部解放，生产建设和支援解放战争成为东北解放区的中心任务。为此，东北解放区从长期发展着想，把以政治教育为主的短期政治训练性质的学校，改为以文化教育为主并重视思想政治教育的新型正规学校，为将来的建设储备干部。

1949年10月1日，新中国成立。之前9月召开的中国人民政治协商会议第一次全体会议通过了《中国人民政治协商会议共同纲领》（以下简

---

① 《毛泽东选集》第2卷，666页，北京，人民出版社，1968。
② 《毛泽东选集》第2卷，707页，北京，人民出版社，1991。
③ 同上书，708页。

称《共同纲领》）。《共同纲领》规定的文化教育方针是："中华人民共和国的文化教育为新民主主义的，即民族的、科学的、大众的文化教育。"其同时明确指出：新中国教育要"以老解放区新教育经验为基础，吸收旧教育某些有用的经验，特别要借鉴苏联教育建设的先进经验，建设新民主主义教育"。

新中国成立初期，根据《共同纲领》规定的文化教育政策，展开了以下几方面的工作：从外国教会手中收回教育主权；妥善地接收全国新解放区的旧学校；对旧学校进行初步改造，包括取消在学校中的反动组织和训育制度，取消国民党政府设置的公民、党义等课程，设立革命的政治课；发展各级各类学校教育事业。

与此同时，展开了向苏联教育学习的运动。向苏联教育学习是通过多种渠道进行的。一是邀请苏联专家到中国来担任教育部顾问和到高等学校讲学。自1949年起到1960年中苏关系恶化专家撤走为止，我国教育部和高等学校共聘请苏联专家861人担任顾问或从事教学、科研工作。①二是大量翻译出版苏联教育著作和教科书。东北解放区早在新中国成立前就已经翻译了许多苏联的教育理论书籍和教科书。新中国成立以后翻译的著作更多。1949年11月14日，《人民日报》发表了节译的凯洛夫主编的《教育学》（1948年版）第二十一章"国民教育制度"，继而又连续发表了第十二章"劳动教育"、第一章第五节"教育学是科学"等。1950年此书由新华书店全书出版发行，于是风靡全国，对中国的教育，特别是基础教育产生了巨大影响。三是按照苏联的教育模式建立新型学校。1949年12月16日，政务院第十一次政务会议决定，为了适应国家建设的需要，成立中国人民大学，"接受苏联先进的建设经验，并聘

---

① 中央教育科学研究所：《中华人民共和国教育大事记（1949—1982）》，279页，北京，教育科学出版社，1984。

请苏联专家，有计划、有步骤地培养新国家的各种建设干部"。1950年4月，根据中央的"哈尔滨工业大学改进计划"，对原中俄工业学院按苏联多科性工业学院的模式进行了改造。这两所大学是我国最早学习苏联经验的样板，从而影响着其他大学的建设。1952年的高等学校院系调整也受到了苏联教育的影响。四是派遣留学生到苏联学习。第一批375名留学生于1951年8月19日启程，学习的领域包括理工、农医、财经、外交、师范等各个方面，以后每年都有数百人到苏联学习各种专业，直至中苏关系破裂。除留学生外，国内许多企业还派遣了大批实习生到苏联的企业实习。这些留学生和实习生回国以后都成为新中国建设的骨干。尽管向苏联学习存在许多缺点和弊端，但它毕竟是我国新民主主义教育建设的一部分，而且在我国新民主主义以及后来的社会主义建设中起了重要的作用。

新民主主义教育除了民族的、大众的、科学的性质以外，还有几个重要的特点。

第一，新民主主义教育是中国共产党领导的，以马克思列宁主义为思想指导，重视革命教育。毛泽东为中国人民抗日军政大学制定的"坚定正确的政治方向，艰苦朴素的工作作风，灵活机动的战略战术"教育方针始终指导着革命根据地的教育。

第二，教育为现实斗争服务。无论是在苏区，还是在抗日民主根据地，教育都要为当时的革命总任务服务，为革命战争取得胜利而培养干部，因此重视政治教育和干部教育。他们甚至一边打仗，一边学习，形式多样，学习内容都结合中国革命斗争的实际。

第三，教育与生产劳动相结合。革命根据地受到敌人的封锁，物质十分匮乏，只有靠生产自救，才能取得革命战争的胜利。因此，各级各类学校都参加生产劳动，边学习边生产，真正把教育与生产劳动紧密结合在一起。

第四，理论联系实际。革命根据地处于战争状态，不容许学校脱离实际坐而论道，而是把学习与应用结合起来，联系中国革命的实际，解决中国革命的问题。特别是1930年和1941年毛泽东发表的《反对本本主义》和《改造我们的学习》，在党内克服了教条主义和脱离实际的倾向，使根据地的教育与革命实际牢牢地联系在一起。

第五，革命根据地的教育以干部教育为主，以短期训练班为主，时间短、形式多样、机动灵活。

二

1956年9月，中国共产党召开了第八次全国代表大会，标志着中国开始进入全面建设社会主义的新时期。随着大规模社会主义建设高潮的到来，中国教育也从新民主主义教育转向探索社会主义教育发展的道路。中国社会主义教育从探索到发展经历了复杂艰难曲折的过程，大致可以分为"文化大革命"以前10年、"文化大革命"10年和改革开放以来30余年三个历史阶段。

（一）"文化大革命"以前10年

随着中国社会由新民主主义向社会主义的转变，中国教育也从新民主主义教育逐渐过渡到社会主义教育。

1956年至1959年是社会主义教育方针的确立和教育大跃进的时期。1957年，毛泽东在最高国务会议上发表了《关于正确处理人民内部矛盾的问题》重要讲话，其中提出了社会主义教育方针："我们的教育方针，应该使受教育者在德育、智育、体育几方面都得到发展，成为有社会主义觉悟的有文化的劳动者。"[1]1958年9月，中共中央、国务院发布

---

[1]《毛泽东同志论教育工作》，258页，北京，人民教育出版社，1992。

的《关于教育工作的指示》指出，在社会主义社会，"党的教育工作方针，是教育为无产阶级政治服务，教育与生产劳动结合；为了实现这个方针，教育工作必须由党来领导"。毛泽东的讲话和中共中央、国务院的指示奠定了社会主义教育的理论基础。这个教育方针阐明了以下几层意思。

第一，明确了教育的方向和功能，教育必须为无产阶级政治服务。马克思列宁主义认为，无产阶级在夺取政权以后，必须经过一段无产阶级专政时期，以便巩固无产阶级政权，才能进行社会主义建设。因此，教育要为无产阶级政治服务，为这个时期的社会主义建设服务，这是社会主义教育的方向。

第二，强调了思想政治教育的重要性。毛泽东在《关于正确处理人民内部矛盾的问题》一文中，批评了当时在知识分子和青年学生中思想政治工作减弱的倾向，提出"需要加强思想政治工作"。

第三，强调人的全面发展。人的全面发展是历代思想家、教育家的追求，也是马克思主义教育的基本原理。社会主义教育把促进人的全面发展作为自己的教育目标，要求学生在德、智、体几方面都得到发展。

第四，强调教育与生产劳动相结合。中国新民主主义教育以马克思主义教育理论为基础，强调教育与生产劳动相结合，社会主义教育继承了革命根据地的教育经验，再一次把教育与生产劳动相结合作为教育方针，克服劳心与劳力的分离，实现脑力劳动与体力劳动的结合，培养新社会的新型劳动者。

第五，培养普通劳动者。社会主义只有分工的不同，没有高低贵贱之分；教育要克服封建社会"读书做官"的思想，培养有社会主义觉悟的有文化的劳动者；提倡知识分子劳动化，工农群众知识化。

第六，强调教育工作必须由党来领导。这是因为中国共产党是中国社会主义事业的领导核心，坚持和加强中国共产党对社会主义各项事业的领导是各项事业取得成功的保证。

20世纪50年代中期是中国社会主义教育初步发展时期，教育逐步普及，中等教育、高等教育有了较大发展，1956年还提出向科学进军的口号，中国初步建立了社会主义教育体系。但是，由于当时"左"倾思想的影响，不久就出现了反右派扩大化，随后1958年开展"教育大革命"，在高等学校"拔白旗，插红旗"，伤害了一大批知识分子；学生参加劳动过多，严重地影响了教育质量；在"大跃进"环境下，高等教育盲目发展。这一切都破坏了社会主义教育建设的正常秩序。

从1960年开始，中国教育进入了调整、巩固、充实、提高的阶段。1960年，由于"大跃进"和人民公社化运动中"左"倾错误的发展，使农业生产遭到严重破坏，加上自然灾害的影响，国家开始进入三年困难时期。为了扭转国民经济严重困难的局面，中共中央于1960年7月在北戴河召开工作会议，通过了对国民经济实行"调整、巩固、充实、提高"的方针。教育部门贯彻这个八字方针，部署了全国教育事业调整工作。教育部于1961年7月召开了全国高等学校和中等学校调整工作会议，讨论了高等学校和中等学校缩短战线、压缩规模、合理布局、提高质量等问题。①

随着调整工作的深入，1961年9月，中共中央颁布了《教育部直属高等学校暂行工作条例（草案）》，共60条，俗称高校60条。同时中共中央发布了《关于讨论和试行〈教育部直属高等学校暂行工作条例（草案）〉的指示》，该《指示》指出，在高等学校中应着重解决以下几个主要问题：①必须以教学为中心，努力提高教学质量。生产劳动、科学研究、社会活动的时间应该安排得当，以利教学。②正确执

---

① 中央教育科学研究所：《中华人民共和国教育大事记（1949—1982）》，295页，北京，教育科学出版社，1984。

行知识分子政策，团结一切可以团结的知识分子，为社会主义高等教育服务；正确执行"百花齐放，百家争鸣"的方针，提高学术水平。③实行党委领导下的以校长为首的校务委员会负责制，充分发挥校长、校务委员会和各级行政组织的作用。④做好总务工作，保证教学和生活的物质条件。⑤改进党的领导方法和领导作风，加强思想政治工作。①

随后，1963年3月，中共中央又颁布了《全日制中学暂行工作条例（草案）》和《全日制小学暂行工作条例（草案）》。前者共50条，俗称中学50条；后者共40条，俗称小学40条。中共中央同时发布了《关于讨论试行全日制中小学工作条例和当前中小学工作几个问题的指示》（以下简称《指示》），该《指示》强调，"中小学教育是整个教育事业的基础。中小学教育质量的高低，不仅关系到能否把我们的后代培养成有社会主义觉悟的有文化的劳动者，而且直接影响我国高等教育和科学研究的水平"。因此，"提高中小学的教育质量，是一项具有战略意义的任务"。②该《指示》还指出，在中小学阶段，必须十分注重德育；在智育方面，小学阶段必须注重语文和算术的教学，中学阶段必须注重语文、数学和外国语的教学；中小学校还要注重体育。该《指示》要求教育部和各省（市、自治区）教育厅、教育局，必须按照上述要求直接指导和帮助办好一批全日制中小学校，作为示范。

三个条例的发布纠正了教育工作中的"左"倾思想的错误，使我国社会主义教育事业重新走上正轨，同时也为学校管理提供了具体的章法。

---

① 中央教育科学研究所：《中华人民共和国教育大事记（1949—1982）》，298页，北京，教育科学出版社，1984。
② 何东昌：《中华人民共和国重要教育文献》，1150页，海口，海南出版社，1998。

（二）"文化大革命"10年动乱时期

"文化大革命"时期是中国社会主义教育受到严重破坏的时期。"文化大革命"臆造出一条所谓"刘少奇修正主义教育路线"，新中国成立后17年的教育工作被全盘否定，不少知识分子被揪斗批判，许多学校被撤销，所有考试都取消，学校的教学秩序被打乱，社会弥漫着读书无用的思潮。1971年中小学开始"复课闹革命"，部分高等学校开始招收工农兵学员。但在极"左"思潮的主导下，学校还没有恢复正常秩序。

1971年4月，全国教育工作会议在北京召开，"四人帮"炮制了《全国教育工作会议纪要》，抛出了"两个估计"，即"文化大革命"前17年教育战线是资产阶级专了无产阶级的政；知识分子的大多数世界观基本上是资产阶级的，是资产阶级知识分子。"两个估计"像两座大山压在教育工作者的头上，对我国社会主义教育造成极大的破坏。

（三）改革开放以来社会主义教育的蓬勃发展

1976年10月，党中央一举粉碎"四人帮"，结束了历时10年之久的"文化大革命"，中国进入了一个新的历史时期。1976年10月至1978年12月，是拨乱反正时期。教育领域以推倒"两个估计"为突破口，通过真理标准的大讨论，逐步恢复教育事业的正常秩序。特别是在邓小平的指示下，1977年恢复高考，极大地鼓舞了教育工作者的信心和积极性。1978年3月和4月分别召开了全国科学大会和全国教育工作会议。两次会议对教育战线上拨乱反正，使教育事业和教育科学研究走上正轨起了重要作用。

1978年12月，中央召开十一届三中全会，在全会确定的"解放思想，实事求是"的思想路线指引下，我国教育理论界认真反思新中国成立以来的教育理论建设，同时努力吸纳世界各国教育改革的新理论、新经验，力图创建有中国特色的社会主义教育理论体系。改革开放30多年又可以分为以下三个阶段。

第一个阶段是1979—1985年。在"解放思想，实事求是"的思想路线指导下，教育界开展了教育本质的大讨论。讨论持续了数年之久。经过讨论基本达成共识：教育是传承文化、创造知识、促进人的成长的社会活动，它的功能是多元的，有政治功能、经济功能、文化功能等。这个阶段在改革开放政策指导下，大量介绍世界各国，特别是发达国家教育发展的经验，介绍各种教育思想和流派，吸收世界先进教育的成果，促进中国教育的改革，同时丰富了中国社会主义教育的内容。1983年国庆前夕，邓小平为北京景山学校题词"教育要面向现代化，面向世界，面向未来"。题词不仅为中国教育事业的发展指明了方向，也为中国教育科学走向现代化，建立中国社会主义教育理论体系奠定了思想基础。

第二个阶段是1985—1999年。1985年《中共中央关于教育体制改革的决定》（以下简称《决定》）拉开了教育全面改革的序幕。该《决定》明确提出"教育必须为社会主义建设服务，社会主义建设必须依靠教育"的方针，实现了全党全国在教育思想上真正向为社会主义现代化建设服务的转变。该《决定》规定，我国实施普及九年制义务教育，实行分级管理的体制，这极大地调动了地方和群众办学的积极性，促进了中国教育的跨越式发展。这是中国改革开放以后社会主义教育发展的第一个里程碑。

1993年，中共中央、国务院发布《中国教育改革和发展纲要》。这是在邓小平南方谈话以后，根据对邓小平提出的建设有中国特色社会主义理论的新认识提出的到20世纪末中国教育改革和发展的总要求。20世纪90年代，随着中国经济体制改革和科技体制改革的逐步深入，教育体制改革也取得了很大进展。但是教育工作中还存在许多问题，教育还不能适应经济和社会发展的需要。《中国教育改革和发展纲要》提出了到20世纪末中国教育改革和发展的战略目标、方针任务、总体思路和重大政策措施。其提出教育要全面贯彻教育方针，面向现代化，面向世界，面向未来，加快教育改革和发展的步伐，到20世纪末基本普及九年义务教育和基本扫除青壮年文盲；要建设有中国特色社会主义教育体系。20世纪90年代，党中央提出科教兴国战略，对确立教育优先发展的战略地位起了重要的作用。这是中国社会主义教育发展的又一个里程碑。

在这个阶段中国教育法制建设渐趋完善。继1986年六届人大第四次会议通过《中华人民共和国义务教育法》以后，1993年颁布了《中华人民共和国教师法》，1995年颁布了《中华人民共和国教育法》，1996年颁布了《中华人民共和国职业教育法》，1998年颁布了《中华人民共和国高等教育法》，2002年颁布了《中华人民共和国民办教育促进法》。

第三个阶段是1999年至今。1999年1月，国务院批准教育部制订的《面向21世纪教育振兴行动计划》，要求各级政府和各有关部门切实把教育摆在优先的战略地位，充分认识全面振兴教育事业的重要性，把生机勃勃的中国教育带入21世纪。

1999年6月，中共中央、国务院在北京召开第三次全国教育工作会议，在会议前夕颁布了《关于深化教育改革全面推进素质教育的决定》。其以全面推进素质教育为主题，对跨世纪中国教育改革和发展进行了全面部署；进一步阐述了中国社会主义教育的方针，提出，"实施素质教育，就是全面贯彻党的教育方针，以提高国民素质为根本宗旨，以培养学生创新精神和实践能力为重点，造就有理想、有道德、有文化、有纪律、德智体美全面发展的社会主义事业的建设者和接班人"。这次会议以后，中国社会主义教育有了进一步发展。20世纪末，中国基本实现了九年义务教育的普及，基本扫除了青壮年文盲。2006年6月，全国人大常委会通过了新修订的《中华人民共和国义务教育法》，确立了义务教育免费的原则，使每一个儿童都不会因经济困难而上不了学。

基础教育的改革以新课程改革为突破口，逐渐改革评价制度和考试制度，全面推进素质教育。职业教育自2005年全国职业教育工作会议后有了突破性的发展。同时，高等教育扩大了招生规模，在1998年招生108.4万人的基础上扩大到1999年招生159.68万人，增加了约47%，以后几年又有大幅度增加，使中国高等教育跨越式地进入了大众化时期。

2010年7月，中共中央、国务院在北京召开了21世纪第一次全国教育工作会议。会后颁布了《国家中长期教育改革和发展规划纲要（2010—2020年）》（以下简称《教育规划纲要》），使中国社会主义教育发展到一个新的历史时期。《教育规划纲要》确立了今后10年中国社会主义教育发展的总方针是"优先发展、育人为本、改革创新、促进公平、提高质量"；确立到2020年的目标是基本实现教育现代化、基本形成学习型社会、进入人力资源强国的行列；把全面推进素质教育作为今后教育改革和发展的战略主题。《教育规划纲要》规划了今后10年各级各类教育的发展任务，明确了教育制度体制六大改革和六大重要保障措施，为完善中国特色社会主义现代教育制度提供了切实的规划蓝图。《教育规划纲要》的颁布，是中国社会主义教育发展的又一个新的里程碑。

几十年中国社会主义教育的实践，既有丰富的经验，也有严重的教训。今天我们来认识中国特色社会主义教育，可以归纳为以下几方面。这几方面也是今后在社会主义教育建设中需要牢牢坚持的。

第一，中国社会主义教育是以中国特色社会主义理论为指导的现代教育体系，既具有现代教育的基本特征，如民族性、民主性、科学性、生产性、终身性、国际性等，又具有中国社会主义的方向性。

第二，教育优先发展是中国社会主义建设的发展战略，突出教育在社会主义现代化建设中的重要性。中国经济社会发展要依靠现代科学技术，关键是人才，教育是基础。教育是民族振兴、社会进步的基石，是提高国民素质、促进人的全面发展的根本途径。

第三，育人为本是中国社会主义教育的根本，促进人的全面发展是中国教育基于马克思主义教育原理的一贯的教育方针。中国特色社会主义教育把提高人的素质作为重点，既重视人的全面发展，又重视人的个性发展；始终坚持学校以教学工作为中心，着力提高学生服务国家服务人民的社会责任感、勇于探索的创新精神和善于解决问题的实践能力。

第四，促进教育公平和提高教育质量是中国社会主义教育今后要着重完成的两大任务。教育发展不均衡是中国社会发展过程中长期存在的问题，今后要在普遍提高教育质量的基础上促进教育公平。

第五，改革开放是中国社会主义教育的强大动力。中国社会主义教育不仅继承了中国几千年的优秀教育传统，而且不断吸收世界各国的先进教育理念和经验，为我所用；既重视学龄期青少年的正规教育，又重视人民大众的非正规教育和终身教育。

中国还处于社会主义初级阶段，中国社会主义教育无论在理论上还是在实践上还不够完善，需要在今后的教育实践中加强研究、深入探索、不断完善。

教育发展的关键在于对教育的深刻认识[*]

　　十八大报告再次强调，"教育是民族振兴和社会进步的基石"。最近10年是我国教育大发展大变革的10年：全面普及了免费义务教育；基本扫除了青壮年文盲；高等教育实现了跨越式发展，2011年毛入学率达到27%；基础教育开展了新的课程改革；教育规划纲要的公布更加促进了教育的改革和发展，教育优先发展、促进教育公平、提高教育质量已经成为全社会的努力方向；素质教育观念日益深入人心，并逐步转化为各地各部门的积极探索和生动实践，学生思想道德建设、基础教育课程改革、学校阳光体育和科技艺术活动，以及评价、招生考试制度等环节正在发生积极而深刻的变化。

　　这些成绩应归功于党和国家对教育事业的高度重视，同时也在于各界对教育的认识不断深化，坚持解放思想，改革创新。

　　10年来，党和政府提出教育优先发展的战略。大幅度增加教育投入，2007年开始实现了义务教育阶段免费教育，同时向西部、农村地区倾斜，使每个学龄儿童不因家庭困难而失学；大力发展职业教育，为经济发展方式转变培养了大批技术人才；在高等学校继续实施"211"工程、"985"工程，促进了高等教育的发展和水平的提高。

教育公平是教育工作的重点，其具体表现首先是入学机会的公平，免费普及义务教育，使所有的孩子有学上；同时要创造条件，实现区域内的均衡发展，办好每一所学校，使所有的孩子都能上好学，上有质量的学，做到教育过程的公平；最后通过课程和教学改革，给每个学生提供适合的教育，使每个孩子的潜能得到充分的发展，达到结果的公平。

10年来，教育工作越来越强调"以人为本"。教育的社会功能与育人功能密不可分，只有把育人的功能充分发挥，培养有理想、有道德、有文化、有纪律的人，才能充分发挥教育的社会功能。坚持"以人为本"，学校就要坚持以学生为本，尊重学生的主体性，启发学生的主动性；坚持"以人为本"，全社会都要尊重教师，不断提高教育教学质量。

教育的发展在于改革创新。10年来，我国教育发展的巨大成绩，就在于实现了教育理论的创新、教育制度的创新。

10年来，我国教育观念有了很大的变化。前面讲的对教育认识的转变，就是教育观念的最大变化。其次，人才观、质量观也正在发生深刻的变化。实施素质教育是我国特有的教育创新。素质教育是我国在改革开放新时期，为适应社会主义现代化建设、全面提高国民素质的要求提出来的，核心是培养什么人、怎么培养人的教育根本问题。虽然目前推进素质教育遇到许多困难，但素质教育的思想已日益深入人心。

10年来，我国教育取得的成绩是解放思想、改革创新的结果。今后教育的发展仍然需要解放思想，深化对教育本质的认识，在教育体制上改革创新。特别要在现代学校建设和人才培养体制上改革创新。要用现代教育理念和现代管理理论来改造旧式的管理模式和培养模式，充分发扬教育民主，充分发挥教师和学生的主体性和积极性，利用各种资源来为培养人才服务。

教育的文化研究[*]

一、提倡教育的文化研究的意义

　　大家知道，教育是人类社会传承文化、创造知识、培养人才的活动。教育受一定社会的政治、经济、文化的影响。教育离不开经济，一个国家的经济发展水平决定了教育发展的规模和水平。在人均国民生产总值不足300美元的情况下，恐怕不大可能普及教育；经济增长的方式也决定了教育培养人才的目标和规格。教育离不开政治，一个国家的政治制度规定着教育发展的方向和人才培养的目标要求，决定着教育体制的建立和教育内容的选择。但是教育更离不开一个国家或者一个民族的文化影响。教育是文化的一部分，但又相对独立于一般文化。教育受文化的影响比受经济、政治的影响要深刻得多，久远得多。经济和政治的变革是快速的，而民族文化的变化是缓慢的，民族文化具有相对的凝固性、传承性。我们在比较教育研究中常常遇到这样的问题：不仅东西方国家的教育观念有很大不同，而且不同文化圈的教育观念也不相同。在西方，北美文化圈国家的教育与欧洲大陆文化圈的教育不同；即使在欧洲大陆，法国与德国的教育也迥异。而在东方，儒家文化圈国家的教育

---

[*]　原载《中国教育科学》，2013年第2期。

观念却大致相同，都沉溺在追求名校、激烈考试竞争之中。文化对教育的影响是持久的，虽然有时因社会的剧烈变革，有些文化传统会隐匿起来，但一有气候又会很快复苏起来。最典型的例子是俄罗斯东正教的文化传统，虽然在苏联期间被大大削弱了，但苏联解体以后又立即恢复起来。我国延续了近1 300年的科举制度虽然在100多年以前就废除了，但科举文化的观念至今还残留在人们的脑海中。因此，研究教育必须研究影响教育的文化传统。

教育的文化研究由来已久。著名比较教育学家萨德勒（M.E. Sadler，1861—1943）在一次讲演中就提出文化研究对比较教育的重要意义。他的一句名言是："在研究外国教育制度时，我们不应当忘记，学校之外的事情甚至比学校内部的事情更重要，它们制约并说明校内的事情。"他说的校外的事情主要是指一个国家的民族精神。在他指导下发表的《教育问题专题报告（1897—1914年）》就详细分析了各国教育的文化背景。[1]英国比较教育学家汉斯（Nicholas Hans，1888—1963）提倡因素分析法，把影响教育制度的因素分为自然因素、宗教因素和世俗因素。自然因素包括种族因素、语言因素、地理因素和经济因素；宗教因素包括天主教传统、英国国教传统和清教徒传统；世俗因素包括人文主义、社会主义、民族主义和民主主义。[2]可以看出，在三类因素中文化因素占了主要地位。因此，大到一个国家，要了解这个国家的教育就要了解这个国家的文化背景；小到一个地区，要了解这个地区的教育就要了解这个地区的文化背景。

中国是一个多民族国家，56个民族分布在960万平方千米的土地上。新中国成立前，只有21个少数民族有自己的文字（包括通用汉文的回、

---

① 王承绪主编：《比较教育学史》，63～66页，北京，人民教育出版社，1999。
② 同上书，91页。

满、畲3个民族）。各民族的社会发展很不平衡，甚至在同一个民族内部的不同地区之间也不平衡。有的少数民族从事畜牧经济，有的从事农业经济。56个民族虽然语言不同，生活方式、生产水平也不同，但都统一在中华民族的文化大传统中。研究中国的教育就不能忘记这些。

我国教育要走向现代化，要为社会主义现代化建设服务，培养具有国际视野、时代精神的创新人才。但是我们的"教育观念相对落后，内容方法比较陈旧，中小学生课业负担过重，素质教育推进困难"。［见《国家中长期教育改革和发展规划纲要（2010—2020年）》］原因是什么？原因虽很复杂，但其中之一不能不说与我国的传统文化密切相关。我国有悠久的历史文化传统，其中的精华是优秀的，但不能不承认其中也有落后的东西。中国传统文化是中国旧时代的文化，据学者认定，它从先秦时期就开始形成，在2 000多年的封建社会里没有根本的改变。虽然它起到了团结中华民族和统一国家的作用，它的基本精神影响着中国人的思想、价值观和行为方式，但它毕竟是旧时代的文化。它如果不能与时俱进，不能吸收时代的新精神，就会阻碍现代化的进步。因此，我国要实现教育现代化，就要克服上述教育现实中的缺点，就必须研究形成这些缺点的文化基础。研究中国传统文化中哪些应该继承和发扬，哪些需要摒弃或改造，以便促进教育现代化的发展。这也是我从20世纪90年代开始从事"中国教育的文化基础"研究的初衷。①我在后来出版的该书前言中开门见山地写道："有一些教育问题常常困扰着我：为什么素质教育在我国如此难以推行？为什么学历主义在中国人头脑中经久不衰？为什么职业技术教育在我国发展不起来？近些年来我国大力提倡教师和家长都要转变教育观念，但转变什么观念？旧的观念产生的根源是什么？新的观念又如何才能产生？

---

① 该研究成果《中国教育的文化基础》于2004年10月由山西教育出版社出版。

改革开放以来，我们引进了许多外国的教育理论和思潮，哪些理论切合我国的国情？又如何使它本土化？思来想去，觉得这些问题都与中国的文化传统有关。"①

　　以上是就中国教育而言的，对于外国教育，也需要开展文化研究。我们提倡教育国际化，吸收世界文明的一些优秀成果。但哪些是优秀的，其优秀的教育经验是在什么文化背景下产生和发展起来的？这也需要做深入的文化研究。我们曾承担了"八五"国家社科基金重点项目"民族文化传统与教育现代化"的课题，选择了中国、日本、美国、英国、德国和俄罗斯6个国家，分析了这6个国家的文化传统及其在现代化的过程中对教育的影响。后来形成《民族文化传统与教育现代化》一书，由北京师范大学出版社于1998年出版。

　　我们所做的教育文化研究还是极其初步的，在我国教育科学研究中仅仅开了一个头。我认为，无论是进行多国教育的比较研究，还是对我国教育现实的研究，都必须重视其文化背景的研究。本文也想引起教育研究者对文化研究的重视。

二、文化与教育的关系

　　为了开展教育的文化研究，需要厘清文化与教育的关系。

　　首先我们对文化要有一个认识。文化的内容很广泛，人们对于文化的理解也是多种多样的，据说文化的定义有200多种。我们采纳其中几种较有代表性、权威性的说法。

　　国学大师钱穆先生认为："文化必由人类生活开始，没有人生，就没有文化。文化即是人类生活之大整体，汇集起人类生活之全体即是

---

① 顾明远：《中国教育的文化基础》，1页，太原，山西教育出版社，2004。

文化。"①又说:"此所谓人生,非指各人之分别人生,乃指大群体之全人生,即由大群体所共同集合而成的人生,包括人生的各个方面、各部门,无论物质的、精神的均在内,此始为大群体人生的总全体。"②梁漱溟先生说的与此有点相似:文化"不过是那一民族的生活的样式罢了"。③这里梁漱溟先生提出了民族的概念,也就是说钱穆先生说的大群体,也可以理解为民族,当然不限于民族,集居在不同地区的群体也会有自己的文化。张岱年、程宜山两位先生合著的《中国文化与文化论争》一书给文化下的定义是:"文化是人类在处理人与世界关系中所采取的精神活动与实践活动的方式及其所创造出来的物质和精神成果的总和,是活动方式与活动成果的辩证统一。"④这是指文化的大概念,没有具体说哪一民族或哪一群体的文化。以上几种对文化的界说都强调了文化是人类活动的方式。人类活动的内容多种多样,有物质活动,有精神活动。教育是人类的重要活动,是文化的一部分,教育又是文化传承的载体。大家都知道,教育是培养人的社会活动,教育就是用文化来培养人,培养具有文化的人。

人类一开始就是分成族群存在的,后来逐渐组成国家。文化存在于每个族群之中,因此,文化总是一个民族、一个种族拥有的文化,没有抽象的文化,文化具有很强的民族性。同时文化又具有时代性。一个民族的文化不是凝固不变的,而是随着时代的变化不断发展变化的,只有这种变化才使得民族文化有活力。因此,文化具有民族性和时代性两大特征,而民族性包含着该民族的基本精神,是民族文化的核心。

---

① 钱穆:《文化与生活》,1页,台北,乐天出版社,1969。
② 钱穆:《中国历史研究法》,125页,北京,九州出版社,2011。
③ 梁漱溟:《东西文化及其哲学》,见《中国现代学术经典·梁漱溟卷》,33页,石家庄,河北教育出版社,1996。
④ 张岱年、程宜山:《中国文化与文化论争》,3~4页,北京,中国人民大学出版社,1990。

文化的内涵极其丰富，包括科学、艺术、教育、宗教、道德、法律、制度、建筑、思想、价值观、风俗、习惯等。学术界对文化的构成有多种分类。一是二分法：精神文化与物质文化，或者分为观念与实体、内隐与外显。二是三分法：物质文化、制度文化、精神文化。三是四分法：物态文化、制度文化、行为文化、心态文化。[①]

教育是文化的一部分，又相对独立于文化。教育是文化传承的载体，教育的本质就是传承文化，把文化传授给下一代，使人类得以延续和发展。同时文化对教育又起着重要的影响。下面我们来分析一下文化与教育的相互关系。

（一）文化对教育的影响

文化对教育的影响大致有以下几个方面。

第一，文化的价值观和民族心理影响到教育的价值观。有的学者认为，东方文化是求善的文化，西方文化是求真的文化；有的学者认为，东方文化比较重视人与自然的和谐，西方文化则强调征服自然、战胜自然。[②]这种文化价值观的差别必然会影响教育的价值观。中国文化是一种伦理型文化，其价值取向是追求人格的完善。西方文化则以个人为本位，注重个人的自由和权利。细分起来，东西方文化圈内，各国各民族的文化价值观也有所不同。例如美国文化与英国文化就不相同。美国是一个移民国家。这些移民来到美洲新大陆，为了生存和发展，就要靠个人的奋斗和开拓，因而个人主义融于每个美国人的血液中，深深影响到美国教育的价值观。英吉利民族文化的价值取向与美国大不相同，他们崇尚传统。这是由于传统在英国没有受到强烈的冲击和彻底否定，所以英国人生性保守，许多古老的制度和观念保留至今。他们的教育价值观

---

① 张岱年、方克立：《中国文化概论》，5~6页，北京，北京师范大学出版社，1994。
② 张岱年、程宜山：《中国文化与文化论争》，51页，北京，中国人民大学出版社，1990。

也趋于保守，贵族式的教育制度、培养绅士风度的教育目标至今仍是英国教育的价值追求。在东方儒家文化圈内，中国文化的价值观与日本文化的价值观又有不同。中国文化重视和谐、中庸、宽容，中国的教育价值观历来强调"立人""达人"，培养学生自我修养、关心别人。日本文化是一种岛国文化，强调一个"忍"字。这个"忍"字反映了一种压抑的、狭隘的心理。日本学者南博就认为，作为日本人社会行为动机的主要特征，是存在着一种自我不确定感。①这种文化价值观必然影响到他们的教育价值观。

第二，作为制度文化的国家文化政策影响到教育制度和教育内容。一个国家在一定时期总会制定一定的文化政策。这种文化政策当然受到一定时期经济发展方式和政治制度的制约，同时影响到当时的教育，并形成相对凝固的教育制度。欧洲大陆在工业革命时期形成的双轨制教育制度一直延续至今。虽然随着教育的普及，双轨制正在逐渐淡化，但重视技术教育是其传统。法国是中央集权制国家，从法国大革命时期形成的大学区教育管理体制延续至今。中国汉武帝接受董仲舒的建议，制定了"罢黜百家，独尊儒术"的文化政策，影响中国的教育制度和教育内容长达2 000年；中国的科举考试制度作为一种制度文化也影响中国教育近1 300年，而且至今还有其影响。日本明治维新采取全盘西化的文化政策，提出"和魂洋才"的主张，培养了日本一代精英。

第三，作为物质文化的文化产品，包括物质产品和精神产品及其生产方式和呈现形态，也影响着教育制度、教育内容、教育方法和组织形式。文字的产生和发展，不仅影响到文化本身的发展，也影响到学校教育；印刷术的发明和普及，使得典籍能够广泛传播和保存，学校教育开

---

① [日]南博：《日本人的精神构造》，转引自顾明远主编：《民族文化传统与教育现代化》，78页，北京，北京师范大学出版社，1998。

始有了教学用书；工业生产的出现促进了班级授课制（课堂教学）的创立；科学技术的发展促进了学校课程的改革。英国教育家斯宾塞（Herbert Spencer，1820—1903）反映工业发展的要求，提出"什么知识最有价值"，认为要把有用的科学知识传授给学生。[①]现代科学技术的迅速发展，更是使学校教育的内容、方法和手段发生了很大的变化。当前信息技术正在冲击着课堂，迫使传统教育发生革命性的变革。

第四，历代哲学家、思想家、文学家的著作是文化的精神产品，这些著作无不影响到教育的观念、内容和方法。古希腊的苏格拉底、柏拉图、亚里士多德等的哲学思想，文艺复兴时期夸美纽斯、卢梭、裴斯泰洛齐等的教育著作，近现代的赫尔巴特、杜威等的教育思想，中国以孔子为代表的儒家教育思想，至今仍在影响着不同国家的教育。

第五，宗教文化影响着教育的价值观、教育的内容和方法。西方早期大学都有宗教背景，因此，西方教育研究很重视宗教因素的研究。英国比较教育学家汉斯就把宗教因素作为影响教育的三大重要因素之一。中国的少数民族多数都有自己的宗教信仰，虽然宪法规定，教育与宗教分离，但民族的宗教信仰无形中影响着教育。

第六，民族语言影响到教育。语言是民族的标志，承载着民族的文化。一个民族的语言是这个民族世代创造文明的结晶，它反映着民族精神、民族生活的全部历史。正如俄国伟大教育家乌申斯基所说："语言不仅表现为一个民族的生命力，而且它正是民族生命的本身。民族的语言一旦消失，这个民族也就不复存在了。"[②]因此，每个国家、每个民族都重视本国、本民族语言的教育。但是一个民族要与其他民族交往交流，又必须学习其他民族的语言，特别是一个国家的少数民族必须学习

① ［英］赫·斯宾塞：《斯宾塞教育论著选》，胡毅、王承绪译，53页，北京，人民教育出版社，1997。
② 张焕庭主编：《西方资产阶级教育论著选》，488页，北京，人民教育出版社，1979。

主流文化的语言，才有利于民族的交流、融合与发展，因此，在少数民族地区实行双语教学就是十分重要的课题。

（二）教育的文化功能

下面我们来讨论教育对文化的作用，或者叫教育的文化功能。教育具有下列几方面的文化功能。

第一，教育具有文化传播的功能。文化的传播有多种渠道，有横向传播、纵向传播两种方式。横向传播主要通过民族之间友好交往、婚配、贸易、战争；而纵向传播主要依靠教育。当然，现代媒体，如报刊、图书、电视、手机、网络等也在横向、纵向地传播着文化，但文化的继承和发展主要依靠教育。教育从产生之日起，它的任务就是向下一代传播文化，使下一代能够从一个自然的人成长为社会的人。原始社会的教育是年长一代向年青一代传授狩猎、捕鱼、采集、养殖等生产知识和技能，同时传授祭祀、敬祖、交往、战争等社会活动经验。学校出现以后，学校教育的主要任务就是传授保存于典籍中的物化知识和价值观。同时，学校还通过各种制度和教师的言传身教向下一代传递价值观念、行为规范、民族礼仪，使得民族文化世代相传。随着近代教育国际化的发展，在教育领域进行国际交流，学者互相往来、互派留学生、参加各种国际学术会议，教育也起到横向传播文化的作用。

第二，教育具有文化选择的功能。教育在传播文化的时候，并非把前人所有的活动经验都传授给下一代，总是有选择地把有益于下一代健康发展的文化内容传授给他们。教育的选择有多种出发点。

一是从阶级利益、意识形态出发，教育对文化进行选择。人类进入阶级社会以后，统治阶级总是把有利于它统治的内容作为教育的内容。我国秦始皇的焚书坑儒、汉武帝的"罢黜百家，独尊儒术"，都是一种文化选择。秦始皇的焚书坑儒当然是对文化的一种破坏，而独尊儒术则影响了我国教育2 000多年。近代以来，中国的洋务运动在学习西方文化时提出的"中学为体，西学为用"，也是一种文化选择。这些都是从意识形态的角度看待教育对文化的选择。

二是从教育规律出发，教育要根据儿童青少年的年龄特点，选择有益于儿童青少年身心健康发展，且适合于他们学习的文化内容。课程改革历来是教育改革的内容，课程的设计就是对知识的一种选择。随着社会的进步，科学文化知识不断增长，学校教育不可能也没有必要把人类创造的所有知识都传授给学生，必须选择最基本的、最新鲜的知识传授给学生。从我国语文课本中的课文变化就可以看出不同时期对文化的选择。

三是从育人的目标出发，选择优秀的文化内容传授给学生。任何一个民族的文化总会有优秀的内容，也会有某些低俗的内容，特别是随着时代的变迁，有些文化在旧时代可能被大家所接受，但后来变成落后的东西，就会被社会所淘汰。学校教育总是会选择优秀的、高雅的文化来陶冶学生，避免社会上流传的低俗文化进校园。

对待外来文化，教育更有一种选择的功能。文化总是在各民族间交流发展的，教育既要弘扬本民族的文化传统，又要吸收世界上一切文化的优秀成果。这就需要对外来文化进行深入研究，认真选择，把外来的优秀文化，或者符合本民族文化传统的内容传授给学生。

第三，教育具有创造文化的功能。教育通过选择而传播的文化已经不完全是原来的文化，因此教育总带有文化创造的意义。就拿儒学来讲，经过董仲舒、朱熹等诠释的儒学已经不是原本的儒学。古文经学、今文经学都对儒学经典做了不同的解释。这种解释是对儒学文化的一种选择，也是一种创造。宋明理学吸纳了佛教的思想内容，更是对儒学文化的一种创造。

学校教育在文化创造中起着重要作用。学校的任务，特别是大学的任务，一是培养人才，二是创造知识，两者紧密结合。学校在培养人才的过程中开展学术研究，创造出新的知识、思维方式和价值观，丰富和创造了人类文化。中国古代的书院、欧洲中世纪的大学，都在人类文明发展史上起到了不可估量的作用。现代高等学校更是文化知识的策源地，许多新的科学技术都是在学校的实验室里首先创造出来的。即使是中小学校，在课程改革、教育改革中也在创造着新的文化。[①]

三、教育的文化研究是教育研究的重要方法论

教育研究是研究教育现象的，要了解某种教育现象的本质、它的发生发展，评价这种教育现象的优劣，或者分析它的经验和教训，就需要研究这种教育现象发生的文化背景。我过去曾经写过几篇文章，主要讨论比较教育的文化研究。但是，文化研究不限于比较教育研究领域，任何教育研究都需要文化研究，文化研究应该是教育研究的重要方法。尤其像我国这样一个多民族国家，56个民族都有自己的民族文化传统，虽然他们都生活在中华民族的大家庭中，但各民族仍然保持他们的文化特点。因此，不研究一个民族的文化传统，很难理解这个民族的教育。据有的学者的研究发现，不同民族在智力和非智力因素方面会有差异。例如狩猎民族的空间知觉辨别能力较强，农业民族的重量守恒能力比较发达。[②]贵州师范大学吕传汉、汪秉彝教授率领一个团队多年开展少数民族地区跨文化数学教育研究，发现许多有趣的问题，不同的民族有不同的思维方式，许多数学概念在不同民族中有不同的理解。[③]例如，侗族有语言没有文字，母语中没有"零"（用"无"或"完"来表达）和负数的

① 顾明远：《中国教育的文化基础》，35～38页，太原，山西教育出版社，2004。
② 王军、董艳主编：《民族文化传承与教育》，18页，北京，中央民族大学出版社，2007。
③ 吕传汉、汪秉彝主编：《中小学数学情境与提出问题教学探索》，贵阳，贵州人民出版社，2002。

读法，没有无理数概念，但计数原理与现代数学相符。①苗族的服饰中充满着几何图形。不了解他们的文化，就不能了解他们的学习，不了解他们的教育。不仅不同的民族有不同的文化，不同的地域也有不同的地域文化，即使是汉民族，在不同地区也有不同的文化传统。就拿食文化来说，各地都不相同，中国号称有八大菜系，就是不同地域的食文化。其他文化形态也各不相同，如安徽人喜欢黄梅戏，陕西人喜欢秦腔，河南人喜欢豫剧。这些文化因素都会影响到教育的价值观、教育内容和方法。因此，研究当地的教育不能忽视当地的文化传统。

教育的文化研究是一种广泛的教育研究方法。宏观上可以做跨国跨民族的比较教育研究，微观上对一个地区、一个学校的研究也需要采用文化研究。就拿学校来说，由于学校发展的历史不同，学校的办学理念的差异，就有不同的学校文化。例如，清华大学与北京大学就有不同的学校文化。因此，即使研究一所学校，也需要从文化学的视角来分析，只有这样才能理解它呈现出来的教育现象。

有的学者把我提倡的教育文化研究的文化观称为"文化民族主义"文化观，其实不够确切。按照作者引用杨思信的概念，"文化民族主义，是指表现文化领域内的一种强调本民族共同文化认同，维护本民族文化独立性的民族主义倾向"。②其实我只是把民族文化作为一种研究视角。第一，我并不坚持民族主义倾向。我认为文化既有民族性，又有时代性，民族文化总是在各民族交往中互相吸收、冲突、融合而发展起来的。当然，强调本民族的共同文化认同，维护本民族文化独立性是每个民族都会坚持的。但这种态度是不是就叫"文化民族主义"，值得商榷。第二，我提倡的教育文化研究并非只限于跨民族文化的研究，也包括跨

---

① 罗永超：《侗族数学文化中的2与1/2及相关计算》，载《凯里学院学报》，2008年第3期。
② 朱旭东：《比较教育研究的文化主义范式》，见王英杰、曲恒昌主编：《教育人生　明志致远》，93～102页，北京，教育科学出版社，2009。

地区文化的研究。我是把文化研究作为教育研究的方法论提出来的，当然，在论述文化概念的时候，突出了它的民族性，因为文化总是存在于某个民族中，民族也总是依存于它的独特的文化而存在。至于讲到地域的文化，这是一种亚文化，它也必定存在于某一个民族的主流文化之中。但在教育研究中也不能不研究亚文化对教育的影响。例如，重庆市谢家湾小学校长提出小学"六年影响一生"的理念，并运用电影《红岩》主题曲"红梅花儿朵朵开"作为其校园文化的标志。这就是利用了重庆这个抗日战争大后方和革命城市的文化来构建学校文化。我们要研究这所学校，就需要研究这所学校的文化背景。

教育研究的方法是很多的，有文献法、历史法、实验法、问卷调查法、访谈法、测量法等。教育的文化研究也就是运用文化学的方法来研究教育现象，是方法论的概念。开展教育的文化研究，要注意几个基本原则。

一是质的研究和量的研究相结合原则。现在国外都重视量的研究，中国更重视定性的研究、质的研究。我认为，这两者应该结合起来，量的研究也为了说明质的性质，没有质的分析，光有量是没有意义的。反之，质的研究需要有数量来支持，没有数量的支持，质就没有依靠。科学研究讲真实，但有些真实并不全面反映事物的本质。最近看到《报刊文摘》中一篇从《环球时报》上摘编的小文章，很有启发。现抄录如下。

有位保安在一家公司里一干就是三年，从未出过差错。但是有一天，这位保安在值夜班时喝醉了。这对于他来说是头一次。值班经理发现了这位喝得醉醺醺的保安，于是在值班日志上写了一句话："这名保安在今天值夜班时喝醉了。"

等保安醒过来，看到经理记下的这句话，知道这在他的职业生涯中是个抹不掉的污点，所以，他来到经理的办公室，请求经理删掉这句话，或者添上一句："这在他的三年工作期间是第一次。"但经理拒绝了保安的请求，说道："你说的是实话，但我说的也是实话，你今天夜里确实是喝酒了!"保安很是恼火，可无言以对。

第二天，轮到这位保安写值班日志了，他在日志上写了这样一句话："经理今天值夜班时没喝醉。"经理看到这篇日志时急了，他找到这位保安，让他修改或者补完一句话加以解释，因为保安记下的这句话是暗示说，经理只有今天夜里没喝醉，平时都是喝醉了的。保安笑了笑，对经理说："我说的也是实话，你今天夜里确实没喝醉!"经理终于明白了，片面的实话未必就是实情，于是只好同意，互相修改了给对方的工作记录。①

这个故事虽然不是讲的教育问题，但对理解教育研究的方法论很有帮助。"这名保安在今天值夜班时喝醉了"，这是质的判断；"这在他的三年工作期间是第一次"，这是量的概念。两者结合起来才能全面了解那位保安，否则都是片面的。因此，任何研究都要把量的研究和质的研究联系起来。教育中对学生、老师、学校的评价也要把量和质结合起来，不能由一两次表现来评价他的全部，所以我们提倡全面性、经常性、发展性的评价。教育的文化研究是质的研究，但也要重视量的研究，才能充分说明问题。

二是客观性原则。客观性原则也就是实事求是的原则。对教育现象的判断要从实际出发，从调查研究入手，充分了解其存在的背景，这样才能了解到真实的情况并发现它的本质特征。文化研究切忌唯情绪化，

① 孙开元编译：《"片面的实话"》，载《报刊文摘》，2013-02-27（摘自2013年2月18日《环球时报》）。

用研究者的主观情绪去判断，不能先入为主，设定了框框；切忌用自己的文化观念去判断研究对象，需要坚持客观的态度，才能了解事物的真相。当然，研究者应有自己的立场和观点，对事物的判断不是纯粹客观主义的，而是要做到主客观的统一。文化研究中的主客体关系，我们还将在后面讨论。

三是全面系统性原则。教育不仅是文化的一部分，而且是社会活动的一部分。我们在强调教育的文化研究时，不能忽视教育活动与其他社会活动的联系。前面讲到文化传统对教育的影响至深至远，但不排斥社会的经济生产方式和发展水平、政治制度对教育的直接影响。因此，我们在进行文化分析时，要全面系统地分析各种因素对教育的影响。因为文化作为上层建筑，毕竟是经济基础的反映，不过它一旦形成，就有相对凝固性。例如，中国职业教育不发达，固然与中国旧的传统观念"学而优则仕"有关，也与我国经济不发达有关。我国长期处于小农经济社会，因而不重视职业技术人才的培养。改革开放以来，特别是进入21世纪以来，经济发展方式的调整，技术工人的短缺就凸显出来。因此，职业技术教育的发展才提上议事日程。但人们的旧的观念并未改变，因此严重影响了职业教育的发展。最近，长江教育研究院发表了2013年度教育报告《中国教育黄皮书》，其中有一篇论述"建议放缓全面实施中等职业教育免费政策"的文章。作者做了大量的调查研究，运用大量统计数据，发现中等职业教育免费政策实施以来，报名招生的人数并未增加，免费政策并未起到激励青年报考职业学校的效果，因此，建议放缓全面实施中等职业教育免费政策。文章还详细深入地分析了免费政策未取得期望效果的多种原因。[1]我认为这是一篇很有说服力的量的研究和质性分析的好文章，许多论点我是赞同的。但是我觉得美中不足的是，文

---

[1] 周洪宇、雷万鹏主编：《中国教育黄皮书》，116~128页，武汉，湖北教育出版社，2013。

章只运用了经济学的方法来分析中等职业教育报考招生下降的原因，缺乏文化学的分析。其实，歧视职业教育在中国由来已久。前面已经讲到，"学而优则仕"的旧观念影响着我国职业教育的发展，而这种旧的传统观念不是短时间就能改变的。中等职业教育的免费政策正是为了扭转这种观念，让全社会都来重视职业教育。但作为文化的旧观念影响太深，再加上我们长期不重视职业教育，其教育质量较低，家长不放心把孩子送入中等职业学校。要改变这种状况，恐怕并非朝夕。但我相信，随着我国经济的发展和经济发展方式的转型，随着职业学校毕业生就业前景看好，加上免费政策的鼓励，人们的观念才能逐步转变。从这个例子也可以看出教育的文化研究的重要性。

四是在发展中看问题的原则。教育是发展的，时时在变化，只有坚持发展的观点才能了解教育现象的真相。教育的文化研究特别要重视教育现象发展的来龙去脉，了解它是在什么文化背景下发生和发展的，现在还有什么因素影响着它的发展。例如，我们要研究杜郎口中学教育改革的经验，就不能走马观花地到那里去参观一下，而是要研究其教育改革的背景，这20年来发展的情况。据我了解，杜郎口中学的改革，开始时并非是自觉的，但经过多年的实践总结提炼，逐渐由不自觉到自觉，认识到学生在教学中的主体地位。这些年来他们的教改已有很大的发展，已经不是原来那种规定老师在课堂上只能讲多少分钟，主要让学生自学讨论的情况。他们经过总结提升，确立了"学生主体"的教育观念，提出学生"自学、共学、再学"的教学方式。同时，这是一所农村学校，它与城市学校有不同的文化背景。只有研究了当地的文化背景，从发展的观点出发，才能真正理解这所学校。我对它没有深入研究，因此也只能说出一些皮毛。近几年来，我国高等学校出现并校风、升格风，中小学出现集团化、超大规模化，恐怕都需要从文化学的视角来分析。

四、教育文化研究中的主体和客体关系

教育的文化研究中有主体和客体两者的关系。教育研究的对象是教育现象。一般来说，教育现象就是研究的客体，研究者是主体。但是在文化研究中还隐藏着两种文化：一种是研究者自身的文化，我们称它为主文化；另一种是教育研究对象拥有的文化，我们称它为客文化。研究者本身对研究对象来讲，是另一种文化（主文化）的主体，他自身已经具有主文化的传统，也就是说已具有主文化的思维定式。如果不克服自身的思维定式去研究客文化，就不能得出客观的、科学的结论。所以，前面我们说到文化研究切忌用自己的文化观念去判断，也就是说，我们不能用主文化的观点、思维方式，去理解、判断客文化的教育现象，要考虑到客文化的思维方式和价值观。

在比较教育研究中，这个问题比较突出。因为比较教育主要进行跨国跨文化研究。研究者主体（主文化）就需要对客文化有所了解。另外，比较教育首先是在西方国家开展起来的，特别是20世纪七八十年代，西方比较教育持现代化理论，以西方文化为标准来讨论各国教育问题，表现出很强的西方中心主义。我们历来反对西方中心主义的文化观。英国著名比较教育家埃德蒙·金（E.J.King，1914—2002）比较客观，他持文化相对论观点，论述了主、客文化观在比较教育研究中的作用。他曾经批判西欧文化中心的观点，他说："至少从18世纪的技术革命和政治革命以来，准自动性'进步'的观点在西方思想界一直是一个基本观点，这种观点对我们了解如何产生变革并不总是有所帮助的。长期以来人们都认为，一旦人们从政治奴役或工厂田间的艰苦劳动的生活中解放出来，进步几乎会自动出现。因此，有些人把西欧教育或西欧文化看作许多小国和不发达国家可以追求的几乎不可避免的'文化'顶峰。或者……他们就不可避免达到美国的生活方

式……"。①我赞同他的观点。

当然，我们也不赞成东方中心主义。有些学者认为东方文化才是救世之主，特别在西方世界经济危机爆发之际，似乎要用东方文化来拯救。这恐怕也是不切实际的。东西方文化都有可取之处，可以互相学习、互相借鉴。为了做到互相学习、互相借鉴，就要真正了解客文化的实质。教育的文化研究也是这样，不能用哪一种教育模式作为研究的标杆。

正确处理主、客文化的关系也适用我国国内的教育研究。我国是多民族国家，研究民族地区的文化，研究主体就要充分考虑到和尊重研究客体的文化，要避免"大汉民族主义"的文化观。

当然，要做到纯粹的客观性也是不容易的，正如埃德蒙·金所说的："我们必须承认任何'科学的'研究中都带有主观成分——特别是研究像教育这种涉及个人的、和文化密切关联的东西。"他主张在研究中两个主观都应该加入，即"在有关教育的辩论中我们自己主观的卷入；想解决其他国家的问题的人的同样主观的卷入"。②因此，我们在研究某一教育现象时最好请客文化的研究者一起参加。教育的文化研究强调研究的客观性并不是持客观主义立场。研究者本身要有自己的立场、观点。失去了自己的立场观念，也就失去了研究的意义。在比较教育研究中，要借鉴别国的经验，在教育的文化研究中更需要有自己的立场、观点来取舍，以便能融入主文化中，即所谓本土化。但研究时对客体的认识应该是全面的、客观的，不带有主观性、片面性。

---

① [英]埃德蒙·金:《别国的学校和我们的学校——今日比较教育》，王承绪等译，36页，北京，人民教育出版社，1989。
② 同上书，15页。

五、教育文化研究中的文献研究和田野研究

教育的文化研究为了真实了解某种教育现象的文化背景，最好的方法当然莫过于田野研究，也即文化人类学的研究方法。正如萨德勒曾经说过的，研究外国教育制度时，不能只把眼光放在看得见、摸得着的建筑物上，也不能仅仅盯着学校的教师和学生，而是要深入学校之外的街头、家庭中，去寻求"维系着实际上的学校制度并对其取得的实际成效予以说明的那种无形的、难以捉摸的精神力量"[①]。但是这种方法对中国学者来说比较困难。一是语言问题，中国学者一般只掌握一门或两门外语，在比较教育的跨国跨文化研究中，语言就是最大障碍。欧洲学者比我们有优越性，他们能掌握十几门语言，许多原殖民地独立国家也都用欧洲语言。所以他们文化人类学的研究比我们发达。二是东西方文化差别太大，没有较长时期的生活经验，难以理解。

进行教育的文化研究需要运用历史学的方法，与已有研究结合起来，因为文化传统总是在历史长河中积淀起来的。不了解一个国家、一个民族、一个地区的历史，就不可能了解这个国家、这个民族、这个地区的文化是怎样形成和发展的，也就不能了解它的文化实质及其对教育的影响。进行历史研究就要运用文献学方法，研究梳理该国家、该民族、该地区的有关文化历史资料。

文献研究要与田野研究结合起来，从文献研究中找到文化的源头和线索，用田野研究来验证文献中的真伪，起到互相补充、互相引证的作用。历史遗承下来的文献大多是由史官记录下来的，有时与实际有很大出入。因此，鲁迅曾经提倡研究历史还需看看野史和杂记。因为正史往

---

① ［英］埃德蒙·金：《别国的学校和我们的学校——今日比较教育》，王承绪等译，64页，北京，人民教育出版社，1989。

往是"官修"或"钦定"的，粉饰太多，不可信。野史和杂记自然免不了有讹传，但也可以从中看到一些真实情况。①即使现在的一些文献，也有与实际相出入的。联合国教科文组织的统计数据应该是最权威的，但那些统计数据也都是各国政府报上去的，里面难免有水分。例如，1990年美国布什总统提出要"重建美国学校"，要建1 000所新学校。1991年，我访问美国时，问那里的教授，新学校建得怎样了？他们说，那是政治家的口号。可见，文献研究必须和实地考察相结合才能了解真实的教育现象。

总之，文化研究作为教育研究的方法，在教育研究中应该占有重要的位置。长期以来我们对教育的文化研究比较忽视，因此，对一些教育现象难以透彻地理解。本文就是想抛砖引玉，引起研究者对教育的文化研究的重视。

---

① 鲁迅：《华盖集·这个与那个》，见《鲁迅全集》第3卷，136页，北京，人民文学出版社，1972。

教育改革与发展的战略思想*
——纪念"三个面向"发表 30 周年

1983年国庆前夕，邓小平同志为北京景山学校题词——"教育要面向现代化，面向世界，面向未来"，至今已30年。30年来，"三个面向"一直指引着我国教育的改革和发展，是我国教育改革和发展的战略思想，不仅在30年前指明了我国教育发展的方向，而且在当前我国教育改革和发展的关键时刻，在教育迈向现代化的时期，更具有重要的指导意义。

一、"三个面向"提出的时代意义

众所周知，"文化大革命"给我国教育造成了严重破坏。"文化大革命"以后，在邓小平同志指示下，恢复高考，教育得以恢复正常秩序。但"文化大革命"以后中国教育向何处去，怎样发展，是简单地恢复"文化大革命"以前的状况，还是要有所发展，或者是有所创新，这些问题大家都在讨论。教育理论界关于教育本质的大讨论就反映了学术界对教育改革创新的诉求。

---

* 原载《教师教育学报》，2014年第1期。本文是2013年9月24日在纪念邓小平"三个面向"题词30周年纪念大会上的发言。

北京景山学校是1960年由中央宣传部直接创办和领导的一所实验学校，当时北京师范大学抽调了一批教师到这所学校任教。"文化大革命"前，开展了"十年一贯制"、课程内容和教学方式改革等多项实验。"文化大革命"中，该学校受到严重破坏。"文化大革命"后，拨乱反正，北京景山学校又恢复了生气。当时，原中宣部秘书长童大林，也是"文化大革命"前北京景山学校的创办者和直接领导者，组织了几位同志，包括中央文献研究室龚育之、国家科委吴明瑜及原景山学校校长敢峰、游铭钧和书记贺鸿琛，从北师大邀请了丁尔陞和我等几个人多次座谈景山学校的发展问题。正在迷惘、摸索之时，得到了邓小平为景山学校的题词——"教育要面向现代化，面向世界，面向未来"，一下子使我们豁然开朗，明确了景山学校发展的方向，中国教育发展的方向。

　　邓小平的题词是基于时代发展的前景、世界发展的趋势和我国社会主义建设的现实提出来的，高瞻远瞩，具有强烈的现实性、时代性和前瞻性，为中国教育改革和发展指明了方向。时间过去30年了，今天再来重温这个题词，更感邓小平同志的远见卓识。"三个面向"将成为中国教育改革和发展永远的战略思想。

　　"文化大革命"以后百废待兴，国家的首要任务是发展经济，进行社会主义现代化建设。但邓小平同志始终抓住科技发展和人才培养这两项最基础的工作。邓小平在1975年主持工作时，就关心科学技术的发展和人才的培养。特别是在1978年全国科学大会上的讲话中，他指出："在20世纪内，全国实现农业、工业、国防和科学技术的现代化，把我们的国家建设成为社会主义的现代化强国，是我国人民肩负的伟大历史使命。""四个现代化，关键是科学技术的现代化。"[1]并且深刻论述了科学技术是生产力的思想。在这次会议上，他还详细分析了近几十年来现代

_____

① 《邓小平文选（1975—1982）》，83页，北京，人民出版社，1983。

科学技术的发展和未来趋势，指出"现代科学技术正在经历一场伟大的革命""现代科学为生产技术的进步开辟道路，决定它的发展方向""当代的自然科学正以空前的规模和速度，应用于生产，使社会物质生产的各个领域面貌一新"。他还说："许多新的生产工具、新的工艺，首先在科学实验室被创造出来。一系列新兴的工业，如高分子合成工业、原子能工业、电子计算机工业、半导体工业、宇航工业、激光工业等，都是建立在新兴科学基础上的。"[①]邓小平同志这么具体、深刻地分析现代科学技术的发展，无非是要大家重视科学技术。因为建设社会主义现代化国家，关键在于掌握现代科学技术。

在分析科学技术发展的基础上，邓小平同志指出：发展科学技术要有一支又红又专的科学技术队伍。所以他最后说："科学技术人才的培养，基础在教育。"[②]也就是说，我国的教育要为实现社会主义现代化建设服务，要为现代科学技术的发展培养人才，这是中国教育发展的最根本的任务。从当时邓小平同志和多位领导同志的谈话以及邓小平同志在各种会议上的讲话可以看出：邓小平对我国社会主义现代化建设心急如焚，对人才如饥似渴，因而大声疾呼要"尊重知识，尊重人才"。

今天我们之所以重温邓小平同志"三个面向"题词，是因为只有从这个时代背景出发，才能真正理解"三个面向"深刻而长远的意义。

二、"三个面向"的核心是面向现代科学技术

教育要面向现代化，要为社会主义现代化建设服务。但社会主义现代化建设，一要资金，二要技术，三要人才。而改革开放初期，我们什

----

① 《邓小平文选（1975—1982）》，84页，北京，人民出版社，1983。
② 同上书，92页。

么都没有。长期以来，我国是一个比较封闭、落后的国家，先进的科学技术和先进的生产力都掌握在西方发达国家手中。我国要建设现代化国家，只有打开门户，向西方学习，向世界学习。

"文化大革命"结束后，邓小平同志主持工作时就派了多个高级代表团出国考察发达国家的先进技术、先进生产线和科学管理。上海交通大学代表团是第一个派出考察的高等教育代表团，主要考察发达国家培养人才的经验。党的十一届三中全会以后，全面实行改革开放，开始引进西方的技术和资金，但人才却跟不上。邓小平同志对人才如饥似渴，早在1977年5月和7月，他就两次找方毅和李昌谈话，指出科学和教育工作的重要性，并且提出在党内要形成"尊重知识，尊重人才"的空气。他指出，要培养掌握先进科学技术的人才，教育就要向西方发达国家学习，面向世界的科学技术，面向世界的先进教育经验。

教育要面向世界，就是要面向世界的先进科技，面向世界的教育现代化。为此，邓小平指示：要引进外国教材，吸收外国教材中有益的东西。1978年，在当时国家外汇十分紧张的情况下，在邓小平同志的指示下，中央财政拨出10万美元，从美国、英国、西德、法国、日本等国进口了大批中小学教材，促进了我国课程和教材的现代化改革①。教育要面向世界，不仅要引进国外先进的教材和教育理念，而且要派出留学生到国外学习，直接把先进的科学技术学到手。在邓小平同志的指示下，"文化大革命"以后，第一批52名留学生于1978年12月启程去西方国家留学，其中就有原中国科技大学校长、中科院院士朱清时。以后留学生逐年增多，学成回国的留学生为我国科学技术的发展做出了重大贡献。

---

① 任才：《永远铭记邓小平对中小学课程教材改革的丰功伟绩》，见课程教材研究所：《课程教材改革之路》，11页，北京，人民教育出版社，2000。

"三个面向"是一个整体，它的核心是要面向现代科学技术的发展。面向现代化，就是要面向现代科学技术，用它来建设社会主义现代化国家；因为现代科学技术不掌握在我们手里，所以要面向全世界，向世界学习；科学技术发展日新月异，教育不仅要面向当代科学技术，还要面向未来，面向未来科学技术的发展，培养未来社会的人才。这就是"三个面向"的思维逻辑。

三、教育要迎接新科技革命的挑战

党的十八大报告提出，建设中国特色社会主义，总体布局是经济建设、政治建设、文化建设、社会建设、生态文明建设五位一体。经济持续发展，人民民主不断扩大，文化实力显著增强，人民生活水平全面提高，资源节约型、环境友好型社会建设取得重大进展，这是十八大提出的五大目标。也就是我们要建设社会主义现代化强国，实现中华民族的伟大复兴。而要实现这个伟大目标，就要放眼世界，吸收世界文明中的一切优秀成果；就要面向复杂多变的世界形势，把握未来发展趋势。

30年过去了，正如邓小平同志当年预言的一样，科学技术迅猛发展、日新月异，以互联网为标志的信息化改变了整个世界。2012年4月，英国《经济学人》杂志提出，一个建立在互联网、新材料、新能源相结合基础上的第三次工业革命即将到来。第三次工业革命的特点是数字化、网络化、个性化、国际化、创造性，例如3 D打印，就是互联网与新材料、新能源相结合的个性化生产。因此，第三次工业革命将改变生产方式，极大地提高生产力，同时也会促进人们思维方式的改变。

第三次工业革命给我们带来了机遇，也带来了挑战。历史上我国曾经是科技发达、生产力水平很高的国家，明末清初还是世界上数一数二的经济体。但是由于不重视科学技术的创新，我们错过了第一次工业革命；由于列强的侵略和压迫，又使我们错过了第二次工业革命。今天，我们与其他国家一样，都处在第三次工业革命的起跑线上。我们必须抓住时机，迎头赶上，才能圆中华民族伟大复兴的梦想。

教育如何迎接这次挑战？就是要坚持贯彻邓小平同志"三个面向"的指导方针，深入教育教学改革；要认真贯彻落实《国家中长期教育改革和发展规划纲要（2010—2020年）》，育人为本，促进公平，提高质量，改革人才培养模式，改革学校制度，改革考试评价制度。

首先要转变教育观念，把教育从面向眼前的应试教育中解放出来，贯彻党的十八大精神，把立德树人作为教育的根本任务，回到教育的本真，把发展人的潜能、提高人的素质作为教育的根本。要努力推进素质教育，减轻学生课业负担，让学生有时间思考，有时间走向社会，有时间参加自己喜爱的科学、文化、体育等活动，使之成长为有理想、有道德、有创新精神和实践能力的一代新人。

其次要改革人才培养模式，因材施教，重视学生的个性化学习，为每个学生提供适合的教育。学生是有差异的，天质的差异，环境的差异。因材施教就是要为不同的学生设计个性化学习方案，使每个学生的潜能得到充分的发展。要培养学生的兴趣爱好，在幼儿时期要爱护儿童的好奇心，到小学要培养学生的学习兴趣，到中学就应该培养其专业兴趣和专业志向。要培养学生执着的精神和追求真理的毅力。要克服知识学习越多越好的误区，重视学生思维能力的培养。2012年3月，世界经济合作与发展组织（OECD）发布了题为《为21世纪培育教师 提升学校领导力：来自世界的经验》的报告，指出21世纪学生必须掌握四方面的技能——思维方式：创造性、批判性思维，问题解决、决策和学习能力；工作方式：沟通和合作能力；工作工具：信息技术和信息处理能力；生活技能：公民、生活和职业，以及个人和社会责任。①这值得我们认真地借鉴。

最后要改革学校制度，下放教育教学权，鼓励学校办出特色。新一轮课程改革把过去的"教学计划""教学大纲"改为"课程标准"，意味着执行课程标准的自主性和灵活性。但现在，教育行政部门对学校的教学工作统得太死，这种管理方式很难使学校办出特色，培养出创新人才。

信息技术在教育领域的应用正在改变教育形态。教师已经不是唯一的知识载体，也不再是知识的权威。教师将是为每个学生设计最好的学习环境的设计者，是指导学生正确选择和处理信息的指导者，是帮助学生克服学习困难的帮助者。信息化、数字化带来了教育的变革，但要恰当地应用信息技术，充分发挥信息技术个性化、网络化的特点。要把握好信息技术应用中的器（硬件）、技（软件、技术）和气（内容、人文精神）的关系，坚持育人为本，不应让技术掩盖育人的本质。

当前，教育出现了网上授课，即所谓"慕课"（MOOCs）的形式。许多大学把课程挂在网上，任何人可以随时学习。一些国家还出现"翻转式教学"，美国出现网上授课的"可汗学院"等新的教学模式。这些都值得我们认真研究。

---

① 世界经济合作与发展组织：《为21世纪培育教师　提升学校领导力：来自世界的经验》，35页，2012。

教育现代化离不开依法治教[*]

　　每年的两会都是万众瞩目的大事。而教育作为民生之基，则是亿万国人关注的焦点。这些年我国教育发展很快、进步明显，但群众为何还是意见不少？作为一名老教育工作者，我认为，在全面依法治国的大背景下，需要在教育领域努力完善依法治教。

　　实现教育现代化，是我们几代人的梦想。按照《国家中长期教育改革和发展规划纲要（2010—2020年）》的规定，这一梦想将在2020年基本实现。距离实现这个目标，还有5年的时间，时间紧迫、任务繁重。这就更需要加强教育法治、全面推进依法治教，这是促进教育公平、提高教育质量的有力保障，也是实现教育现代化的必经之路。

　　做到依法治教，首先要加强现有教育法律、法规的执行力度。我国已经出台了《教育法》《教师法》《义务教育法》《高等教育法》等一系列法律法规。各级政府应当认真执法，各级人大应该建立监督和问责制度。例如，《义务教育法》等许多法律法规都规定，各级各类学校要贯彻国家的教育方针，实施素质教育，提高教育质量，促进学生全面发展。但许多地方仍然以"升学率"评价学校和教师。因此，依法治教，

---

* 　原载《光明日报》，2015年3月8日。

首先要提高各级政府依法治理的认识水平，提高执法的力度，同时要有监督问责制度。

当然，教育领域中所遇到的许多难题，并不完全是教育本身的问题，大多是社会矛盾在教育上的反映，需要靠学校、社会以及政府来共同承担。例如校车问题、治安问题，都不是学校就能解决的。因此，需要通过立法来明确政府和学校的关系，不能把所有关于学生的问题都推给学校。为了让学校与学生、学校与家长、学校与教师能够更加和谐、健康地发展，我认为，制定学校法、明确学校权责很有必要。

关于教育的均衡发展，也急需法律法规加以明确。前不久，教育部、国家统计局、财政部公布了"2013年全国教育经费执行情况统计"，全国小学生均公共财政预算教育事业费支出为6 901.77元，北京以21 727.88元位居全国榜首，而拥有上亿人口的河南，生均支出仅为3 913.95元，相差5倍多。这种不均衡，将会拉大地区间教育质量的差距，进而加剧教育的不公平，制约我国教育的发展。因此，我建议制定教育投入法，或者规定全国教育投入的底线。现在的教育投入是省级统筹，不足全国平均数的薄弱地区，应该由中央政府补贴转移支付。中央政府要加大对国家级贫困县、中西部农村地区的投入力度。

教育改革发展需要双轮驱动[*]

教育领域是当前社会公众议论较多的一个热点。对教育现状的评价可以用一句话来概括：成绩不小，问题不少。改革开放30多年来，教育事业发展的成绩有目共睹，但公众的意见越来越多。这并不奇怪，恰恰说明了教育的广泛普及。诸如"为什么你的孩子能上重点学校，我的孩子只能上普通学校"等，教育公平问题就是这样出现的。可见，教育中出现的许多问题都是教育发展中的问题，是因为经济社会发展超出了教育作为社会公益事业的保障能力、教育发展跟不上人民群众的需求。

现在，公众谈论的许多"教育问题"其实并不是简单的教育问题，而是社会问题在教育上的反映。2007年我曾在一次座谈会上提出取消"奥数班"的意见，当场一位小学生就发言："不上'奥数班'就上不了好初中，上不了好初中就考不上好的高中，上不了好的高中就考不上好大学，上不了好大学将来毕业就找不到好工作，没有好工作我怎么养家糊口啊？"这话出自小学生之口，让人觉得又可笑、又可叹。这反映了一些教育问题的根子并不在教育本身，而在于社会，教育的激烈竞争是社会竞争在教育上的反映。因此，解决教育问题需要全社会共同努力，以转变观念与建设制度两个轮子驱动教育改革发展。

---

* 原载《人民日报》，2015年5月14日。

转变观念涉及不同主体。一是各级政府应转变观念，要认真贯彻党的教育方针，把立德树人作为教育的根本任务，让学校和教师能够真正按照教育规律办学，回归教育本真，推进素质教育，使学生得到全面而个性化的发展。二是家长应转变观念，家长不应给孩子预设生活和前途，不应拔苗助长，而应顺应孩子发展的自然，遵循孩子发展的规律，循序渐进。知识不是学得越早越好、越多越好，更为重要的是培养孩子良好的生活习惯和学习能力以及完善的人格、开朗的心态。有了这些优良品质，将来就能成才。家长还应以平和心态对待孩子的发展，克服攀比心理，重视孩子的特点，培养孩子的兴趣爱好，让孩子在愉快的气氛中学习。三是教师应转变观念，树立人人皆可成才的观念，热爱每个学生，尊重每个学生，理解和信任每个学生；树立以学生为主体的观念，用显微镜去发现学生的优点，而不能用放大镜去找学生的缺点；善于发现和培养学生的兴趣和特长，把学习的选择权交给学生，让学生自主自动、生动活泼地生活和学习。

教育观念的转变不是天上掉下来的，也不是大家喊喊口号就能实现的，要有物质基础，要靠制度建设来保证。应按照党的十八届四中全会精神，依法治教，认真贯彻执行教育法律法规，并建立监督问责机制。一是完善投入机制。当前，人们最关心的是教育公平问题，教育的无序竞争也源于教育发展的不均衡。这种不均衡会拉大地区间教育质量的差距，进而加剧教育不公平，制约我国教育发展。现在，发达地区与欠发达地区的生均教育经费差距很大。可以考虑制定一个全国生均教育经费底线，省级统筹达不到的省份由中央补贴。二是改革评价制度。不以升学率和考试成绩评价学校和教师，把教师从分数中解放出来。这样，教师才能放开手脚改革人才培养模式，改进教学方法。这次中央出台的考试招生制度改革，就有利于中学教育改革、推进素质教育，也有利于促进家长、教师转变观念。三是推进教育结构改革。应增加对职业教育的投入，提高教育质量，促进校企合作，增加就业机会，提高职校毕业生待遇，解决千军万马挤向普通大学这一独木桥的难题。四是改进教育治理方式。政府应简政放权，明确学校职责，不应把所有社会责任都加在学校身上。现在学校每年要接收上级下发的大量红头文件，包括交通、安全、卫生等，校长天天忙于开会，没有时间指导学校的教育教学工作。政府部门应改进学校管理方式，松绑放权，让学校自主办学，办出特色和水平。

新常态　新教育[*]

　　大家知道，我们国家正进入一个新的历史时期，党的十八届五中全会制定了"十三五"规划，到2020年要全面建成小康社会，对教育也有很多的要求，特别是国家实施全面两孩政策后，教育要有很大的发展。今年上半年中央经济工作会议对今后中国经济发展提出了"新常态"的概念，并做出了系统的论述，提出我们的一切工作都要认识新常态、适应新常态、引领新常态。教育工作也要进入一个新常态，要按照教育规律办事，适应经济社会的发展。广大教育工作者要认识教育发展的新常态、适应新常态，同时要改革、创新、引领新常态。

　　教育的新常态是什么？

　　教育新常态最根本的就是要贯彻三中全会、四中全会精神，把"立德树人"作为教育的根本任务，依法治教，促进公平，提高质量，走内涵发展的道路，办人民满意的教育。因此，如何在前一阶段大发展的基础上进入新常态，是广大教育工作者需要认识的问题。为了找准未来教育发展路径，需要厘清中国教育新方向。《国家中长期教育改革和发展规划纲要（2010—2020年）》（以下简称《教育规划纲要》）提出要促进教育公平。所谓促进教育公平，就是使每个学生不仅能享受到教育的机

---

*　原载《新教师》，2016年第1期。

会，而且能享受到有质量的教育。普及九年义务教育以后，国家已经保证孩子不会因为经济困难而入不了学，但是促进公平的问题还是一个很大的问题。提高质量是最根本的问题，之所以出现教育不公平也就是教育质量不均衡。我经常讲，促进公平，提高质量，是一个问题的两个方面，只有提高了质量，才能真正使每个孩子享受到公平的教育。《教育规划纲要》讲的要办好每一所学校，教好每一个学生，我还要加一句，还要上好每一堂课。改革开放30多年来，我们解决了所有孩子有学上的问题，但还要上有质量的学。这是新常态的总目标。

一、教育均衡发展、促进教育公平是新常态

公平素来是摆在中国教育面前的一大问题，教育发展不均衡可能是我国教育发展的常态。国家力图促使教育均衡发展，但由于我国幅员辽阔，各地经济社会发展不平衡，很难做到全国教育都均衡。目前国家只能保证孩子入学机会的均等，尚保证不了教育过程的均衡；只能促进义务教育在县域内的均衡，尚做不到省域内的均衡。据教育部、财政部、国家统计局公告，2013年全国教育经费执行情况统计，国家对西部地区的教育投入是很大的。西部学校建设工程开展以后，可以说，农村最好的房子是学校。但是硬件建设上去了，软件建设跟不上。教师缺编，特别是体、音、美教师特别缺乏，乡村教师工资待遇低，优秀教师留不住。

乡村学校均衡发展还有许多路要走。一是学校布点问题。小学一年级就住宿是否合适。另外，一个农村撤了小学，这个村也就没有了文化，农村变成文化的沙漠了。二是留守儿童问题。青海藏族地区这个问题不太突出，因为那里出去打工的不多，其他地区，特别是中部地区就很严重。全国有7 000万留守儿童。面对这些问题，提高教育资源有效

分配将会是未来教育发展的一大方向。

所谓教育公平，主要有三个层次：一是入学机会的公平，现在基本能做到入学公平；二是教育过程的公平，教育的配置要公平，校舍的条件，特别是师资，教师的水平，这个现在我们还没有做到，现在要做的也就是要做到教育过程的公平；三是教育结构的公平，并不是说每个孩子将来都一样，而是让每个孩子都能充分发挥他们的才能，都能充分发挥他们潜在的能力。所以要做到真正结构的公平，那就是要因材施教，注意他们的特长、潜在能力得到充分的发挥，取得实质上的成功，这才是根本的公平。

二、提高教育质量是教育发展的新常态

什么是教育的质量？教育质量主要是从思维能力、思想品德和身体素质等方面进行全面判断。也就是说教育质量不在于知识掌握了多少，更不在于考试的分数有多高，而在于学生的综合素质。在我们国家，虽然教育已经普及，但质量有待提高。不仅基础教育的质量有待提高，而且高等教育的质量也有待提高。提高教育质量不只是中国教育的问题，世界各国都在谋求教育质量的提升。

教育已被联合国列入2015年后可持续发展目标。被列入的四大目标是：贫穷、饥饿、健康、教育。教育质量备受关注，教育问题不在于教育机会的获得，而在于质量的保障。2015年5月21日，联合国教科文组织与韩国政府共同举办世界教育论坛，通过《仁川宣言》，鼓励各国为其国民提供终身学习机会，并确认教育是全球和平与可持续发展的基础，确保所有儿童和青少年获得谋求有尊严的生活所需要的知识和技能，以发挥其作为全球公民的潜能并为社会做出贡献的决心。英国2014年提出，A-level的考试难度将加大，以提高中学的教育质量。法国于

2015年4月23日发布了6～16岁儿童的教学大纲，以培养能力、知识和文化为重点。澳大利亚提出因材施教，全面提升教育国际竞争力。韩国去年公布了基础教育新课程方案，增加安全环保，加强语文教育等。世界各国都在重视教育质量，中国未来想要赶上世界教育的列车，提升教育质量刻不容缓。

教育是可以借鉴的，但是不可以移植的。因为教育是在文化的背景下产生的，每个国家都有不同的文化背景。不是因为考试质量高，就认为教育质量高。

国际学生评估项目（PISA）数学能力、阅读能力、科学素养三门能力测试，过去是芬兰第一，这两年是上海第一。我们应该很好地分析，第一，上海的教育并不代表全国的教育，上海的水平并不代表全国的水平。第二，上海这几年新的课程改革，人才培养模式的改革，是走在全国的前头的，取得很大的成绩，应该肯定；也积累了很好的经验，如集体备课，教研员帮助教师备课。这都是国外所没有的。第三，我们学习的时间要比其他国家学习的时间长得多。2015年5月，我到芬兰考察，芬兰学生学习负担很轻，没有补课，作业量没我们那么多。过去PISA每年考试芬兰都是第一名。他们从20世纪70年代开始一直在创新，一再强调不追求PISA的考试成绩。我们在芬兰考察印象很深的是，芬兰小学教师都要大学毕业后再学习一年教育、进行实习，并得到硕士学位。因此，教师水平很高，而且教师职业非常受欢迎。可是芬兰的教师待遇并不高。为什么年轻人喜欢当教师呢？是因为在芬兰，教师职业充分受到社会的尊重，受到家长、社会的信任，当教师有一种幸福感。当然，芬兰是福利国家，教师没有后顾之忧，当他们的基本要求都能得到满足以后，他们想的是精神上的追求——能得到社会的尊重，看到孩子快乐成长的一种成就感。

三、个性化学习、因材施教、分层教学将是新常态

现代社会进入后工业社会——知识经济时代，创新是知识经济发展的动力，培养创新型人才是时代的要求，也是个性发展的要求。所以，个性化学习、因材施教、分层教学将是新常态。

教育要以人为本，以学生的发展为本，就要尊重学生的个性。人的天赋不同，所处的环境不同，因此，教育要根据不同学生的特点设计不同的教育。适应每个学生发展的教育才是最好的教育，也才是最公平的教育。比如我喜欢文学艺术，你却让我去学习奥数，这是对我最大的不公平。奥数本身没有错，但只适合少数有天赋且对数学有兴趣的人去学习，并不是每个学生都能学。因为奥数太难，学习起来太苦了，全民学数学、学奥数，反而使许多学生对数学没有兴趣。所以要研究怎么适合学生的教育，要整合课程，分层教学，让学生选择适合他的兴趣爱好的教学内容和方法。当然，小学不好分层，以打基础为主，但要尽早地培养学生的兴趣和爱好，尽早地发现学生的特长，高年级可适当整合，有重点地分层教学。前段时间我到北京清华附小听了一节科学课，课上了70分钟，这节课并不是课本里的内容，而是老师在科普作品里挑选的一个问题，学生很有兴趣。再如，北京东城区小小科学院，我的一个学生——北师大的教授，辅导小孩子利用大数据进行科学实验。展示会上，有个孩子实验的内容是在大学一年级才学的课。这样的难度，小学五年级就能做，这说明学生的潜在能力是很大的。又如，我在温州参观一个学校，该校提倡小学搞家庭实验室，在阳台搞小小实验室，展示给我们看的有两个学生，一个研究药渣当肥料；另一个研究昆虫，甲虫吃野草，不吃麦子。这些都是像模像样的科学实验，研究主题是什么、目的是什么、内容是什么，研究的步骤是什么、方法是什么、结论是什么，做的报告完全是一个科学实验的报告。所以说，小学生并不是不能发挥他们的创造力，关键是看我们怎么引导。

四、"互联网+教育"将成为教育的新常态

信息技术的发展改变了教育环境、教育方式和师生关系。"互联网+教育"是不可阻挡的潮流，但对它应正确地认识，并正确地运用。

"互联网+教育"有它的优势，比如多媒体课件具有直观性，可以把看不见的东西放大，让学生看得见，引起学生的兴趣。但"互联网+教育"不仅仅是做课件，课件有时会束缚教师思想，所以我不大赞成所有的课都用课件，一堂课用10分钟，最多20分钟。还有，运用课件上课缺乏人情味，缺乏人际交流，比如数学老师画个圆在课件里，学生没有什么感觉，如果老师在黑板上画个圆，画得很圆，学生就会觉得老师画得很好，就有一种人际的感情在里面；如果在课件里写个标题，很快就过去了，但如果在黑板上一边写，一边让学生思考，这就会启发学生的思考。

"互联网+教育"的特点是：学习个体性、互动性、探索性。通过互联网信息技术教师可以为学生设计个性化的学习方案，可以通过互联网与学生互动，学生之间也可以通过互联网进行互动。我们当前对信息技术的认识还不是很到位，往往做做课件，有的远程教学只是课堂搬家，没有真正做到个体性、互动性、探索性。所以，我们要运用信息技术整合课程，改变课堂教学，鼓励学生运用信息技术探究学习。关于信息技术，我提出要处理好器（工具）、技（技术）、气（精神）三者的关系，重视师生间的人际交流，防止单纯的人机交往。

五、教育改革永远在路上

课程改革永无止境，综观近百年的教育发展，是在不断地改革中进行的。特别是近十几年来是改革的高潮，教育变革的周期越来越短。如

果说20世纪每20年左右变革一次，那么现在差不多每10年就要有一次大的变革。今天人类进入了全球化、信息化时代，教育应该如何变革？教育的每次变革都要反映到课程的变化和人才培养方式的变化上。时代在发展，教育的变革无定时，总是走在改革的路上，但有一点是不变的，那就是：立德树人。

去年（2014年），国务院公布了《关于深化考试招生制度改革的实施意见》，受到社会广泛的重视。从改革的任务来看，主要是四个方面：一是改革评价制度；二是改革考试方法和内容；三是实行分类考试；四是规范和减少考试加分。这几项都将影响中学课程改革和培养模式。考试招生制度改革主要是中考和高考，但会影响到小学的教育。下面我对教育改革和培养模式提几点看法。

第一，没有爱就没有教育。什么叫爱，我们的老师都爱孩子，但是有时候不知道怎么爱。我觉得我们爱孩子首先要相信孩子、尊重孩子、信任孩子。建立在信任的基础上，你信任孩子，孩子也会信任你。

第二，没有兴趣就没有学习。从小学开始培养学生的兴趣爱好，初中巩固兴趣爱好，到了高中才能有自己的选择，否则就没有自己的选择。现在的学生到了高中毕业还没有自己的志愿，考上大学不知道自己喜欢什么专业，不知道自己要上什么学校。前几年四川攀枝花一个中学的高考状元，他想报考北京航空航天大学，班主任认为他的分数很高，指导他报考北京大学，后来被北京大学物理系录取了。到北大学习一段时间后，他没有兴趣，后来休学到深圳去打工，找感觉，一年后又回到北大物理系继续学习，还是没有感觉。他动手能力强，喜欢创造，喜欢创新，但是北大物理系是研究性的院系，搞研究的，结果他只好退学。退学以后他到北京一个高等职业学校学习，在那儿他如鱼得水，机器人比赛获得全国第一名。我们的教育最大的弊端是学生被动地学习，被教育、被学习，包括小学生。所以要改变这种教育。

第三，教书育人要育在细微处。我们要"立德树人"，真正把学生培养成人，要在很细微的地方着手。我们刚才讲的要培养学生高尚的情趣，那么在批评学生的时候要注重情感。前不久我写了一篇文章，讲的是有个朋友的孩子上北京一个很好的学校，可是一年后他让孩子退学了，到北京另外一个国际学校。他认为孩子进了学校后，老师这也不让做，那也不让做，他觉得很不自由，束缚太多。我们的弊端就在这里，不尊重孩子，不信任学生，不是把学生当作主体，不注意学生的社会情绪和感情。学生是会犯错误的，我们要用宽容的精神，了解他为什么犯错误，学习功课不好，为什么不好，要找出原因来。所以，教书育人就要在细微处着手，有时候一句话可以鼓励学生一辈子，有时候一句话会伤害学生一辈子。

第四，学生成长在活动中。学生是在活动中成长的，不是在受教育中成长的。活动包括动手的活动，更重要的是思维的活动。一堂课如果能够把学生的思维调动起来，那么就是一堂好课。我不认为每堂课都要探索，不一定每堂课都要小组活动。有的小组活动看似很好，但小组活动里总有几个是积极分子，总有几个是在旁边看的，并不大积极的，教师并没有把学生的思维调动起来。特别是思想品德课，教师更要在活动中让学生去体会，体验人际的关系，体会同伴合作的关系。如得到美国总统奖的《第56号教室的奇迹》，作者雷夫教的是移民社区贫困的学生，但他的学生毕业后个个都成才。他成功的秘籍有两条，一是他相信学生、信任学生，学生也信任老师，学生在老师身边有安全感。二是他组织活动，从中培养了同伴合作关系、人际交往的关系，培养了社会情趣。他提到了道德品质的几个层次，最低的层次是为了不受处罚、得到奖赏，最高层次是没有人监督时我也这么做。这是道德的最高境界。

教育・经济・教育经济学[*]

　　教育离不开经济，人类社会开始经济活动时，就有教育。但是作为研究教育与经济关系的学科却是很晚才出现。虽然20世纪二三十年代苏联就有人研究过教育对经济增长的贡献，但直到20世纪60年代美国学者舒尔茨提出人力资本理论以后，教育经济学才进入了学术界的领域，至今不到100年的时间。

　　教育经济学在我国是一门新兴学科。过去教育学虽然总要讲到教育与经济的关系，讲到教育作为文化教育的一部分要受一定社会政治经济的制约，并反过来为政治经济服务，但并没有专门从经济学的角度来解剖它们之间的关系。教育经济学的基础应该是经济学，不只是教育学，需要从经济学的角度来剖析教育对经济发展所产生的影响，并认识教育在经济发展中的地位和作用。舒尔茨就是从这个视角提出教育增长对经济增长的贡献的。他认为，经济的增长除了物质资本和劳动投入的增加外，劳动者受教育程度的提高起了重要的作用，从而提出了"人力资本"理论。这一理论使人们认识到，教育不只是一种消费，而且是一种投资。国家发展需要教育，教育可以提高国民素质，提高劳动生产力，促进经济增长。个人发展也需要教育，家庭对子女的教育投入，可

＊　原载《教育经济评论》，2016年第1期。

以使子女将来就业于更优越的职业，取得经济上的回报。因此，20世纪七八十年代是世界教育大发展的年代，大家都对教育充满了期望。

但是教育经济学不只是研究教育对经济发展的影响，还要研究经济对教育的影响。经济发展水平必然会影响教育的投入，从而影响教育的发展。以我国为例，我国是人口众多的发展中国家，经济发展水平较低，所以教育投入长期不能满足教育发展的需求。我国1993年就提出财政性教育经费2000年应占国民生产总值4%的目标，但直到2012年才得以实现。随着近十多年来我国经济的不断增长，我国教育也有了惊人的发展：义务教育得以全面普及，高等教育实现了跨越式发展。

教育与经济的关系并非简单的线性关系，而是非常复杂的系统。从教育投入来说，不只是政府的投入，还有社会的投入、民间的投入、家庭的投入。我国在20世纪90年代就出现过教育产品性质的争论：教育是公共产品，是准公共产品，还是私人产品？这就涉及教育投入的主体和受益问题。教育投入的重点在哪里？是基础教育还是高等教育？是普通教育还是职业教育？教育投入的效果，也即投入与产出的关系，也是教育经济学关心的问题。

当然，投入和产出并非衡量教育的唯一标准。教育除了具备经济价值外，同时还承载着社会公平、文化传承、知识创造、促进可持续发展等众多的社会和文化功能。

首先，教育是人的发展的权利，是社会公平的基础。因此，教育作为国家的事业、人民的福祉，不能单纯地用经济收益来衡量。去年（2015年）11月，联合国教科文组织发布了一份重要的报告《反思教育：向"全球共同利益"的理念转变？》（以下简称《反思教育》），报告提出："教育的经济功能无疑是重要的，但我们必须超越单纯的功利主义观点以及众多国际发展讨论体现出的人力资本理念。教育不仅关系到学习技能，还涉及尊重生命和人格尊严的价值观，而这是在多样化世界中实现社会和谐的必要条件。"联合国教科文组织一再强调,"教育是机会平等链条上的第一环,不应将教育完全出让给市场"。

其次,教育还承载着文化传承和知识创造的功能。虽然文化的传承并不完全依靠教育,但教育特别是学校教育确是文化继承和发展的主要途径。教育根据特定的时代和社会需求,对已有的中外文化产品进行选择加工,通过特定的学校制度和教师的言传身教向下一代传递价值观念和行为规范,这就是一个生物人转化成一个社会人的过程。同时,教育在选择和加工既有文化的基础上,不断创造新的知识体系和文明资源,培养大批推动社会物质文明和精神文明高度发展的人才,这是一个非常复杂的系统功能,如何用经济学的逻辑来深入剖析教育的文化传承与知识生产系统,这也许会是教育经济学将来面临的新问题。

最后,教育还是促进人类社会可持续发展的关键。长期以来,人们认为发展的宗旨就是确保增长,特别是经济增长,但快速的经济增长并未带来人类所希望的福祉,反而带来了日益恶劣的环境问题、贫富差距、社会冲突等一系列问题。在教育系统内部,类似的发展观也正在影响着我们的教育事业,如一些地方政府、学校和家长片面追求升学率,破坏了孩子自身学习的兴趣和创造力,不顾孩子终身可持续的发展,造成了如今的"教育污染",如若不及时治理,未来我们的民族,我们的后代恐怕会付出更大的代价。因此,可持续发展成了未来教育发展的一大关键词。2015年9月,联合国发展峰会通过了17项2015年后可持续发展目标,其中第4项目标是教育目标,即"确保包容性和公平的优质教育,促进全民享有终身学习机会",并指出这是其他目标得以实现的关键。

但如何实现这一目标,我非常认同《反思教育》中提出的人文主义的教育观和发展观,即以尊重生命和人类尊严、权利平等、社会正义、文化多样性、国际团结和为可持续的未来承担共同责任为基础,维护和增强个人在其他人和自然面前的尊严、能力和福祉。这个概念超越了个人主义甚至民族主义的社会经济理论，为教育经济学未来的研究提出了新的命题和挑战。

　　总之，随着时代的发展、社会的变化，教育经济学的研究将面临更多更新、更复杂的问题。无论是讨论宏观层面教育与经济的关系问题，还是分析微观层面教育系统内资源分配的合理性与有效性问题，教育经济学可能会面临许多新的挑战，但同时也必然会进入一个新的历史时期。我对教育经济学是外行，外行人说些外行话是必然的。在此，祝贺《教育经济评论》杂志的创刊发行，预祝它办成高学术、高水平的期刊。

教育公平绝不是平均主义[*]

　　教育公平主要是指为每个公民提供平等学习和发展的机会，包括入学机会的公平、公正，享受相对均衡的教育资源，使每个学习者都能发挥他们的潜在能力，将来获得事业的成功。教育公平绝不是平均主义，只有采取不同政策，使弱势群体得到政策的优惠，才能真正促进教育公平。

　　20世纪末，我曾在巴黎访问了一个"教育优先发展区"。我开始不理解什么叫"教育优先发展区"，区督学向我解释，因为这个区大多是非洲移民家庭，经济比较困难，儿童的学习成绩低于全国平均水平，因此，国家把这个区域定为"教育优先发展区"，在经费、教师编制上都比普通地区宽裕。这就是向弱势群体进行政策倾斜的例子。

　　今天，我们的教育向西部地区、农村地区倾斜，只不过是对过去重视不足的补偿，也可以说是发达地区对不发达地区的一种反哺。这才是实施真正的教育公平。同时，只有提高当地教育水平，才能提高当地民众的生存能力，才能促进当地经济社会发展。只有全国各地经济社会相对均衡发展以后，我国才能真正进入现代化，实现中华民族伟大复兴的中国梦。

---

[*]　原载《人民日报》，2016年6月16日。

以课程改革为核心　促进全人发展

　　纵观百年来教育改革和发展的历史，都是以课程改革为核心，因为课程是体现教育目标意愿的载体，是教学的主要内容。每个国家都制定自己的课程标准来贯彻教育方针，但国家制定的课程标准如何全面而准确地落实到学校教育教学工作中，就需要校长对课程的理解和管理领导。

　　我国新一轮课程改革至今已15年，通过试验，已修改制定了义务教育阶段课程标准。普通高中的课程标准正在修改制定中，不久也将出台，但在贯彻执行过程中却千差万别。在当前应试教育尚未消退的情况下，许多学校仍然因循应试教育的思维，把新课改纳入应试教育轨道，重成绩轻能力、重结果轻过程、重知识训练轻价值培养。青岛二中课程改革的可贵之处就在于打破应试教育的思维定式，全面准确并创造性地贯彻落实新课改的精神，使教育回归原点，也就是回归教育的本质，使每个学生都能自由地生动活泼地得到发展。

　　青岛二中孙先亮校长在文章中详细地论述了他对课程的理解：课程即尊重、课程即环境、课程即价值，非常概括、清晰。

　　教育的本质是使学生通过学习得到全面发展，学生是学习的主体，

---

*　原载《未来教育家》，2016年第6期。

课程要尊重学生的需求，尊重学生的选择。特别是在高中，国家课程标准也主张课程的多样化，以适应不同学生的兴趣爱好，真正培养出具有个性的人才。青岛二中的课程规划，始终牢牢把握"学生发展"的最高标准，恪守从学生出发的理念，使课程的价值能够内化为学生的自觉行动，让学生获得更加充分的发展。

课程不只是课堂上学习的学科课程，一切影响学生成长的外部因素都是课程。联合国教科文组织去年的报告《反思教育：向"全球共同利益"的理念转变？》中指出，"过去我们只重视有体系的正规教育和非正规教育，但人接触最多的是非正式教育"。因此，学校在课程建设中不能只注重学科课程，要重视学校环境乃至社会环境对学生的影响，重视学校的文化建设。青岛二中秉承陶行知先生的"生活即教育"的理念，把社会生活的元素、信息、资源等引入校园，使其成为学生素质发展的支持要素，学生在生活的环境中，学会做人、学会生活、学会做事、学会交往、学会创新。

我国新课改强调三维目标：知识、能力、态度和价值观。课程的价值可以从两方面来理解：一是通过学习，树立正确的人生观、世界观、价值观；二是课程对学生人生发展的价值。青岛二中在课程设计中，始终关注课程对培养学生人生观、世界观、价值观的影响，关注课程对于学生的终身和持续发展的影响。

青岛二中秉承"从学生出发"的课程理念，整合课程内容，建立了具有特色的课程体系，进行了各学科的教学改革，并促进了每个学生的发展，成绩斐然。青岛二中课程改革的经验值得推广。

未来教育的变与不变[*]

　　教育是未来的事业，教育是为未来社会培养公民。但是，现代社会瞬息万变，我们生活在互联网时代，其变化更是难以预测。10年以前，谁能想到，拿上一部手机就能够走遍天下？现在生活在互联网时代的青少年，10年以后他们将如何生活、如何工作？谁能回答？

　　社会的变革，特别是科学技术的革新，正在改变着教育的生态环境，改变着教育观念和教育方式。

　　改变之一是，学习的渠道扩宽了。以往的教育主要在学校里进行，现在可以在网上学习，在虚拟世界学习。学习已经不限于学校，而是处处可以学习、时时可以学习。

　　改变之二是，教育培养的目标转变了。以往的教育只是传授书本知识，而且是只重结果不重过程。现在是创新时代，科学技术日新月异，只有培养学生批判性、创造性的思维能力，才能适应时代要求。

　　改变之三是，课程内容要变化。课程不仅要增加新的知识内容，而且要把课程加以整合。人们观察事物的角度是综合的，新的科学发现和技术发明往往是在交叉学科上发生的。以往课程是分科的，不利于培养学生综合思维能力，因此未来课程将重视学科内容的整合。国外开始流

*　原载《中国教育报》，2016年8月11日。

行的名为"STEAM"的课程，就是把科学、技术、工程、美学和数学整合起来，培养学生的综合性创造思维。

改变之四是，学习方式发生着根本性变化。如果说，工业革命使机器代替了个人的部分体力，那么信息革命使电脑代替了个人的部分脑力，而互联网则把个人的脑力联系起来，变成人类共有的大脑。学生可以通过互联网获取各种知识。正如联合国教科文组织《反思教育：向"全球共同利益"的理念转变？》（以下简称《反思教育》）中所说，知识是人类共同的财富，可以人人共享。

改变之五是，互联网为个性化学习、个别化学习提供了条件。信息技术在教学中的应用，可以使教师更好地根据学生的学习兴趣和爱好，为每个学生设计个性化的学习计划。这将促进课程和学习方式的多样化，增加学生选择的机会。

改变之六是，改变了师生关系。教师已经不再是知识的唯一载体，更不是知识的权威。教师主要是为学生的学习营造适合的环境；指导学生在信息海洋中正确选择信息、处理信息，使他们不至于迷失方向；为学生设计个性化的学习计划；帮助学生解决一些疑难问题。因此，教师的角色必须由传统教育的知识传授者转变为教育的设计者、指导者和帮助者，成为与学生共同学习的伙伴。

但是，在变化中也有不变，那就是教育的本质不变。教育传承文化、创新知识和培养人才的本质不会变，立德树人的根本目的不会变。正如《反思教育》中所说：教育应该以人文主义为基础，以尊重生命和人类尊严、权利平等、社会正义、文化多样性、国际团结和为可持续的未来承担共同责任。当今教育要超越狭隘的功利主义和经济主义，回归教育的本原。教育是人的权利，是社会发展的基础，是全社会的公益事业。教育永远要把培养学生的思想信念、道德情操放在第一位，培养德才兼备的未来公民。

学校和教师不会消失。有人认为，当今互联网时代，学生时时可学、处处可学，可以不需要学校了，也用不着教师了。这种观念已经被多数学者所否定。学校是人生走出家庭、走向社会的第一个公共场所，是人生社会化的第一步。儿童进入学校不仅学知识，重要的是要学做人，学会与人沟通和交往。联合国教科文组织1996年《教育——财富蕴藏其中》报告中就说，21世纪学习的四大支柱是学会认知、学会做事、学会与人相处和学会生存。这些能力都需要在学校中培养。《反思教育》也提到，教育不只是个人发展的条件，还是人类集体发展的事业。个人的发展不是孤立的，而是在人类社会共同发展进程中发展的。因此，个性化学习并不排斥集体学习，学校则是学生集体学习、共享学习成果的最好场所。

信息技术、互联网改变了教育环境和教育方式，但信息技术、互联网只是手段，不是目的。教师的教育观念、教学方式方法需要改变，但教师培养人才的职责没有变。教师要充分利用信息技术、互联网，整合各种教育资源，促进学生和教师的共同发展；但不能迷信信息技术，要认识它的局限性，并且运用恰当，才能真正发挥信息技术的优势。人是要靠人来培养的，这是所有机器代替不了的。教师的活动蕴含着人的感情、人文精神，师生的情感交流是一种不可或缺的教育力量。

教师只有不断学习，充分认识教育的本质和科学技术进步带来的变化，不断提高自身的专业水平，才能适应时代的要求，培养未来社会的公民。

要充分发挥教育对文化的传播、选择、创新功能[*]

习近平总书记在庆祝中国共产党成立95周年大会上指出："坚持不忘初心，继续前进，就要坚持中国特色社会主义道路自信、理论自信、制度自信、文化自信。""文化自信，是更基础、更广泛、更深厚的自信。"如何促进文化自信，教育任重道远。

教育是文化的组成部分，教育受文化影响至深至久，而文化也要依靠教育来传播和继承。当然，文化的传播不完全依靠教育，但教育确是文化继承和发展的主要途径。教育的本质就是立德树人，就是传承文化，培养人才。

教育在传承文化时，具有选择功能。文化选择的内容有两种，一种是对本民族的文化选择；另一种是对外来文化的选择。我们的教育既要弘扬中华民族优秀文化传统，又要吸收世界一切文化优秀成果。只有不断选择，中华民族优秀文化才能发扬光大。

中华民族有着悠久的历史、优秀的文化传统。学校教育有责任把中华民族的优秀传统传承给年青一代，使他们了解中华民族几千年来奋斗的历史，了解中华民族为全人类的发展做出的伟大贡献，特别是了解中

---

* 原载《人民教育》，2016年第14期。

国共产党领导全国人民浴血奋斗、推翻三座大山、翻身做主人的历史，坚定走中国特色社会主义道路。

我国传统文化中有十分优秀的内容，也有一些封建落后的东西。教育在传承中华民族传统文化的时候，要取其精华、去其糟粕。所谓文化自信，不仅要充分认识到我们民族的优秀传统，也需要认识到我们民族文化中的缺陷部分，能够有信心、有能力吸收世界一切文化优秀成果，创造发展中华民族的新文化。

当前我国出现一股学习国学的热潮，这是好的，但也要注意时代精神。如忠、孝、仁、爱是中华文化的精髓，但过去是忠于君王，今天则要忠于祖国、忠于人民；过去主张"父母在，不远游""父母之命，媒妁之言"，今天主张敬爱父母，赡养父母，常回家看看。这种内容变化，也要通过教育来选择和改造。

中国教育在实现现代化的过程中，要正确对待中国传统文化。我们反对民族虚无主义，认为中国文化是落后的，不如西方文化先进。中国文化从根本上讲是优秀的，它凝聚着中华民族的精神——不畏强暴，自强不息，克服天灾人祸，走向胜利。今天这种民族精神正在鼓舞着我们实现"两个一百年"伟大复兴的中国梦。

今天我们要实现教育现代化，还要实行教育创新，首先要在教育观念上进行创新，扫除一切阻碍教育现代化进程的旧观念。中国现代教育制度是从引进西方教育制度而开始发展起来的，自然渗透着西方文化思想。100多年来，我们接受和吸收了许多西方国家的教育思想流派，近20多年来更是各种教育思潮竞相涌入。如何鉴别、吸纳，并使之本土化，内化为中国教育的传统，是值得认真对待的问题。我们反对西方中心主义，认为西方一切都是好的，现代化就是西方化，只有全盘西化，中国才有出路。同时，我们也不赞成民粹主义，认为中国传统文化都是优秀的，不需要向别人学习。我们要积极吸收人类文明的一切优秀成果，改造旧文化，创造新文化。

因此，教育对于文化有传播、选择、创新的功能。我们要充分发挥这种功能，坚定中国特色社会主义道路自信、理论自信、制度自信、文化自信。

实现教育现代化必须把农村教育办好[*]

我国是世界上的农业大国，近几年来虽然城镇化发展很快，但仍有6亿农民在农村，一半以上的学龄儿童在农村。在建设具有中国特色社会主义国家、提升我国综合国力和国际竞争力、实现人力资源大国向人力资源强国转变的历史进程中，农村教育发展发挥着不可替代的作用。农村教育是农村的希望，农村教育能够提高农村人口素质、推进农业产业化发展、提升农业科技化水平，进而促进农村经济社会发展。中国社会主义现代化发展必须重视农村教育，没有农村教育的现代化，也就谈不上全国的教育现代化。

《国家中长期教育改革和发展规划纲要（2010—2020年）》实施以来，国家采取了多种措施，改善办学条件，农村教育取得了巨大成就。但农村是一个大概念，农村地区包括以农业为主导产业的县城，而县域内又有城镇和乡村之别。现在农村教育中遇到的一个棘手问题是村小的存废问题。随着城镇化进程的推进，乡村教育萎缩，许多孩子都去县城上学，出现了县城学校人满为患的现象，往往一个班七八十名甚至100多名学生。而村小的学生越来越少，甚至出现1名教师1名学生的村小。如何破解这个问题，仍然需要从促进公平、提高质量两方面入手，主要

---

* 原载《中国教育学刊》，2017年第9期。

是要改善村小的条件，提高村小的教育质量，使村小的学生也能享受到城镇中同样的优质教育。现在许多地方村小的萎缩并不是由于乡村经济社会的萎缩导致的，而是由于村小的办学条件与质量不如县城，不少有条件的家庭其家长到县城租房陪读。可见根源不是经济问题，而是质量问题。

要不要把村小建设好，有不同的意见。前几年为了保证教育质量，曾经实行并校的办法，但出现了儿童上学不便的问题，不久并校暂停。现在又出现村小儿童流失的问题，这是个两难的问题。我认为，如果乡村本身没有兼并而仍然存在的话，最好保留村小。一是儿童能够就近上学，有家庭的照顾。虽说许多父母在外打工，父母不在身边，但家庭总有爷爷奶奶照顾，比到县城上学住宿要好。二是村小是乡村文化的象征。有一个村小，就有拥有文化的教师，乡村里就有了知识、有了文化。这对乡村的建设十分重要。村小最好建在乡村中，成为乡村的文化中心。有些村小建在乡村的边远地方，不便于儿童上学。前几年在四川凉山地区调研，发现有些小学教学点建在山头上，儿童上学要走两里山路，主要是由于那里乡村人口少而且分散，没有合适的地方建立学校，这些地区就只能因地制宜地建立村小。

建设好村小的关键问题是师资问题。村小由于地处偏僻的乡村，留不住教师，需要有一些特殊政策来吸引青年教师到乡村任教。乡村教师的工作很辛苦，当务之急就是提高他们的教学水平，改善他们的生活环境。2015年，我们国家颁布了《乡村教师支持计划（2015—2020年）》，乡村教师的发展受到国家和社会关注。

乡村教师队伍的建设，首先要留住教师，可以采取本地师范院校定向招收本地毕业生，毕业以后回家乡工作，如果在薪酬待遇上再给予优惠，可能容易留住教师。许多地方采取县城学校教师向乡村学校交流的办法，可以缓解乡村教师紧缺和提高教学质量的问题，但也并非长久之计，乡村学校必须有固定的教师，这样才能把学校办好。

其次，要提高乡村教师的业务水平。要给乡村教师更多的进修机会，除了国培计划外，可以采取城市教师与乡村教师一对一帮扶计划，帮助乡村教师的成长，可以通过信息技术手段，为乡村教师提供更多的机会和平台，让乡村教师通过自己的努力，能够获得成就感和自信心。

总之，小规模的乡村小学随着我国城镇化和社会主义新农村建设进程的推进，会有很大变化。但只要有乡村存在，总会有小规模的村小存在。因此，需要社会各部门关注和扶植，使这些乡村的儿童也能接受良好的教育。

教育现代化的终极目的是培养现代人*

当前中国教育正处在转型提高的阶段。《国家中长期教育改革和发展规划纲要（2010—2020年）》明确提出，到2020年我国教育要基本实现教育现代化，距今还有3年多的时间。教育工作者要有紧迫感，思考一下，我们离教育现代化还有多远，如何赶上？实现教育现代化，关键是校长、教师的教育观念要现代化，从而改革人才培养模式，把学生培养成现代人。

现代人的标准是什么？就是适应时代要求、促进社会发展的人。现代社会是民主的社会，现代人要有民主精神，懂得尊重别人，能与人相处。正如联合国教科文组织于2015年11月发布的研究报告《反思教育：向"全球共同利益"的理念转变？》所说：教育应该以人文主义为基础，即以尊重生命和人类尊严、权利平等、社会正义、文化多样性、国际团结和为可持续的未来承担共同责任为基础。现代社会是科学的社会，现代人要有科学素养和科学精神，懂得尊重自然、保护环境，懂得科学地健康生活，反对一切迷信。现代社会是创新的社会，现代人要有创新意识和创新能力。现代社会科学技术日新月异，特别是信息技术的发展瞬息万变，现代人只有在创新中才能生存和发展。现代社会是法制

---

* 原载《新教师》，2017年第10期。

的社会，现代人要奉公守法。当前我国社会中不守法的现象阻碍着现代化的发展。

对照现代人的要求，我们的教育需要改革创新。首先教育观念要改变。把只会做题答题的学生变成会思考、会创新的人；把唯唯诺诺、听话的孩子变成会独立思考、生动活泼的人。要记住立德树人是教育的根本任务，培养学生成为具有理想信念、高尚品德、扎实知识、奉献精神的人。

培养现代人，就要改变人才培养模式。把教转变为学、把被动地学转变为主动地学，让学校充满生气，使学生生动活泼健康地成长。学校课堂教学是培养人才的主渠道，学校教育改革要下大力量改进课堂教学，上好每一节课，教好每一个学生。当前教育改革方兴未艾，许多学校都在改革创新，不少学校推行各种各样的教育，提倡各种各样的口号，把学生的课外活动搞得轰轰烈烈，但却忽视了课堂教学这个主渠道。我们不是反对课外活动。从大课程观来说，课外活动本身也是课程的组成部分。而且课外活动具有自愿性、自主性、兴趣性，学生喜欢。但要完成国家的课程标准，课堂教学是主渠道。当然，这里指的课堂教学也包括课程标准中所要求的课外实践活动。

我为什么要说上面一些话，因为我这两年走访了几所学校，听了几节课，觉得课堂教学不尽如人意。有些内容教师并没有讲清楚，甚至有错误；有的课堂里小组讨论看来很热闹，但总有几名学生站在一旁参加不进去。有这样一堂课，老师在提问时叫一个学生8次，而后面有几名学生始终没有举手，老师似乎视而不见。这能算是现代课堂教学吗？我所到的学校还都是较优质的学校，可想我们的教育现代化改革还有多少路要走。

教育改革要抓住课堂教学这个牛鼻子。校长要深入课堂，组织好课堂教学；要帮助老师认真学习课程标准，落实课程标准的要求，备好每一节课，同时反复钻研反思，不断改进完善；要特别重视培养学生思维。思维创造世界，当前科学技术的创新，都是思维的创新。可以说，当今世界没有做不到的，只有想不到的。在几年前我们谁能想到，今天带着一部手机能够走遍天下。这就是创造者的思维改变的结果。我们的课堂教学也要抓住思维的培养，让学生动脑筋，想一想为什么。教师不是把现成的答案教给学生，而是启发学生思考，容许学生答错，何况有些问题并不只有一个答案，可能有多种答案、多种解决的方法。现在提倡深入学习，我的理解就是学生要开动脑筋，积极思考。

要教好每一个学生，老师就要关注每一个学生，特别要关注内向的或者学习有困难的学生；帮助他们找出学习困难的原因，找出克服困难的方法，迈过困难这个坎，建立他们的自信。学生遇到困难或表现不好，总是有原因的，找到原因，问题就基本上得到解决。所以教师不仅要了解学生在课堂上的表现，还要了解他在课外的生活；备课不仅"备教材"，还要"备学生"，了解学生、启发学生。

以上就是我对当前教育改革的看法。

图书在版编目（CIP）数据

顾明远文集/顾明远著. —北京：北京师范大学出版社，
2018.10
ISBN 978-7-303-23976-4

Ⅰ. ①顾… Ⅱ. ①顾… Ⅲ. ①教育理论－理论研究－中国－现
代－文集 Ⅳ. ①G52-53

中国版本图书馆CIP数据核字（2018）第176353号

营　销　中　心　电　话　　010-58805072 58807651
北师大出版社高等教育与学术著作分社　　http://xueda.bnup.com

GUMINGYUAN WENJI

出版发行：北京师范大学出版社 www.bnup.com
　　　　　北京市海淀区新街口外大街 19 号
　　　　　邮政编码：100875
印　　刷：北京盛通印刷股份有限公司
经　　销：全国新华书店
开　　本：710mm×1000mm　1/16
印　　张：31.25
字　　数：402 千字
版　　次：2018 年 10 月第 1 版
印　　次：2018 年 10 月第 1 次印刷
定　　价：1980.00 元（全 12 册）

策划编辑：陈红艳　　　　　　　责任编辑：鲍红玉
美术编辑：李向昕　　　　　　　装帧设计：王齐云　李向昕
责任校对：段立超　陈　民　　　责任印制：马　洁

版权所有 侵权必究